Informatik-Fachberichte 229

Herausgeber: W. Brauer
im Auftrag der Gesellschaft für Informatik (GI)

Subreihe Künstliche Intelligenz

Mitherausgeber: C. Freksa
in Zusammenarbeit mit dem Fachbereich 1
"Künstliche Intelligenz" der GI

Wolfgang Coy
Lena Bonsiepen

# Erfahrung und Berechnung

## Kritik der Expertensystemtechnik

Proceedings

Springer-Verlag
Berlin Heidelberg New York
London Paris Tokyo Hong Kong

**Autor**

Wolfgang Coy
Lena Bonsiepen
Universität Bremen, Informatik
Postfach 330440, D-2800 Bremen 33

CR Subject Classification (1987): I.2, K.4

CIP-Titelaufnahme der Deutschen Bibliothek.
Coy, Wolfgang:
Erfahrung und Berechnung: Kritik der Expertensystemtechnik / Wolfgang Coy; Lena Bonsiepen.
- Berlin; Heidelberg; New York; London; Tokyo: Springer, 1989
(Informatik-Fachberichte; 229 : Subreihe künstliche Intelligenz)

ISBN-13: 978-3-540-51893-8 e-ISBN-13: 978-3-642-75217-9
DOI: 10.1007/978-3-642-75217-9

NE: Bonsiepen, Lena:; GT



2145/3140 - 543210 - Gedruckt auf säurefreiem Papier

# Inhalt

Message 17:
From mod-ki@gmdzi.uucp Tue Jun 28 23:15:52 1988
Date: Mon, 27 Jun 88 00:50:54 -0200
From: mod-ki@gmdzi.uucp (Hans-Werner Hein, Moderator of mod-ki)
To: wolf@ubrinf

From: jutta@parlacom.gruene.bundestag.dbp.de
To: mod-ki@gmdzi.uucp
Date: Fri, 1 Apr 1988 00:08:15 MEZ
Subject: Regenbogen-Forschungspreis 1988

mod-ki message 0127 (Wiederholung)

*********************************************************************

[Moderators Note: Zwar meine ich, dass die Leute uns da Unrecht tun, aber zensieren wollte ich es nicht (Meinungsaeusserung) - und das Geld koennen wir natuerlich wirklich dringend gebrauchen. hwh]

*********************************************************************

PRESSEMITTEILUNG PRESSEMITTEILUNG PRESSEMITTEILUNG PRESSEMITTEILUNG

Regenbogen-Forschungspreis 1988 geht an den
FA 1.2 Kuenstliche Intelligenz und Mustererkennung!

Das Kommittee "Dritte Welt" der neugegruendeten Regenbogen-Stiftung hat vorgestern beschlossen, seinen ersten "Forschungspreis fuer die erfolgreiche Verhinderung technologischen Fortschritts" an den Fachausschuss "Kuenstliche Intelligenz und Mustererkennung" zu vergeben.

"Dritte Welt" ist der fundamentalistisch gepraegte Fluegel der gruenen Regenbogen-Stiftung und widmet seine Arbeit ausschliesslich der Verminderung des technologischen Gefaelles zwischen den westlichen Industrienationen und den Laendern der sogenannten Dritten Welt.

Im allgemeinen Teil des Wuerdigungsschreiben heisst es:

> "Dem Fachausschuss und der ihn tragenden Interessengruppe ist es beispielhaft gelungen, mit einem Minimum an Personen und vergleichsweise geringen Foerderungsmitteln ueber viele Jahre hinweg der deutschen Oeffentlichkeit und dem BMFT den Anschein einer aktiven und funktionierenden KI-Forschungsszene zu vermitteln.
>
> Er hat in vorbildlicher Weise Methoden gewiesen, wie man Forschungsthemen monopolartig besetzt und gegen Erkenntnisgewinn verteidigt, wie man sozial brisante Forschungsmittel rueckstandsfrei den damit verknuepften kapitalistischen Fortschrittsintentionen entzieht und solchermassen gesellschaftlich verantwortungsbewusst entsorgt.
>
> Durch ein ideenreiches Geflecht von finanziellen Kleininteressen, Postenschieberei und gutachterlicher Gegenseitigkeit, auf dem Wirtssystem zentralistischer Forschungsstrukturen wie z. B. Verbundvorhaben, sowie durch gewaltfreie positionelle und finanzielle Austrocknung geistiger Dissidentenschaft verhindert er seit Jahren erfolgreich das Aufkommen wissenschaftlich fundierten Streites um die Relevanz und Qualitaet gefoerderter KI-Projekte.
>
> Er hat in aufopferungsvoller Weise dazu beigetragen, dass das befuerchtete breite Eindringen von KI-Systemen in die Produktions-, Verwaltungs- und Kriegsautomatisierung ausgeblieben ist und dass das handelskolonialistisch ausgerichtete Fortschrittstempo der bundesrepublikanischen Wirtschaftsmacht gegenueber den Laendern der Dritten Welt sich dadurch spuerbar verlangsamt hat."

Im fachbezogenen Teil wird als besonders positiv hervorgehoben:

- dass ueber das faszinierende Thema "Expertensysteme" die deutsche Industrie nachhaltig von der systematischen Entwicklung einer schlagkraeftigen Basissoftware-Technologie abgelenkt wurde,
- dass mit Partikelloesungen im Gebiet "Natuerlichsprachige Systeme" weiterhin die Illusion genaehrt wird, dies wuerde jemals ein industriell relevantes Medium der Mensch-Computer-Kommunikation,
- dass durch beharrliches gegenseitiges Ignorieren der Teilgruppen "Kuenstliche Intelligenz" und "Mustererkennung" und der Bildung von Phantomthemen an den Amputationsstellen ("Konnektionismus" hie und "Musteranalyse" da) die Erfolglosigkeit des KI-Zentralgebietes "Autonome Systeme" schon jetzt auf Jahre hinaus gesichert sei.

Mit dem Forschungspreis in Hoehe von DM 30.000 will das Kommittee "Dritte Welt" einen Teil des Defizits der neuen Fachzeitschrift KI, dem Publikationsorgan des Preistraegers, subventionieren und ihm dadurch fuer ein Jahr die ungestoerte Weiterarbeit ermoeglichen.

Stiftung Regenbogen, Konrad-Adenauer-Allee 141, 5300 Bonn 1

*********************************************************************

CHANCEN DER KÜNSTLICHEN INTELLIGENZ: Aus dem elektronisch versandten Rundbrief mod-ki der Fachgruppe 1.2 "Künstliche Intelligenz" der Gesellschaft für Informatik

# Einleitung

*Any technology sufficiently advanced is indistinguishable from magic.*

Arthur C. Clarke[1]

*If any technology significantly complex cannot be distinguished from magic, and to appreciate magic you must have faith that the performer can do wondrous things, then to have your audience appreciate AI-technology you must first develop faith, not understanding.*

Tim McCullough

[1] Science Fiction Schriftsteller Arthur C. Clarke ist zitiert nach [331]. Vgl. auch Paul Feyerabends vielfach vorgebrachte Positionen zu den Differenzierungsbemühungen zwischen Magie und Wissenschaft, z.B. in [125]. Umgekehrt findet H. Dreyfus, daß die KI-Forschung viele Eigenheiten der Alchemie aufweist [109]. 3M-Software Manager Tim McCullough ist zitiert nach [123].

Expertensysteme werden oft als Angriff auf die qualifizierte Arbeit verstanden, die bisher den Fachleuten vorbehalten ist und die bislang nicht von DV-Programmen ersetzt werden kann. Im folgenden soll dieser These die Auffassung entgegengesetzt werden, daß dieser Angriff vor allem symbolischen Charakter besitzt und daß die unmittelbaren Wirkungen der Expertensystemtechnik eine Spielart der generellen Verdrängung von Facharbeit durch die Elektronische Datenverarbeitung sind. Damit soll diese Technik in ihren Rationalisierungswirkungen nicht verharmlost werden, denn die andauernde und verstärkte quantitative Enteignung der Facharbeit zeigt auch qualitative Wirkung. Doch das Verständnis dieser Prozesse und möglicher Handlungsspielräume muß auf eine rationalere Grundlage gestellt werden. Die Umgestaltung der Lohnarbeit durch die Datenverarbeitung ist ein umfassender Prozeß, der gerade erst begonnen hat, und der als umfassender Prozeß verstanden werden soll. Es wäre falsch, hier unnötige begriffliche Fraktionierungen vorzunehmen.
Mit der Expertensystemtechnik wird die Maschinisierung der Kopfarbeit versucht, die in herkömmlicher Weise bisher nicht erfolgreich programmierbar war. Doch die derzeitige neue Phase der Erweiterung des DV-Einsatzes beruht nicht wesentlich auf der Expertensystemtechnik; diese macht im Gegenteil nur einen verschwindend kleinen Teil der Software-Entwicklung aus, und dies wird sich auch für absehbare Zeit nicht ändern. Träger der jetzigen Bemühungen zur maschinellen Durchdringung der qualifizierten Arbeit ist der Personal Computer und die darauf entwickelte Anwendungssoftware, nämlich vor allem Textsysteme, Tabellenkalkulationsprogramme und einfache Datenbanksysteme. Dies setzt sich fort in gekapselten Rechneranwendungen in spezifischeren Maschinen am Arbeitsplatz, von rechnergestützten Kassenterminals ('Point of Sale'-Anwendungen) bis zu CNC-Maschinen und den Vernetzungen rechnergestützter Einzelplatzsysteme an andere Rechnersysteme und zu Rechnernetzen.

Expertensystemtechnik ist keine Basistechnik, wie ihre Propagandisten und Förderer gerne behaupten, sondern eine 'imaginäre' Technik. Die enorme Bedeutung, die Expertensystemen zugemessen wird, liegt im ideologischen Bereich. Sie sind das Paradeprodukt der Forschungen zur Künstlichen Intelligenz und diese wird mangels eines wirklichen Verständnisses der durch die Informatik angestoßenen Maschinisierungs- und Automatisierungsprozesse und vor allem der Software-Entwicklung als Ausweg aus vielen gescheiterten oder vom Scheitern bedrohten Rationalisierungsvorhaben gesehen. Die geschickte Wahl des Wortes 'Experten'-System mag in den Köpfen von Managern, Ingenieuren und Wissenschaftlern, aber auch in den Köpfen der von der Rationalisierung betroffenen Arbeitnehmer eine Verständnis vorspiegelnde Haltung erzeugen — eine ideologische Haltung, die der Zahl und Qualität der eingesetzten oder einsetzbaren Programme nicht entspricht: «Das Hauptinteresse an Expertensystemen besteht nicht wegen bewiesener Qualitäten, sondern wegen ihres vermuteten Potentials» [59]. Der Expertensystemtechnik mag von manchen Forschern und Verkäufern der Künstlichen Intelligenz die Rolle des Trojanischen Pferdes zugedacht sein, mit dessen Hilfe eine Bresche für einen erweiterten KI-Einsatz geschlagen werden soll. Das Versprechen dieses Geschenkes für die Betriebsleitungen ist die Perspektive des Ersatzes oder der Dequalifizierung qualifizierter Arbeit. Der reale Markt für den Umsatz von KI-Produkten ist recht klein, er überschreitet die Größenordnung der staatlichen Fördersummen nicht erheblich — für 1988 wird er in der Bundesrepublik auf rund 120 Mio. DM geschätzt.[2] Im bundesdeutschen Datenverarbeitungsmarkt (Rechner-Hardware, Software und Dienstleistungen) von 37 Mrd. DM macht dies gerade 0,3 Prozent aus.

Die Forschungspolitik reagiert schnell und unter dem (Ein-)Druck internationaler Entwicklungen in den USA, Japan und Großbritannien mit der Auflage entsprechender Forschungsprogramme und der Gründung von KI-Zentren in Bund[3] und Land[4]. Trotz realer Forschungsgelder hat auch dies einen hochgradig symbolischen Charakter, der durch den realen Stand und die realen Möglichkeiten der Expertensystemtechnik — zumindest zum jetzigen Zeitpunkt — nicht eingelöst werden kann.

Betrachtet man das realistische Marktvolumen der KI-Techniken selbst in ihren optimistischsten Varianten, so wird auch deutlich, daß die permanente Fixierung auf einen in diesem engeren Gebiet eigentlich kaum existierenden 'Weltmarkt' nur ideologischer Art ist. Es ist bisher kein 'Zug abgefahren' für die Bundesrepublik oder Europa. Die Frage ist eher, ob da überhaupt ein Zug fährt, den man einholen muß.

Der symbolische Charakter bleibt dennoch nicht wirkungslos: Auch die nicht-eingelöste Ankündigung von Programmen, die Facharbeit übernehmen können, weckt verständlicherweise die Aufmerksamkeit von Arbeitnehmern — genau wie von Sozialpolitikern und Sozialwissenschaftlern.[5] Der Bundestag hat sich als Beispiel für die Möglichkeiten der politischen Technikbewertung die Expertensystemtechnik neben der Gen-Technologie ausgesucht [67]. Angesichts der enormen Umwälzungen, die durch den herkömmlichen Datenverarbeitungseinsatz verursacht sind, und die durch die nun ablaufende Welle des Einsatzes von Personal Computern wesentlich verstärkt werden, ist dies eine eher zurückhaltende Festlegung auf ein ökonomisches Randgebiet der informationstechnischen Entwicklung. Auch dies ist nur aus der symbolischen Bedeutung der Expertensystemtechnik heraus zu verstehen.

Mit dieser Ideologisierung der Expertensystemtechnik tauchen dann Fragen auf wie: Führt der Einsatz von Expertensystemen zu einer spürbaren Dequalifizierung der Facharbeit? Oder können Expertensysteme die technische Grundlage einer «Demokratisierung des Wissens» werden? Doch diese pointierten Fragen können derzeit noch nicht beantwortet werden, weil die viel einfachere Frage «Wird es überhaupt langfristige und relevante Auswirkungen von Expertensystemen auf die industrielle Arbeit geben?» nicht eindeutig zu beantworten ist.

Freilich werden die Umrisse eines bislang eher bescheidenen KI-Marktes [17] sichtbar, wobei Expertensysteme als dominierendes und relativ ausgereiftes Beispiel für die mögliche Anwendung der KI-Forschung gelten. (Vor-)Eilige Befürworter dieser Ent-

[2] Geschätzt in [107] ohne firmeninterne Aufwendungen. Unter KI-Produkten werden dabei spezialisierte LISP-Maschinen und Expertensystemtechnik verstanden. Obige Entwicklungen sind (vorerst?) marktmäßig bedeutungslos, wobei der Bildverarbeitungsmarkt als eigenständige Produktlinie gesehen wird, da dort der genuine KI-Anteil wiederum sehr klein ist.

[3] Kaiserslautern und Saarbrücken

[4] Ulm, Erlangen, München, Passau, Hamburg

[5] Ähnliche symbolische Wirkungen hat die immer wieder aufgebrachte Vision der elektronischen Heimarbeit, für die es nach wie vor keine Basis in der Wirklichkeit der Lohnarbeit gibt. Es wird in der Bundesrepublik von maximal 1000 solchen elektronischen Heimarbeitsplätzen gesprochen.

wicklungstendenzen sprechen von einem neuen Industriezweig, der gänzlich der Entwicklung von Expertensystemen und ihren grundlegenden Software- und Hardware-Werkzeugen gewidmet ist. In Japan wurde als Weiterentwicklung von Daniel Bells «Informationsgesellschaft» die Idee einer postindustriellen «Wissensgesellschaft» proklamiert, die auf einer starken «Wissensindustrie» beruht [122]. Auf der anderen Seite scheint es bereits eine (erste?) Krise unter den Expertensystem-Herstellern zu geben. Firmen sind bankrott (wie z.B. LMI — LISP Machine Industries), schränken ihre KI–Produktlinien radikal ein (wie z.B. Xerox) oder entlassen eine beträchtliche Zahl ihrer Angestellten (Teknowledge, Intellicorp, Carnegie Group). Nur wenige Unternehmen der Expertensystem-Branche hatten 1987 und 1988 eine positive Umsatz- oder Gewinnbilanz. Edward Feigenbaum, der sowohl in der Expertensystem-Forschung als auch im Expertensystem-Geschäft engagiert ist, prognostiziert unverdrossen eine «zweite Welle» oder «zweite Ära» von Expertensystemen [123], womit er eingesteht, daß die «erste Welle» bereits ihren Höhepunkt überschritten hat. Trotzdem ist das AI-Business damit nicht verschwunden, die allzu optimistischen Erwartungen sind erst einmal nur gedämpft worden.

Unterhalb der phantastischen Prognosen von Wissensindustrie und Wissensgesellschaft gibt es eine softwaretechnische Diskussion der Expertensystemtechnik, die eher Fragen veränderter Programmiermethoden als möglicher Einsatzgebiete betrifft. Neben der ideologischen Vorstellungswelt der Künstlichen Intelligenz, deren erklärtes Ziel die Ersetzung menschlicher Intelligenz ist (hier in Form des Fachwissens, der 'Expertise'), geht es um eine Weiterentwicklung von Programmiertechniken, die eine Einbettung heuristischen Vorgehens in algorithmische Verfahren durch die Nutzung von Regeln und ähnlichen Datenstrukturen erreichen wollen [335].

Von den softwaretechnischen Ansätzen her ist die Expertensystemtechnik jenseits symbolischer Visionen und ideologischer Marktschreierei eine vielversprechende Technik, die die Entwicklung des Programmierens langfristig beeinflussen kann. Man muß allerdings einschränkend feststellen, daß die softwaretechnische Seite dieser Programme noch immer eine Reihe wesentlicher ungelöster Probleme umfaßt, die zwar vereinzelt erkannt sind, für die aber nicht immer ein Lösungsweg erkennbar ist. Dies zeigt sich bereits bei der Verwendung heuristischer Methoden, die eben nur in typischen Fällen zuverlässig sind, aber *per definitionem* in anderen Fällen abrupt versagen. Bei vielen Anwendungen ist bisher völlig offen, wie man beim Einsatz dieser Programme ein solches Versagen erkennt oder wie man katastrophale Folgen dieses Versagens verhindert.

Im folgenden soll die Feststellung belegt werden: Die Entwicklung von Expertensystemen ist eine neue Technik, deren Grundlagen zu einem großen Teil noch ungeklärt sind. Bisher wurden vorwiegend wissenschaftliche oder technische Prototypen entwickelt, bei denen es in den weitaus meisten Fällen bislang nicht zum Routineeinsatz unter industriellen Arbeitsbedingungen kam. Im vorliegenden Text soll eine reale Bestandsaufnahme der Expertensystemtechnik, ihrer Anwendungen und ihrer Verbreitung untersucht werden. Wissenschaftliche und technische Methoden und Hilfsmittel werden erläutert. Die handfesten wissenschaftlichen und technischen Probleme der

Expertensystemtechnik, die eine schnelle Verbreitung vorerst verhindern, werden aufgezeigt. Darüberhinaus soll das ideologische Umfeld der Expertensystemtechnik, nämlich die Forschungen zur Künstlichen Intelligenz und die Software-Entwicklung, wenigstens schlaglichtartig erhellt werden. Dies mag zu einer realistischen Einordnung und Einschätzung erkennbarer und analysierbarer Perspektiven dieser Technik verhelfen.

Die Arbeiten, die zu diesem Text führten, wurden durch das Ministerium für Arbeit, Gesundheit und Soziales des Landes Nordrhein-Westfalen im Rahmen des Landesprogramms «Mensch und Technik — Sozialverträgliche Technikgestaltung» und durch die Universität Bremen gefördert.

# 1. Das Besondere und das Allgemeine an der Entwicklung der Expertensystemtechnik

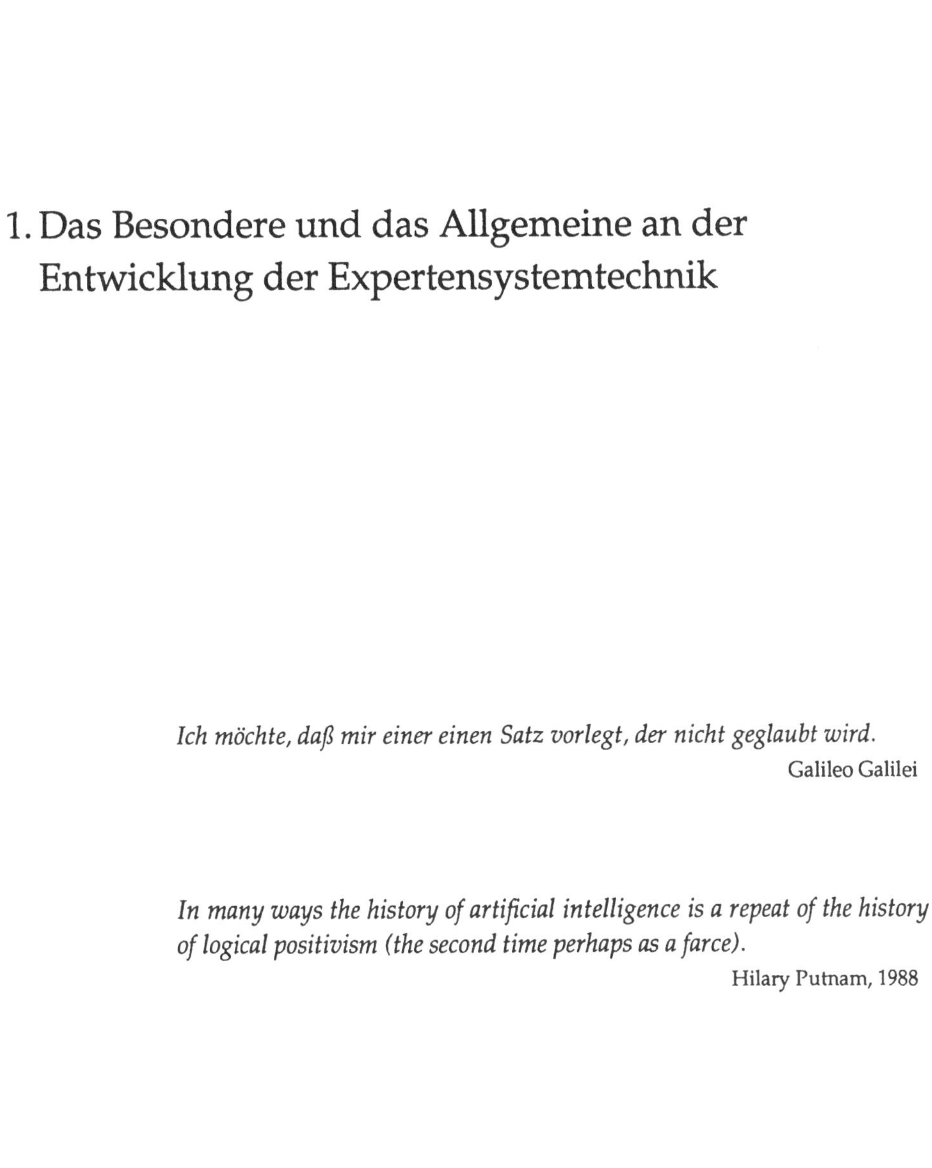

*Ich möchte, daß mir einer einen Satz vorlegt, der nicht geglaubt wird.*

Galileo Galilei

*In many ways the history of artificial intelligence is a repeat of the history of logical positivism (the second time perhaps as a farce).*

Hilary Putnam, 1988

## 1.1 Cobol, Visicalc und das Fifth Generation Programme

Der Computer ist vielfach erfunden worden. Charles Babbages Maschine scheiterte eher an den Verbohrtheiten ihres Konstrukteurs und daran, daß sich Babbage mit seinem Mechaniker überwarf, als an prinzipiellen Unzulänglichkeiten. Mit Hermann Holleriths Lochkarten war es zwar möglich, die Verwaltung großer Datenbestände einschließlich Sortieren, Vervielfältigen und Mischen zu maschinisieren, aber die universelle Manipulation von Daten wurde erst durch den Einsatz elektromechanischer und elektronischer Mittel praktikabel. Der Zugang zu diesen Manipulationen geschah über die Ausweitung des Begriffs 'Berechnung'; mit der Kombination von Rechenmaschinen und Datenverarbeitung entstand die neue Technik der Elektronischen Datenverarbeitung (EDV). Alan M. Turings theoretische Arbeiten haben ab 1936 diese Kombination von Rechnen, Manipulation von Symbolen und Datenverarbeitung beschrieben; seine praktischen Arbeiten während des zweiten Weltkrieges wurden erst in den letzten Jahrzehnten bekannt. Auch hierin scheiterte er am Zwang zur Geheimhaltung. Konrad Zuse arbeitete seit 1935 an einer digitalen Rechenmaschine. Seine Versuche, die Luftwaffe von der universellen Nützlichkeit seiner Maschine zu überzeugen, prallte auf das Verdikt eines deutschen Luftwaffengenerals, der ihm bündig beschied «Die deutsche Luftwaffe ist tadellos, was braucht da noch berechnet zu werden» [381]. Zuses Arbeiten zielten genau wie die US-amerikanischen Entwicklungen John Atanasoffs sowie Vannevar Bushs und Norbert Wieners Forschungen auf die Verbesserung des maschinellen Rechnens. John von Neumann, der die heutigen Digitalrechner in ihren Grundprinzipien festschrieb, verkaufte sein Genie an die Atomic Energy Commission — manchmal zum Leidwesen seiner Mitarbeiter. Auf ihn gehen viele theoretische Überlegungen zurück, so die Unterscheidung von «Natural Automata» und «Artificial Automata», aber auch die Idee, Computer für heuristische Untersuchungen (in der mathematischen Physik) einzusetzen. Der Computer für den betrieblichen Einsatz wurde von Howard Aiken, finanziert von der IBM, gebaut. Aikens Maschine, die Harvard Mark I, wurde zur Matrize der kommerziellen IBM-Maschinen. J. Presper Eckert und John W. Mauchlys Rechnerdesign führte zu den Univac-Maschinen, erste Konkurrenz der IBM. Weitere Geburtshilfe erlebte der Computer durch die Militärs, die *Whirlwind*- und die *Stretch*-Konstruktionen des Atomwaffen- und Raketenprogramms. Seymour Crays Entschluß, Control Data zu verlassen, führte zum Bau der ersten Superrechner; Gene Amdahls Trennung von der IBM erweiterte den Markt der Plug Compatible Machinery (PCM). An der Basis eröffnete Ken Olsons Firma Digital Equipment Corporation (DEC) neue Horizonte für den Rechnereinsatz am Arbeitsplatz. Eine Industrie der Fachabteilungs-Minis entstand, die durch Namen wie DEC oder SUN geprägt ist.

Doch die wichtigste Wiedergeburt des Rechners geschah seit 1975 in verschiedenen Garagen Kaliforniens. Die Altair 8800- und KIM-1-Rechnerbaukästen, der 1977 vorgestellte Apple II und schließlich der 1981 eingeführte IBM PC markieren den Beginn einer neuen Hardware-Generation. Die Bedeutung dieses Einschnitts liegt weniger darin, daß plötzlich Home-Computer möglich sind, noch ist es der neu eröffnete ökonomische Horizont einer umfassenden Büro-Ausstattung mit miniaturisierten Kopien der Großrechner. Viel wesentlicher ist, daß diese Rechner völlig anders als die Großrechner im Basement verwendbar sind. Sie liefern Computerleistung am Arbeitsplatz unter der Kontrolle der daran Arbeitenden. Personal Computing eröffnet neue Umgangsformen mit diesen Maschinen. «Assoziiert man Großrechner mit Pluto und der Unterwelt, so rufen Mikrocomputer die Vorstellung der Welt Apollos, des Lichts und der Leichtigkeit hervor, heiterer Indidualität» [139]. Die beiden wichtigsten neuen Umgangsformen wurden «Schreiben für Alle» und «Rechnen für Alle», nämlich Wordstar und Visicalc. Ohne diese Software-Sorten (es geht hier nicht um die speziellen Produkte, von denen Visicalc längst nicht mehr ausgeliefert wird, sondern um neue allgemein greifbare Produkt*sorten*) wäre der PC bloß ein weiteres Gerät im Büro wie Telex, Telefax, Btx oder Mikrofilmleser — uninteressant und ohne Imagination. Mit Wordstar und den verbesserten Schreibsystemen können die PCs Schreibmaschinen ersetzen, mit Visicalc und den verbesserten Tabellenkalkulationsprogrammen kann jeder programmieren, der mit den Grundrechenarten umgehen und Zahlenkolonnen manipulieren muß.[6]

Der Erfolg von Visicalc und seinen Nachfolgern liegt in seiner impliziten Programmierbarkeit durch Parametereinstellungen und ihrer Erweiterbarkeit zu Makrobefehlsketten. Auch das Hackerbetriebssystem Unix hat viel von diesem Charme der Parametrisierung, ebenso wie PC-Textverarbeitungssysteme. Doch Visicalc und seine Nachfolgeprogramme sind Programmgeneratoren, die für einen enorm weiten Bereich von Anwendungen als (*Ultra High Level-*) Programmiersprache dienen können, und für viele PC-Benutzer auch die erste Programmiersprache sind, die sie erlernen — manchmal ohne dies so zu nennen. Ähnliches kann man von PC-orientierten Datenbanksystemen und -sprachen wie dbase sagen. Die Kombination Anwendungsprogramm/Programmgenerator und PC führt zu einer neuen Maschine, einer *Soft Engine*, die sich deutlich vom klassischen Terminalbetrieb an Großrechenanlagen unterscheidet [90].

Die Differenz zwischen Großrechnersoftware und den Anwendungsprogrammen, die auf PCs laufen, kann kaum als zu groß eingeschätzt werden. Der Bruch, der sich hier in den beginnenden achtziger Jahren zeigte, ist enorm. Es ist sicher kein Zufall gewesen, daß die beiden Erfinder von Visicalc, D. Bricklin und B. Frankston, Betriebswirtschaft studierten und nicht Informatik. Ihr Interesse war von der Anwendung, dem Neuberechnen von Zahlenkolonnen, und nicht von der Maschine und der Idee einer neuen Programmiertechnik geleitet.[7] Auch wenn dieser Bruch im Detail langsam abgebaut wird — überwiegend durch Anpassung der Großrechnersoftware an die fortgeschrittenen Standards des interaktiven Arbeitens mit Programmen unter MS-DOS und dem Macintosh Finder, so bleiben doch prinzipiell unterschiedliche Entwicklungslinien der Software-Erstellung bestehen, die sich auch in der Entwicklung von Expertensystemen niederschlagen — und dabei durchaus zu spezifischen Anpassungsproblemen führen.

---

[6] «Of course the computer can also be used to lie. There are four canonical forms of the lie: commission, omission, statistics, graphs. And now there is also Visicalc» [139].

[7] so wie Konrad Zuse sich um 1935 als Bauingenieur über die stets gleichen, aber umfangreichen statischen Berechnungen ärgerte.

## 1.2 Ausprägungen betrieblicher Software-Erstellung

Anfang der sechziger Jahre waren die unterschiedlichen Potentiale der Software-Erstellung offengelegt. Die unter Federführung des US Department of Defense entwickelte Sprache Cobol (Common Business Oriented Language) stand als die klassische Programmiersprache der Mainframe/Großrechner-Welt mit den herausragenden Entwurfsmerkmalen der exakten und expliziten Beschreibung der Einsatzumgebung und der zugrundeliegenden Datenstrukturen (*Identification, Environment* und *Data Division*), der ausführlichen 'selbstdokumentierenden' (verbosen) Schreibweisen der Einzelanweisungen und der dem Flußdiagramm angepaßten algorithmischen Struktur (*Procedure Division*). Diese Spracheigenschaften sollten übergeordneten Zwecken dienen, die mit den Absichtserklärungen «der Transparenz des Programmerzeugungsprozesses gegenüber dem Management, der Austauschbarkeit der Programmierer und der Wartungsmöglichkeit des Programms durch andere Personen, der Dokumentation und Portabilität auf andere Hardware» benannt waren — wenngleich nicht eingelöst. Zum Schlagwort der nächsten Jahre wurde die Forderung nach 'ego-less programming', weniger der Wunsch nach selbst-losem als nach austauschbarem Programmierstil. Es gibt und gab wohl nicht viele Programmierer, für die Cobol die erste Sprache ihrer Wahl ist, aber Cobol wurde umfassend als Norm des Großrechnereinsatzes durchgesetzt. Bei der IBM, die seit Mitte der sechziger Jahre alternativ an dem nur wenig angenehmeren System /360-Produkt PL/1 arbeitete, wurde für die interne Nutzung von vielen Ingenieuren unter der Hand die vom IBMer Iverson [179] entwickelte Sprache APL (A Programming Language) bevorzugt. APL war die ideale Hacker-Sprache, die Arbeitsweise in ihr kryptisch, 'quick & dirty'. Jede Operation kann auf minimale Kürzel reduziert werden, die Programme sind für Fremde nahezu unverständlich und häufig nicht dokumentiert. In der Außenwelt, die mehr an den Anwendungen als an Künstler-Programmierern interessiert war, und die unter erheblichen Beschränkungen der Rechnerkapazität wie der Zahl ausgebildeter Programmierer litt, setzte sich eine ganz andere Programmiersprachklasse durch: RPG (Report Program Generator) und insbesondere die Nachfolger RPG II und RPG III. RPG wurde primär unter dem Gesichtspunkt minimal notwendiger Speicherleistung gesehen (es kam mit 4 KB Hauptspeicher auf der kleinsten IBM-Anlage System /360-20 aus), aber seine Beliebtheit lag mehr in der einfachen Handhabbarkeit, die eine schlichte Einteilung in die notwendigen Arbeitsschritte der Stapelverarbeitung — Eingabe der Daten, notwendige Berechnungsschritte, Druck- und Dateiausgabe des Berichts — vorsieht.

Die Grundzüge der drei Sprachen Cobol, APL und RPG deuten heute noch die Dimensionen der betrieblichen Software-Erstellung an:

- Einordnung der Software-Erstellung in die betriebliche Hierarchie ('Ego-less Programming').
- Möglichst große individuelle Ausdrucksfreiheit beim Programmieren mit dem Vorteil schneller, auch gewaltsamer Lösung ('quick & dirty').

- Anwendungsbezogene Programme, die es mit dem Preis eingeschränkter Ausdrucksfähigkeit erlauben, Standardaufgaben durchschaubar und schnell zu lösen ('Tools & Applications').

Um 1980 erschütterten zwei gewaltige Ereignisse die DV-Welt, die bis dahin aus PCM, MVS und Cobol bestand: Der Einstieg von IBM in die PC-Produktion und die Ankündigung des japanischen Ministery for Trade and Industry (MITI), ein Fifth Generation Programme auf Basis von Forschungen der Künstlichen Intelligenz zu entwickeln. Als Folge ergeben sich neue Spannungen zwischen der zentralen DV-Abteilung und den Fachabteilungen, die sich zunehmend mit PCs in DV-Fragen selbständig machen. Jeder Betrieb und jede Behörde muß dieses Problem in irgendeiner Weise lösen, sei es autoritär, sei es kooperativ, selten jedoch ohne weitreichende strukturelle Folgen. Die Sprachen RPG, Cobol und PL/1 verschwinden langsam aus den heutigen DV-Abteilungen, wobei Cobol wegen des ungeheuren Altbestandes und des permanenten Wartungsbedarfs noch viele Metamorphosen durchleben wird. «Man geht weltweit von rund 77 Milliarden Code-Zeilen (1985) der eingesetzten Cobol-Programme aus. Rund 80 Prozent aller existierenden kommerziellen Programme sind in Cobol geschrieben. Man schätzt das gesamte Cobol-Investment der USA auf 2,3 Billionen Dollar. Allein die Wartung soll jährlich 30 Milliarden Dollar verschlingen. Die amerikanische Regierung soll ca. 25 Milliarden Zeilen Cobol-Code besitzen und jährlich 23 Prozent, das entspricht 3,75 Milliarden Dollar, des gesamten Information Technology Budget für Wartung ausgeben.»[8] Doch scheint sich als Ablösung im militärischen und staatlichen Sektor der Vormarsch von Ada als Cobol-Ersatz anzudeuten — zuerst in den USA und dort zuerst unter den Forderungen der militärischen Vertragspartner. Ada zeigt trotz positiver technischer Ansätze die Grundstruktur einer hierarchisch orientierten Sprache, während sich im Software-Alltag der Forschungsabteilungen und der kleineren Software-Büros eher die Unix-Trägersprache C durchsetzt, die neben großer Flexibilität ähnlich APL viele Merkmale des quick & dirty-Programmierens zeigt. Die ausgesprochenen KI-Sprachen wie LISP und Prolog werden dagegen zur industriellen Programmierarbeit kaum eingesetzt. Es ist auch schwer vorstellbar, daß man in LISP einen Programmierstil durchsetzt, der 'ego-less' genannt werden kann. Wie soll man das bei einer Programmiersprache erreichen, bei der 'Erweiterungen' der Sprache zum Basiskonzept gehören und in der sich nahezu jeder Programmierer seinen individuellen Vorrat an Grundfunktionen bauen kann — und baut. LISP muß eine Horrorvorstellung für jeden DV-Leiter sein, der die Software-Krise so verarbeitet hat, wie die Programming Methodology Gurus in Fachzeitschriften und -büchern es vorschreiben.

Die derzeit weltweit über 30 Mio. PCs[9] werden vermutlich nur selten explizit programmiert. Hier herrschen die Anwendungsprogramme und Tools wie Textverarbeitungssysteme, Tabellenkalkulationsprogramme, Datenbanksysteme und Desk-Top-

[8] Friedrich Lüthe : Ist Cobol wirklich ein alter Hut? Aus *Topix* Nr. 9, September 1988.

[9] Allein in den USA sind lt. *Information Quarterly* vom Dez. 88 über 17 Mio. PCs installiert; nach einer detaillierten Untersuchung von Storeboard Inc. (zitiert nach der PC-Woche vom 13.2.89) wurden dort 1988 knapp 2,8 Mio. Geräte verkauft. In der Bundesrepublik wird die Zahl der 1987 verkauften (und professionell eingesetzten) Geräte auf 570000 geschätzt. Für 1989 wird von mbp ein PC-Bestand von über 4 Mio. Geräten in der BRD erwartet.

Publishing-Programme vor, die freilich implizit über Makros und Parametereinstellungen programmierbar sind — historische Anklänge an RPG.
All diese Entwicklungen haben ihre Spuren bei der Programmierarbeit an Expertensystemen hinterlassen. Erfolgten die ersten Implementierungen entweder auf Unix-Minis vom Typ VAX oder auf spezialisierter LISP-Hardware von Symbolics, LMI, TI oder Xerox, so erfolgt inzwischen die Migration auf MS-DOS- und Macintosh-PCs — oder auf Großrechner. Beim Entwurf von Expertensystemen findet man Sprachen zum Programmentwurf, wie LISP, Prolog, OPS usw., sowie Programmgeneratoren ('Shells') wie Nexpert Object, RuleMaster, Personal Consultant Plus, 1st-Class usw., während die Einbettung in die Großrechnerwelten über Ada, Cobol, PL/1 oder Großrechnershells wie ESE erst beginnt. Nur wenige Systeme wie KEE, Aion ADS oder TWAICE sind sowohl in einer PC-Version (mit Zusatzkarten), bei Minis wie auf Großrechnern verfügbar.

## 1.3 Informationstechnik, Informatik, Künstliche Intelligenz

Beim Umgang mit Systemen der Elektronischen Datenverarbeitung mischen sich die Begriffe Informatik, Informationstechnik und Künstliche Intelligenz-Forschung. Im folgenden soll eine begriffliche Abgrenzung aus der Sicht der Informatik versucht werden. Es ist immer schwierig, eindeutige Grenzen wissenschaftlicher Arbeitsgebiete zu bestimmen; exakt ist dies kaum möglich, und die Bestimmung unscharfer Grenzen mag weitere Verwirrung stiften. Erschwerend kommt hinzu, daß diese wissenschaftliche Nomenklatur von allen beteiligten Seiten nicht völlig selbstlos aufgebaut wird: Hinter ihr verbergen sich begehrliche Blicke auf Fördermittel und andere Anerkennungen. Trotzdem soll hier ein Rahmen genannt werden, in dem sich die einzelnen Arbeitsgebiete wiederfinden können.

Gemeinsamer Arbeitsgegenstand für Informationstechnik, Informatik und Forschungen der Künstlichen Intelligenz ist die Maschinisierung der Kopfarbeit

- im Bürosektor;
- in der industriellen Produktion;
- durch öffentliche Infrastrukturmaßnahmen (z.B. Postnetze);
- in der Kriegstechnik;
- in der Forschung;
- im Freizeitsektor.

*Informationstechnik* beschreibt die Geräte- und die Systementwicklung zur Unterstützung solcher Prozesse. Dazu gehören auch die technischen Grundprozesse der Datenübertragung, -kodierung, -speicherung und -verarbeitung.
Der Begriff Informationstechnik wird unterschiedlich verwendet. Die Nachrichtentechnische Gesellschaft hat sich im Jahr 1987 in Informationstechnische Gesellschaft umbenannt. Siemens faßt im Fachbereich Informationstechnik den Rechnerbau und die Nachrichtentechnik zusammen, während sich in Frankreich für die Kombination aus Informatik und Telekommunikation der Name Télematique einbürgert.

Unter *Informatik* soll die wissenschaftliche Durchdringung informationstechnischer Systeme und Prozesse und vor allem anderen die Wissenschaft von der rationalen, rechnergestützten (Re-)Organisation von Arbeitsprozessen verstanden werden. Dies schließt sich an Kristen Nygaards Auffassung von der Informatik an: «Informatik ist die Wissenschaft, die Informationsprozesse und verwandte Phänomene in technischen Artefakten, der Gesellschaft und der Natur untersucht» [254].

*Künstliche Intelligenz* (KI) ist eine Bündelung sehr unterschiedlicher Forschungen, die es zum Ziel haben, Maschinen und Programme zu entwickeln, die menschliche Wahrnehmungs- und Verstehensleistungen zeigen sollen, oder die Leistungen dieser Art nachbilden und ersetzen sollen. Die Künstliche Intelligenz wird von ihren Protagonisten oft als fächerübergreifende Metawissenschaft verstanden, die aus Teilgebieten wie der Mathematik, Physik, Nachrichtentechnik, Psychologie, Linguistik, Neurophysiologie, Ökonomie und anderen aufgebaut wird. Anklänge an die Versuche, eine Metawissenschaft der 'Kybernetik' zu etablieren, sind nicht zufällig. Von vielen Forschern der KI wird das menschliche Gehirn als informationsverarbeitende Struktur angesehen, dessen kognitive Leistungen prinzipiell von Maschinen simuliert oder übertroffen werden kann. Aus diesem Verständnis heraus wird die Forschung zur Künstlichen Intelligenz auch als *Kognitive Wissenschaft* ('Cognitive Science') bezeichnet.

Die Grenzen zwischen Informatik und Informations- oder Nachrichtentechnik sind fließend und unscharf. Die Künstliche Intelligenz setzt sich von den beiden Begriffen Informatik und Informationstechnik deutlicher ab, auch in ihren einzelnen Vertretern, da es sich oft um eine Bündelung von Forschungen sehr unterschiedlicher Wissenschaftsdisziplinen handelt.

## 1.4 Forschungsgebiete im Bereich der Künstlichen Intelligenz

Die verunglückte Bezeichnung 'Artificial Intelligence' geht auf John von Neumanns Bezeichnung 'Natural Automata' für biologische Regelsysteme und 'Artificial Automata' für Maschinen zurück [246]. John McCarthy ist der Name 'Artificial Intelligence' zu verdanken; er hat diesen Ausdruck erstmals 1956 bei der Einladung zur heute als Gründungsfeier gerühmten «Dartmouth Conference on Artificial Intelligence» verwendet, wobei er mit dieser Namensgebung eine Abgrenzung zur damals ebenfalls neu entstehenden Mathematischen Automatentheorie ziehen wollte. Die sprachlich feinfühligeren Briten haben den gleichwohl nicht unbedenklichen Begriff 'Machine Intelligence' vorgezogen, der sich an A.M. Turing anlehnt. Im folgenden werden wir die Worte 'Maschinelle Intelligenz' und 'Künstliche Intelligenz' bzw. die Abkürzung KI zur Bezeichnung der Forschungen im Bereich 'Artificial Intelligence' gleichermaßen ohne inhaltliche Unterscheidung verwenden. Der von Bibel vorgeschlagene, dem französischen Sprachraum entlehnte Name 'Intellektik' hat sich nicht durchgesetzt, auch nicht der von v. Hahn [156] genannte Begriff 'Kognetik'.

Um die Zielrichtung der KI-Forschung zu erkennen, empfiehlt es sich, ihre Finanziers zu Wort kommen zu lassen: «Letztendliches Ziel der Forschung ist es, Maschinen herzustellen, die nahe an die menschlichen Fähigkeiten der Wahrnehmung, des Lernens, logischen Schließens und Handelns in ihrer Umgebung herankommen oder diese nach Möglichkeit übertreffen» (A.Meyrowitz).[10] Roger Schank bemerkt recht treffend: «Künstliche Intelligenz ist das Studium des Unmöglichen» [299].

«It's difficult to predict, especially the future.» Bohr's Warnung, von Feigenbaum (u.a. [123]) gerne zitiert, reflektiert die nahezu endlose Reihe optimistischer Vorhersagen, welche den Forschungen zur Künstlichen Intelligenz — aber auch zu anderen Gebieten der Datenverarbeitung — einen etwas zwielichtigen Ruf bei den Anwendern der Informationstechnik beschert hat. Herbert Simon, Nobelpreisträger für Ökonomie und notorischer Falschvorhersager der Künstlichen Intelligenz hat 1958 mehrere Vorhersagen gewagt, die auch heute noch eher erheiternd wirken [328]:

- Innerhalb der nächsten zehn Jahre wird ein Digitalrechner Schachweltmeister, sofern die Wettkampfregeln dies nicht verhindern.
- Ein Digitalrechner wird einen wesentlichen mathematischen Satz finden und beweisen.
- Ein Computer wird Musik von hohem ästhetischem Wert komponieren.
- Die meisten Theorien der Psychologie werden die Form von Computerprogrammen annehmen oder in Form qualitativer Aussagen über Eigenschaften von Computerprogrammen vorgelegt werden.

30 Jahre später gilt: Es gibt immer noch *kein* weltmeisterreifes Schachprogramm. *Kein* Programm hat bisher ein wesentliches neues mathematisches Theorem gefunden oder gar bewiesen. Die ästhetische Bewertung der 'modernen' Musik scheint heute so kontrovers wie 1958 (oder 1928), ohne daß der Computereinsatz die Fragestellungen wesentlich beeinflußt hätte, und die Psychologen haben sich trotz ihrer methodischen Dispute dem Rechner vor allem als Textverarbeitungssystem zugewandt. Ihre Theorien formulieren sie noch immer in traditioneller Art und Weise; Maschinen und Programme sind nicht der zentrale Gegenstandsbereich der Psychologie geworden.

Dies kann jedoch aus mehreren Gründen kein Anlaß zur Freude sein. Offensichtlich haben diese Forschungen enorme Ressourcen gebunden, menschliche Arbeit und maschinelle Mittel, die gesellschaftlich nützlicher einsetzbar waren. Noch bedenklicher sind die kargen Ergebnisse dieser fruchtlosen Bemühungen:

- Vergleichsweise harmlos scheinen die Schachcomputer, die in den Spielwarenabteilungen der Kaufhäuser und auf den Gabentischen des Nachwuchses liegen, ebenso wie
- die Taschenrechner, die Rechenfehler nun gnadenlos als logische Denkfehler des Benutzers entlarven[11].
- Als schlimmer erweisen sich dagegen Drum-Synthesizer, Vorboten einer programmgenerierten funktionalen Musik, die in den nächsten Jahren wohl in Supermärkten, Kneipen, Flughäfen, Schalter-, Bahnhofs- und Fabrikhallen omnipräsent werden und dabei die mediokre Qualität der heutigen 'Muzak' romantisch verklären helfen wird.

[10] Meyrowitz ist Leiter der Forschungsförderung des U.S. Office of Naval Research, zitiert nach *Newsletter Digest*, p.50, Sept. 1988.
[11] Nicht immer. Vgl. [77].

• Bedenklich sind freilich die allseits sprießenden Neugründungen von Zentren zur KI-Forschung und KI-Anwendung und die ungenierte Propaganda für eine Universalwissenschaft 'Cognitive Science' oder 'Künstliche Intelligenz', Ideologien, die sich anscheinend gerade durch ihre Nicht-Erfolge zu qualifizieren scheinen.

Die Vorhersagen haben sich also nicht erfüllt, die geplanten Erfolge sind ausgeblieben, ungeplante Wirkungen haben sich trotzdem eingestellt. Und all dies ist trotz vernünftiger und nachvollziehbarer Kritik geschehen. So schrieb bereits 1960 Mortimer Taube in einem Buch, das sich äußerst kritisch mit den Forschungen zur automatischen Sprachübersetzung auseinandersetzt: «In der Literatur über mechanische Sprachübersetzung, Lernmaschinen, Automaten, etc. gibt es sehr viele Namen von gar nicht existierenden Maschinen, deren Wirkungsweise beschrieben und erörtert wird, als ob es sie in Wirklichkeit gäbe. Das alles erinnert sehr stark an das Verhalten der beiden Schneider in dem Märchen 'Des Kaisers neue Kleider'.
Es genügt durchaus nicht, einfach die Tatsache zu akzeptieren, daß jemand sich selbst als Wissenschaftler und seine Tätigkeit als Wissenschaft bezeichnet. Man muß darüber hinaus die Frage stellen, welche Kenntnisse man besitzt und worin eigentlich seine Tätigkeit präzise besteht. Kein Gesetz kann einem Astrologen das Recht streitig machen, ein Arbeitsgebiet als 'Wissenschaft der Astrologie' zu bezeichnen. Andererseits kann man sagen, daß die Wissenschaft der Astrologie ein Tätigkeitsbereich ist, dem sich im allgemeinen Gauner und Leichtgläubige hingeben, wenn man von einigen sentimentalen Altertumsforschern absieht. Ähnlich ergeht es auch den Propheten jüngsten Datums, die die Identität von Menschen und Maschinen verfechten und die uns aufgrund angeblich wissenschaftlicher Erkenntnisse versprechen, innerhalb von zehn Jahren würden Computer wichtige mathematische Lehrsätze entdecken, ansprechende Musik komponieren, den Forschungsbereich der Psychologie weitgehend beherrschen und den amtierenden Schachweltmeister entthronen» [339].
«Alles wirklich Große, sagt Spinoza, ist ebenso selten wie schwer zu erlangen. Das gilt auch für den Bereich der Wissenschaft und des wissenschaftlichen Fortschritts auf dem Gebiet der Kybernetik und der elektronischen Datenverarbeitung. Echte Errungenschaften sind selten und schwer zu erlangen. Noch seltener aber sind sie das Ergebnis von Prophezeihungen und Ankündigungen von Leistungen, die man zwar erwartet, aber noch nicht erbracht hat» [339].

Was ist eigentlich Gegenstand der Forschungen zur Künstlichen Intelligenz, die sich so immun gegen die vielen Jahre der Kritik und der Fehlvorhersagen gezeigt hat und selbst nach Aussagen ihrer Bewunderer bisher doch nur bescheidene Erfolge erreicht hat?
Es zeigt sich ein umfangreiches, wechselhaftes Spektrum von Forschungsansätzen, Methoden und Aufgabenbereichen.

Die *Maschinelle Sprachübersetzung* ist *das* klassische Beispiel. Der Gedanke, einen geschriebenen Text aus einer Sprache in eine andere zu übersetzen, greift seit etwa 1949 um sich. Die ersten Vorstellungen dazu wurden von Leuten entwickelt, die professionell mit der Entzifferung kodierter Nachrichten beschäftigt waren, und die die Vorstellung hatten, daß ein Rechner im wesentlichen durch kombinatorisches Ausprobieren aller Möglichkeiten eine brauchbare Übersetzung erzeugen könne. Für Leute, die Texte zu einem erheblichen Anteil erraten, statt sie zu lesen, mag dies gar keine unangemessene Vorstellung sein. Die Ausgangsidee wurde inzwischen aufgegeben, das Ziel der vollautomatischen Sprachübersetzung wird jedoch in Europa, den USA und in Japan weiterverfolgt. Trotz der rund zwei Milliarden US-Dollar, die nach Industrieangaben in diesen Sektor investiert wurden, blieben die Forschungen in ihrem Kernbemühen bisher erfolglos. Dies wird von den dort tätigen Forschern meist unumwunden zugegeben. Als Grundproblem der Übersetzung erweist sich die Notwendigkeit, semantische Begriffe zu erfassen. Dies scheint mit bloß syntaktischer Analyse (die alleine schwierig genug ist) nicht allgemein möglich zu sein.

Im Bereich der *Sprachverarbeitung* wird eine Idee verfolgt, die mehr aus der Nachrichtentechnik kommt, nämlich die Vorstellung, daß eine Maschine gesprochene, über ein Mikrophon aufgenommene und digitalisierte Sprache in Schrift umsetzen könne — recht plastisch «*Sprechschreiber*» genannt [154]. Für kleine Mengen von durch deutliche Pausen getrennten Worten oder für an der Maschine trainierte Sprecher bestehen gewisse Erfolge [182]; das allgemeine Problem, für einen Sprecher oder gar für beliebige Sprecher fortlaufende Texte über beliebige alltägliche Themenbereiche in Schrift umsetzen zu können, ist freilich nach wie vor ungelöst, und es sieht nicht so aus, als sei in diesem Bereich auf absehbare Zeit ein Durchbruch zu erwarten[12]. Ein wesentliches Problem scheint darin zu bestehen, daß Menschen beim Zuhören den gehörten Text im Kopfe selber synthetisieren, das Gehörte also semantisch re-konstruieren: «In der Sprache berühren sich Erwartung und Erfüllung.»[13] In diesem Aspekt erweist sich das Verstehen gesprochener Sprache als nicht wesentlich einfacher als die maschinelle Übersetzung. Um den unermüdlichen Herbert Simon mit einem aktuellen Zitat nochmals zu Worte kommen zu lassen:

«Es gibt viel feierliches Gerede darüber, was Rechner nicht können, aber das ist kein sonderlich interessantes Thema. ... Jedes Jahr sehen wir mehr eindrucksvolle Computersysteme, die natürliche Sprache verarbeiten. Noch sind die meisten von ihnen auf bestimmte Gesprächsthemen beschränkt. Ich kenne heute kein Computerprogramm, das mit Ihnen eine allgemeine Unterhaltung über jedes von Ihnen gewünschte Thema führen kann» [327].

Dies klingt etwas zu kokett, da Simon wohl einer der ersten wäre, die von einem solchen Programm wüßten. Um die Komplexität eines solchen Projektes etwas zu verdeutlichen, mag man sich überlegen, wie wohl ein Programm zu konstruieren wäre, das automatisch einen nicht ganz fehlerfreien geschriebenen Text in einen korrekten Text (nach Duden oder einer der diskutierten Varianten der Rechtschreibereform) umwandelt. Solch ein

[12] Tausend Worte kann als eine aktuelle praktische Grenze angesehen werden. Dies mag für eingeschränkte, aber dennoch interessante Anwendungen genügen. Ein Sprechschreiber müßte allerdings den gesamten Wortschatz umfassen (einschließlich der *ad hoc*-Verbindungen zusammengesetzter Hauptworte, die im Deutschen so häufig sind). Für die deutsche Sprache ergeben sich dann mehrere hunderttausend Wörter.

[13] Zitiert aus [374]. Leider nehmen die Informatiker und KI-Forscher Wittgenstein, wenn überhaupt, nur bis zum Jahr 1918 wahr (in dem er das Vorwort zum *Tractatus* geschrieben hat).

Rechtschreibeprogramm wäre nur ein Teil des Sprechschreiber-Projektes, doch selbst die Realisierung dieses Bausteins ist deutlich jenseits der derzeitigen Fähigkeiten von Computerprogrammen. Man kann zusammenfassen: Die Ablösung der Schreibmaschine erfolgt also weiterhin durch Textsysteme auf Personal Computern und nicht durch den ominösen «Sprechschreiber».

Bessere Erfolge hat man in zwei einfacheren, wenngleich keineswegs einfachen, Bereichen erzielt, die allerdings mehr der Nachrichten- oder Informationstechnik zuzuordnen sind als der Künstlichen Intelligenz. Es gibt einigermaßen verständlich *sprechende Rechner*, die einen intern gespeicherten Text in Englisch, Deutsch oder einer anderen Sprache laut vorlesen können. Perfekt oder auch nur gut verständlich sind diese Programme freilich nicht, und die mit der Bedeutung des Textes zusammenhängenden Probleme der Betonung sind bisher ungelöst.
Zur maschinisierten Texteingabe kann man *Schriftlesesysteme* für Maschinenschrift oder einfachen Buchdruck nutzen, freilich auch hier nur für relativ einfache Dokumente wie fest formatierte Belege oder schlichte Schreibmaschinen- oder Buchtexte. Wenige Programme können mit den weiten Variationen der Buchschriften umgehen, und für fortlaufend geschriebene Handschrift ist das Problem ungelöst — es scheint nicht viel einfacher zu sein als die Umsetzung fortlaufend gesprochener Sprache aus Mikrophonsignalen in die korrekten rechnerspeicherbaren ASCII-Schriftzeichen [82, 84].
Lesen ist ein kleiner Ausschnitt aus dem riesigen Feld der *Interpretation digitaler Bilder* und dem 'Bildverstehen', die wieder Teilaspekte der maschinellen Bildverarbeitung sind, einem Schnittfeld zwischen Nachrichtentechnik, Informatik und Künstlicher Intelligenz. In der Bildverarbeitung unterscheidet man grob die *Mustererkennung* und die *Analyse bildlicher Szenen* bis hin zum *Bildverstehen*. Als Beispiel ist in Bild 1.1 eine digitalisierte Frontplatine, ihre CAD-Beschreibung und die mit einem Programm kantenverschärfte Darstellung zur Objekterkennung überlagert mit der digitalisierten Darstellung gezeigt. Die Digitalisierung und Kantenverschärfung kann man der Nachrichtentechnik zurechnen. Kantenverschärfung, Filterung, Dynamikkompression u.a. beschreiben einen Problemkreis, den man technisch mehr oder weniger gut beherrscht. Dazu gehört auch die vorverarbeitende Bildverbesserung, bei der zur sicheren Bildverarbeitung Störeinflüsse ausgeschaltet werden, die Einflüsse der Beleuchtung auszugleichen sind usf. Diese Art der Bildverarbeitungstechnik ist heute industriell einsetzbar, wobei meist die Kostenfrage im Vordergrund steht. Man kann derart vorverarbeitete Objekte, deren Beschreibung im Rechner gespeichert ist, identifizieren — das ist dann schon eine Aufgabe der Informatik oder der KI-Forschung. Zur Erkennung ist eine Ähnlichkeitstransformation notwendig, die aus dem digitalisierten Bild eine der im Rechner gespeicherten Beschreibung ähnliche erzeugt.

*Ähnlichkeit* ist allerdings ein außerordentlich schlecht formalisierbarer Begriff. Er scheint viele soziale Voreinstellungen beim Menschen vorauszusetzen. Menschen sehen zwischen ganz verschiedenen Phänomenen Ähnlichkeiten, die dann im Einzelfall extrem schwer zu beschreiben und nur selten zu formalisieren sind. Auf abstrakterer Ebene finden wir Analogien, die noch schwerer formalisierbar sind. Mit gewissem Recht kann das Problem der Formalisierung der Begriffe Ähnlichkeit und Analogie als zentrale Aufgabe der KI-Forschung gesehen werden. Trotzdem besteht Grund zur Hoffnung, daß zumindest in halb künstlichen, vom Menschen stark strukturierten Umgebungen, wie man sie in der Fabrik vorfindet, eine Formalisierung bildlicher Ähnlichkeiten möglich wird. Besonders der Rechnereinsatz im *Computer Aided Design* erlaubt es, die derart erzeugten Beschreibungen als rechnerinterne Beschreibungen der zu erkennenden Objekte zu nutzen. Der Zusammenhang zwischen CAD und Mustererkennung ist ein lebhaftes Forschungsgebiet [95], bei dem eine gewisse Hoffnung besteht, daß für solche CAD-beschriebenen technischen Objekte die Mustererkennung zu praktisch einsatzfähigen Programmen führt.

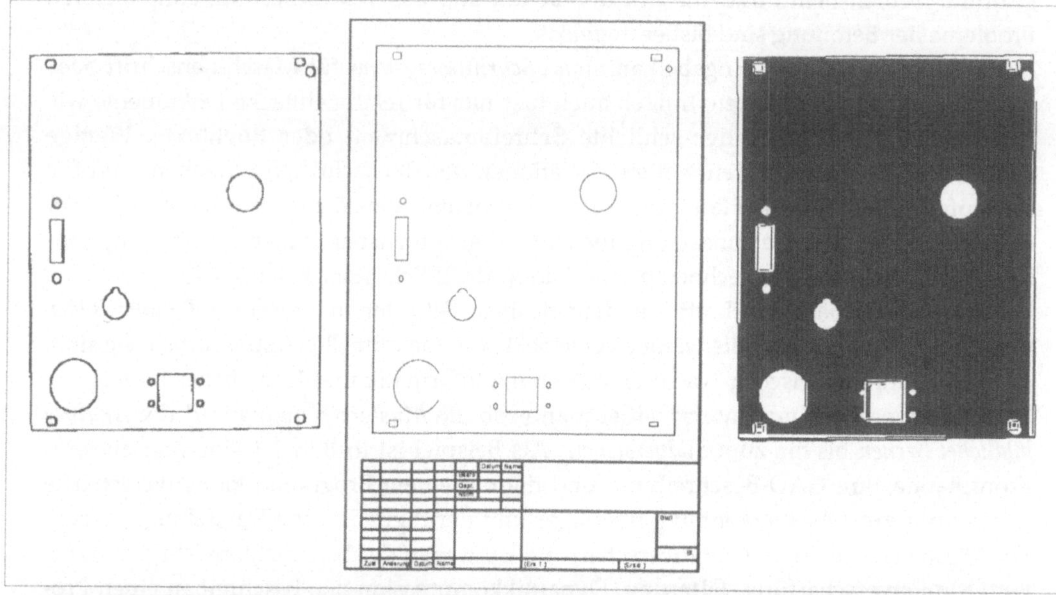

***Bild 1.1** Klassifizierung einer digitalisierten, kantenverschärftern Aufnahme mittels CAD-Umrißbeschreibung. Rechts Überlagerung der digitalisierten Aufnahme mit Merkmalen, die aus der CAD-Beschreibung (Mitte) und dem kantenverschärftem Bild (links) gewonnen wurden (vgl. [95]).*

Die Sache wird wesentlich komplizierter, wenn man statt der Erkennung einzelner Objekte die rechnergestützte *Analyse bildlicher Szenen* versucht. Bild 1.2 zeigt eine ganz einfache binär digitalisierte Schachszene mit programmtechnisch verschärften Kanten. Man sieht, daß es in diesem Fall schon sehr schwierig ist, etwa den Springer vor dem König noch zu erkennen. Die Szenenbilder ähneln den gespeicherten CAD-Zeichnungen nur wenig, die Identifikation der einzelnen Objekte und ihrer Lage ist schon bei einfachen Szenen sehr schwierig. Man kann daraus erst recht die enormen Schwierigkeiten bei der Analyse komplexer Szenen, etwa in freier Umgebung, verstehen.

***Bild 1.2*** *Einfache Bildszene mit einer kantenverschärften Variante*

Zu den immer wieder erwähnten Anwendungen des Bildverstehens und der Bildfolgen-Analyse gehört die Steuerung von Fahrzeugen in 'natürlichen' Umgebungen unter dem Stichwort 'fahrerloses Fahrzeug'. Auch wenn Forscher der Bundeswehr-Universität München ein rechnergesteuertes Auto mit hoher Geschwindigkeit über eine leere Autobahn fahren ließen [24], bleibt festzuhalten, daß an einen Einsatz solcher Fahrzeuge in Friedenszeiten, in denen die Verkehrsbedingungen durch die StVO geregelt sind, nicht zu denken ist. Ein typisches Beispiel für die enormen Schwierigkeiten, die solchen Versuchen entgegenstehen, ist schon ein einfacher Busch am Wegrand, der seinen Schatten auf die Fahrbahn wirft. Jedes Blatt und jeder Blattschatten muß zumindest als mögliches Hindernis betrachtet werden. Allein die Verwerfung solcher Gefahrenhypothesen beansprucht ungeheure Rechnerkapazitäten. Die praktischen Erfolge der rechnergestützten Bildverarbeitung liegen nicht auf dem Gebiet der Künstlichen Intelligenz, sondern auf eher herkömmlichen Gebieten der Informatik, Informations-, Steuer- und Regeltechnik. Das 'fahrerlose Fahrzeug' ist ein ungezügelter Traum von Militärs, die weder Tod noch Teufel fürchten, aber keine Perspektive realen Einsatzes im Straßenverkehr.

Das 'fahrerlose Fahrzeug' gehört in die Klasse der *Autonomen Systeme*, die auch in anderen Formen zu den von Militärs und Fabrikstrategen geförderten Bereichen der KI-Forschung zählen. Es geht im Kern um mobile, rechnergestützte, sensorgekoppelte Roboter, die in dem eng mit der Bildverarbeitung verknüpften Forschungsgebiet *Robotik* untersucht werden. Bei der Robotik handelt es sich tatsächlich um ein Amalgam aus Maschinenbau, Steuer- und Regeltechnik, Nachrichtentechnik, Sensorik, Informatik und Forschungen im Bereich Künstlicher Intelligenz, das derzeit als wesentlicher Baustein des *Computer Integrated Manufacturing* angesehen wird. Der Bildverarbeitung kommt

dabei als einem Teil der Sensorik, der für Menschen eine hervorragende Rolle spielt, eine besondere Bedeutung zu. Von ihrem immer wieder geäußerten Ziel der Schaffung (teil-) autonomer Systeme ist die Robotik freilich schon deshalb noch weit entfernt, weil sie das vergleichsweise kleine, wenngleich nicht einfache Teilgebiet der rechnergestützten Bildszenenanalyse nicht beherrscht.
Trotz interessanter Speziallösungen sind wir noch sehr weit von universell einsetzbaren Systemen entfernt, wie sie von KI-Forschern im Bereich der Robotik immer wieder als Ziel genannt werden. Nebenbei sei bemerkt, daß man mit Fug und Recht fragen kann, ob es sich überhaupt um ein lohnendes Forschungsziel handelt oder ob hier eine antropomorphe Grundeinstellung nicht einfach eine falsche Zielvorgabe suggeriert.

Die Konstruktion einheitlich strukturierter *Programmentwicklungsumgebungen* in Form integrierter Betriebssysteme und Programmiersprachen wird manchmal als der wesentliche Beitrag der Forschungen zur Künstlichen Intelligenz zur DV betrachtet (z.B. in [277]). Natürlich entschwindet dieser Beitrag mit dem Vordringen integrierter Programmierumgebungen in den Alltag der DV — etwa über die Macintosh *Finder* Oberfläche, Fenstersysteme unter Unix oder durch das Ada Programming Support Environment (APSE). Ob die Integration solcher Betriebssysteme mit Spezial-Hardware, wie etwa bei den LISP-Maschinen von Symbolics, LMI, Texas Instruments oder Xerox oder durch die *prolog*-Maschinen des japanischen Fifth Generation Programme in diesem Sinne gewirkt haben, ist allerdings fraglich. Der Leistungsvorsprung solcher Spezialhardware wird durch die Weiterentwicklung der Mikroprozessoren, Personal Computer und der Workstations ständig kleiner.

Die *automatische Deduktion* mit dem Rechner ist — für logisch oder mathematisch formulierte Aussagen — ein lebhaftes Grundlagenforschungsgebiet der Künstlichen Intelligenz. Dies hat zu einem sehr erfolgreichen Ausbau der rechnergestützten symbolischen Manipulation von mathematischen Formeln geführt. Zu den erfolgreich einsetzbaren Programmen gehören Macsyma, MuMath oder Mathematica.
Automatische Deduktionsverfahren haben eine zweite Variante von Programmen zugelassen, nämlich Inferenzmaschinen (Deduktionsmaschinen)[14] für logische Modelle nicht-mathematischer Sachbereiche. Derartige Modellierung kann zu komplexen Datenstrukturen führen, die in der KI etwas vollmundig als *Wissensrepräsentationen* bezeichnet werden. Die Kombination komplexer Wissensrepräsentation von symbolisch modellierten Anwendungsfällen mit dazu passenden Deduktionsverfahren ermöglichte die Konstruktion von Programmen, die logische Schlußfolgerungen im Anwendungsmodell maschinell ausführen können.
Im einfachen Falle bauen solche Programme auf Produktionsregeln der Form $\alpha \rightarrow \beta$ auf (wenn $\alpha$ dann $\beta$), wobei die Regeln sehr unterschiedlicher Natur sein können. Es kann sich um Regeln logischen oder erkenntnistheoretischen Charakters handeln, wie sie zur Beschreibung von räumlichen, zeitlichen, mathematischen oder naturgesetzlichen

[14] Eine formale logische Schlußfolgerung bezeichnet man als 'Deduktion' oder unter dem Einfluß der englischen und französischen Sprache als 'Inferenz'. 'Inferenzmaschinen' oder 'Inferenzmechanismen' können im Sinne der Programmiertechnik als Interpreter verstanden werden.

Zusammenhängen verwendet werden. Es kann sich auch um konventionelle Regeln handeln, die etwa zur Formulierung technischer Normen oder Regeln, bei rechtlichen Regelungen oder bei Verfahrensvorschriften wie den Rechtschreibregeln verwendet werden. Daneben gibt es das weite Feld nicht-expliziter Verhaltensregeln, die z.B. durch Erfahrung gewonnene Fachkompetenz ausmachen — wenngleich nicht alles Fachwissen durch Regeln beschreibbar oder auch nur explizierbar ist ('graues Wissen'). Das Feld der durch Regeln beschreibbaren Phänomene ist dadurch sicher nicht erschöpft.

Regeln sind besonders zur Formulierung heuristischer, nur unvollständig angenäherter Lösungsstrategien geeignet. Man kann prinzipiell auch vollständige algorithmische Verfahren durch Regeln beschreiben, aber gerade die Formulierung angenäherten, heuristischen Lösungswissens durch Regeln ist naheliegend. Die meisten regelgestützten Expertensysteme implementieren in diesem Sinne unvollständige, heuristische Lösungsansätze, was wiederum mit den Aufgabenbereichen zusammenhängt, die typischerweise mittels der Expertensystemtechnik behandelt werden.

Die Regeln, die einen Arbeitsvorgang beschreiben, werden in einer Regelmenge zusammengefaßt, die meist als *Wissensbank* ('knowledge base')[15] bezeichnet wird. Die Regeln bilden zusammen mit den für die einzelne Aufgabe spezifischen Eingabedaten (den zu erhebenden *Fakten*) ein formallogisches Kalkül. Die Auswertung der Regeln erfolgt mit einem Regelinterpreter, einer Deduktions- oder *Inferenzmaschine*, die im einfachsten Falle ausgehend von eingegebenen Fakten die möglichen Schlußfolgerungen aufzählt oder umgekehrt eine Hypothese auf Grund der Faktenlage (die eventuell durch Rückfragen erkannt wird) verifiziert oder falsifiziert, sofern das zugrunde gelegte Regelkalkül dies zuläßt. Inferenzmaschine, Regelmenge und Fakten werden dem Entwerfer und dem Anwender über eine Dialogkomponente zugänglich gemacht. Bei sehr komplexen Regelmengen kann darüberhinaus eine *strategische Steuerung* des Interpreters durch den Anwender erwünscht sein. Ein so beschriebenes Programmsystem wird *Expertensystem* genannt (vgl. Kapitel 1.5).

Aus ihren aktuellen Schwierigkeiten heraus nennen die Forscher der Künstlichen Intelligenz immer wieder einen perspektivischen Ausweg: *Die Rechner müssen selber lernen*, mit den jeweiligen Problemen zurecht zu kommen. Bereits Turing erwähnt diese Methode in seinem 1950 geschriebenen Aufsatz über «Computing Machinery and Intelligence». Doch das einzige *lernende Programm*, von dem man mit einigem Recht sagen kann, daß es einen praktischen Erfolg zeigte, scheint das Dame-Programm von Samuel. Es wurde bereits 1958 entwickelt und seitdem immer weiter verbessert. Es spielte früh auf recht gutem Niveau, gewann gegen den Landesmeister von Connecticut, hat sich aber seitdem trotz aller Lernanstrengung nicht zum Weltmeister gemausert — wenngleich dies immer wieder kolportiert wird.[16] Der Versuch einer Übertragung dieses Erfolges auf das Schachspiel blieb erfolglos. Andere *praktisch erfolgreiche* Einsätze lernender Programme sind nicht bekannt geworden — wenn man Damespielen als *praktischen* Erfolg gelten läßt.

[15] Über die Problematik dieser Begriffsbildung vgl. Kapitel 3.

[16] Vgl. Dreyfus [109], p.149. 1977 spielte das Samuel-Programm gegen ein nicht 'lernfähig' gestaltetes Programm von E.Jensen und T.Truscott. Nach Samuels Bericht in [325] war dieses neue Programm seinem eigenen leicht überlegen.

Unter den Stichwörtern 'Induktive Inferenz' und 'Machine Learning' haben die Versuche, maschinelles Verhalten automatisch zu verbessern, zwei weitere Wellen der Begeisterung seit Samuels Dame-Programm durchlaufen. Die Ansätze der induktiven Inferenz stützen sich wesentlich auf Untersuchungen von Gold [144], der den Spracherwerb im Kontext formaler Sprachen des Chomsky-Typs [171] untersucht. Der Lernprozeß selber erfolgt durch eine Serie induktiv aufgestellter Hypothesen, die nach unterschiedlichen Verfahren konstruiert und nach unterschiedlichen Kriterien verworfen werden können. Golds Arbeiten und die sich unmittelbar auf ihn beziehenden Folgearbeiten [2] haben zunächst keine praktische Motivation: sie zielen auf die Gewinnung allgemeiner Aussagen über die *prinzipielle* Erlernbarkeit (formaler) Sprachen, und gehören damit eher in das Gebiet der theoretischen Informatik, wenngleich ihre Reflexion innerhalb der KI im Sinne einer von manchen Forschern erwünschten theoretischen Fundierung der KI ansteht. Feldman u.a. haben in komplementärer Weise das induktive Erlernen von mathematischen Automatenstrukturen untersucht, wobei die Beschränkung auf endliche Automaten und eingeschränkte Klassen kontextfreier Sprachen zur automatischen Klassifikation in der Bildverarbeitung [136] und zur automatischen Programmierung [23,99] verwendet werden sollte. Auch hier sind praktische Durchbrüche bisher ausgeblieben.

Eine verwandte Welle Maschinellen Lernens wurde durch Arbeiten von Waterman [349] und insbesondere Winston [364] ausgelöst. Hinter diesen Ansätzen steht ein eingeschränkter Lernbegriff, der aber von den KI-Forschern gerne als zentraler Bestandteil intelligenten Verhaltens gesehen wird: Es geht um die Fähigkeit, allgemeine oder abstrakte Konzepte oder Begriffe zu entwickeln, ohne daß diese explizit vermittelt oder definiert werden. Wir erkennen z.B. einen konkreten Tisch als solchen, ohne den Begriff 'Tisch' genau definieren zu können und ohne jemals alle Ausprägungen eines Tisches gesehen zu haben. Die Annahme der KI ist, daß diese Fähigkeit durch Programme simuliert werden kann, die abstrakte Begriffe aus konkreten Beispielen 'erlernen'. Der Schwerpunkt dieses Forschungsprogramms liegt auf dem Raffinement der formalen Repräsentation von Objekten und Regeln zur Abstraktion sowie der Effizienz der Algorithmen für spezielle Anwendungsgebiete (Regeln des Poker- oder Schachspiels, Objekte in Spielzeugwelten, Integration mathematischer Funktionen). Verfahren der automatischen Wissensakquisition oder sogenannte Lernkomponenten einiger existierender Shells (1st-Class, RuleMaster) stützen sich auf Techniken des maschinellen Lernens. Die Einzelarbeiten stehen recht isoliert nebeneinander — sieht man von Sammelbänden oder Weiterentwicklungen spezieller Algorithmen ab, so daß ein Vergleich der verschiedenen Verfahren und eine Einschätzung ihrer Mächtigkeit außerhalb des jeweiligen Anwendungsgebiets schwierig ist. In [61] wird der Versuch unternommen, Gemeinsamkeiten einiger 'lernender Algorithmen' und ihre Mächtigkeit zu analysieren. In jeder der untersuchten Techniken hängt der Lernerfolg hochgradig ab von der Wahl der Repräsentation und in den meisten Fällen von der Reihenfolge der Beispiele während des Lernprozesses. So kann es z.B. nötig sein, sämtliche Beispielfälle eines zu erlernenden Begriffs zu speichern, um Sackgassen oder Widersprüche korrekt zu beheben. Für das schwierigere Problem der automatischen Generierung oder Modifizierung der Repräsentation sind keine auch nur annähernd befriedigenden Lösungen bekannt.

Die jüngsten Arbeiten des Maschinellen Lernens versuchen die bescheidenen Erfolge der bisherigen Lernprogramme durch 'wissensintensive' Verfahren auszugleichen. «The more you know the more (and faster) you can learn.» (M.Minsky zitiert nach [205]) Grundlage des 'explanation based learning' [236] ist 'Wissen' über ein Gebiet, das als (möglicherweise unvollständige) Theorie in das Lernverfahren eingeht. Der Lernprozeß besteht aus einer Reformulierung der zu erlernenden Begriffe in den Termini dieser Theorie. Die Arbeiten über diese neue Variante maschinellen Lernens stehen noch in den Anfängen; ob sie über eine Verbesserung der Programmeffizienz hinausführen, ist nicht abzusehen.

Die neueste Welle maschinellen Lernens ist gleichzeitig Ausläufer ihrer ältesten Ansätze, nämlich der Rückgriff auf die kybernetischen Forschungen zum Komplex 'Neuronale Netze'. Die Idee der logischen Modellierung von Nervennetzen geht auf McCulloch und Pitts sowie auf Norbert Wiener und Frank Rosenblatt zurück [149]. Mit der zunehmenden Kritik an den ausbleibenden Erfolgen mancher KI-Forschungsprojekte wird diese Forschungsrichtung wieder populärer (und finanzierter). Einige interessante Forschungserfolge, die jedoch bisher nicht zu praktischen Systemen geführt haben, verstärken diese Bewegung. Hinzu kommt ein starkes Interesse außerhalb der Informatik, in der Steuer- und Regeltechnik, der Biologie, der Physik und im Maschinenbau, wo manche Forscher nur widerstrebend dem Zug zur algorithmischen Beschreibung mit Hilfe symbolischer Repräsentationen gefolgt sind und nun die Hoffnung haben, die 'Programmierung' mit Hilfe adaptiver oder gar selbst-optimierender Netzstrukuren umgehen zu können.

Innerhalb der KI-Forschung hat das neu erwachte Interesse an den neuronalen Netzen einen alten Streit zwischen den Advokaten 'symbolverarbeitender Systeme' und den Propagandisten 'kontinuierlicher Modelle' wiederbelebt [149]. So haben sich etwas überraschend die Brüder Dreyfus für die Neuronalen Netze engagiert, denen sie die naturwissenschaftliche Beweiskraft zutrauen, um die Ideen von Descartes, Husserl und des frühen Wittgenstein zu widerlegen. «Neuronale Netze mögen zeigen, daß Heidegger, der spätere Wittgenstein und Rosenblatt recht hatten in der Annahme, daß wir uns intelligent in der Welt bewegen, ohne eine Theorie dieser Welt zu besitzen» [111].

Typisch für die derzeitige Entwicklung mag ein System von Hopfield und Tank zur angenäherten Berechnung des 'Travelling Salesman'-Problems sein [172], das im veröffentlichten Beispiel schlechter ist als eine algorithmische Lösung von Lin und Kernighan, dennoch aber als Durchbruch bezeichnet wird [149]. Auf das problematische Verhalten dieser Netzlösung, die abrupte Verschlechterungen mit leicht variierten Eingabedaten zeigt, ist an anderer Stelle hingewiesen worden [359].

Jerome Feldman von der University of Southern California, der sich seit langer Zeit mit diesen Netzen befaßt, hat in der *Byte* vom Januar 89 vor einer Überschätzung jetziger Netze und vor der falschen Erwartung schneller praktischer Erfolge gewarnt: «Es mag einige praktische Verwendungen neuronaler Netze in Gebieten wie Bildverarbeitung, akustischer Analyse, Motorsteuerung u.a. geben, falls wir verstehen, wie das Gehirn solche Sachen bewerkstelligt. Tiere sind viel besser in gewissen Aufgaben als irgendein Computer oder ein Programm, das man bauen kann. Aber es wird großer Anstrengungen bedürfen, um diese Probleme zu lösen. Da ist ein enormes Potential, aber ich denke, daß eine Menge Begeisterung in diesem Gebiet mehr auf dem Potential als auf technischem 'know-how' beruht. Die große Frage ist: Ist dies die angemessene Zeit, um Ideen der organischen Wissenschaften für die Technik auszubeuten?» [63].

«Ich habe in diesen Gebieten seit über zehn Jahren geforscht. Einige Leute glauben, daß neuronale Netze innerhalb von fünf Jahren zu praktischen Ergebnissen führen werden. Ich habe eine Menge kommerzieller und militärischer Ansätze gesehen, die auf der Voraussetzung basieren, daß diese Technik bald greifbar ist. Da ist kein Weg, auf dem dies geschehen kann. Ich glaube nicht, daß wir einen Zeitplan zur Entwicklung komplexer Systeme machen können, da wir große Teile noch nicht verstehen. Eine Menge Leute arbeiten jetzt daran; sie stützen sich mehr auf Hoffnungen als auf technische Grundlagen. ... Uns fehlt bislang das technische Verständnis für das, was wir brauchen, um eine Bildverarbeitungs- oder Sprachmaschine zu bauen. Verstünden wir das Problem, könnten wir eine entsprechende Maschine bauen» [63].

«Die Leute in diesem Forschungsgebiet sagen, daß die größte Gefahr in übertriebenen Erwartungen besteht. Ich denke, daß das Gebiet eine lange und produktive Zukunft hat, solange die Leute, die die Arbeit machen, Geduld zeigen und nicht frevelhaft Dinge versprechen» [63].

Daß die Erwartungen riesig sind, kann man an dem simplen Fakt beobachten, daß innerhalb eines Jahres gleich zwei große Forschungskongresse in den USA zum Thema stattfanden, die zusammen über 3000 Besucher hatten. Zu den jetzt propagierten Forschungszielen des Pentagons im Gebiet der Neuronalen Netze gehört die Entwicklung eines Apparats, der die sensorischen, kognitiven und motorischen Fähigkeiten einer Fliege besitzen soll; diese Fliege soll jedoch vermutlich so groß sein, daß sie ein oder zwei Bomben unter ihren Flügeln transportieren kann. Freilich darf auch am planmäßigen Erreichen dieser Ziele gezweifelt werden.

Eines der größten und ältesten[17] ungelösten Probleme der KI-Forschung ist die Kodierung von Allgemeinwissen ('common sense knowledge'). Das unbefriedigende Verhalten der KI-Programme wird in fast allen Bereichen, wie Sprachverstehen, Bildverstehen, maschinelles Lernen, auf die Nichtverfügbarkeit von Alltagswissen zurückgeführt. Intelligentes Verhalten selbst innerhalb von hochspezialisierten Gebieten beruht neben dem fachspezifischen Wissen auch auf Alltagswissen: Wissen über alltäglich erfahrene physikalische Gesetze, über elementare soziale, politische, psychologische Zusammenhänge etc. Das häufig beobachtete, unerwünschte Verhalten von Expertensystemen, an den Rändern ihrer eng begrenzten fachlichen Kompetenz abrupte Fehler zu machen, ist ein Beispiel fehlenden Allgemeinwissens: Menschliche Experten erkennen die Grenzen ihrer Kompetenz und können sie häufig durch Analogieschlüsse ausdehnen; beides liegt jenseits der Fähigkeiten eines Expertensystems.

[17] John McCarthy hat die Formalisierung von Alltagswissen von Anfang an als sein 'persönliches Forschungsprogramm' in der KI gesehen (vgl. den 1958 erschienenen Aufsatz «Programs with Common Sense» [215]).

Ein Teilaspekt des Bemühens, Alltagswissen symbolisch zu kodieren, wurde als das 'Frame Problem' der Künstlichen Intelligenz bekannt, erstmalig diskutiert von McCarthy und Hayes [217]. Im Kern ist das Frame Problem ein Problem der Änderungen: welche Beziehungen zwischen den Objekten einer KI-Welt bleiben nach einer Aktion in dieser 'Welt' (z.B. dem Stapeln von Bauklötzen) konstant, welche ändern sich wie. Eine logische Repräsentation der Objekte, Beziehungen und Aktionen lassen die logische Ableitung indirekter Folgen einer Aktion nur dann zu, wenn es gelingt, Aussagen wie «alles ist normal» oder «alles verhält sich erwartungsgemäß» logisch auszudrücken. Das Problem ist alles andere als trivial: eine explizite Repräsentation aller indirekten Folgen einer Einzelaktion ist wegen der Komplexität nicht erzeugbar.

Die von Minsky erdachte Frame-Datenstruktur [232] ebenso wie die 'Scripts' von Roger Schank [298] sind Vorschläge für technische (Teil-)Lösungen des Frame Problems. Scripts sind aus den Forschungen über das Verstehen von Texten entstanden. Es handelt sich um Beschreibungen stereotypischer Ereignisse, Situationen und Verhaltensweisen in eng begrenzten Umgebungen — z.B. typische Ereignisse während eines Kindergeburtstags oder eines Restaurantbesuchs. Die rudimentären Hinweise auf typische Ereignisse in einer konkreten Geschichte eines Restaurantbesuchs sollen durch Referenzierung auf das 'Restaurant-Script' eingeordnet werden, Abweichungen von der stereotypischen Ereignisfolge, die meist den 'clou' einer Geschichte ausmachen, erkannt werden.

Mit dem Versuch, Allgemeinwissen symbolisch zu repräsentieren, stößt die KI am deutlichsten an die Grenzen ihrer epistemologischen Grundannahmen. Oft wird lediglich die ungeheure Menge von zu kodierenden Bits an Allgemeinwissen beklagt. Aber auch da gibt es einige hoffnungsfrohe Rechner: «Drei unabhängige Schätzungen jüngeren Datums über die Zahl von Begriffen (Frames) die für eine volle Wissensbreite benötigt werden, kamen alle zu demselben Ergebnis von annähernd einer Million: (1) CYC: 30.000 Artikel mit 30 Frames pro Artikel, (2) EDR[18]: 200K Worte à 1 Frame aus wenigen Sprachen, (3) Minsky: 4 Einträge pro Stunde in das Langzeitgedächtnis von der Geburt bis zum Erwachsenen» [205]. Diese Zahlenspielereien ignorieren allerdings die Frage nach der Struktur von Alltagswissen, welches in hohem Maße repräsentationsunabhängig zu sein scheint. Wir erkennen Zusammenhänge oder Ähnlichkeiten von Situationen, die keine offensichtlich beschreibbaren Gemeinsamkeiten haben oder demselben Kontext angehören. «Gelegentlich ist in der KI-Literatur über die Möglichkeit von Programmen, die zwischen verschiedenen Repräsentationen hin- und herwechseln oder neue Repräsentationen generieren können, diskutiert worden. Wenn dies möglich wäre, könnte die jeder Repräsentation inhärente Blindheit überwunden werden. Wenn wir jedoch sorgfältig die aktuellen Vorschläge ansehen, zeigt sich, daß sie sich nicht wirklich den Kernpunkten stellen. In einigen Fällen entwirft der Programmierer eine kleine Anzahl verschiedener Repräsentationen (anstelle einer einzigen), und das Programm ist fähig, zwischen ihnen zu wechseln. In anderen Fällen behandelt die sogenannte Generierung einer Repräsentation in keiner Weise die Charakterisierung der Umgebung (in der das Problem entstanden ist), sondern lediglich die Details der formalen Strukturen, durch die es dargestellt ist. In jedem Fall ist das Problem der

[18] das japanische 'Electronic Dictionary Research' Projekt.

Blindheit, so wie es durch die initiale Programmierung geschaffen wurde, unberührt» [362]. Winograd & Flores kritisieren nicht nur die Unzulänglichkeit der gegenwärtigen common sense-Programme, sondern die Sinnlosigkeit dieser Forschungsrichtung schlechthin: «Jede Frage erwächst aus einer *Tradition*, einem Vor-Verständnis, welches den Raum möglicher Antworten aufspannt. Wir gebrauchen den Begriff 'Tradition' hier in einem weiten Sinn... Es ist ein umfassenderes, fundamentaleres Phänomen, das eine 'Art des Daseins' genannt werden kann. Wenn wir eine Tradition verstehen wollen, müssen wir uns zunächst dessen bewußt werden, wie sie durch ihre Offensichtlichkeit verborgen ist. Es handelt sich nicht um eine Menge von Regeln oder Redensarten oder um etwas, was wir in einer Enzyklopädie katalogisiert finden. Es geht um die Art und Weise des Verstehens, um den Hintergrund, in dem wir interpretieren und handeln» [362].

Die letzte Bemerkung ist wohl auch als Seitenhieb auf das wohl ehrgeizigste Projekt der common sense-Programmierung zu verstehen, das unter der Leitung von Douglas B. Lenat verfolgt wird: das CYC-Projekt [205]. «In CYC wird das Wissen einer Enzyklopädie Satz für Satz kodiert und solches Wissen hinzugefügt, das zum Verständnis eines Satzes erforderlich ist. ... Nach der extrem aufwendigen Kodierung der ersten Artikel der Enzyklopädie erwarten Lenat et al., daß später in zunehmenden Maße auf bereits existierendes Wissen zurückgegriffen und die Kodierung eines neuen Konzeptes durch Kopieren und Editieren von ähnlichen vereinfacht werden kann. Die Verfügbarkeit von Allgemeinwissen wäre ein Durchbruch in der Künstlichen Intelligenz. Allerdings ist die Erfolgswahrscheinlichkeit dieses Mammutprojekts ungewiß» [272]. Es bleibt anzumerken, daß sich der Zeithorizont der neuen Enzyklopädisten in Dekaden bewegt.

## 1.5 Expertensysteme: zwei orthogonale Definitionen

Expertensysteme sind als besondere Form von Programmen definierbar, die sich durch die Trennung der anwendungsspezifischen Methoden in der Wissensbank und der anwendungsunabhängigen Programmsteuerung durch die Inferenzmaschine zur Deduktion logischer Schlußfolgerungen auszeichnen. Diese ist die *technische Definition* von Expertensystemen als Programmiermethode. Daneben ist auch eine *Definition aus den Anwendungsgebieten* heraus möglich und üblich. Als *Expertensysteme* werden in diesem Sinne Computerprogramme bezeichnet, die Entscheidungen auf dem Kenntnis- und Wissensstand von Fachleuten unterstützen oder vorschlagen sollen, seltener auch die Forderung oder Vorstellung, die Programme sollten die Fachkraft vollständig ersetzen. Dazu wird das heuristische oder algorithmische Verfügungswissen des Experten explizit in symbolischer Form, in einem Programm oder als Datenmenge, dargestellt.

Die technische Definition von Expertensystemen und die Definition über Anwendungsbereiche schließen sich gegenseitig nicht aus; sie sind im Sinne der Informatik *orthogonal*. Formal ergeben sich drei mögliche Variationen:

- Programme, die in herkömmlicher Weise programmiert sind, aber die qualifizierte geistige Arbeit eines Experten unterstützen oder ersetzen.

- Programme, die heuristische Verfahren mit einer Inferenzmaschine und symbolischer Wissensrepräsentation implementieren und die qualifizierte geistige Arbeit eines Experten unterstützen oder ersetzen.
- Programme, die heuristische Verfahren mit einer Inferenzmaschine und symbolischer Wissensrepräsentation implementieren, aber keine Aufgaben übernehmen, die bislang als 'Expertentätigkeit' galten.

Alle drei Typen von Programmen werden gebaut und finden ihre Marktnische. Beispiele für die erste Gruppe sind Entscheidungstabellen und in gewisser Weise auch die Tabellenkalkulationsprogramme (*Spreadsheets*). Die zweite Gruppe steht meist im Fokus der Diskussion um die Expertensysteme. Die dritte Gruppe findet man z.B. beim Entwurf elektronischer Schaltungen (regelverarbeitende Auto-Router zur Leiterbahnentflechtung).

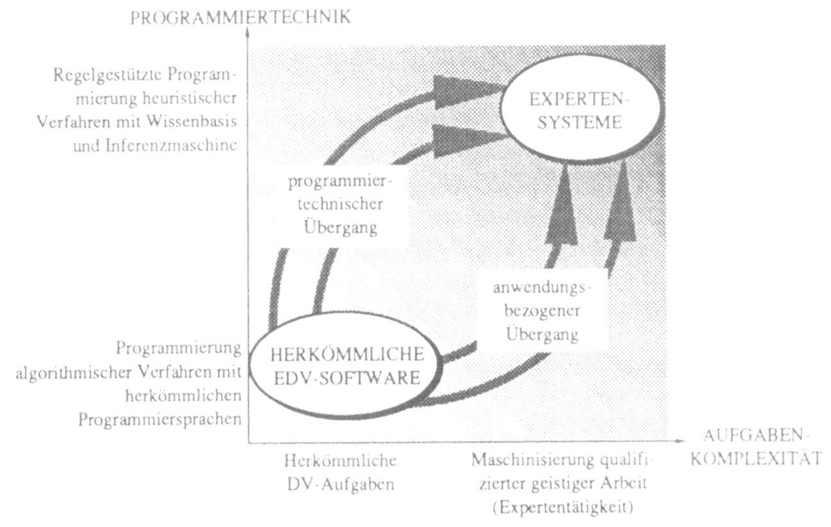


**Bild 1.3** *Herkömmliche DV und Expertensysteme — zwei unterschiedliche Übergangspfade*

### 1.5.1 *Eine programmiertechnische Definition von Expertensystemen*

Die herkömmlich eingesetzte, an vollständig beschriebenen Algorithmen orientierte Programmiertechnik hat sich auf die prozedurale Programmierung mit der Trennung von Daten und algorithmischen Verfahren verlassen. Niklaus Wirth, der Erfinder schöner prozeduraler Programmiersprachen wie Pascal, Modula-2 und Oberon, bringt dies auf die etwas plakative Formel [369]:

*programs = algorithms + data structures.*

Wirths Formel beschreibt Programme auf der Maschinenebene, die an der Berechnung gemäß dem Modell der Turingmaschine orientiert ist: das Lösungsverfahren liegt fixiert als Algorithmus vor, das eindimensionale Band der Turingmaschine ist durch Daten-

strukturen komfortabler geworden. Nichts wird gesagt über den Prozeß, der zwischen einem realen Arbeitsvorgang und seiner (Re-)Formulierung als Programm liegt, dem Prozeß, wie der Algorithmus gewonnen wird. Es wird vorausgesetzt, daß es einen Algorithmus gibt, daß er irgendwie gefunden und formuliert wurde, und daß er korrekt ist.
Was aber ist mit Problemen, für die kein allgemeiner Lösungs-Algorithmus bekannt ist, die nur in Teilen exakt beschreibbar sind, oder deren Lösung zu aufwendig ist, um vollständig algorithmisch berechnet zu werden. Die meisten praktischen Arbeitsvorgänge sind dieser Art, insbesondere aber die Prozesse, die als 'Expertentätigkeit' umschrieben werden.
Auf der Ebene der Lösungsbeschreibung wird mit Heuristiken gearbeitet: Fallbeispiele, Annahmen, Erfahrungsregeln, wobei immer klar ist, daß diese partiellen Lösungsstrategien Versuchscharakter haben und nur für einen Teil des Aufgabengebiets korrekt sind. Die Grenzen der Korrektheit aber sind typischerweise nicht beschreibbar. Der Prozeß der Transformation eines identifizierten Problembereichs in ein Programm (der Prozeß der Algorithmisierung) entspricht der Konstruktion eines 'systematischen Bereichs' [362], erst während der Algorithmisierung entstehen genaue Vorstellungen über die Lösungsstrategien des Problemgebiets.
Auf der Ebene der Maschine wird der vorläufige, versuchsweise Charakter der prototypischen Programme dadurch widergespiegelt, daß heuristische Methoden des Anwendungsgebiets als Daten behandelt werden, die so im Laufe der zyklischen Reformulierung und Korrektur der Lösungsspezifikation leichter angepaßt und geändert werden können. Eine fixierte, implementierte Version eines solchen heuristischen Programms ist algorithmisch und kann auch in konventionellen Programmiersprachen formuliert werden. Der Vorteil der regelgestützten oder objektgestützten Programmiermethodik ergibt sich aus der leichten Änderbarkeit der Programme, die nicht nur die Daten, sondern auch die Methoden des Anwendungsgebiets einschließt.[19]
Aus Wirths Formel wird somit:

*Programm = Logik + Methoden + Fakten*

eine Formel, die Kowalskis Forderung *program = logic + control* [200] oder den Entwicklungen zur objektorientierten Programmierung in Simula [255] oder Smalltalk [145] als der Wirthschen Formel nahekommt. In der Expertensystemtechnik wird die Inferenzmaschine entweder explizit programmiert (etwa in LISP, aber auch in herkömmlichen prozeduralen Programmiersprachen wie C, Pascal, Modula-2, Ada oder Fortran), oder sie wird durch die Wahl der Programmiersprache vorgegeben (z.B. bei Prolog, LOOPS oder OPS), oder sie wird durch einen speziellen Programmgenerator (*Expert System Shell* genannt) realisiert. Im letzten Fall ist die Behandlung der heuristischen Regeln als Eingabedaten neben den Fakten offensichtlich, bei expliziter Programmierung ist die Behandlung der Regeln als Daten immerhin naheliegend, da der Unterschied zur

[19] Auf der anderen Seite können natürlich auch vollständig spezifizierbare Aufgaben mit regelbasierten Programmiermethoden behandelt werden, was sich besonders für solche Anwendungsfelder empfiehlt, die (recht gut) spezifizierbar sind, aber ständigen zeitlichen Änderungen unterliegen: sind sind leichter programmierbar, da leichter wartbar, als in herkömmlichen Programmiersprachen.

expliziten oder impliziten Inferenzmaschine deutlich ist. Die dem Programm zugrundeliegenden Algorithmen werden so in die Steuerlogik des Programms und die fachspezifischen Methoden der Anwendung aufgespalten.

Die regelgestützte logische Programmierung ist nicht unbedingt einfacher als die Programmierung in anderen Programmiersprachen. Sie wird nur dann einfacher, wenn der im Programm abzubildende Gegenstandsbereich dafür besonders geeignet ist. Man kann leider nicht darauf vertrauen, daß mit der regelgestützten Programmierung ein Königsweg zum Programmieren gefunden wurde. Als Anschauungsmaterial sei aus Konrad Zuses Autobiographie ein Ansatz zum regelhaften Programmieren genannt. Zuse hatte sich mit dem Schachspiel beschäftigt, da er hier ein besonders aussagekräftiges Anwendungsbeispiel für die Art von Berechnungen sah, die seine Maschinen bearbeiten konnte. Und er ahnte schon 1939 den engen Zusammenhang zwischen formaler Logik und Programmiersprachen (ein Zusammenhang, den er dann ab 1945 in seinem 'Plankalkül', der ersten richtigen Programmiersprache überhaupt, umsetzte).
«*Schwarz ist matt, wenn der schwarze König von mindestens einer weißen Figur angegriffen wird und weder der König auf ein Feld ausweichen kann, welches von keinem weißen Stein angegriffen oder gedeckt wird, noch Schwarz — im Falle, daß der schwarze König nur von einer weißen Figur angegriffen wird — den Angriff dieser Figur abwehren kann, indem Schwarz entweder diese Figur schlägt oder eine eigene Figur dazwischensetzt.*» [381]
Die Umsetzung in ein logisches Programm dürfte einige Schwierigkeiten bereiten.

Für *Expertensystemprogramme* ergeben sich als Basiskomponenten:
- eine *Datenbank* ('Wissensbank' = 'Faktenbank' + 'Methodenbank') zur rechnerinternen, maschinellen Wissensrepräsentation;
- eine *Programmprozedur* zum automatischen Ausführen logischer Ableitungen ('Inferenzmaschine');
- eine *interaktive Benutzungsschnittstelle* ('Dialogkomponente'), wobei zwischen dem in den Zugriffsrechten privilegierten Entwickler ('Knowledge Engineer') und dem Benutzer unterschieden wird;
- die Unterstützung zur *Wissensakquisition* (Befragungsmethoden, Nutzung vorhandener maschinell gespeicherter Daten, Regel- und Objektgeneratoren).

Dies ist die programmiertechnische Definition von Expertensystemen.

Im Umgang mit einem Expertensystem sind drei Personenrollen vorgesehen: Der *Experte*, dessen Fachkenntnisse in symbolischer Form (meist als Regeln) durch den *Wissensingenieur* für die formale Wissensrepräsentation im Programm aufbereitet werden, und der *Benutzer*, der mit dem erzeugten Programm arbeitet, also Hypothesen überprüft und Fakten für den konkreten Fall bereitstellt. Natürlich müssen dies keine drei verschiedenen Personen sein; der Experte kann Nutzer werden, der Wissensingenieur kann gleichzeitig der Experte sein, und bei kleinen Programmen können auch alle drei Rollen in einer Person vereinigt sein.

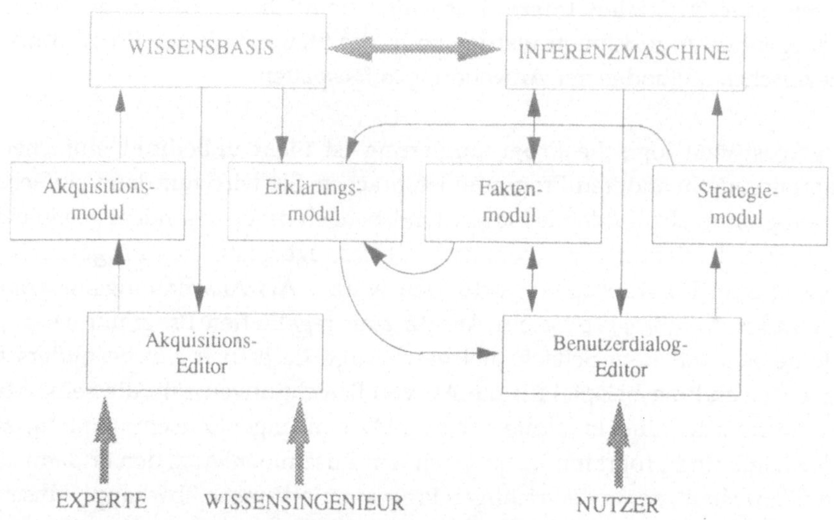


***Bild 1.4 Komponenten eines Expertensystems***

Die wesentlichen technischen Eigenschaften von Expertensystemen, die sie von herkömmlicher Programmierung unterscheiden, sind:

- die häufige (wenngleich nicht ausschließliche) Verwendung heuristischer Verfahren,
- die erleichterte Formalisierbarkeit heuristischer Methoden, die durch die weitgehende Trennung von Programmablaufsteuerung und der Programmierung von anwendungsspezifischen Methoden (meist als Regeln) erreicht wird,
- die Möglichkeit, mit vorläufigen, vage bekannten oder unsicheren Fakten umzugehen und
- die prinzipiell geforderte Möglichkeit, Arbeitsweise und Ergebnis des Programms dem Benutzer auf Rückfrage hin programmiert zu erklären.

Dies kann bei vielen Anwendungen zu größerer Flexibilität gerade bei der Programmierung sich schnell ändernder Methoden oder Randbedingungen führen. Der Preis solcher Flexibilität besteht darin, daß bei typischen Expertensystemen weder die Vollständigkeit noch die durchgängige Korrektheit der Wissensbasis zu erzielen ist.[20] Für Expertensysteme, die auf heuristischen Methoden aufbauen, gilt: *Ein Expertensystem ist von seiner Aufgabendefinition her unfertig, unvollständig und nie völlig fehlerfrei!*[21] Der abrupte Bruch zwischen korrektem und fehlerhaftem Arbeiten ist nicht technisch fixierbar. Darin unterscheiden sich Expertensysteme zumindest in den *Ansprüchen* an die Software-Erstellung radikal von tradierten Software-Systemen, die auf algorithmischen Spezifikationen statt auf Heuristiken aufbauen.[22]

[20] Solche Probleme werden im Informatiker-Jargon 'ill-defined' genannt.

[21] Es sind Expertensysteme denkbar, deren Aufgabenstellung vollständig algorithmisch definiert ist, und die deshalb 'fertig' sein können. Solche Systeme sind vermutlich besser in herkömmlicher Programmiertechnik zu erstellen.

[22] In der Praxis der Softwaretechnik kann diese Unterscheidung nicht durchgehalten werden, da eine vollständige algorithmische Spezifikation großer Programme kaum möglich ist.

Von ihren Ansätzen und möglichen Anwendungen her ist die Expertensystemtechnik vielversprechend. Das eigentliche Problem liegt in den technischen Details, vor allem den besonderen Anforderungen an die Software-Entwicklung, die für solche Programme bestehen. Die softwaretechnische Seite dieser Programme umfaßt eine Reihe wesentlicher ungelöster Probleme, wie z.B. die Entwicklung einer völlig neuen Form von Programmtests, die aus der Natur heuristischer Methoden resultieren. Heuristische Methoden sind eben nur in typischen Fällen zuverlässig, versagen aber in anderen Fällen *per definitionem*. Wie erkennt man ein solches Versagen? Wie verhindert man katastrophale Folgen?

### 1.5.2 Einsatzbereiche für Expertensysteme

Mögliche Anwendungen der Expertensystemtechnik sind zahlreich und stehen kaum hinter den allgemeinen Anwendungsbereichen der Informatik zurück. Oft ist es einfach, einige Regeln anzugeben und zu programmieren, die ein Problem in 20%, 50% oder 70% der anstehenden Fälle lösen. Leider wird das Programm auch Fälle aus den verbleibenden Resten lösen, die es noch garnicht beherrscht. Es muß also über einen langen Zeitraum von menschlichen Experten bezüglich seines Funktionsumfangs und seiner Zuverlässigkeit überwacht und erweitert werden. Diesen Prozeß nennt man *inkrementelle Programmierung* oder auch *explorative Programmierung*. Die Vorlaufzeit bis zum erfolgreichen, routinemäßigen Einsatz beträgt für ein größeres Programm, wie etwa für das berühmte Maschinenkonfigurationssystem R1/XCON der Firma Digital Equipment, Jahre. Zum Zeitpunkt des ersten praktischen Einsatzes waren weniger als 85% der Ergebnisse des Programms korrekt. Inzwischen soll das Programm sehr viel zuverlässiger geworden sein; meist wird von weniger als zwei Prozent fehlerhafter Konfigurationen berichtet.

Geplante und prototypische Anwendungen umspannen viele Arbeitsfelder; sie liegen im rechnergestützten Entwurf (CAD), in der Konfiguration und Planung in der rechnergestützten Fertigung (CIM), in der Maschinendiagnose, in der Steuerung und Regelung von DV-Anlagen, aber auch von Anlagen der chemischen und petrochemischen Verfahrenstechnik, in der Energietechnik, in der Logistik, im Bürobereich, in der Finanzplanung, im Banken- und Versicherungsbereich und letztlich in allen Gebieten, in denen auch sonst DV eingesetzt wird — sowie in einigen Gebieten, wo dieser Einsatz bisher eher schwierig war. Anwendungen im medizinischen Bereich, die anfänglich einen erheblichen Teil vor allem der amerikanischen Forschung ausmachten, scheinen nicht zu praktischen Programmen zu führen, unter anderem wegen mangelnder Zuverlässigkeit und unbefriedigender Handhabbarkeit [115], aber vermutlich auch wegen Haftungsproblemen.

Die typische Aufgabe von Expertensystemen ist die *Klassifikation* und *Diagnose* an Hand von Regeln oder äquivalenten Konstruktionen; solche Programme kann man *analytische Expertensysteme* nennen. Als erfolgversprechende Anwendungen scheinen die unter dem Blickwinkel der Maschinellen Intelligenz eher harmlos anmutenden *rechnergestützten Handbücher* an erster Stelle zu stehen. Dies wird sich mit dem raschen Aufkommen von CD-Plattenspeichern noch wesentlich verstärken.

Eine handliche Art, Fachwissen aufzubereiten, ist die Nutzung von *Tabellen*. Der Charme von Visicalc und anderen Tabellenkalkulationsprogrammen liegt darin, daß man ständig neue Aufgaben entdeckte, die durch Bearbeitung von Tabellen auf dem Rechner lösbar waren. Tatsächlich werden einfache Expertensystem-Hilfsmittel angeboten, die auf dieser Basis arbeiten [131]. *Fahrpläne* sind eine Variante von Tabellen, die gerne zu Demonstrationszwecken [310], aber vereinzelt auch mit ernsten Absichten in Form von Expertensystemen aufbereitet werden. Juristische und technische *Regelwerke* sind ein weiteres Anwendungsfeld, das der Expertensystemtechnik relativ leicht zugänglich ist. Die Anwendungsbereiche gehen quer durch die industrielle Arbeit, wobei der Schwerpunkt im Bürosektor liegen mag. Planerisches Hilfsmittel aus der Kategorie der Regelwerke sind ('intelligente') Checklisten, etwa zur Sicherung der Vollständigkeit eines Arbeits- oder Verwaltungsvorgangs, und regelgestützte Auswahlverfahren, etwa zur Produktauswahl aus einem elektronisch gespeicherten Katalog.

*Bildschirm-Hilfesysteme* (Online Help), die die Arbeit am Bildschirm unterstützen sollen, können als Expertensysteme ausgebildet werden, die in komplexen, fehlerträchtigen oder fehlerhaft verlaufenden Situationen selbständig Hilfefunktionen anbieten (aktive Hilfe). Eine Erweiterung dieser Programme führt zu *Zugangssystemen* (front-ends), die die Handhabung von Datenbanken und Informationsnetzen erleichtern können. Dies erleichtert dem gelegentlichen oder neuen Benutzer die Arbeit mit solchen Programmen.

Im Bürobereich ist darüber hinaus eine gegenüber dem jetzigen Stand fortgeschrittene *Dokumentenerstellung* mit einfachen Methoden der rechnergestützten Dokumentenerschließung denkbar. Der bereits erwähnte Bereich der Übersetzung fremdsprachlicher Texte könnte dabei unter Verzicht auf die vollautomatische Übersetzung durch die Bereitstellung handhabbarer *Wörterbücher* wesentlich erleichtert werden [162, 308]. Die Interpretation von Bildern oder Sprache ist ebenso wie die Vorhersage auf Grund gespeicherter Daten ein Bereich, in dem gewisse Erfolge für die Expertensystemtechnik erwartet werden dürfen.

Sowohl der bessere Einsatz von Handbüchern wie die Möglichkeiten der rechnergestützten Planung lassen einen erfolgreichen Einsatz von Expertensystemen im Ausbildungssektor möglich erscheinen, wobei kurze Handlungsfolgen in graphischer Form oder als Filmstreifen eingesetzt werden können (vgl. Beschreibung von CATS-1 in Abschnitt 5.3). Ob Expertensysteme zu einem Wiederaufleben mancher längst totgeglaubter pädagogischer Konzepte aus dem Bereich der 'Computerunterstützten Unterweisung' beitragen können, wird sich zeigen.

*Diagnoseaufgaben* decken ein weites Einsatzfeld von Expertensystemen ab, das von der Diagnose von Leiterplatten über die Diagnose von Druckern, Motoren und ähnlichen Aggregaten bis zu komplexen Maschinensystemen wie Lokomotiven und CNC-Drehmaschinen reicht. Oft handelt es sich dabei um eine programmierte Version herkömmlicher Fehlerbäume. Neben den reinen Diagnosesystemen gibt es Programme, die nach erfolgter Diagnose *Reparaturanleitungen* geben. Reparatursysteme können im speziellen Fall der Programmierung auch als 'Debug'-Programme ausgeprägt sein.

Ähnlich der Diagnose technischer Systeme lassen sich naturwissenschaftliche oder technische *Klassifikations- und Analysemethoden* in der Chemie und der Petrochemie, der

Medizin, der Biologie oder der Geologie durch regelgestützte Programmierung maschinisieren. Tatsächlich läßt sich ein Großteil der heute als klassisch angesehenen Expertensysteme in diese Rubrik einordnen.

Neben den analysierenden Expertensystemen gibt es eine Reihe von *synthetisierenden Expertensystemen*, die Aufgaben der Planung, Überwachung, Steuerung, Konfiguration und Beratung unterschiedlichen Schwierigkeitsgrades übernehmen.
Die *Planung* komplexer Prozesse umfaßt statische wie dynamische Aspekte. *Konfigurationssysteme*, die z.B. festlegen sollen, welche Einzelteile für ein Gerät oder eine Maschinenanlage zusammengebaut werden müssen, beschreiben zuerst einmal statische Aspekte. *Maschinenbelegungssysteme* oder *Produktionsplanungs- und Steuerungssysteme* (PPS-Systeme) legen den Schwerpunkt auf Zeitabläufe, also dynamische Aspekte der Planung. Für beide Aufgabentypen werden Expertensysteme eingesetzt.
Das potentielle Einsatzfeld von Konfigurationssystemen reicht weit. Eine typische Konfigurationsaufgabe umfaßt etwa die Zusammenstellung von Rechnerkomponenten in mechanischen Gehäusen, wo neben den mechanischen Anordnungen die elektrische und logische Anpassung der Komponenten bis hin zur Konfektionierung der Leitungsverbindungen vorgenommen werden muß. Andere Beispiele für Konfigurationsprobleme findet man im Bereich des CAD-gestützten Halbleiter- und Platinenentwurfs, aber auch die Konfiguration komplexer Fabrikanlagen kann eine Expertensystem-Aufgabe sein (etwa zur zuverlässigeren Angebotserstellung). Neben der Konfiguration von Hardware wird auch die Konfiguration von Software für gekapselte Systeme (*embedded systems*) durch Expertensysteme unterstützt.
Die *Fertigungssteuerung* ist ein Bereich, in dem die zeitliche Verkettung von Arbeitsvorgängen programmtechnisch oft nur schwer zu planen und zu steuern ist. Maschinenbelegungsschemata sind oft zu starr, um plötzlich verursachte Änderungen berücksichtigen zu können. Hier wird ein weiteres Einsatzfeld für Expertensysteme gesehen; Expertensysteme werden manchmal als integraler Bestandteil erfolgreicher CIM-Installationen (Computer Integrated Manufacturing) gesehen. Die enorme Komplexität vieler Aufgabenstellungen dieses Typs ist allerdings auch durch Expertensystemtechniken nicht einfach zu überwinden.
Bei Planung und Konfiguration von Geräten und Anlagen fallen wichtige Daten an, die auch zur Angebotserstellung genutzt werden können. Es liegt deshalb nahe, auch beim Verkauf Expertensysteme dieses Typs einzusetzen, wobei dann gleichzeitig sichergestellt werden kann, daß der Verkäufer auf das neueste, mit den Fertigungssystemen kompatible Datenmaterial zugreifen und für die *Angebotserstellung* (im DV-Bereich ebenso wie etwa beim Anlagenbau) nutzen kann, wobei in schneller und flexibler Weise Alternativvorschläge erarbeitet werden können, die hinsichtlich der Kosten und Zeitvorgaben präziser als herkömmliche Entwürfe sein mögen. Und selbst die Integration von Anlagen in die räumlichen und anderen Gegebenheiten des Kunden können mit Programmen dieses Typs überprüft werden. Übergänge zur flexibleren *Simulation* und optimalen Auswahl von Produktionsvorgängen werden sichtbar [225].

Über die Simulation führen diese Anwendungen der Expertensystemtechnik zur *Prognose*, die einst die Domäne der Operations Research-Methoden war. Eng verwandt der Prognose sind Programme zur *finanziellen Vorsorge- und Anlageberatung*, die die große Zahl von rechtlich geregelten Randbedingungen gut verarbeiten können und zudem relativ leicht an ständig wechselnde Randbedingungen angepaßt werden können. Im Büro- und Verwaltungsbereich gibt es eine Vielzahl von Überlegungen zum Einsatz von Expertensystemen. Dies betrifft so unterschiedliche Aufgaben wie schriftliche Angebotserstellung, Formularschreibung, Vertragsgestaltung, Erstellung technischer Dokumente für Ausschreibungen, die Erstellung von Situationsberichten im Rechnungswesen, die Prüfung steuerlicher Abschreibemöglichkeiten, Debitorenbuchhaltung, Personalwirtschaft und Personalplanung, Terminplanung, Projektmanagement, Literaturerfassung, Bewertung des Lagerbestandes, Rechnungswesen, Prüfung von Exportbestimmungen. Eine Reihe solcher Programmentwicklungen wird bei Mertens [225] beschrieben.

Als problematisches Erprobungsfeld zeigen sich *autonome Expertensysteme*, wie sie vereinzelt für gekapselte Anwendungen im militärischen Bereich, im Luft- und Raumfahrtbereich, für die Notfallanalyse in chemischen oder nuklearen Anlagen und als Weg zur automatischen CIM-Fabrik geplant werden. Angesichts des prinzipiellen, nicht vermeidbaren Fehlerpotentials von Expertensystemen ist der Einsatz solcher Programme mit grundsätzlichem Mißtrauen und äußerster Sorgfalt zu beurteilen.

Der Name der 'Expertensysteme' hat von Anfang an die unrealistische Erwartung und Befürchtung gefördert, sie seien zur umfassenden Ersetzung qualitativer Arbeit einsetzbar. Mit der wachsenden Zahl von Prototypen und Testinstallationen ist allerdings klarer geworden, daß diese Programme kein wesentlicher Ersatz für Facharbeit sind; sie können wie herkömmliche Großrechner-Transaktionssysteme, PC-Texteditoren oder PC-Tabellenkalkulationsprogramme zur Unterstützung qualifizierter Tätigkeiten eingesetzt werden. Dabei mögen sie einzelne Aspekte qualifizierter Facharbeit ersetzen, aber nicht den gesamten Tätigkeitsbereich eines qualifizierten Facharbeiters. Durch die erwartete Produktivitätssteigerung kann es wie bei jeder Rationalisierungstechnik zu quantitativen Auswirkungen auf die Arbeit kommen, die selbstverständlich auch Auswirkungen auf die Zahl der Arbeitsplätze haben kann. Expertensysteme wirken dabei nicht wesentlich anders als herkömmliche DV-Programme.

## 1.6 Dunkle Seiten der DV-Entwicklung

Die Entwicklung der Informatik und Informationstechnik ist keineswegs nur eine Geschichte rauschender Erfolge, sie hat ihren Protagonisten auch herbe Rückschläge und Enttäuschungen beschert.

Eine der bedeutendsten Fehlentwicklungen im zivilen DV-Bereich ist der seit den vierziger Jahren verfolgte Versuch der 'Maschinellen Übersetzung' von Texten. Bereits um 1960 hat der Dokumentationswissenschaftler Mortimer Taube eine brilliante Analyse dieses Fehlschlages und der Unvermeidlichkeit eines Fehlschlages bei der Suche nach qualitativ hochwertigen maschinellen Übersetzungen vorgelegt [339]. Nach einer vorübergehenden Reduktion der amerikanischen Forschungen in diesem Sektor scheinen sie jetzt mit geringfügig reduzierten Erwartungen wieder umfassend aufgenommen zu werden. Ein Ende der finanziellen Förderungen (bisher weltweit rund 2 Mrd. $) ist in diesem Faß ohne Boden allerdings noch nicht zu erkennen, ebensowenig wie brauchbare Produkte. Selbst die naheliegende Idee, im Zeitalter der PCs und der CD-Speichermedien ein vernünftiges, in ein Textsystem integrierbares zweisprachiges Wörterbuch zu vermarkten, scheint angesichts der Sucht nach Vollautomatisierung nicht umsetzbar.

Gegen Ende der sechziger Jahre kam die Idee einer Integration und maschinellen Aufarbeitung betrieblich anfallender Daten zur jederzeit abrufbaren Ausgabe auf Terminals in den Chefetagen auf. Das besonders von der IBM geförderte Schlagwort hieß 'Management Information System' [210], abgekürzt MIS. Nach kurzer Blüte und der Anschaffung der notwendigen Hardware verschwand diese Vorstellung des 'durchinformatisierten' Betriebs aus den Firmen und den Fachzeitschriften. Heute gilt es in DV-Kreisen als ausgesprochen unfein, diesen Begriff überhaupt zu erwähnen — es sei denn im Zusammenhang mit Künstlicher Intelligenz oder bei unbedarften PC-Einsteigern. Die finanziellen Verluste, die durch die frühen Versuche, umfassend automatisierte *Management Information*-Systeme einzuführen, entstanden, sind nicht bekannt, da keine der beteiligten Firmen oder Fachabteilungen ein Interesse an einer solchen Abschätzung hat. Ähnliches gilt für die *Operations Research*-Abteilungen, die in den fünfziger und sechziger Jahren ihren Einzug in die großen Konzerne hielten und heute stark verkleinert oder ganz verschwunden sind.

Nicht nur in den Betrieben gab es katastrophale Fehleinschätzungen der Informatik- und der Geräteentwicklung, sondern auch in den Forschungsabteilungen und Universitäten. Kybernetik und Systemtechnik waren erste Versuche, mit den qualitativ und quantitativ neuen Phänomenen maschineller Automation umzugehen. Ohne daß diese Forschungsprogramme je abgebrochen wurden, spielen sie heute kaum noch eine Rolle. Dies hat jedoch die Informatik nicht vor eigenen Fehlentwicklungen bewahrt.
Eine der faszinierenden 'Umwegfinanzierungen' der Informatik-Forschung geschah unter dem Namen der 'Automatischen Programmierung'. Im Nachhinein ist es schwierig festzustellen, was im Einzelnen jeweils unter diesem Begriff gemeint war. Die erste Verwendung des Begriffs war der Übergang von der binären Kodierung der Programmzeilen zu den mnemonisch einfacheren Techniken der Programmierung in Assembler und Makro-Assembler, die dann durch ein Assemblierprogramm (= automatisch) in den binären Maschinenkode der Maschine übersetzt wurden: «Die Programmiersprache wäre eng an der natürlichen und mathematischen Sprache orientiert, die gängigerweise von Mathematikern, Wissenschaftlern und Ingenieuren verwendet wird, und sie wäre demzufolge für den Programmierer leicht zu benutzen. Dieser Ansatz wird zur Zeit unter dem Namen 'Automatische Programmierung' entwickelt.»[23] Seit Ende der sech-

[23] A.W. Burks in der Einleitung zu J. von Neumanns «Theory of self-reproducing automata». Von Neumann spricht übrigens nicht von Programmiersprache, sondern von 'Short Code' im Gegensatz zum 'Complete Code', der Maschinensprache.

ziger Jahre wurde mit dem Begriff 'Automatische Programmierung' eine Vorstellung deklarativer Programmierung verbunden, bei der die Konstruktion eines prozeduralen Programmtextes aus den deklarativen Angaben maschinell übersetzt werden sollte. Bei deklarativen Sprachen wie Prolog geschieht dies durch einen Formel-Interpreter; dies wird heute jedoch nicht mehr als automatische Programmierung angesehen. Der weitergehende Versuch, Programme aus algebraischen oder anderen formalen Spezifikationen zu erzeugen, ist dagegen bisher in der Praxis nicht erfolgreich gewesen, und die Erkenntnis, daß auch dies nur zu neuen (manchmal *Ultra High Level Languages* genannten) Programmiersprachen, aber nicht zu automatischer Programmierung führt, greift um sich. Parnas drückt dies pointiert so aus: «Kurz gesagt war die automatische Programmierung immer nur ein Euphemismus für das Programmieren mit einer Programmiersprache höherer Stufe als die gegenwärtig für die Programmierer verfügbaren» [51]. Die hartnäckigere Variante automatischer Programmierung arbeitet am Konstruieren eines Programmes aus Beispielen korrekten Laufens; dies wird manchmal auch als 'Lernendes Verfahren' beschrieben [23]. Auch hier sind bisher keine praktisch eingesetzten Verfahren entstanden, so daß der Sprachgebrauch des 'Automatischen Programmierens' langsam schwindet. Die in diesem Kontext entstandenen Verfahren zur formalen Beschreibung der funktionalen Semantik sind genau wie die Idee logischer Verifikation von Programmen nach einer Blüte zu Beginn der siebziger Jahre mit dem Ausbleiben praktischer Erfolge stark im Ansehen gesunken.
'Automatische Programmierung' leidet wie große Teile der Software-Technik an dem Mißverständnis ihrer Protagonisten, die Entwicklung von Software als einen letztlich formalen Prozeß begreifen. Dies hängt eng mit dem rationalistischen Systemverständnis von Arbeits- und Lebensprozessen zusammen, dessen Wurzeln auf Descartes und Leibniz zurückgehen, und das in Wittgensteins *Tractatus logico-philosophicus* kulminiert.[24] Neuere Ansätze der Software-Technik bei Nygaard [254], Winograd/Flores [362], Ehn [114] oder Floyd [127, 128] deuten Alternativen an, die sich auf so unterschiedliche geistesgeschichtliche Positionen wie die von Marx oder Heidegger oder die des späteren Wittgenstein beziehen.

Neben den berüchtigten 'Management Information Systemen' entstanden in den siebziger Jahren zwei Schlagworte, die vor allem dem Management die ideologische Kampfansage der Informationstechnik zur Rationalisierung geistiger Arbeit deutlich machen sollte. Im Verwaltungsbereich sollte das 'Papierlose Büro' durch den umgreifenden Einsatz vernetzter Rechnerarbeitsplätze möglich werden, in der Fertigung wurde bereits vor dem CIM-Signal zum Bau der 'Menschenleeren Fabrik' geblasen. Heute wird meist nur noch etwas verschämt von einer 'Bedienerarmen Fabrik' gesprochen, und die Papiermühlen können auf die wachsenden Umsätze für Kopier- und Druckerpapier verweisen.

Damit sollen keineswegs mittel- und langfristige Rationalisierungseffekte, die durch den Einsatz von DV entstehen, verharmlost werden. Nur: so wie sie die DV-Strategen vorhersagen, treffen die Wirkungen dieser Technik nicht ein — realistische Besonnenheit ist angesagt.

[24] Dieser Zusammenhang wird in [92] etwas breiter entfaltet.

# 2. Technikbewertung: Machbar — Durchsetzbar — Verträglich — Erwünscht

*Technik und Freiheit sind keineswegs natürliche Verbündete. Wir werden glücklich sein, wenn wir eines Tages erkennen werden, daß sie nicht notwendigerweise Gegner sind.*

Carl-Friedrich von Weizsäcker[25]

*Erstens: Intelligente Maschinen sind möglich!*
*Zweitens: Es gibt sie noch nicht und wird sie in naher Zukunft nicht geben!*
*Es ist sehr schwierig für den Laien, die Welt am Unterschied dessen abzuschätzen, was es bereits gibt, und dem, was in Zukunft zur Verfügung stehen wird, insbesondere, wenn uns alle — von Filmemachern bis zu Nachrichtenredakteuren — glauben machen wollen, daß wir bereits über intelligente Maschinen verfügen. Man braucht heutzutage nicht die Fähigkeit mit einem Computer umzugehen. Was man braucht, ist die Fähigkeit, die Wirklichkeit von übertriebenen Behauptungen zu unterscheiden...*
*Die Computerrevolution mag tatsächlich stattfinden, aber es ist eine sehr junge Revolution.*

Roger Schank, 1986

[25] zitiert nach *Frankfurter Rundschau* 8. Oktober 1987

Technikentwicklung verläuft nicht zwangsläufig — auch wenn sie von Interessierten gerne so dargestellt wird. Nahezu jede technische Entwicklung wird Ausprägung einer von mehreren realisierbaren Alternativen, wozu auch immer die Alternative des Verzichts auf eine gefährliche oder schädliche Technik gehört. Angesichts der hohen Irritierbarkeit gesellschaftlicher Entwicklung durch manche technischen Entwicklungen wird die Bewertung solcher Technik mehr und mehr notwendiger Teil demokratischer Willensbildungsprozesse [341]. Dies gilt für die frühzeitige, antizipierende Bewertung neuer technischer Entwicklungen ebenso wie für die Bewertung bereits eingeführter Technik zum Zwecke der Korrektur sozialer, ökologischer, rechtlicher oder kultureller Fehlentwicklungen [343]. Über die wissenschaftlichen, technischen und ökonomischen Prognosen hinaus müssen bei der Bewertung gesellschaftlicher Folgen offene und verdeckte, kurz-, mittel- wie langfristige Gefahrenpotentiale und Chancen aufgezeigt werden, die durch die vielseitige Interdependenz technischer Entwicklung entstehen können. Wo diese Technikbewertung in die finanzielle oder rechtliche Ausformung der Forschung eingreifen kann, müssen alternative Wege entscheidungsreif aufbereitet werden. Inzwischen setzt sich die Einsicht durch, daß dieser Entscheidungsprozeß iterativ verlaufen muß, im fortgesetzten Wechselspiel zwischen Politik und Gesellschaft einerseits und Herstellern, Entwicklern und Technikbewertern andererseits, solange bis eine gesellschaftlich befriedigende Situation geschaffen wird.

In einem Abkommen zwischen dem norwegischen Gewerkschaftsbund und dem Arbeitgeberverband wird die Notwendigkeit, beim Einsatz von Informationstechnologie Interessen und soziale Rollen, Harmonie und Konflikt, aber auch Mitbestimmung und rechtliche Regelungen zu reflektieren, herausgestellt: «...daß die neue Technik nicht einfach nur auf Grund ihrer technischen und finanziellen Aspekte bewertet werden darf, sondern auch auf Grund sozialer Überlegungen. Diese Gesamtbewertung ist Basis des Entwurfs, der Einführung und der Nutzung von Systemen und neuer Technik, z.B. durch Abschätzung ihrer Folgen» [254]. Kristen Nygaard zeigt die Notwendigkeit und Möglichkeit auf, diese Prinzipien auf die Entwicklung von Software anzuwenden. Selbstverständlich gilt dies auch für die Einführung von Expertensystemen und anderer Produkte der Künstlichen Intelligenz-Forschung.

Ausgangspunkt der Technikbewertung ist die Abschätzung möglicher technischer Entwicklung, von der Überprüfung ihrer Machbarkeit bis zur Benennung der wahrscheinlichen Entwicklung. Machbarkeit kann dabei mehrere Facetten haben. Dies reicht von der *wissenschaftlichen Machbarkeit* im Labor oder als Prototyp über die *technische Machbarkeit* zwischen Felderprobung und alltäglichem Einsatz bis zur *ökonomischen* Machbarkeit, also der ökonomischen Durchsetzbarkeit am Markt. Leider ist die technische oder wissenschaftliche Nicht-Machbarkeit nicht immer hinreichend, um den Produktabsatz zu verhindern, wie die Verkaufserfolge von Schlangenöl und SDI-Technik demonstrieren, wenngleich technische Machbarkeit eine gute Voraussetzung ökonomischer Erfolge bleibt.

Technische Machbarkeit ist ein weites Feld, das von der zufälligen, isolierten, nicht verstandenen Fähigkeit, einen Effekt überhaupt hervorzurufen, reicht (etwa bei der Entdeckung von Werkstoffen mit überraschenden Eigenschaften) bis zur sicheren praktischen Beherrschung und einem vollen theoretisch fundierten Verständnis einer Technik. In einem kürzlich erschienen Aufsatz von Bernhelm Booß-Bavnbek, Michael Bohle-Carbonell und Glen Pate zur Beherrschbarkeit technisch-mathematischer Verfahren wird auf diesen Problemkreis hingewiesen: «Technische Machbarkeit und mathematische Berechenbarkeit eines Einzelproblems werden mit Beherrschbarkeit verwechselt. Aber es gibt keine Beherrschung, solange die wissenschaftlichen Grundlagen, das Verständnis der Grenzfälle des Verhaltens, das Verhalten unter unterschiedlichen Bedingungen, breite empirische Begründung oder theoretische Einbettung von ad hoc-Wissen fehlen. Es muß nicht nur mangelndes Wissen sein; oft ist es auch der wirbelnde Fortschritt akkumulierten spezifischen und ad hoc-Wissens, der unsere Sicherheit, unser Leben und unsere Gesundheit bedroht. Dies ist das epistemologische und politische Problem vieler neuer Techniken, der Reaktortechnik, der Gentechnologie und der Computersysteme» [38]. Es ist auch das epistemologische und politische Problem der Expertensystemtechnik.

Im konkreten Einzelfall, wie etwa bei Expertensystemen oder Programmen zur Sprachverarbeitung geht es meist nicht um die völlige Nicht-Machbarkeit oder die vollständige Beherrschung des technischen Prozesses, sondern eher um schlechte Leistungsmerkmale oder unvorhergesehene schädliche Neben- oder Folgewirkungen. Marktfreie oder marktferne Bereiche, wie das Militär oder die Forschungs- und Entwicklungsabteilungen großer Firmen und Institute sind bekanntermaßen besonders anfällig für solche Produkte, die letztlich ihre angegebenen Funktionen nicht erfüllen. Im Bereich der DV und der Künstlichen Intelligenz ist in dieser Hinsicht eine Erwartungshaltung entstanden, die manche maßlos übertriebenen Produktversprechungen zunehmend hilf- und hoffnungsloser hinnimmt. Dies ist für die Kunden und Nutzer unakzeptabel (und auf Dauer für die Produzenten selbstzerstörerisch).

Expertensysteme unterliegen als Paradeprodukte der KI-Forschung in besonderem Maße solchen Erwartungen, die über weite Bereiche wissenschaftlich oder technisch nicht begründet sind. Die technischen Schwierigkeiten und Risiken, die mit dieser neuen Software-Technik verbunden sind, werden vielfach nicht im rechten Verhältnis zu den oft unrealistischen Erwartungen über ihre Leistungsfähigkeit gesehen. Technikbewertung der Expertensysteme hat hier eine erste aufklärende Funktion: «Technikfolgenabschätzung zum Gebiet der Expertensysteme wird zunächst die Aufgabe der Entmythologisierung haben» [317].

Weitere Fragen im Bereich technischer Machbarkeit betreffen *Sicherheit* und *Beherrschbarkeit* technischer Prozesse und damit die Frage nach dem verantwortbaren Einsatz bestimmter Technik. Machbarkeit, Sicherheit und Beherrschbarkeit[26] sind die Ausgangsfragen jeder gesellschaftlichen Technikbewertung; sie sind noch vor der Diskussion der sozialen Verträglichkeit zu klären. Für die Expertensystemtechnik zeigen sich dabei spezifische Probleme der zuverlässigen Beherrschbarkeit. Expertensysteme, die auf

[26] Bernhelm Booß hat auf die Verschiebung des Einsatzes formaler mathematischer Methoden von sicher beherrschbaren, theoretisch fundierten Arbeitsgebieten zu theoretisch unvollständig verstandenen und nicht-beherrschbaren Themen hingewiesen. Dies wird durch den Einsatz von Computern extrem verstärkt. Die Phase der auf wissenschaftlichen Methoden beruhenden industriellen Produktion verschiebt sich zur verwissenschaftlichten industriellen Produktion, die zunehmend größere Risiken nicht-beherrschbarer Technik zeigt [35].

heuristischen Verfahren aufbauen, sind von ihrer Definition her in allen praktischen Fällen unvollständig, unfertig und unsicher. Ihr Einsatz wird höchst problematisch, wenn sie riskante Entscheidungen verursachen können oder gar vollautomatisch umsetzen.
Die Produzenten einer Technik und ihre Helfer aus Wissenschaft und Politik suchen die Durchsetzung der Produkte am Markt, doch dies ist nur eine Form gesellschaftlicher *Durchsetzbarkeit*. Verhindert die rechtliche Situation die mögliche Durchsetzung nicht, so können trotzdem Probleme sozialer, politischer oder kultureller *Akzeptanz* bestehen. Dies ist der Bereich, an dem sich ein originärer industrieller Bedarf an Technikfolgenabschätzung zeigt, der über die Durchführung von Einzelstudien hinaus inzwischen zu ersten staatlichen Institutionalisierungen unter aktiver Beteiligung der interessierten Industrie führt (z.B. in Ulm und anderen Universitäten Baden-Württembergs) [169].
Doch auch wenn die rechtlichen, sozialen und kulturellen Hindernisse beseitigt sind, ist die ökonomische Durchsetzbarkeit nur die minimale Form gesellschaftlicher Akzeptanz. Sie ist in marktorientierten Gesellschaften die unterste Form *gesellschaftlicher Verträglichkeit*. Die gesellschaftliche Verträglichkeit technischer Produkte kann dabei so unterschiedliche Bereiche wie Umweltverträglichkeit, technische Sicherheit, Sicherheit für Gesundheit und Leben, Sozialverträglichkeit oder kulturelle Verträglichkeit betreffen. Im Bereich der Software-Produktion spielt dabei die soziale Verträglichkeit sicher eine dominierende Rolle.[27]
Bei der Abschätzung sozialer und anderer Verträglichkeiten einer Technik muß ihr mögliches und ihr wahrscheinliches Wirken entfaltet werden. Dazu sind die Interessenlagen, die die Entwicklung dieser Technik fördern, offenzulegen und ihr Einflußpotential abzuschätzen. Expertensysteme gehören zu den besonderen Produkten, deren unmittelbare Wirkungen eher beschränkt sein werden: Der bundesrepublikanische Gesamtmarkt für KI-Produkte wird für 1988 auf höchstens 120 Mio. DM geschätzt, ein verschwindender Bruchteil des Informationstechnikmarktes. Der mit dem Wort 'Expertensystem' verbundene Erwartungsdruck ist sicher sehr viel größer. Ihr ideeller Einfluß und die Auswirkung neuer Programmiertechniken regel- und objektgestützter Programmierung auf die künftige Software-Entwicklung kann sehr viel größer sein — wobei nicht unbedingt Expertensysteme im heutigen Verständnis entstehen müssen. Expertensysteme scheinen hier eine ähnliche paradigmatische Funktion zu erfüllen wie die Industrieroboter, die in der CIM-Fabrik kostenmäßig nur eine marginale Rolle spielen, aber sowohl als Symbole der Automation wie in ihrer praktischen Funktion als 'Kitt' zwischen unterschiedlichen Automatisierungsfunktionen wichtig sind [83].

Die soziale und kulturelle Verträglichkeit kann nur ein Minimalziel des demokratischen Interessenausgleichs sein. Das immer wieder anzustrebende Ziel demokratischer Willensbildung ist die Realisierung des *gesellschaftlich Wünschbaren oder Nützlichen*. Dies betrifft im Kontext des DV-Einsatzes vor allem anderen die Steigerung der Qualität der Arbeit und der Qualität der Produkte [196,114]. Auch die Quantität der Arbeit als Voraussetzung sozial gerechter Versorgung der Bevölkerung muß dabei im Blick bleiben, da die Informatik vor allem anderen der Re-Organisation der Arbeit und der

[27] während die Umweltbelastungen durch die Hardware-Produktion noch vielfach unterschätzt werden.

Rationalisierung der Lohnarbeit dient [81]. Über diese eher defensiven gesellschaftlichen Wünsche hinaus ist die Förderung der demokratischen, persönlichen und kollektiven Emanzipation stete Aufgabe gesellschaftlicher Entwicklung. Ist dies auch nur selten im Rahmen technischer Entwicklungen erkennbar, so sollen solche emanzipatorischen Prozesse zumindest nicht durch konkrete technische Entwicklungen behindert werden. Behinderungen zu antizipieren, ist Aufgabe sozialer Technikbewertung; hinderliche Techniken einzudämmen oder ihre Entwicklung zu verhindern ist Aufgabe emanzipatorischer Politik. Das Ziel bleibt Transparenz und demokratische *Beherrschbarkeit erwünschter technischer Entwicklungen*.

Für die Bewertung der Expertensystemtechnik soll im folgenden deshalb ihre wissenschaftliche und technische Machbarkeit überprüft werden und dabei das aktuelle und zukünftige Problempotential aufgedeckt werden. Stand und Ausbreitung dieser Technik soll mit dem Schwerpunkt im industriellen Sektor diskutiert werden. Absehbare soziale und kulturelle Folgen und Wirkungen sollen benannt werden, um Transparenz und demokratische Beherrschung dieser Technik herzustellen, soweit sie beherrschbar ist.

Die Schwierigkeiten bei der Abschätzung gesellschaftlicher Folgen von Technik liegen vor allem in den vielseitigen und komplexen gesellschaftlichen Beziehungen und Abhängigkeiten, denen technische Artefakte unterliegen. Damit wird die Abschätzung gesellschaftlicher Folgen zum Teil eines Bewertungsprozesses, der weit über die Einzelfragen der technischen Machbarkeit, der rechtlichen Zulässigkeit, des Marktpotentials oder der kulturellen Akzeptanz hinausgeht. Die Sichtweise kann dabei nur eine politisch und gesellschaftlich gebündelte sein, da die Einzelaspekte hinter dem umfassenden gesellschaftlichen Anspruch zurücktreten. Die Vielzahl der Problemaspekte verlangt eine entsprechende interdisziplinär orientierte Vielzahl wissenschaftlicher Bewertungsansätze, wobei bisher keine Einzelwissenschaft hinreichende Ansätze zur Technikbewertung zeigt. Schon die Spannung zwischen sozialwissenschaftlichen und technischen Bewertungskriterien ist nur interdisziplinär vermittelbar: «Kennzeichnend für Technikfolgenabschätzung ist vielmehr, daß es *das* Verfahren, *die* Methode und *den* Instrumentenkasten nicht gibt[28]» [341].
Selbstverständlich ist eine auf die gesellschaftlichen Auswirkungen hin orientierte Sichtweise Voraussetzung solcher Technikbewertung. Doch die Erkennung verdeckter oder langfristiger Chancen und Gefahrenpotentiale verlangt eine solide technische Durchdringung des Gegenstandbereichs — ohne daß dabei die Bedeutung der gesellschaftlichen Aspekte geringer wird. Angesichts beschränkter Resourcen stellt sich im Einzelfall somit eher die Frage nach der federführenden Wissenschaft als nach einer gleichberechtigten Interdisziplinarität. Ob eine technische Entwicklung sozialwissenschaftlich oder technisch untersucht werden soll, kann nicht generell entschieden werden. Es

[28] wenngleich dieser Satz wohl eher als Rechtfertigung dafür dienen soll, daß der BMFT zum Ausweis entsprechender Aktivitäten in der Technikfolgenabschätzung eine Vielzahl völlig unverbundener Forschungsförderungen bündelt — von der 'Benda-Kommission' (zur ethischen und rechtlichen Bewertung der Gentechnik) über 'Nachwachsende Rohstoffe', 'Kohlenkraftstoff-Optionen', 'Qualifikation in der Lasertechnik' und dem HdA-Programm bis zur Queisser-Kommision (zum Erhalt der Wettbewerbsfähigkeit der informations- und nachrichtentechnischen Industrie).

spricht aber einiges dafür, die Bewertung einer Technik mit interdisziplinärer sozialwissenschaftlicher Unterstützung im Entwicklungsprozeß dieser Technik selber zu verankern, wobei die Bewertung möglicher Alternativen sowie bestehender Verwertungszusammenhänge und Vernetzungen als verantwortliche Aufgabe der betroffenen Wissenschaft verstanden werden kann: «Ziel ... ist, die Arbeit an der Front technischer Entwicklung in interdisziplinärer Zusammenarbeit in einen ständigen Prozeß zu integrieren, in dem nicht nur die Zielsetzung interessiert, sondern Verantwortung für Verflechtungen und Verwertungszusammenhänge in der Weise aufgenommen und verarbeitet wird, daß Wissenschaft sich selbst Rechenschaft ablegt und für die notwendigen Entscheidungen Zusammenhänge offenlegt. Dies bedeutet nicht eine oft befürchtete Kreativitätshemmung der wissenschaftlichen Neugier des einzelnen, wohl aber Verlust an Unschuld und Naivität durch interdisziplinäres Denken von Wissenschaft als Beruf» [379].

Grundlegende Probleme treten bei der Bewertung unausgereifter Technik auf, wie sie die Expertensystemtechnik im besonderen, aber auch die gesamte KI-Forschung im allgemeinen darstellt. Die sonst durchaus akzeptable Expertenbefragung stößt hier schnell auf immanente Grenzen, da viele Experten der Maschinellen Intelligenz ein ausgesprochen entspanntes Verhältnis zu Fragen realistischer Machbarkeit haben, und Fragen sozialer Verträglichkeit angesichts der geringen betrieblichen Verbreitung dieser Technik nicht zum Erfahrungsbereich dieser Experten gehören. Zu den wenigen Ausnahmen gehören die Studien von Gill [143], Stuart und Hubert Dreyfus[29] [110] oder von Peter Schefe [302].

In einer demokratischen Gesellschaft gibt es keine singulären Träger des gesellschaftlichen Interesses; gesellschaftliche Gesamtinteressen können nur in der ausgetragenen Spannung von Konflikt und Konsens entwickelt werden. Technikbewertung müßte diesen demokratischen Entscheidungsprozeß als Teil der Entwicklungswege imaginieren ohne ihn vorwegnehmen zu können — dies ist letztlich eine undurchführbare Aufgabe. Es bleiben absehbare Minimalforderungen: Keine irreversiblen Schädigungen sozialer, ökologischer, rechtlicher oder kultureller Verhältnisse — soziale, rechtliche, kulturelle und ökologische Verträglichkeit. Die Bewertung neuer Techniken ist nicht nur eine wissenschaftliche Frage, sie muß letzten Endes im politischen Raum entschieden werden. Aufgabe der Wissenschaft bleibt es, politische und gesellschaftliche Entscheidungen durch hinreichende Einsicht in die realistischen Entwicklungspotentiale vorzubereiten und zu unterstützen.

[29] die das Problem durch die Zusammenarbeit eines Philosophen mit einem Informatiker lösen.

# 3. Epistemologische Probleme mit den Begriffen der Expertensystemtechnik

*Als deskriptiver Ausdruck von KI-Forschern sind Expertensysteme eine recht eindeutig definierte Art von Programm. Aber wie die meisten KI-Ausdrücke ist das Wort 'Expertensystem' mit beträchtlich viel mehr implizierter Intelligenz befrachtet, als der tatsächliche Stand an Vervollkommnung rechtfertigt. Die populäre Verwendung des Ausdrucks in den Medien neigt dazu, den Leuten den Eindruck zu vermitteln, daß ein Expertensystem in seinem Gebiet dem menschlichen Experten gleichkommt, oder daß alles, womit Künstliche Intelligenz sich befaßt, die Konstruktion von Expertensystemen ist. Nichts davon ist der Fall.*

Roger Schank, 1986

Roger Schank gehört zu den 'Theoretikern' der Künstlichen Intelligenz, die in zunehmender Spannung zu den 'Praktikern' wie den Expertensystembauern stehen. «Das Problem ist, daß die heutigen Computer nicht wissen, was sie wissen. Der Inhalt der Daten bedeutet der Maschine nichts» [299]. Was könnten Computer also bestenfalls *wissen*? Nichts. Aber Roger Schank ist eben doch KI-Forscher; also sieht er eine andere Perspektive: «Ohne KI-Fähigkeiten besitzt die Maschine eine Menge Informationen, aber kein Wissen.» Wie sie dieses Wissen *mit* der KI erhalten soll, bedarf der epistemologischen Begründung. Damit hapert es freilich in der KI so sehr wie in der Informatik überhaupt.

Für den Nixdorf-Forscher Stuart E. Savory lassen sich Expertensysteme in wenigen Sätzen definieren. Der erste dieser vier Sätze lautet [296]: «Expertensysteme sind 'intelligente' Computersysteme, in denen die fachliche Kompetenz von Experten in Form von Sachwissen und Erfahrungswissen gespeichert wurde.» Nicht etwa Aspekte des Fachwissens, sondern «die fachliche Kompetenz» — eine offensichtlich falsche Behauptung. Auch der Rest dieser 'Definition' trägt wenig zur begrifflichen Klarheit bei. Wenn Bernd Neumann schreibt: «Wissensbasierte Systeme sind Computer-Systeme, die die Rolle eines menschlichen Experten übernehmen können» [245], so kann er dies wohl nicht wörtlich meinen, denn die Programme können weder die soziale noch die inhaltliche Rolle eines Experten übernehmen, sondern bestenfalls formalisierte, symbolisch beschriebene Teile seines Verfügungswissens maschinell auswerten — sofern eine programmierte Auswertungsstrategie bekannt ist. Ebenso wenig haltbar ist die von Feigenbaum & McCorduck geäußerte Behauptung «Expert systems are computer programs at the level of human experts in various professional fields» [122]. Diese These ist falsch, sofern damit Expertensystemen eine durchgängige Stufe professioneller Fähigkeit zugesprochen werden soll; sie ist inhaltsleer, wenn gemeint ist, daß Computerprogramme in einzelnen Tätigkeitsbereichen so gut, zuverlässig und schnell arbeiten wie Fachleute, da Programme in der einfachen Arithmetik sogar erheblich schneller und wesentlich zuverlässiger als irgendein Mensch arbeiten.

Marvin Minsky erläutert anläßlich des zehnjährigen Bestehens der Zeitschrift *Byte* vom Januar 1989 den aktuellen Stand der KI-Programme: «Unsere medizinischen Roboter können in einigen besonderen Spezialgebieten mit der zehnjährigen Ausbildung eines Doktors konkurrieren — aber nicht mit dem, was ein fünfjähriges Kind kann!» [63] Die Minskyschen Roboter können freilich auch nicht mit dem konkurrieren, was ein zehnjähriges Kind oder ein neunundneunzigjähriger Pensionist kann — oder eine dreimonatige Katze (um Glen Pate zu zitieren). Natürlich teilt Minsky auch Sachliches mit: «In meiner Forschung schlage ich verschiedene Theorien darüber vor, wie die großartigen Computer im menschlichen Gehirn viele Alltagsdinge ausführen. Doch keine dieser Theorien ist bislang bewiesen» [63].

Im Kontext der KI wird 'Wissen' üblicherweise als der formale Teil eines speziellen 'know how' verstanden, während Fragen nach dem 'know what', die für den menschlichen Experten nicht weniger wichtig sind, unberücksichtigt bleiben.

Die meisten regelgestützten Expertensysteme implementieren unvollständige, heuristische Lösungsansätze, was mit den typischerweise durch die Expertensystemtechnik beschriebenen Aufgabenbereichen zusammenhängt. Als Rechtfertigung dient dabei, daß die Arbeitsweise eines Experten eben in vielen Gebieten nicht absolut, sondern nur relativ zuverlässig ist. Wie weit freilich das nicht immer fehlerfreie Arbeiten einer Fachkraft durch regelgestützte Programme simuliert wird, bleibt dabei offen. So erkennt ein Experte meist, daß er nicht mehr weiter weiß — bei regelgestützten Programmen ist ein solches Verhalten allgemein nicht modellierbar. In diesem Sinne zeigt ein Expertensystem gerade nicht das Verhalten einer Fachkraft, die mit zunehmender Erfahrung immer besser über die Grenzen ihres Wissens Bescheid weiß und über die Anwendbarkeit bestimmter Techniken in Grenzfällen, wo die sonst brauchbaren Regeln oder Techniken nicht länger gelten, nachdenken kann. Statt dessen zeigen Expertensysteme eher das abrupte Verhalten eines Fach-Idioten oder, wie Jörg Siekmann es ausdrückt, ein ausgeprägtes «Stammtischverhalten»: Sie wissen nicht, wann sie keine Ahnung vom Thema mehr haben; ihr Verhalten an den Grenzbereichen der Einsatzgebiete ist unstetig und fehlerträchtig. Richter, Siekmann und Wahlster schreiben in einem programmatischen Aufsatz zur Entwicklung der deutschen KI-Forschung dem derzeitigen Vorgehen bei der Entwicklung von Expertensystemen «gravierende Nachteile» zu [286]:

- Mangelnde Robustheit: Gegenüber kleinen Abweichungen und unerwarteten Eingaben ist das Programm sehr störanfällig. An den Grenzen des Kompetenzbereichs verhält sich das Programm unstetig.
- Schmale Einsatzbasis: Viele Anwendungsfelder erfordern ein breites Kompetenzspektrum.
- Die Grenzen des eigenen Kompetenzbereiches werden vom Programm nicht erkannt, so daß unpassende Aufgaben erfolglos (oder sogar mit falschem Ergebnis) bearbeitet werden.

Auch Dreyfus & Dreyfus [110] haben darauf hingewiesen, daß Programme wohl kaum Stufen des Fachwissens wie Kompetenz, Gewandtheit oder professionelle Meisterschaft erreichen können. Derartige Fähigkeiten liegen jenseits der Grenzen jedes 'Expertensystems', welches in der Regel nur einen kleinen und speziellen Teil des Verfügungswissens formalisiert. Folglich ist der Begriff 'wissensbasiertes System', der zuerst von Feigenbaum 1977 [159] aufgebracht wurde, ebenso irreführend wie der Begriff 'Expertensystem'. Diese Ansicht wird durchaus auch in manchen KI-Gruppen vertreten: «'Expertensysteme' ist eine schrecklich falsche Bezeichnung, da kaum etwas an ihnen expertenhaft ist» [299].

Zu den tiefen Irrtümern der Informatik- und KI-Begriffsbildung gehört die immer wiederkehrende Verwechslung von Datenabbild und modellierter Wirklichkeit: «Eine wichtige Besonderheit ist folgende. Die getrennte Bearbeitung der informationellen Seite der Materie wird nur dadurch möglich, daß Information auf Daten reduziert wird. Wenn das transklassische Werkzeug (Rechnersystem und -programm) sich selbst erklärt, so geschieht das daher nur eingeschränkt: es gibt Daten über sich her. *Nur* Daten, möchte ich betonen. Zu Informationen werden diese erst wieder bei Interpretation durch den Menschen» [241]. Wenn man freilich das menschliche Gehirn als 'informationsverarbeitende Maschine' auffaßt, dann verliert sich der Unterschied zwischen Signal, Syntax und Semantik schnell. Alfred Lothar Luft bemerkt dazu: «Nicht wenige Forschungs- und Entwicklungsprojekte der 'Künstlichen Intelligenz' erwecken deshalb völlig unsinnige Erwartungen oder Befürchtungen, weil

- sie nicht oder nicht hinreichend scharf zwischen Daten, Informationen und Wissen unterscheiden,
- die in den Forschungsmethoden — wohl mehr aus heuristischen Gründen als aus Menschenverachtung — unterstellte Gleichsetzung zwischen Mensch und Maschine zu wenig erkenntnistheoretisch reflektiert wurde und
- die wissenschaftstheoretische Problematik einer quasi naturwissenschaftlichen Vorgehensweise bei der Erforschung der kognitiven Fähigkeiten des Menschen und der sie prägenden sozialen Beziehungen unberücksichtigt blieb» [209].

Luft setzt bei der Konstruktion intersubjektiv akzeptierbaren Wissens aus der Wirklichkeit an. Er vermutet berechtigterweise, daß die (nur selten ausgesprochene) Modellierungshypothese der KI und der Informatik (wie die der klassischen Physik) von einer Abbild- oder Korrespondenztheorie der Wahrheit ausgeht, mit der eine interessenfreie formale Konstruktion eines Modells der Wirklichkeit, eines durch Einsicht des Modellierers 'wahren' Modells eines 'Weltausschnitts' möglich sein soll. «Was wir als 'Weltausschnitt' wahrnehmen können, ist vielmehr bereits durch unser interessegeleitetes Handeln und die darauf bezogenen sprachlichen Unterscheidungen und theoretischen Konstruktionen vorbestimmt» [209]. Er setzt diesem Vorgehen eine sprachorientierte Konsenstheorie entgegen, die im Kern auf Lorenzen zurückgeht. In der Konsenstheorie wird eine idealer Diskurs zur intersubjektiven Konstruktion eines nachvollziehbaren (konsensfähigen) Modells angenommen. «Im anzustrebenden Idealfall sind die Teilnehmer an einem der Überprüfung von Geltungsansprüchen dienenden Diskurs

- sprach- und sachkundig
- friedfertig, wahrhaftig und gegenüber den diskutierten Sachverhalten aufgeschlossen und
- in ihren Einlassungen nicht von Emotionen, Traditionen und Gewohnheiten bestimmt» [209].

Scheinen diese Forderungen zur wissenschaftlichen Modellierung nachvollziehbar, so stoßen sie bei der praktischen Software-Konstruktion sofort an Grenzen: an mangelnde theoretische Durchdringung der zu modellierenden Anwendung, an die begrenzte Zeit, in der die Anwendung verfügbar sein soll, und an die begrenzte finanzielle Unterstützung des Projektes. Die Folge sind schlampige Modellierungen — in der Informatik, in Expertensystemen und in anderen Anwendungen mathematischer Modellierung. «Die zielgerichtete Entwicklung und Anwendung mathematischer Ideen, Methoden und Verfahren für die Lösung von praktischen, technischen und wissenschaftlichen Problemen geschieht heute erheblich schneller, vielfältiger, folgenreicher und unüberschaubarer. Einzelprobleme werden jetzt so schnell, so punktuell, aber doch so effektiv und so verbreitet gelöst, daß unser Denken über Voraussetzungen, über Folgerungen und über Zusammenhänge des Einzelproblems und seiner realisierbaren Lösung mit anderen Problemen weder innermathematisch, noch naturwissenschaftlich-technisch oder gesellschaftlich mit der Praxis Schritt halten kann. So kommt es dazu, daß in zunehmenden

Maß zielgerichtete und vernünftige Arbeit in wahlloser willkürlicher, unkritischer, unvernünftiger, unverantwortlicher und unsinniger Weise angewendet wird. Darin besteht das ethische und politische Problem der zunehmenden Anwendbarkeit der Mathematik» [36]. Was Bernhelm Booß hier über die derzeitige Entwicklung der mathematischen Modellbildung in den Einzelanwendungen aussagt, gilt genauso für die KI im allgemeinen und für Expertensysteme im besonderen. Eine wissenschaftlich fundierte Theoriebildung findet bei rechnergestützter Modellierung kaum noch statt; Expertensysteme werden geradezu als Alternative zu einer durchdachten Modellierung verstanden und als Möglichkeit angepriesen, diese 'Anstrengung des Begriffs' bei der Modellbildung durch Heuristiken, vorläufige und unscharf formulierte Konstruktionen zu ersetzen.

Doch es gibt bei der Modellierung arbeitsplatzrelevanter Systeme die andere Problematik, daß ein solch idealer intersubjektiver Interessensausgleich auf Grund des polarisierten Interessensgegensatzes zwischen Kapital und Arbeit (und all den komplexen Sonderinteressen des Managements und der Ingenieure) nicht herstellbar ist. Hier tritt das Gegensatzpaar Konsens und Konflikt in einer anderen Konstellation auf. Als normative Anforderung an die Software-Erstellung folgt: «Im Modellierungsprozeß der Informatik müssen Konsens und Konflikt beschreibbar sein. Im technischen Lösungsvorschlag sollten mögliche Konfliktbereiche erkennbar und änderbar sein. Für die Informatik (wie für die Ingenieurswissenschaften) ist die Behandlung solcher Fragen besonders schwierig, da sie eher von einem Konsensmodell gesellschaftlichen Verhaltens als von einem offen liegenden oder gar im Interesse der Beteiligten versteckten Konfliktmodell gesellschaftlichen Umgangs ausgeht. Gerade im Arbeitsprozeß liegen aber offene und versteckte Arbeits- und Handlungsmotive vor, die entweder nicht konsensfähig sind oder bewußt der Konsensbildung entzogen werden [356]. Die informationstechnische Gestaltung von Arbeitsplätzen greift in solche Konflikte bewußt oder noch häufiger unbewußt ein. Einige arbeitsorganisatorische Probleme lassen sich technisch lösen, andere nicht. Hier darf sich die Informatik (und die KI) nicht falsch als Universalwissenschaft verstehen, wo es tatsächlich nur um die Vielschichtigkeit der behandelten Probleme geht. Die Informatiker sollten sich bewußt darüber werden, wo sie vorhandene Konfliktbereiche nicht modellieren können oder wollen und diesen Sachverhalt allen Beteiligten am Planungs- und Rationalisierungsprozeß deutlich machen» [81].

Logik und KI bietet eine Methode der interessenorientierten Modellierung an, die Konstruktion von 'Belief-Modellen'. Dies ist jedoch in die Expertensystemtechnik bisher nicht eingedrungen, obwohl eigentlich alle 'Wissensbasen' Belief-Modelle sind [299,142]. Die Einsicht, daß Datenmodelle tatsächlich nur modellierte Glaubensaussagen sind, mag der naturwissenschaftlich/technischen Ideologie vieler Informatiker und KI-ler zutiefst zuwider sein.

Zu den vorrangigen Äußerungen über die Fähigkeiten von Expertensystemen gehört die Vermutung, daß sie geeignet seien Probleme zu lösen. Insbesondere Simon und Newell haben diesen Aspekt schon vor der Fokussierung des KI-Marktes auf die Expertensysteme betont [328,251] und ein universelles Programm zum symbolischen Problemlösen diskutiert, den 'General Problem Solver'. Ihre Modularisierung entlang des Leitsatzes 'divide et impera', die weitgehend durch die Expertensystem-Ideologen übernommen wurde, ist allerdings von Anfang an wenig überzeugend. Nimmt man die Behauptung ernst, daß Expertenarbeit vor allem im 'Problemlösen' besteht, so bleibt freilich die Frage ungeklärt, was denn das Problemlösen ausmacht. Simon und Newell sind mit dieser Fragestellung nicht alleine geblieben, Ratschläge zum erfolgreichen Problemlösen gibt es auch für menschliche 'Problem Solver'. Bransford und Stein [47] haben eine Problemlösungsstrategie für menschliche Experten (und Lehrlinge) entworfen, die sich an den fünf Buchstaben IDEAL orientiert. Nach ihrer Vorstellung gehört es zum souveränen Umgang mit Problemfeldern, daß man sie erst einmal aufspürt und dann genauer beschreibt. Aus Kenntnis und Erfahrung werden Lösungsalternativen für das definierte Problem untersucht, eine Lösung gewählt, ausgeführt und das Ergebnis kritisch bewertet, um daraus zu lernen. Dies führt zu den fünf Schritten

- Problem *i*dentifizieren;
- Problem *d*efinieren;
- Unterschiedliche Lösungsansätze *e*valuieren;
- Nach einem Lösungsplan *a*gieren;
- Die Lösungsstrategie auswerten und daraus *l*ernen.[30]

Welche dieser Schritte können effektiv mit einem Rechner durchgeführt werden? Ist das Problem im Rechner darstellbar (durch eine entsprechende symbolisch kodierte Repräsentation) und sind programmierte heuristische oder algorithmische Lösungen bekannt, so kann eine symbolische Lösung durch Ablauf des Programms erfolgen. Es sind allerdings keine Wege zur Formalisierung des ersten Schrittes (Gibt es überhaupt ein Problem? Welches?) oder des letzten Schrittes (Ist die Lösung akzeptabel und was lernen wir aus ihr?) bekannt. Noch weniger wüßte man, wie man diese Schritte in ein Rechnerprogramm umsetzen könnte. Selbst wenn man die Tätigkeit eines Experten auf die Tätigkeit des Problemlösens einschränkt, greift die Vorstellung des Expertenersatzes durch Rechnerprogramme nur für den Teilaspekt wohldefinierter, im Rechner symbolisch darstellbarer und algorithmisch oder heuristisch berechenbarer Lösungen. Dies ist nicht wenig und kann im Einzelfall eine bedeutende Unterstützung für die hochqualifizierte Arbeit von Experten sein, aber es umfaßt eben nicht einmal die Aspekte des Aufspürens der Probleme, des Definierens, oder des Reflektierens über die ausgeführte Lösung.

Tatsächlich ist die alltägliche Tätigkeit von Experten viel umfassender. Vor allem hängt sie erst einmal vom Tätigkeitsbereich ab, so daß es schon kühner Ignoranz bedarf, um die unterschiedlichsten Experten über einen abstrakten Leisten zu schlagen. Das ist ein epistemologischer Fehler, den schon Simon und Newell mit ihrer inhaltsleeren Vorstellung eines 'General Problem Solving'-Prozesses [328] begannen, und der sich in der üblicherweise introspektiven Arbeitsweise der KI-Forscher und der Expertensystem-Gurus wiederholt.

[30] Im englischsprachigen Original heißen die Schritte *i*dentifying problems, *d*efining problems, *e*xploring alternative approaches, *a*cting on a plan und *l*ooking at the effects. Wir haben uns des hübschen Akronyms IDEAL wegen zu einer etwas freien Übertragung entschlossen, die aber die grundsätzlichen Schritte beibehält.

Aber selbst wenn man eine abstraktere Beschreibung beruflicher Expertise versucht, stößt man auf eine Reihe von Tätigkeiten, deren Ausführung durch Rechnerprogramme nicht absehbar ist.
Ein einfaches Beispiel sind Expertensysteme zur Beratung. Sie werden meist unter Prämissen konstruiert, die nur selten auf eine Beratungssituation zutreffen. Eine Vorstellung ist, daß der Ratsuchende weiß, was er wissen will. Dies betrifft sowohl den Bereich, in dem er beraten werden will, wie den Detailierungsgrad. Weiterhin wird vorausgesetzt, daß der Ratsuchende viel Zeit hat, und daß er fortgeschrittener 'Alphabet' ist, sich also im Prinzip an Hand eines Handbuchs oder einer Tabelle selber informieren könnte. Selbst bei einer so 'einfachen' Frage wie der Eröffnung eines Bausparvertrages sind die vorherigen Vorannahmen so gut wie nicht erfüllt. Es scheint fast unausweichlich, daß solche Beratung durch Expertensysteme nur in Form von Unterstützungssystemen menschlicher Berater angeboten werden kann. Aber selbst die Auswahl eines leitungsgebundenen Postanschlusses (Telefon, Telex, Telefax, Teletex, Telebox, Btx, Datex-P, Datex-L oder andere) durch qualifizierte Berater für qualifizierte Benutzer hat zur Verärgerung bei den Ratsuchenden wegen der 'monotonen Dialoge' des Programms geführt, wie Mertens berichtet.[31]
Die Probleme liegen allerdings tiefer. «Aus der Analyse von Mensch-Mensch Beratungsinteraktionen weiß man, daß Beratungsdialoge je nach ihrer Struktur von den jeweiligen Klienten unterschiedlich beurteilt werden (sogar wenn dabei am Schluß dieselben Empfehlungen zustande kommen). Das wesentliche Merkmale ist hier, ob sich der Berater 'autoritär' verhält oder 'kooperativ'; das heißt, ob er vom Klienten lediglich Informationen abfragt und daraufhin seine Empfehlungen ausspricht, oder ob er sich bemüht, die Lösung gemeinsam mit dem Klienten zu erarbeiten.» «Kooperative Beratungen werden oft nicht nur subjektiv als befriedigender empfunden, sondern sie sind auch objektiv effektiver. In vielen Fällen kann nämlich der Klient sein Problem von vorneherein nicht einmal genau definieren, sondern muß es erst im Dialog mit dem Berater abgrenzen. Wenn der Klient statt dessen zu einer verkürzten Problembeschreibung gezwungen wird, oder wenn der Berater sich ohne Rücksprache seine eigene Vorstellung bildet, dann bezieht sich die Empfehlung am Ende womöglich gar nicht auf das eigentliche Problem!» [305] Schiff und andere sehen einen Lösungsansatz für diese Schwierigkeit in (Experten-) Systemen, denen menschliche Berater oder Klienten dem Programm eigene Lösungsvorschläge zur Kritik vorlegen, wobei das Programm formale Inkonsistenzen, ignorierte Randbedingungen oder vom Programm erkennbare Schwachstellen suchen soll.

Eine grundsätzliche Differenz zwischen Expertensystem-Programmen und Menschen betrifft die Fähigkeit von Menschen, Situationen schlagartig in einem ganzheitlichen Eindruck zu beurteilen. Banalerweise wird die Aufforderung «Hände hoch» meist nicht primär als Handlungsanweisung verstanden, und der Satz «Ich liebe Dich» hat schon manche Vorstellungswelt verändert. Doch auch in alltäglicheren Situationen besteht ein Großteil der Arbeit im schnellen Erkennen von Situationen und unmittelbaren

[31] System DIAL-D [223], vgl. Abschnitt 5.2

Reaktionen, die durch logische Schlußfolgerungen nicht erklärbar sind. «Was mich bei der Wissensakquisition anfangs immer wieder verblüfft hat, war die Geschwindigkeit und manchmal auch eine Art 'traumwandlerischer Sicherheit', mit der Experten zu Ergebnissen in Form von Hypothesen oder Entscheidungen kommen. ... Und wenn man dann fast starr vor Staunen nachfragt, warum der Experte seiner Sache so sicher ist, dann bringt man die Leute nicht selten in eine ernsthafte Verlegenheit, weil es ihnen schwerfällt, den Vorgang der Entscheidungsfindung in einzelne Schritte zu zerlegen, diese zu erklären und so den gesamten Prozeß für einen Außenstehenden nachvollziehbar zu machen» [13]. Fachwissen wird eben nicht 'Außenstehenden nachvollziehbar gemacht', sondern in der Berufsausbildung erlernt — vor allem am Beispiel des Meisters. Und selbst die Hochschulausbildung vermittelt vor allem soziale und wissenschaftliche und gesellschaftliche Haltungen neben dem Fachwissen, auch wenn Professoren wie Herbert Simon das leicht übersehen und zu der Ansicht neigen, sie seien durch ein Computerprogramm ersetzbar [327].

Selbst wenn Routinearbeiten teilweise durch ein maschinell ausführbares Modell von Regeln und Heuristiken beschreibbar sind, so bleiben doch wesentliche Bereiche jeder Arbeit, die durch ein solches Modell nicht erfaßt werden. Beispiele solcher Fähigkeiten, die an jedem Arbeitsplatz auftreten, sind

- Kontexte und Gültigkeitsbereiche erkennen und wissen, wann Hilfe nötig wird;
- Vermutungen (Hypothesen) über Arbeitszusammenhänge anstellen (z.B. Fehler- oder Mängelstrukturen erkennen);
- einen Handlungsbedarf, zum Beispiel einen unerwarteten Fehler, erkennen.

Zu den typischen kognitiven Leistungen von Menschen gehört die Fähigkeit, aus Analogien oder Fehlern Neues zu lernen. Die Bewertung von Handlungen mit vorhersehbaren und quantifizierbaren Ergebnissen ist durch ein Programm prinzipiell möglich; unerwartete Ergebnisse zu bewerten, wie Menschen das tun können, verlangt schon wieder nach einem ganzheitlichen Erfassen der Situation. Zu den wichtigsten Fähigkeiten erfahrener Arbeitender gehört es, Grenzen der Routinearbeit zu orten und auch den unspezifischen Schluß zu ziehen: «Hier stimmt was nicht!».

Es gibt also eine große Liste menschlicher Arbeitsfähigkeit und -tätigkeit, die keineswegs von Rechnerprogrammen übernommen werden können. Die angeführten Arbeitsmerkmale sind jenseits der maschinellen Leistungsfähigkeit: Was nicht explizit formalisiert (programmiert oder in die Wissensbasis akquiriert) wurde, kann nicht abgerufen werden.[32] Deshalb wird im wissenschaftlichen Umfeld des neu gegründeten Deutschen Forschungszentrums für Künstliche Intelligenz der Ruf nach der Erforschung des Alltagswissens (der die KI von Anfang an begleitete [87]) wieder laut. Wie man mit explizit formalisiertem Alltagswissen die vorher genannten Verhaltensweisen simulieren will, bleibt trotzdem völlig unklar. Es drängt sich die Vermutung auf: Es geht nicht!

[32] An der Notwendigkeit expliziter Formalisierbarkeit beim Programmieren greifen die Forschungen zu den Neuronalen Netzen an (vgl. Abschnitt 7.4), wobei sie aber bisher den Beweis ihrer maschinellen Überlegenheit schuldig geblieben sind.

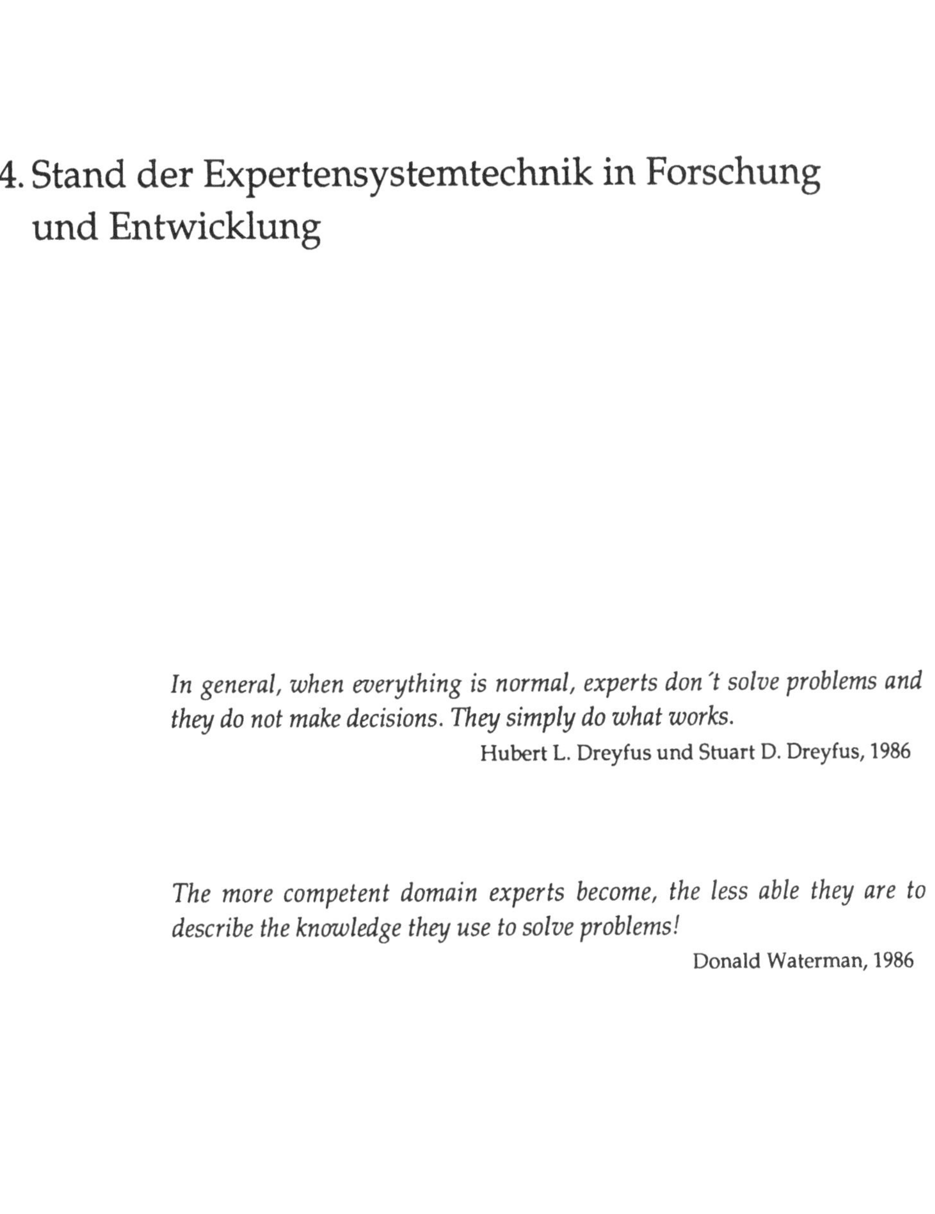

# 4. Stand der Expertensystemtechnik in Forschung und Entwicklung

*In general, when everything is normal, experts don´t solve problems and they do not make decisions. They simply do what works.*

Hubert L. Dreyfus und Stuart D. Dreyfus, 1986

*The more competent domain experts become, the less able they are to describe the knowledge they use to solve problems!*

Donald Waterman, 1986

Die wesentlichen neuen Eigenschaften von Expertensystemen, die sie von herkömmlichen Programmen unterscheidet, sind die leichte Formalisierbarkeit heuristischer Methoden, höhere Flexibilität in der Behandlung von schnell sich ändernden Problembereichen, die durch die Trennung von Programmablaufsteuerung und anwendungsspezifischen Methoden und Beschreibungen erreicht wird, sowie die Möglichkeit, mit unsicheren, vorläufigen oder vagen Fakten und 'Daumenregeln' umzugehen. Als neu zeigt sich die prinzipielle Forderung, daß Expertensysteme über die Programmdokumentation hinaus ihre Dialogrückfragen und Schlußfolgerungen dem Benutzer erklären sollen.
Mit diesen neuen Fähigkeiten zur informationellen Modellierung von Arbeitsprozessen sind freilich auch neue, nur teilweise gelöste oder auch ungelöste Probleme logischer und softwaretechnischer Natur verbunden.

## 4.1 Wissensrepräsentation

Durch die kognitive Grundhypothese der KI-Forschung, daß rationales Denken am besten als Manipulation symbolischer Repräsentationen verstanden werden kann, ist die Wissensrepräsentation in den Mittelpunkt des Forschungsinteresses gerückt. Im Kern geht es darum, eine formale Sprache zu finden, in der alle wesentlichen Informationen über eine Situation oder einen 'Weltausschnitt' so hingeschrieben werden können, daß ein Programm über diese Situation 'räsonnieren' kann. Mit der formalen Logik ist eine solche Sprache vorhanden, die zudem den Vorteil einer entwickelten semantischen Theorie bietet, und in der Tat stehen Logikkalküle im Zentrum der Forschung über die Wissensrepräsentation. Die Diskussion über die Logik als 'universelle Wissensrepräsentationssprache' ist so alt wie die KI selber. Zwei Themen stehen bei dieser Diskussion im Vordergrund: das eine rankt sich um die Begriffe *Entscheidbarkeit* und *Komplexität*, das andere ist die *Adäquatheit*. Entscheidbarkeit verlangt ein allgemeines algorithmisches Verfahren, das die Gültigkeit einer Aussage innerhalb eines Kalküls zweifelsfrei (und für praktische Zwecke auch in angemessener Zeit) beweist. Logikkalküle sind nur in Ausnahmefällen entscheidbar. Es gilt also, eingeschränkte entscheidbare Kalküle und effiziente Beweisverfahren zu entwickeln, die soviel von der Ausdrucksmächtigkeit der Logik erhalten wie möglich. Schwieriger, weil nicht formal faßbar, ist die Frage der Adäquatheit logischer Kalküle. Logik als Repräsentationssprache soll eine 'natürliche', dem Gegenstandsbereich angemessene Beschreibung ermöglichen, eine Eigenschaft, die nicht von allen Forschern in gleicher Weise beurteilt wird. Hierin liegt der größte Dissens in der Auseinandersetzung über die Rolle der formalen Logik.
Gegenwärtig werden für die Entwicklung von Expertensystemen hauptsächlich drei verschiedene Formalismen der Wissenrepräsentation verwendet: Produktionsregeln, strukturierte Objekte und Implementierungen logischer Kalküle, vor allem in Gestalt der Programmiersprache Prolog. Jeder dieser Formalismen ist für bestimmte Anwendungstypen mehr oder weniger gut geeignet, sodaß es häufig Bestrebungen gibt, mehrere Formalismen in einer Entwicklungsumgebung zu kombinieren. Beispiele dieser

Versuche sind die Sprache LOOPS und die Shell BABYLON, die alle drei Methoden unterstützen, und hybride Shells wie KEE, Nexpert Object und Knowledge Craft, die Verarbeitungsmechanismen für Regeln und für Objekte kombinieren. Zusammenhänge zwischen regel- und objektgestützten Programmen einerseits und formaler Logik andererseits sind hinlänglich bekannt (z.B. in [103,158]), sodaß sich, zumindest prinzipiell, korrekte Sprachen formulieren lassen. Bei vielen kommerziellen Expertensystementwicklungs-Werkzeugen ist die Korrektheit jedoch nicht erkennbar, da sie keine ausreichenden Angaben oder Untersuchungen über das logische Kalkül machen, auf dem die Inferenzmaschine beruht, und durch ad hoc eingeführte 'nützliche' Mechanismen zusätzlich für Verwirrung sorgen. «It works — why bother?» Hoffnungen auf angemessene Validierung der Programme werden dadurch von vorneherein zunichte gemacht.

Der gebräuchlichste Formalismus zur Darstellung von Wissen sind *Produktionsregeln*. Regelsysteme sind keine Erfindung der KI: Die Mathematik kennt Regeln in der formalen Logik (z.B. Thue-Systeme), die Informatik benutzt seit ihren Anfängen Regelsysteme zur Darstellung theoretischer Konzepte (z.B. Formale Grammatiken, mathematische Maschinen) wie zur Definition von Programmiersprachen. Auf ihrer Suche nach einem Formalismus, der Prozesse systematischen Schlußfolgerns adäquat abbildet, hat die KI-Forschung Produktionsregelsysteme zunächst für die 'Cognitive Science' [247] und dann für die Expertensystemtechnik entdeckt.

Ein Produktionsregelsystem besteht aus einer Regelmenge, einem Interpreter, der die Auswertung der Regeln steuert, und einem Arbeitsspeicher für gültige Fakten und Zwischenergebnisse. Eine Regel besteht aus einer Vorbedingung und einer Schlußfolgerung oder Aktion: Die Vorbedingung beschreibt eine Situation, in der die Schlußfolgerung gültig ist, oder in der die Aktion ausgeführt werden soll.

Für die Auswertung von Regeln gibt es zwei prinzipielle Alternativen, die Vorwärtsverkettung, bei der aus bekannten Daten die zulässigen Schlußfolgerungen abgeleitet werden, und die Rückwärtsverkettung, bei der eine Vermutung durch gezielte Überprüfung von Bedingungen bestätigt oder abgelehnt wird.

Bei der *Vorwärtsverkettung* wird ausgehend von vorhandenen Daten im Arbeitsspeicher eine der Regeln ausgewählt, deren Bedingungsteil erfüllt ('wahr') ist. Die Schlußfolgerung der Regel wird als neuer 'abgeleiteter' Fakt in den Arbeitsspeicher geschrieben bzw. die Aktion der Regel ausgeführt; das Verfahren heißt im englischen *data-driven*. Der Prozeß wird solange wiederholt, bis keine Regel mehr anwendbar ist. Da in einer Situation mehrere Regeln gleichzeitig anwendbar sein können, müssen Strategien zur Konfliktlösung vorgesehen werden. Ein bekanntes Beispiel eines vorwärtverkettenden Regelinterpreters ist die Produktionsregelsprache OPS5.

Die *Rückwärtsverkettung* geht von einem Ziel — einer Hypothese, einer zu überprüfenden Behauptung — aus, und untersucht die Regeln, deren Aktionsteil die Zielhypothese enthält (engl. *hypothesis-driven*). Die Bedingung der Regel wird durch Fragen an den Benutzer, durch Fakten aus dem Arbeitsspeicher oder durch die Auswertung anderer Regeln etabliert. Auch bei dieser Strategie können Konflikte auftreten. Prolog und EMYCIN sind bekannte Beispiele rückwärtsverkettender Interpreter.

Da die Wahl der Konfliktlösungsstrategie bestimmenden Einfluß auf das gesamte Systemverhalten ausübt, sollen die gebräuchlichsten Strategien hier kurz beschrieben werden. Die einfachste Konfliktlösung besteht darin, die erste anwendbare Regel zu wählen. Diese Strategie, die z.B. in der Programmiersprache Prolog realisiert ist, ist die Standardstrategie der meisten Expertensystem-Shells. Prolog-Programmierer erfahren schnell, daß diese Strategie eine sorgfältige Planung der Reihenfolge der Regeln in der Wissensbasis erfordert, weil schlecht plazierte Regeln möglicherweise nie zur Auswertung ausgewählt werden und deshalb potentiell ableitbare Ergebnisse nicht abgeleitet werden. Eine andere Strategie wählt Regeln nach zeitlichen Kriterien aus: Das kann z.B. so aussehen, daß die Regel mit den neuesten Daten vorgezogen wird, um den aktuellen Pfad der Auswertung weiter zu verfolgen. Eine dritte Möglichkeit der Konfliktlösung ist, spezifischere Regeln, d.h. Regeln mit einer größeren Zahl von Vorbedingungen, den allgemeineren vorzuziehen. Die Vorwärtsverkettung eignet sich für Anwendungen, bei denen alle benötigten Daten bereits zu Beginn einer Sitzung vorliegen (z.B. Konstruktionsaufgaben), oder in denen auf ankommende Daten reagiert werden muß (z.B. Prozeßüberwachung und -steuerung). Gute Kandidaten für die Rückwärtsverkettung sind Diagnose- und Klassifikations-Aufgaben, bei denen nur eine kleine Zahl von Endhypothesen vorhanden ist, oder bei denen durch die Vorgabe von Hypothesen der Suchraum eingeschränkt werden kann. Kombinationen der beiden Strategien sind als 'hypothesize-and-test' und 'establish-refine' bekannt.

Regeln sind für die Entwicklung von Expertensystemen u. a. deshalb so beliebt, weil sich Wissen von Experten zum Teil regelhaft formulieren läßt. Dies trifft dann zu, wenn systematisches Vorgehen in 'wenn-dann' Sätzen beschrieben wird. Auch bereits regelhaft vorformulierte medizinische Handbücher mögen prägend auf die ersten Expertensysteme gewirkt haben, die in diesem Anwendungsfeld entstanden. Ein wesentlicher Grund für die Attraktivität von Regelsystemen liegt darin, daß sowohl Faktenwissen als auch prozedurales Wissen syntaktisch einheitlich als Regeln beschrieben werden kann. Die Trennung von Fakten- und Methodenwissen einerseits und der die Auswertung steuernden Inferenzmaschine andererseits führt zu einer bedeutenden Flexibilität der Programme; auf der anderen Seite wächst mit der Zahl der Regeln die Undurchschaubarkeit und Ineffienz einer Datenbasis. Jackson zieht folgendes Resumé über die Vor- und Nachteile regelgestützter Programmierung: «Die ursprünglich genannten Vorteile der regelbasierten Methode sind die folgenden:

- Einzelne Regeln repräsentieren natürlich vorkommende Wissensstücke.
- Die Unabhängigkeit der einzelnen Regeln hält die Wissensbasis semantisch und syntaktisch modular.
- Die Modularität erlaubt inkrementelles Entwickeln der Wissensbasis.

Es sind einige Zweifel an allen drei vorgeblichen Vorteilen angebracht:

- Im allgemeinen sind Regeln, die 'natürlich' erscheinen, nicht leicht zu lesen, nicht gut für die Erklärungskomponente zugänglich und in der Ausführung ineffizient.
- Da die einzelnen fachspezifischen Regeln untereinander um die Aufmerksamkeit des Interpreters konkurrieren, kann man sie kaum prozedural unabhängig nennen. Und da

sie auch logisch verbunden sein können wie z.B. durch Inkonsistenzen oder Klassifizierungen, kann man schlecht sagen, sie seien deklarativ unabhängig.
- Wenn man eine Wissensbasis mit Hunderten von Regeln hat, ist es generell schwierig, Effekte neuer Regeln auf das System vorherzusagen» [181].

Die Expertensystemforschung hat die Nachteile unstrukturierter Regelmengen erkannt und sich auf die aus der Software-Technik bekannte Forderung nach einer weitergehenden Modularität der Wissensbasis besonnen. Eine naheliegende und einfache Methode der Modularisierung ist, funktional zusammengehörende Regeln zu 'Kontexten' zusammenzufassen, die als 'Pakete' aufgerufen und ausgewertet werden. Kontexte werden meist durch explizite Markierung der Regeln gebildet. Die Strukturierung der Wissensbasis durch Kontextbildung ist in R1/XCON realisiert. Die Überschaubarbeit einer Regelbasis wird vor allem durch die Vermischung von verschiedenen Arten von Wissen in den Regeln beeinträchtigt. Eine Regel kann sowohl fachspezifisches Methodenwissen, fachspezifisches strategisches Wissen als auch fachgebietsunabhängige Steuerungsprinzipien enthalten; erschwerend kommt hinzu, daß die verschiedenen Arten von Wissen in einer einzigen Regel vermischt sein können — und auch meist vermischt werden. Als Ausweg wird die Strukturierung der Regelmenge durch Typisierung der Regeln vorgeschlagen, z.B. durch die Auszeichnung von 'Metaregeln', in denen fachspezifisches strategisches Wissen, aber auch allgemeine Steuerungsprinzipien codiert sein können. Die Idee der Metaregeln ist in späteren Versionen von MYCIN realisiert [55]. Eine dritte Form der Strukturierung besteht darin, Regelmengen einzelnen 'Objekten' zuzuordnen. Diese Idee wird z.B. durch die Expertensystem-Shell KEE unterstützt.

Regelsysteme sind am besten geeignet für methodisches Wissen in Form von unabhängigen Situations-Aktions-Paaren; Wissen über Fakten und Objekte liegt in Regelmengen jedoch völlig unstrukturiert vor. Schon früh wurden 'strukturierte Objekte' als Wissensrepräsentationsformalismus vorgeschlagen, in dem die Eigenschaften von Objekten und gewisse Grundoperationen ihrer Verwendung zusammengefaßt werden können. Eine wissenschaftliche Quelle der strukturierten Objekte ist Quillians Arbeit über 'semantische Netze'. [273] Der etwas irreführende Name ist aus Quillians Absicht heraus zu verstehen, semantische Konzepte menschlicher Sprache mit Hilfe dieser Netze graphentheoretisch zu charakterisieren. Ein weiterer Zweig strukturierter Objekte entstand mit Minskys Rahmenbeschreibungen (engl. *frames* [232], die ursprünglich der Abbildung stereotypischer Situationen dienen sollten. Die Idee dieser Rahmenbeschreibungen hat, angereichert durch Methoden objektorientierter Programmierung, als Repräsentationsform Eingang in Entwicklungswerkzeuge für Expertensysteme gefunden.
Strukturierte Objekte sind zunächst Record-ähnliche Datenstrukturen, in denen Eigenschaften von Objekten mitsamt ihren Werten zusammengefaßt sind. Die Objekte selber sind in Hierarchien angeordnet, die Teilmengenbeziehungen, Klassenzugehörigkeit oder Zerlegungen ausdrücken können.
Eine Besonderheit framegestützter Programme liegt in den unterschiedlichen Wegen, wie der aktuelle Wert einer Eigenschaft eines Objekts ermittelt wird. Entlang der hierar-

chischen Organisation der Objekte wird die *Vererbung* von Eigenschaften und/oder ihrer Werte definiert. Ein Objekt hat sowohl individuelle Eigenschaften wie allgemeine Eigenschaften, die es von seinen Vorgängern innerhalb der Hierarchie erbt. In manchen objektgestützten Programmen ist es möglich, die Vererbung einzelner Eigenschaften selektiv zu unterdrücken oder die Vererbungsrichtung umzukehren. Eigenschaften können auch mit *Defaultwerten* vorbelegt werden. Solche Vorbelegungen entsprechen erwarteten Werten für die Objekte einer Klasse, die freilich in einem konkreten Fall falsch sein können und dann überschrieben werden. Schließlich kann der Wert einer Objekteigenschaft auch durch eine wertermittelnde *Prozedur* auf Anforderung berechnet werden. Eine andere Art zugeordneter Prozeduren, die *Dämonen*, berechnen nicht die Werte, sondern aktivieren Prozesse bei einer Veränderung des Werts.
Strukturierte Objekte scheinen auf den ersten Blick ein breit verwendbares und elegantes Mittel zur Wissensrepräsentation zu sein. [181] weist allerdings auf entscheidende Schwächen logischer Natur hin. Die schwache formale Fundierung strukturierter Objekte wird durch Implementierungen, die den extensiven Gebrauch von Defaults und Vererbungen erlauben, zusätzlich ausgehöhlt: definierende Eigenschaften oder universelle Aussagen werden verwischt, vielfältige Vererbungspfade könenn sehr leicht zu Inkonsistenzen führen. Erfahrungen mit dem praktischen Einsatz großer framegestützter Expertensysteme mögen zur Aufdeckung weiterer Schwächen dieses Formalismus führen.

Die Prädikatenlogik ist die theoretisch am besten untersuchte Methode der Wissensrepräsentation. Für die Konstruktion von Expertensystemen wird sie — außer in Gestalt der Programmiersprache Prolog — so gut wie nie verwendet. 'Klassische' logische Kalküle sind theoretisch 'saubere' Formalisierungen eines rationalen Schlußfolgerungsbegriffs; die Logik dient deshalb hauptsächlich als Bezugspunkt für den Vergleich und die Bewertung von Repräsentationsformen und zur Entwicklung spezieller 'nichtklassischer' Kalküle.
Prolog ist eine logische Programmiersprache, die auf Grundlage der Resolution von Horn-Klauseln, also logischen Implikationen der Form $\alpha_1 \wedge \ldots \wedge \alpha_n \rightarrow \beta$ entworfen wurde. Prolog kann somit auch als regelgestützte Sprache mit rückwärtsverkettender Auswertungsstrategie aufgefaßt werden, wobei 'Regeln' beliebig viele konjunktiv verknüpfte Vorbedingungen $\alpha_1 \wedge \ldots \wedge \alpha_n$ und eine einzige Schlußfolgerung $\beta$ haben. Fakten werden als spezielle Form von Regeln dargestellt, nämlich als logische Implikationen, deren Vorbedingung stets erfüllt ('wahr') ist. Vorbedingungen und Schlußfolgerungen werden als Terme bezeichnet; dies sind Konstanten oder Funktionen mit beliebiger Anzahl von Argumenten, die auch wieder Terme sein können.
Der Kernprozeß der Inferenzmaschine von Prolog ist die Unifikation, die als eine sehr mächtige Form des 'pattern matching' verstanden werden kann. Die Inferenzmaschine von Prolog versucht eine Hypothese zu beweisen, indem nach einer Regel in der Datenbasis gesucht wird, deren Konsequenz mit der Hypothese unifiziert werden kann. Regeln werden nach der Reihenfolge ihres Eintrags in der Datenbasis untersucht. Das Ergebnis einer Berechnung ist die Komposition aller Variablenbelegungen, die zum Beweis der ersten Hypothese geführt haben.

Die Konfliktlösungsstrategie ist in den Inferenzmechanismus eingebaut; es gibt syntaktische Strukturen, die dem Programmierer eine gewisse Kontrolle über die Strategie geben, die aber in ihren Wirkungen schwer überschaubar sind und hin und wieder als das 'goto' der logischen Programmierung disqualifiziert werden.
Im Prinzip kann die Datenbasis von Prolog wie die jeder anderen regelgestützten Sprache dynamisch geändert werden. Da aber Prolog eine logische Sprache mit deklarativer Semantik (Horn-Klausel-Logik) ist, können Änderungen schwerwiegende und schlecht zu überschauende Eingriffe in die Menge der logischen Deduktionen eines Progamms bedeuten.

Die gängigen Formalismen der Wissensrepräsentation beruhen auf der Idee des logischen Kalküls: 'Wissen' über die Welt wird durch Ausdrücke des Kalküls, rationales Schließen durch die Deduktion weiterer Ausdrücke mittels allgemeingültiger Regeln abgebildet Sowohl der Wahrheitsbegriff wie auch die Formalisierung des Schlußfolgerns in der klassischen Logik sind jedoch nicht sonderlich geeignet für reale Ausprägungen von Wissen und Problemlösungsmethoden (auch wenn diese logisch modellierbar sind). Es gibt große Anstrengungen in der theoretisch ausgerichteten KI-Forschung, spezielle logische Kalküle zu entwickeln, die den realen Schlußfolgerungsprozessen besser entsprechen.
Eine tieferliegendes epistemologische Diskussion muß die Frage aufwerfen, ob unsere Kenntnisse über die Welt durch repräsentative Abbildung simpler wahrer Tatsachen (etwa im Sinne von Wittgensteins Tractatus logico-philosophicus) und deren logischer Verknüpfungsstruktur entsteht oder durch die kohärente Entfaltung eines sprachlichen Dialogs zwischen Menschen (etwa im Sinne der 'Sprachspiele' in Wittgensteins späteren Werken). Beide Theorien, die *Repräsentationshypothese* und die *Kohärenzhypothese* schließen sich wechselseitig aus. Die aktuelle Expertensystemforschung und -entwicklung unterstellt ohne nähere Diskussion dieser wesentlichen Differenzen die Repräsentationshypothese.
Der Wahrheitsbegriff der formalen Logik bleibt mit seiner Anwendung in Wissensrepräsentationen auch dann problematisch, wenn man die prinzipielle formale Repräsentierbarkeit von Wissen unterstellt. Wahrheit innerhalb eines logischen Kalküls bedeutet *universelle Wahrheit* innerhalb dieses Kalküls. Komplexes *'Expertenwissen'* jedoch ist personen- und situationsgebunden; es ist historisch und kulturell determiniert, so daß ihm eine intersubjektive, universelle Wahrheit kaum zuordenbar ist, selbst wenn man eine solche Wahrheit für prinzipiell erreichbar hält. Es sollte deshalb eher von *'Glauben'* als von Wissen gesprochen werden (womit auch die Annahmen von Kohärenztheorien zumindest diskutierbar würden). Versuche, diesen Begriff zu formalisieren, führen zu Modallogiken und 'Belief'-Systemen [142]. Obwohl es sich letzlich bei allen Expertensystemen um 'Belief'-Systeme handelt, da Experten fast immer nur mit relativer Gewißheit handeln, hat diese Forschungsrichtung bislang keinen Anteil an der anwendungsorientierten Expertensystemtechnik.
Dagegen finden die Versuche, unsichere oder unscharfe Schlüsse zu formalisieren, große Resonanz bei den Expertensystementwicklern. Die Natur heuristischen Wissens bringt es

mit sich, daß gewisse Regeln nur in manchen Fällen zu korrekten Ergebnissen führen, wobei diese Fälle aber nicht exakt spezifizierbar sind; allenfalls kann die Wahrscheinlichkeit oder die Sicherheit, mit der eine Aussage Gültigkeit hat, angegeben werden. Als Grundlage unsicherer Schlußfolgerungen werden oft die im MYCIN-Modell entwickelten *Sicherheitsfaktoren* benutzt, die auf Schätzungen des oder der Experten beruhen. Mißtrauen gegenüber solchen Schätzungen ist angebracht, da im allgemeinen die Schätzwerte bei den Fachleuten differieren und zudem die Methoden zur Berechnung der Gesamtsicherheit einer Ableitung unzureichend ausgearbeitet sind. Für die Verwendung der statistischen *Wahrscheinlichkeitstheorie*, die ebenfalls zur Behandlung unsicherer Schlüsse vorgeschlagen wird, fehlt in den meisten Anwendungsfällen die Grundvoraussetzung, nämlich die Verfügbarkeit repräsentativer Daten.
Wissenbasen sind in den seltensten Fällen *vollständig*, d.h. es fehlen Fakten oder Regeln, um alle gewünschten Aussagen ableiten zu können. Verschiedene Verfahren sind vorgeschlagen worden, um dennoch vermutete Schlüsse ohne vollständige Begründung ziehen zu können. Eine Strategie besteht darin, Annahmen zur Vervollständigung der Wissensbasis zu treffen und vorläufige Ableitungen mit dieser erweiterten Basis durchzuführen, wobei die abgeleiteten Schlüsse später zurückzunehmen sind, falls sich die zusätzlichen Annahmen durch neue Informationen als ungültig herausstellen. Techniken zur Realisierung einer derartigen Vorgehensweise sind als *(Assumption-based) Truth Maintenance Systems* (ATMS oder TMS) bekannt geworden [106,189]. Es handelt sich dabei um eingeschränkte Realisierungen *nicht-monotoner Logik* [280, 216]. Klassische Logiken sind monoton in dem Sinne, daß beweisbare Aussagen zeitlich unverändert gültig bleiben, auch wenn neue widerspruchsfreie Axiome zum Kalkül hinzugefügt werden oder neue Aussagen bewiesen werden. Die Schlußfolgerungen in der 'realen Welt' sind dagegen meist nicht monoton: Aussagen können solange für wahr gehalten werden, bis ein Beweis ihrer Ungültigkeit vorliegt. Die Formalisierung nichtmonotoner Logik ist ein noch unzureichend verstandenes Problem der theoretischen KI-Forschung. Bislang entwickelte Kalküle sind nicht entscheidbar und geben kaum Hinweise auf praktische Implementierungen.

## 4.2 Wissensakquisition

Eines der größten Probleme der Expertensystementwicklung ist die Wissensakquisition. Unter diesem Begriff sind Prozesse der Identifikation von Verfügungswissen über automatisierbare Arbeitsabläufe, der Formalisierung des Wissens in einer formalen Beschreibungssprache und der Änderung und Erweiterung der erstellten Wissensbasis zusammengefaßt. Die Wissensakquisition ist also eine Aufgabe, die über die gesamte Lebensdauer eines Expertensystems hinweg bestehen bleibt. Sie ist darüberhinaus eine Aufgabe von unangenehmer Kontinuität: Eine sequentielle Phaseneinteilung einzelner Arbeitsschritte der Akquisition ist nicht möglich. «Die Verfeinerungen eines Expertensystems sind niemals wirklich abgeschlossen, weil das System sich fortwährend weiterentwickelt, sobald neue Information zur Problemlösung verfügbar wird. Gegenwärtig schließt die Wartung des Systems *alle Prozesse* ein, *die am initialen Entwurf und Test des Systems* beteiligt waren.» ([157] ohne Hervorhebung) Gelegentliche Versuche, diese Prozesse unter dem Namen 'Wissenstechnik' zu banalisieren, stellen interessante Bezüge zur Software-Technik her. Die Software-Technik ist im Kern ein Versuch, diejenigen Probleme der Software-Entwicklung, die nicht technischer Natur sind mit technischen Mitteln zu bewältigen. Auch für die Programmierung heuristischer Methoden der Problemlösung wird nun diese Forderung erhoben, ohne daß bisher Software-Technik oder Wissenstechnik befriedigende Erfolge zeigten. Dabei zeigt sich, daß die KI-Forschung lange Zeit elementare Anforderungen der Softwareentwicklung (Korrektheit, Wartung etc.) ignoriert hat; durch gescheiterte Integrationsversuche von Expertensystemen in betriebliche Abläufe wird die Notwendigkeit der Bearbeitung softwaretechnischer Aspekte für eine 'Wissenstechnik' sichtbar. Auf diesen Gesichtspunkt wird in Kapitel 6.2 detailliert eingegangen.

Daß der Prozeß der Wissensakquisition beileibe keine rein technische Frage ist, wird aus praktischen Erfahrungen heraus berichtet. Eine besondere Schwierigkeit wird darin gesehen, daß der Experte sein Wissen nicht in der Form von Regeln und Prozeduren beschreiben kann, sondern weitaus häufiger in Form von Beispielen und typischen Situationen. Brigitte Bartsch-Spörl berichtet aus ihren Erfahrungen mit zwei Expertensystem-Projekten, daß Experten sich durch den Wissensingenieur gezwungen sehen mag, Modelle seiner Methode des Problemlösens zu finden: «Nur sollte man sich über den 'Ersatzcharakter' dieser Modelle im klaren sein und insbesondere in einer Wissensakquisitionssituation in der Lage sein zu merken, wann man damit anfängt, einen Experten quasi zu nötigen, Modelle zu erfinden, um Vorgänge, die er eigentlich nicht beschreiben kann, für einen Außenstehenden nachvollziehbar zu machen» [13]. Frank Puppe sieht im Wissensingenieur eher den Künstler als den Techniker: «Obwohl der Begriff Wissensingenieur nahelegt, daß die Extraktion des Wissens von Experten eine im Prinzip gut verstandene Tätigkeit ist, trifft eher das Gegenteil zu, so daß man besser von 'Wissenskünstlern' reden sollte. Es wurde bereits hervorgehoben, daß die Auswertung der Expertenäußerungen ein Interpretationsmodell erfordert, d.h. es wird in gewisser Weise gerade das vorausgesetzt, was das Ergebnis der Analyse sein soll.» [272]. Winograd&Flores sehen die Wissensakquisition nicht «als Prozeß des 'Einfangens' des Wissens, welches ein Experte bereits besitzt und benutzt», sondern als «einen kreativen Gestaltungsprozeß, durch den eine systematische Domäne geschaffen wird, welche bestimmte Aspekte der fachlichen Arbeit überdeckt. Die erfolgreichen Beispiele von Expertensystemen sind fast alle das Resultat einer langen und intensiven Anstrengung eines speziell qualifizierten Praktikers, und man kann durchaus behaupten, daß die durch die Systementwicklung erzeugten Domänen eigenständige Forschungsbeiträge sind» [362].

Was nun ist der Wisseningenieur: Programmierer, Psychologe, Fachexperte, Wissenschaftler, Künstler? Manche fordern, daß er alle diese Fähigkeiten kombinieren muß; es ist klar, daß es weltweit nur wenige solcher Spezialisten geben kann. Nach [157] wird die Fähigkeit zur Kommunikation als Schlüsselfähigkeit eines Wissensingenieurs angesehen, weshalb viele Anwender psychologisch oder soziologisch ausgebildete Fachleute mit einer Zusatzausbildung in KI-Techniken als Wissensingenieure bevorzugen sollen.

Neben firmeninternen Ausbildungsgängen für Wissensingenieure, die schwer zu bewerten sind, gibt es eine Reihe von Instituten, die sich der Ausbildung von Wissensingenieuren widmen. Das Turing-Institut in Glasgow, das regelmäßige Schnellkurse in KI-Techniken durchführt, bietet ein drei- oder sechs-monatiges 'Journeyman Programme' an, eine Kombination von Unternehmensberatung und Ausbildung: Firmenangehörige arbeiten während dieser Zeit an Projekten ihres Betriebs unter Betreuung des Turing-Instituts. Die 'Gesellschaft für Neue Berufe' in Berlin, eine Gründung von Nixdorf, Siemens und PSI, bietet einjährige Ausbildungsgänge für Wissensingenieure an. Angesprochen sind «Hochschulabsolventen und Berufspraktiker technischer oder wirtschaftlicher Richtung sowie Mathematiker, Natur- und Geisteswissenschaftler». Auf dem Lehrplan steht neben den üblichen KI-Kursen auch «Informationsmanagement, Training extrafunktionaler Fähigkeiten — Sozialkompetenz, Rhetorik, Präsentations- und Moderationstechniken, Personal- und Führungstraining — und Kritik der Künstlichen Intelligenz». Die Fachausbildung wird durch ein viermonatiges Praxisprojekt ergänzt. Die Ausbildung kostet die zukünftigen Wissensingenieure runde DM 20.000. Die Arbeitsmarktchancen der Absolventen sollen gut sein; dies läßt sich zur Zeit jedoch noch nicht überprüfen.

Ein stabiles Berufsbild oder gar Ausbildungskonzept für Wissensingenieure ist bisher (noch?) nicht erkennbar; erschwert wird die Situation durch die Forderung nach der Ablösung des Wissensingenieurs durch andere Methoden der Wissensakquisition, insbesondere nach der Vereinigung von Wissensingenieur und Fachexperten in einer Person. Puppe unterscheidet drei prinzipielle Arten des Wissenserwerbs [272] :

- *Indirekter Wissenserwerb*: die zentrale Person ist der Wissensingenieur, der das Verfügungswissen des Experten durch Interviews, Durcharbeiten konkreter Fälle und Sitzungen an Prototyp-Versionen des Expertensystems identifiziert und formalisiert. Diese Zusammenarbeit von Wissensingenieur, der über informatische und KI-Kenntnisse verfügt, und dem Experten galt lange Zeit unangefochten als das zentrale Moment der Expertensystementwicklung. Wegen der oben diskutierten Schwierigkeiten wird als Ersatz meist der direkte Wissenserwerb angestrebt.
- *Direkter Wissenserwerb*: der Experte formalisiert sein fachliches Wissen selber. Voraussetzung dafür sind komfortable Entwicklungswerkzeuge, die keine Programmierkenntnisse erfordern. Allenfalls für die Programmierung einer problemspezifischen Shell oder von Schnittstellen zu spezifischer Hard- und Software wird ein zweiter, informatisch ausgebildeter Entwickler hinzugezogen.
- *Automatischer Wissenserwerb*: das Expertensystem beschafft sich sein Fachwissen selbständig aus der verfügbaren Literatur und aus Falldatenbanken. Diese Methode wird gerne als Perspektive zur Überwindung der Schwierigkeiten und Fehleranfälligkeit der Wissensakquisition genannt. Es sind unterstützende Programme für den Wissenserwerb, die eng begrenzte Teilaufgaben der Wissensformalisierung mehr oder minder zufriedenstellend bearbeiten, vorgestellt worden. Programme für den vollständig automatischen Wissenserwerb gibt es nicht, und es ist nicht erkennbar, daß sie möglich sind.

Zur Unterstützung des indirekten Wissenserwerbs findet man gelegentlich Vorschläge für strukturierte Methoden der Problemanalyse. Solche Methoden versuchen, verschiedene Arten des Problemlösungswissens eines Experten zu unterscheiden, wodurch ein adäquater und strukturierter Aufbau der Wissensbasis ermöglichen werden soll.
Ein Beispiel dieser differenzierten Wissensstrukturierung ist das von William Clancey entwickelte Programm GUIDON, das aus MYCIN entstanden ist. MYCIN ist ein Klassiker unter den Expertensystemen. Diesen Ruf verdankt das Programm nicht allein dem Zeitpunkt seiner Entstehung, sondern vor allem der Tatsache, daß es alle aus heutiger Sicht erforderlichen Komponenten eines Expertensystems umfaßt, daß es umfangreich dokumentiert ist, in vielfältiger Weise verbessert und weiterentwickelt wurde und zufriedenstellende Ergebnisse brachte. MYCIN, in den 70er Jahren in Stanford entwickelt [321], ist ein Programm zur Diagnose und Therapie einer Klasse von Infektionskrankheiten. Bezogen auf sein Fachgebiet gilt es menschlichen Experten als ebenbürtig[33]; es versagt aber, sobald dieses Fachgebiet verlassen wird. Letzteres, ein Charakteristikum für Expertensysteme schlechthin, ist (neben dem strengen Haftungsrecht in den USA) einer wesentlicher Grund dafür, daß MYCIN nicht im klinischen Betrieb eingesetzt wird.[34] Clancey entwickelte Ende der 70er Jahre das medizinische Expertensystem MYCIN weiter zu einem Lehrsystem für Medizinstudenten [72]. Im Rahmen dieses GUIDON-Programms wurde die Wissensbasis von MYCIN neu strukturiert. Grundlage dafür war die Unterscheidung verschiedener Arten von Wissen:

- *strategisches Wissen* dient der Rechtfertigung der Reihenfolge, in der die Regeln abgearbeitet werden;
- *strukturelles Wissen* erläutert die Beziehungen zwischen den Elementen der Wissensbasis;
- *Unterstützungswissen* dient der Rechtfertigung einzelner Regeln.

Eine allgemeinere Methode ist KADS, 'Knowledge Acquisition, Documentation and Structuring' [358]. Mit dieser Methode soll eine implementierungsunabhängige Beschreibung des Fachwissens erreicht werden, die die Flexibilität eines Experten bei seiner Tätigkeit bewahrt. Fachliches Wissen wird in KADS auf vier Ebenen angesiedelt:

- Fachwissen (*domain level*): Auf dieser Ebene sind Fachbegriffe und -konzepte des speziellen Gebiets, Beziehungen und komplexe Strukturen wie Modelle von Geräten und Prozessen beschrieben.
- Inferenzwissen (*inference level*): Die Elemente des domain level sind nach ihrer Rolle, die sie bei der Problemlösung spielen können, zusammengefaßt in Metaklassen; das Konzept Infektion kann z.B. eine Enddiagnose, eine zu bestätigende Hypothese oder auch ein Symptom sein. Wissensquellen ordnen die Elemente des Fachwissens entsprechend dem Typ der Inferenzen, die sie zulassen. Beispiele für Wissensquellen sind die Verfeinerung oder Verallgemeinerung vorhandenen Fachwissens.
- Aufgabenwissen (*task level*): Auf dieser Ebene werden Metaklassen und Wissensquellen zu Problemlösungsstrategien angeordnet.
- Strategiewissen (*strategic level*): Auf dieser Ebene sollen die Fähigkeiten eines Experten, Pläne zu formulieren, deren Ausführung zu kontrollieren, Unzulänglichkeiten zu

[33] Die Studien über die Leistungsfähigkeit von MYCIN sind in ihren Ergebnissen stark divergent.
[34] Ein anderer ist das zu spezialisierte und mittlerweile veraltete Fachwissen des Systems.

erkennen und zu korrigieren, simuliert werden (Diese Ebene ist allerdings von den Autoren nicht ausgearbeitet worden).
Methoden zur strukturierten Problemanalyse stehen in starkem Kontrast zu der üblichen Propaganda der schnellen und einfachen, inkrementellen Entwicklung von Expertensystemen, verlangen sie doch —wie auch in der Software-Technik— eine sorgfältige und aufwendige Problemanalyse und -strukturierung *vor* der Implementierung. An diesem Kontrast ändert auch die leichte Modifizierbarkeit regelgestützter Programme nichts: die Modifizierbarkeit bezieht sich auf das Hinzufügen, Löschen und Ändern einzelner Regeln, nicht auf das grundsätzliche Layout eines Programms, das ebenso schwer änderbar ist wie bei konventionellen Programmen.

Um die Schwierigkeiten der Kommunikation zwischen Experten und Wissensingenieur zu überwinden, wird immer wieder vorgeschlagen, daß der Experte selbst das Expertensystem erstellt. Voraussetzung dafür ist, daß eine Entwicklungsumgebung verfügbar ist, die keine oder nur geringe Programmierkenntnisse erfordert. Viele der kommerziell angebotenen Expertensystem-Shells erfüllen zwar diese Anforderung, sind allerdings in ihren Repräsentationsformalismen und Inferenzstrategien so eingeschränkt, daß sie für komplexere Probleme untauglich erscheinen. Man geht vielfach dazu über, komplexere Shells mit speziellen Unterstützungssystemen zur Wissensakquisition anzureichern. Ein bereits historisches Beispiel ist das Programm TEIRESIAS [101], das als Akquisitionskomponente für MYCIN entwickelt wurde. TEIRESIAS unterstützt die Fehlerkorrektur, wobei die Vorgehensweise interaktiv ist: Der Benutzer identifiziert falsche Schlußfolgerungen und wird bei der Suche nach den Fehlerursachen, d.h. inadäquater Regeln, vom Programm unterstützt. Die Korrektur der fehlerhaften Regeln liegt wieder beim Benutzer. Das Programm ist stark gebunden an die Regelstruktur von MYCIN, und deshalb auf einfache regelgestützte Programme beschränkt. TEIRESIAS war ein reines Forschungsprojekt und wurde weder für MYCIN noch für dessen Nachfolgesysteme eingesetzt.
Weitere Beispiele von Forschungsprojekten für die Wissensakquisition sind MORE bzw. MOLE [185,119] zur statischen und dynamischen Analyse fehlender Information in Diagnosesystemen, und OPAL [238], eine Wissenserwerbskomponente für das medizinische Expertensystem Oncocin.
Die Forschungssysteme zur Akquisitionsunterstützung werden produktreif. Seit kurzem wird das Programm NEXTRA, ein Werkzeug für die Wissensakquisition, angeboten. Die Dateneingabe über NEXTRA erfolgt während einer interaktiven Interviewphase, die Daten werden vom Programm analysiert und graphisch dargestellt, Regeln und Objekte auf Grundlage der Datenanalyse generiert. Qualität und Brauchbarkeit dieses neuen Werkzeugs müssen sich noch praktisch beweisen.
Die Notwendigkeit einer sorgfältigen Problemanalyse und -strukturierung, wie sie z.B. im KADS-Modell vorgeschlagen wird, entfällt nicht durch den Einsatz von Wissenserwerbskomponenten. In einem bereits vorstrukturierten Fachgebiet eines speziellen Problemlösungstyps können Wissenserwerbskomponenten zur Entdeckung von fehlender Information, von Konflikten und von Unzulänglichkeiten der Begriffsmodellierung

von Nutzen sein. Die Kommerzialisierung solcher Programme hat gerade begonnen, es ist zu erwarten, daß die umfangreicheren Expertensystem-Shells demnächst mit Zusatzkomponenten, die ähnliche Eigenschaften wie NEXTRA haben, ausgestattet werden. Diese Entwicklung unterstützt den Trend zu problemspezifischen, komfortablen und einfach handhabbaren Werkzeugen.

Ein anderer Ausweg aus dem 'Flaschenhals' der Wissensakquisition wird im automatisierten Wissenserwerb gesehen, d.h. der automatischen Analyse von Fachtexten und dem automatischen Aufbau einer Wissensbasis aus Fallbeispielen. Derartige Vorschläge sind Spekulation — es gibt keine praktisch einsetzbaren Programme zum automatischen Wissenserwerb. Textverstehende Programme sind noch immer reines Forschungsgebiet ohne praktischen Erfolge. Nebenbei sei die Frage erlaubt, wieso sich das durch Erfahrung erworbene Expertenwissen, das dem Fachmann durch mühsame Interviews entlockt werden muß, in Fachbüchern wiederfinden lassen soll. Regelgenerierende Programme, ein Teilgebiet des maschinellen Lernens, sind ebenfalls Gegenstand der Grundlagenforschung der KI und ebenfalls bislang ohne praktische Erfolge.
Zu den Forschungsansätzen zur Automatisierung der Wissensakquisition gehört das von Nixdorf, Stollmann und der TU Berlin durchgeführte BMFT-Verbundprojekt LERNER. Es soll Wissenserwerb und maschinell simulierte Lernprozesse zum Einsatz bei Dienstleistungs-Expertensystemen untersuchen. «Die Aufgabe des Verbundprojektes LERNER ist die theoretische Fundierung, der Entwurf und die Implementierung von Werkzeugen zur Konstruktion und Wartung von Expertensystemen. ... Eine Besonderheit des in LERNER verfolgten Lösungsansatzes besteht darin, verschiedene Hilfsmittel sowohl zur Unterstützung der automatischen Wissensübertragung als auch der automatischen Wissensakquisition bereitzustellen. Hilfsmittel für die manuelle Wissensübertragung unterstützen die Eingabe von Wissen derart, daß eventuell sogar der Experte selbst oder ein 'Knowledge Engineer' ohne besondere Programmierkenntnisse in die Lage versetzt wird, sein Wissen direkt in das Programm einzugeben, wobei das Programm ihn unterstützt. Die Unterstützung besteht zum Beispiel darin, daß die Verträglichkeit des unter Umständen von mehreren Personen eingegebenen Wissens überprüft und das Aufdecken von fehlendem oder fehlerhaftem Wissen unterstützt wird. Die Modellierung bleibt bei der manuellen Wissensübertragung dem Experten oder 'Knowledge Engineer' überlassen» [24]. So erfreulich die so zu erforschende Arbeitsweise wäre, so wird sie doch die Schranken formaler Konsistenzüberprüfung bei semantischen Widersprüchen praktisch nicht überschreiten können; es wird also bei mehr oder minder einfachen formalen Konsistenz-Checks bleiben, die das eigentliche Problem widerspüchlicher Wissensakquisition (die beim Arbeiten mit mehreren nicht-kooperierenden Experten unvermeidlich scheint und selbst bei kooperationswilligen Experten immer wieder vorkommen wird) nicht lösen. Die auftauchenden Probleme sind ohne weiteres mit der Idee und der Komplexität von automatischen Programmverifikationssystemen zu vergleichen — wenn sie diese nicht gar übertreffen. Auch dort gibt es bekanntlich keine praktisch eingesetzten Programme, wenngleich wir heute, nach über zwanzig Jahren Forschung besser wissen, warum das so ist. Doch das LERNER-Projekt hat sich deutlich mehr vorgenommen: «Bei der automatischen Wissensakquisition hingegen wird nicht

nur die Übertragung, sondern auch die Modellierung vom Programm unterstützt. So entdeckt das Programm in dem vom Experten oder mit Fallbeispielen eingegebenen Wissen Regularitäten, macht den 'Knowledge Engineer' darauf aufmerksam und schlägt geeignete Strukturen des Wissensbereichs vor» [24]. Dies erinnert an die vielen Spielarten der 'automatischen Programmierung' und es gibt hier wie dort wenig Hoffnung auf praktische 'Durchbrüche'.

**Attribute:**
Größe — *klein, groß*
Haarfarbe — *blond, dunkel, rot*
Augenfarbe — *blau, braun*

**Beispielmenge:**
{ klein, blond, blau +
groß, blond, braun –
groß, rot, blau +
klein, dunkel, blau –
groß, dunkel, blau –
groß, blond, blau +
groß, dunkel, braun –
klein, blond, braun – }

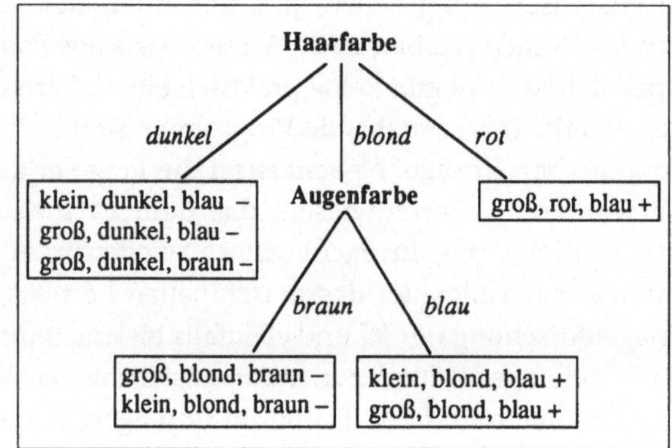


*Bild 4.1 Generierung eines Entscheidungsbaums aus einer Beispielmenge: der ID3 Algorithmus [275]*

Als Demonstration dessen, was automatische Wissensakquisitionskomponenten praktisch leisten können, soll der ID3-Algorithmus von Quinlan kurz erläutert werden [275]. Automatische Wissensakquisitionsverfahren beruhen auf diesem oder ähnlichen Algorithmen. Der ID3-Algorithmus ist ein Beispiel eines konzept- oder regelgenerierenden Algorithmus, einem der großen Forschungsthemen des Maschinellen Lernens. Aus einer endlichen Zahl von Beispielen einer Regel oder eines Konzepts wird eine Entscheidungsregel generiert. Im Beispiel des Bildes 4.1 sind Personen, die zu zwei verschiedenen Gruppen (+ und -) gehören, durch die Merkmale Größe, Haarfarbe, Augenfarbe beschrieben. Der Algorithmus findet die Merkmale, die eine Zuordnung der Personen zu einer der beiden Gruppen ermöglichen und erzeugt eine Regel entsprechend dem dargestellten Entscheidungsbaum. Die 'Modellierung des Wissens', die 'Entdeckung von Regularitäten' besteht im Entdecken relevanter Merkmale und ihrer optimalen Anordnung.

Unterhalb der Ebene von Unterstützungstechniken für die Modellierung des Wissens gibt es eine Reihe von Hilfsmitteln, die den Umgang mit einem Entwicklungswerkzeug erleichtern können. Dazu gehören spezielle Editoren für die von einer Shell unterstützten Repräsentationsformate, die Eingabefehler vermeiden helfen und einfache Typisierungstests vornehmen können. Graphische Darstellungen des Regelnetzes eines Expertensystems können die Abhängigkeiten der Regeln untereinander verdeutlichen und sind wichtige Hilfen sowohl beim Aufbau als auch bei Änderungen der Wissensbasis. In Bild 4.2 ist ein Teil des Regelnetzes eines Fehlerdiagnosesystems unter der Shell Nexpert Object gezeigt.

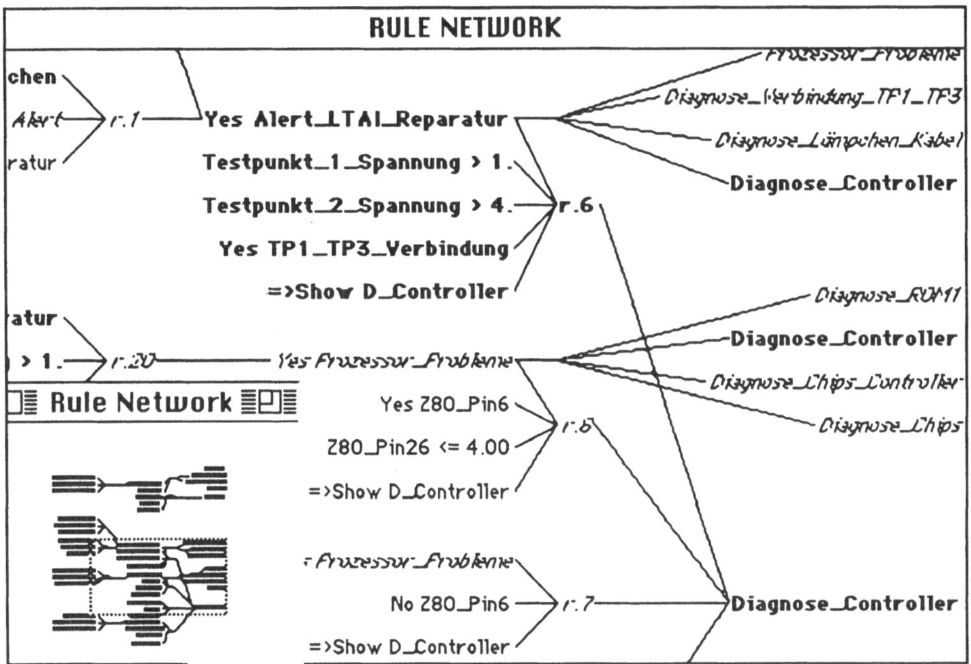


*Bild 4.2 Ausschnitt aus einem Regelnetz des Programms Nexpert Object*

Durch Änderungen können leicht Widersprüche in eine Wissensbasis eingeführt werden, die insbesondere bei großen Programmen nur schwer aufzuspüren sind. Automatische Konsistenzchecks mögen in begrenztem Umfang syntaktische Widersprüche aufdecken helfen; es ist jedoch keine formale Methode bekannt, mit der semantische Widersprüche in großen Wissensbasen entdeckt werden können — es sei denn, daß die Semantik der Wissensbasis formal definiert ist; eine unrealistische Forderung für die typischen Anwendungsbereiche der Expertensysteme.

## 4.3 Dialogkomponenten

XCON ist in vieler Hinsicht ein ungewöhnlicher Prototyp der Expertensystemtechnik. Eine der Besonderheiten ist, daß XCON ein Programm zur Stapelverarbeitung ist: Die Ausgangsdaten der Bestellung werden eingegeben, XCON liefert einen Konfigurationsvorschlag. Die Arbeit mit den meisten neueren Expertensystemen erfolgt schrittweise am Bildschirm (oder bei eingebetteten Expertensystemen an einem spezielleren Anzeige- und Ausgabegerät), zum Aufbau der Wissensbasis beim Knowledge Engineering wie zur Verwendung durch die diejenige Person, die eine Fragestellung mit dem Programm bearbeiten möchte.

Der Aufbereitung des interaktiven Programms, den benutzerunterstützenden Bildschirmschnittstellen als Teil der umfassenderen Software-Ergonomie, kommt damit wesentliche Bedeutung zu. «Die Erfahrungen mit IKON deuten darauf hin, daß der

Umgang mit Expertensystemen sich schwer von Aspekten des Baus von Benutzerschnittstellen trennen läßt. Dabei wäre die Animierung der Algorithmen eine mögliche Erweiterung im Prozeß der Erklärung. Smalltalk-80, LISP und Prolog sind Kandidaten als Umgebung für solche Techniken» [214]. Die softwareergonomische Gestaltung sollte wie bei jeder modernen Software-Gestaltung auf dem besten Stand der Technik erfolgen. Bezogen auf den Bildschirm als Gerät heißt dies derzeit hochauflösender flimmerfreier Graphikbildschirm mit der Möglichkeit bester Schwarz/Weiß-Darstellung und eventuell Farbdarstellung. Die Gestaltung von Bildschirmfenstern ist ein sehr aktives Forschungsgebiet, [249,250,104], dessen Ergebnisse sich in vielen aktuellen Software-Entwicklungen niedergeschlagen haben.

Die Verwendung des Wortes 'Dialog' für die interaktive Arbeit am Bildschirm wirkt besonders problematisch im Zusammenhang mit Programmen, deren Entwickler von der kognitiven Gleichheit von Mensch und Maschine ausgehen. Er ist deshalb zu präzisieren. Nievergelt und Ventura fassen den Begriff Bildschirmdialog als einen zeitversetzten Dialog des Programmentwerfers mit dem Nutzer auf, so wie man ein Buch als zeitversetzten Monolog des Autors mit dem Leser auffassen mag. Dies bleibt etwas fragwürdig, da diesem über den Rechner als technischem Medium vermittelten Dialog natürlich Eigenheiten eines zwischenmenschlichen Dialogs fehlen. Wenn man dem Expertensystem allerdings eine eigenständige Intelligenz unterstellt («Expertensysteme sind 'intelligente' Computerprogramme» heißt es z.B. in einer Nixdorf-Broschüre) entschwindet jegliche begriffliche Präzision: Der Rechner wird zum 'Redepartner' [155] — und die Dialog-Metapher vollends zum ideologischen Schlagwort.

Nach Nievergelt und Ventura [250] ergeben sich einige Grundanforderungen an die Gestaltung des Arbeitsprozesses am Bildschirm. Zu jedem Zeitpunkt während einer Sitzung soll der Benutzer eines Expertensystems die Möglichkeit haben, sich Klarheit über den aktuellen Zustand des Programms, dessen Vorgeschichte und mögliche Folgezustände zu verschaffen. Diese Forderungen folgen aus der Diskussion der Gestaltung interaktiver Programme. Nievergelt entwickelte das *Ort-Modus-Weg — Modell* der Dialoggestaltung, in dem es dem Benutzer erlaubt ist, jederzeit die Fragen «Wo bin ich?», «Was kann ich hier tun?», «Wie kam ich hierher?» und «Wo kann ich hin und wie komme ich dorthin?» zu beantworten. All dies gilt für Expertensysteme wie für andere interaktive Programme.

Aus der spezifischen Arbeitsweise mit einem Expertensystem ergeben sich einige besondere Anforderungen an die Gestaltung der Benutzungsschnittstelle. Die Akquisition der aktuellen Falldaten während einer Konsultation erfolgt interaktiv durch Eingaben des Benutzers. Tabellen sind eine leicht nachvollziehbare Eingabemöglichkeit, soweit sie gut auf dem Bildschirm verarbeitet werden können; der Übergang zu Tabellenkalkulationsprogrammen mag für gewisse Anwendungen eine sinnvolle Variante sein. Die in [223] geäußerte Kritik an den «ermüdenden Dialogen» kann durch die Dateneingabe über Tabellen oder Arbeitsblätter teilweise aufgefangen werden. Dies wird bereits in komfortableren Entwicklungswerkzeugen unterstützt. Eine dynamische Ausprägung solcher Arbeitsblätter, die dem Benutzer mehr Spielraum bezüglich der Dateneingabe und evtl. Korrekturen gibt, kann zusätzlichen Komfort bieten. Die zulässigen Werte der erfragten Parameter sollten über Hilfe-Menüs oder in geeigneten Fällen durch Voreinstellungen bereitgestellt werden, um vermeidbare Fehler zu verhindern und die Datenerfassung zu beschleunigen. Als Beispiel einer Kombination von Texteingabe, Menüauswahl und Maskeneingabe ist in Bild 4.3 ist der Regeleditor der Expertensystem-Shell Nexpert Object gezeigt.

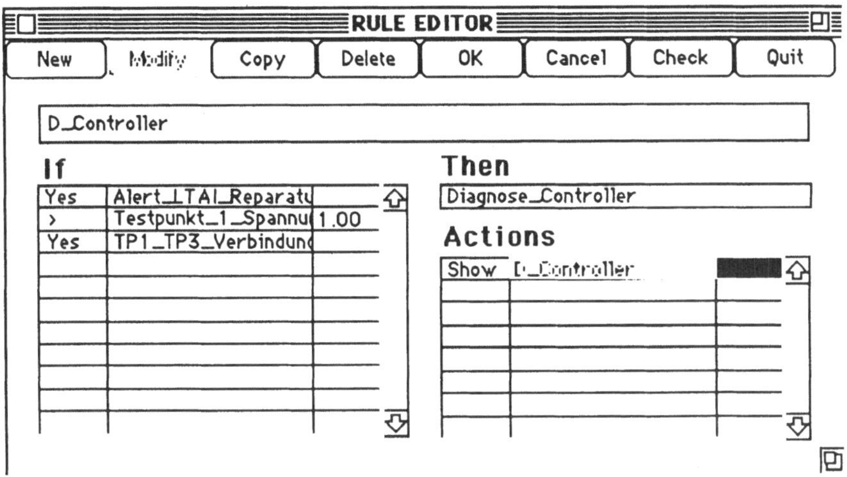


*Bild 4.3 Kombination von Maske, Texteingabe und Menu für die Wissensakquisition in Nexpert Object*

Die Möglichkeit, auf Fragen des Programms mit *unbestimmten Eingaben* zu reagieren, ist in mehrfacher Weise vorteilhaft: es ist durchaus denkbar, daß die verlangten Angaben nicht oder nicht eindeutig bekannt sind oder nur mit größerem Aufwand beschafft werden können. Die Auswertung der Regeln kann durch unbestimmte Eingaben indirekt beeinflußt werden, indem die entsprechende Frage zurückgestellt wird, bis ihre Beantwortung für einen erfolgreichen Abschluß der Konsultation unbedingt erforderlich ist und auch auf anderen Wegen nicht beschafft werden kann.

Der Benutzer sollte jederzeit während und nach einer Konsultation *Hilfen* über den aktuellen Programmzustand und die ihm möglichen Aktionen anfordern können.

Die Basisversion einer Erklärungskomponente sind die *WHY*- und *HOW*-Fragen: warum wird eine Angabe verlangt oder eine Regel ausgewertet, wie wurde ein Ergebnis abgeleitet. Trotz aller Unzulänglichkeiten dieser Art von Systemkontrolle sollte zumindest die WHY/HOW-Funktion, verbunden mit einer übersichtlichen Darstellung der bearbeiteten Regel, verfügbar sein.

In der KI-Forschung wird, getragen von der vermuteten kognitiven Gleichartigkeit von Maschine und Mensch, eine Tendenz verfolgt, Programme mit sogenannten 'Benutzer-Modellen' auszustatten (z.B. [155,156,348]). Dies steht unter der Vorstellung, durch programmierte Adaption des Programms an die vermuteten Fähigkeiten des Benutzers eine einfachere Zugangsmöglichkeit zu schaffen. Schon angesichts der enormen Komplexität dieser Aufgabe ist die Ablösung adaptierbarer durch selbst-adaptierende

Programme höchst zweifelhaft, angesichts der damit verbundenen Kontrollmöglichkeiten im Arbeitsprozeß müssen sie als unverantwortliche Entwicklung zurückgewiesen werden [94].

## 4.4 Erklärungen

Die Erklärungskomponente ist Teil der Nutzungsschnittstelle eines Expertensystems. Durch sie soll der am Expertensystem arbeitende Mensch jederzeit Einblick in die internen Programmabläufe erhalten, um die Entscheidungen des Programms verstehen und vor allem widerlegen zu können, wenn sie ihm falsch erscheinen. Die *Möglichkeit der Widerlegung* eines Programmergebnisses ist bei Expertensystemen, die ja prinzipiell nicht völlig fehlerfrei arbeiten, äußerst wichtig. Diesen Ansprüchen muß die Erklärungskomponente gerecht werden. Die Anforderungen an die Erklärungskomponente lassen sich in drei Gruppen einteilen:

- Fragen nach der logischen Korrektheit;
- Fragen nach der inhaltlichen Korrektheit;
- Fragen über das Fachwissen (Tutorensystem).

Das Hauptkriterium für diese Einteilung ist die Sicht auf das Programm, die in den drei Gruppen jeweils völlig verschieden ist.
Fragen nach der logischen Korrektheit eines Expertensystems — als Fragender ist hierbei in erster Linie der Programmentwickler zu sehen — fassen das Expertensystem als logisches Kalkül, als Beweissystem auf, von Bedeutung sind Vollständigkeit und Korrektheit der Wissensbasis und der Ableitungsstrategie. Probleme des abgebildeten Expertenwissens spielen, wenn überhaupt, eine untergeordnete Rolle.
Fragen der zweiten Gruppe treten gewöhnlich während des Einsatzes des Expertensystems auf, der Fragende ist der fachlich qualifizierte Benutzer. Die logische Struktur des Programms ist für den Fragenden nicht von Interesse, ihre Korrektheit wird vorausgesetzt. Hintergrund der Fragen ist der Zweifel an der adäquaten Abbildung des Expertenwissens. Funktioniert das Programm so, wie der Benutzer es sich vorstellt und wie es für das zu bearbeitende Problem angemessen ist?
Der dritte Fragenkomplex ist mit dem Stichwort 'Tutorensystem' bezeichnet, weil dieser Begriff den Charakter der Fragen am genauesten trifft. Es sind jedoch nicht nur typische 'Lehrsituationen', in denen Erklärungen des Fachwissens verlangt werden. Situationen, in denen ein fachlich nicht qualifizierter Benutzer die Korrektheit einer Programmauskunft beurteilen soll, oder in denen das Programm dem Benutzer nicht vertraute Fakten oder Strategien einbezieht — wie es durchaus vorkommen mag, sollte die Vision der massenhaft verbreiteten Wissensbasen Realität werden — erfordern Erklärungen über das jeweilige Fachwissen. Die gemeinsame Anforderung an die Erklärungen eines Expertensystems in diesen Situationen ist, daß unbekanntes Wissen in einer dem Fragenden verständlichen Form vermittelt werden soll. Erst in diesem dritten Komplex wird der Begriff *Erklärung* voll ausgeschöpft. Etwas *erklären, verständlich machen*, heißt, Unbekanntes oder Unverstandenes aus Bekanntem ableiten. Die Erklärungen müssen,

sollen sie akzeptiert werden, das Vorwissen des jeweils Fragenden und seine Sichtweise auf das Programm berücksichtigen.
Die Erklärungskomponente eines Expertensystems wird häufig in diesem letzten Bereich angesiedelt. Auch wenn der Enthusiasmus über die 'Selbsterklärungsfähigkeit' von KI-Programmen deutlich nachgelassen hat, sollen nach den Ansprüchen der Expertensystemforscher und -entwickler Erklärungen das im Programm abgebildete Fachwissen einem nicht-fachkundigen Benutzer verständlich machen.
Die in heutigen Expertensystemen implementierten — und wohl auch in Zukunft implementierbaren — Erklärungskomponenten liegen im ersten und mit Einschränkungen im zweiten Bereich: Erklärungskomponenten als Programmierhilfen sind ein wertvolles Hilfsmittel für den Systementwickler; der fachlich qualifizierte Benutzer kann mit Hilfe der Erklärungskomponente den vom Programm gewählten Lösungsweg nachvollziehen und kontrollieren. Das Expertensystem als 'Lehrer' gehört dagegen zu den uneingelösten Ansprüchen der KI-Ideologie.

In nahezu allen umfangreicheren Expertensystemen und Expertensystem-Shells sind rudimentäre Formen einer Erklärungskomponente wiederzufinden, die von MYCIN inspiriert sind. MYCIN ist ein ausschließlich regelgestütztes Programm, die Ableitungsstrategie ist die Rückwärtsverkettung. Die Erstellung einer Diagnose läßt sich darstellen als Baum, deren Wurzel die vom Programm untersuchte Hypothese ist, innere Knoten repräsentieren Regeln, die ausgehend von der Hypothese ausgewertet werden, die Blätter des Baums stellen Fakten dar, die vom Benutzer eingegeben oder aus Datenbanken gelesen werden: Patientendaten, Laborergebnisse etc. Zu jedem Zeitpunkt während einer Sitzung kann die Frage WHY gestellt werden: das Programm soll erklären, warum eine bestimmte Information zu diesem Zeitpunkt benötigt wird. MYCINs Antwort besteht in der Ausgabe der gerade untersuchten Regel. Eine Wiederholung der Frage veranlaßt das Programm zu einer Traversierung des Ableitungsbaums in Richtung der Wurzel. Ebenso reagiert das Programm auf die Frage HOW — Wie wurde eine Schlußfolgerung hergeleitet? — mit Durchsuchen des Baums in Richtung der Blätter. Diese Technik des Zitierens von Regeln ist eingebettet in ein einfaches natürlichsprachliches Programm, welches sowohl standardisierte Fragen des Benutzers interpretieren als auch die Regeln in pseudo-natürliche Sprache transformieren kann. Ein Auszug aus einer Sitzung mit MYCIN ist im folgenden Beispieldialog[35] dokumentiert.

```
23) Is J.Smith a compromised host?

** WHY
[i.e. WHY is it important to determine whether J.Smith is a compromised host?]
[3.0] This will aid in determining whether J.Smith is immunosuppressed.
        If
                [3.1] J.Smith is not a compromised host
        then
                it is definite (1.0) that J.Smith is not immunosuppressed
        [RULE343]
[back to question 23 ...]

**WHY
[i.e. WHY is it important to determine whether J.Smith is immunosuppressed?]
```

[35] zitiert nach [72], p. 218

```
[4.0] ... in order to determine whether J.Smith has received corticosteroids.
      If
                [4.1] J.Smith is not immunosuppressed
      then
                it is definite (1.0) that J.Smith has not received corticosteroids.
      [RULE395]
[back to question 23 ...]

**WHY
[i.e. WHY is it important to determine whether J.Smith has received corticosteroids?]
[5.0] ...in order to determine the organisms causing the infection.
      It has already been established that
                [5.1] the infection that requires therapy is meningitis, and
                [5.2] only circumstantial evidence is available for this case, and
                [5.3] the type of meningitis is bacterial.
      Therefore, if
                [5.4] J.Smith is receiving corticosteroids
      then
                there is evidence that the organisms causing the infection are:
                e.coli (.4), klebsiella-pneumoniae (.2), or pseudomonas-aeruginosa (.1)
      [RULE543]
[back to question 23 ...]

**NO
```

Die Unzulänglichkeit von Erklärungen durch Zitieren von Produktionsregeln wurde von William Clancey im Rahmen seiner Arbeiten am Tutorensystem GUIDON kritisiert ( z.B. [72]). Die Grundidee des GUIDON-Programms, die Wissensbasis von MYCIN zu einem Lehrsystem zu verwenden, erscheint zunächst recht naheliegend. MYCIN ist in der Lage, seine Diagnosen und Therapievorschläge zu erklären. Unter Nutzung dieser Erklärungen müßte also das im Programm abgebildete medizinische Fachwissen vermittelbar sein. MYCINs Erklärungsfähigkeit beruht auf dem Zitieren der in einer Deduktion benutzten (bzw. nicht benutzten) Regeln. Das kodifizierte medizinische Fachwissen jedoch — diagnostischer Ansatz, Strategie, tieferes Verständnis — ist jedoch nicht explizit, zur Lehre einsetzbar in den Regeln enthalten, sondern implizit kodifiziert, z.B. in der Entscheidung, in welcher Reihenfolge Hypothesen abgearbeitet werden, oder welche Hypothesen innerhalb einer Regel zueinander in Beziehung gesetzt sind. Tatsächlich bleibt es sehr fraglich, ob irgendein Wissensgebiet vollständig regelbasiert beschreibbar ist. Clancey setzt bei der Konstruktion von GUIDON voraus, daß es solche erklärenden, zur Lehre geeigneten Regelsysteme gibt. Nur: es sind andere Regeln als die bisher in MYCIN erfaßten Wissensregeln.
Im Rahmen des GUIDON-Programms wurde die gesamte Wissensbasis von MYCIN neu strukturiert. Grundlage dafür war die Unterscheidung verschiedener Arten von Wissen: Strategisches Wissen legt die Reihenfolge fest, in der die Regeln abgearbeitet werden; strukturelles Wissen erläutert die Beziehungen zwischen den Elementen der Wissensbasis; Unterstützungswissen (support knowledge) dient der Erläuterung einzelner Regeln.

Eine interessante Variante des Unterstützungswissens ist die Rechtfertigung kausaler Regeln. Als Beispiel sei die 'Tetracyclin-Regel' betrachtet:

*«Wenn der Patient jünger als acht Jahre ist, darf Tetracyclin nicht verschrieben werden.»*

Die Regel erwähnt nicht die Gründe für das Verbot des Medikaments, nämlich Anreicherung des Tetracyclin in den Knochen und die mögliche Schwärzung der Zähne. Die gedanklichen Zwischenschritte, die zur Bildung der Regel geführt haben, sind weggelassen.
Clancey plädiert für eine Wiederaufnahme dieser Zwischenschritte in Form einer Expansion der Regel:

Tetracyclin bei Kindern
⇒ Anreicherung in den Knochen
⇒ Verfärbung der Zähne
⇒ unerwünschte körperliche Veränderung
⇒ Verschreibungsverbot.

Natürlich muß die Zahl der Zwischenschritte weder endlich sein, noch müssen sie sich linear anordnen lassen: mögliche Begründungen des Verbots von Tetracyclin können bis hin zu Einzelheiten der chemischen Prozesse auf molekularer Ebene gehen. Clanceys Ausweg aus diesem Dilemma ist die Idee der Generalisierung. Damit eine Erklärung als ausreichend akzeptiert wird, muß sie Bezug nehmen auf dem Fragenden Bekanntes. Clancey erklärt es für ausreichend, das Verbot bestimmter Medikamente mit dem Hinweis auf unerwünschte körperliche Veränderungen — als allgemeinerem Konzept — zu begründen.
Durch Antizipation des Erklärungsbedarfs und des Vorwissens eines Benutzers versucht Clancey adäquate Erklärungen zu generieren. Den lehrenden Aspekt der Erklärungen von Expertensystemen kann dieser Ansatz jedoch nicht ausreichend befriedigen. Es mag noch hinreichen, das Verbot eines Medikaments durch den Hinweis auf seine Nebenwirkungen zu begründen. Wie soll jedoch der Grad der Detailliertheit festgelegt werden, der zur Erklärung der Tetracyclin-Regel notwendig ist, wenn es z.B. darum geht, diese Regel zu durchbrechen? Wir werden später auf diesen Aspekt der Diskussion zurückkommen.
Eine in ihren Konsequenzen ähnliche Idee verfolgt die Gruppe um William Swartout [337,244]. Die Entwicklungsgeschichte des Expertensystems wird in einem semantischen Netz festgehalten. Anfragen an die Erklärungskomponente können dann später außer auf die aktuellen Falldaten und die Deduktion auch auf die Entwurfsentscheidungen zurückgreifen. Mögliche Anfragen an die Erklärungskomponente werden typisiert und in verschiedene Klassen eingeteilt, z.B. Rechtfertigungsfragen, Definitions- oder Funktionsfragen, Fragen nach der Mächtigkeit des Programms. Für jede dieser Anfragetypen wird eine eigene Erklärungsstrategie entworfen und implementiert. Erreicht wird ohne Zweifel eine größere Flexibilität und Reichhaltigkeit der Erklärungen.

Der Wunsch nach Erklärung entsteht aus Situationen des Nichtverstehens heraus, die Erklärung soll Verständnis schaffen. Eine gute Erklärung ist jedoch nicht unbedingt die, die vom Fragenden akzeptiert wird: eine Verständnis herstellende Erklärung kann sachlich falsch, eine korrekte hingegen unverständlich sein.

Der Historiker John Passmore nennt in einem Aufsatz über «Explanations in everyday life, in science and in history» [263] drei Bestimmungsstücke guter Erklärungen: die *Verständlichkeit*, die *Adäquatheit* und die *Korrektheit*, deren Gewichtung je nach dem Umfeld der Erklärung variiert (Erklärungen im Alltag müssen vor allem verständlich, wissenschaftliche Erklärungen vor allem korrekt sein). Eine Diskussion dieser Kriterien im Umfeld der Expertensysteme scheint sinnvoll, können sie doch die epistemologischen Verwirrungen bezüglich der Erklärungskomponente etwas ordnen.

*Verständlichkeit* einer Erklärung bedeutet, daß die Wahl des Erklärungsmodells dem Fragenden angepaßt ist. Die Sprache und der begriffliche Rahmen der Erklärung müssen dem Fragenden vertraut sein, d.h. sich auf sein Vorwissen beziehen. Die erweiterte Tetracyclin-Regel versteht jedes hinreichend angepaßte Mitglied unseres Kulturkreises: schwarze Zähne sind unerwünscht. Erklärungen technischer Reparatur-Unterstützungssysteme benutzen sinnvollerweise eher graphische Darstellungen der defekten Bauteile als textuelle Aufbereitungen der Regeln. Der Erklärende besitzt oder schafft sich ein 'Modell' des Fragenden, welches Sprache, Gehalt und Umfang der Erklärung prägt. Als Beispiel sei die Erklärung eines mathematischen Satzes betrachtet. Die Angabe des formalen Beweises ist ohne Zweifel Bestandteil der Erklärung, nämlich ihr sachlicher Gehalt. Analog ist in der Expertensystem-Welt die Abfolge der benutzten Regeln Teil der Erklärung.

Die Kommunikation zwischen Lehrer und Schüler ist komplizierter. Zum einen gibt es nicht nur einen Beweis für einen Satz. Der Beweis, den ein Schüler versteht und akzeptiert, wird in der Regel als nicht angemessen für den wissenschaftliche Diskurs angesehen. Sodann besteht das Verstehen eines Beweises zuerst im Verstehen der Beweisidee, nicht im Nachvollziehen der einzelnen logischen Beweisschritte.[36] Eine Beweisidee verstehen heißt, sich einen Überblick über das Gesamtgebilde des Beweises zu verschaffen und die Strategie des Beweises zu begreifen. Ein guter Lehrer wird und muß sich dabei am Vorwissen und Abstraktionsvermögen des Schülers orientieren, er wird alle möglichen Assoziationen mit bereits Bekanntem, wie verwandte Sätze oder Elemente aus der Erlebniswelt des Schülers, heranziehen; er muß Sprache und Abstraktionsgrad auswählen, logische Zwischenschritte einfügen oder weglassen etc. Eine maschinelle Modellierung dieses Aspekts der Kommunikation zwischen Lehrer und Schüler wird immer auf eine Klassifizierung oder Typisierung des Benutzers und/oder der Art der Nachfragen hinauslaufen. Die Erklärungen, die von solchen Programmen wie denen von Clancey und Swartout generiert werden, haben ihren Reiz gegenüber den einfachen Trace-Funktionen kommerziell vertriebener Programme; sie bleiben aber notwendigerweise begrenzt und können niemals das Spektrum aller möglichen Benutzer und ihrer Anfragen abdecken. Das Problem liegt tiefer: «Um andere Leute zu verstehen, braucht man Einfühlungsvermögen und Identifikation — man muß sich selbst in die Lage eines anderen versetzen» [299]. Schank führt deshalb Stufen des Verstehens ein: «Erfassen—Kognitives Verständnis—Völliges Einfühlen» und erklärt KI-Programme wie Winograds SHRDLU als auf der Ebene des 'Erfassens' befindlich. Schank hält die Konstruktion von Programmen, die 'Kognitives Verständnis' zeigen, für die

[36] Dies mag sich sogar in vielen Fällen erübrigen. So reicht es bei den Standardbeweisen der Formalen Sprachen meist aus, die Konstruktion der Ableitungen anzugeben — was streng genommen nur die Beweisidee ist — der 'formale' Beweis kann dann entfallen.

eigentliche Aufgabe der KI-Forschung. «Das Niveau der *völligen Einfühlung* scheint außerhalb der Reichweite des Computers zu liegen, aus dem einfachen Grund, daß er kein Mensch ist» [299]
Die *Adäquatheit* einer Erklärung spricht den Aspekt der Zweckgebundenheit von Erklärungen an, sie dient als hinreichende Bedingung des zu Erklärenden *in einer bestimmten Situation*. Noch einmal zur Tetracyclin-Regel: ihre Erweiterung ist hinreichend für eine Begründung des Verschreibungsverbots an sich, also als Erklärung für die Kopplung des Alters des Patienten an die Medikation, sie ist nicht mehr hinreichend für kritische Fälle, in denen die Regel eventuell durchbrochen werden muß. Aus der Zweckgebundenheit einer Erklärung folgt, daß sie notwendigerweise unvollständig ist. Vollständige Erklärungen sind nicht möglich, weil sie letztlich die Modellierung des gesamten Universums und eine unendliche Hierarchie von Gesetzesbegründungen erfordern würden [332].
Die *Korrektheit* der Erklärung schließlich bezieht sich auf ihre sachliche Richtigkeit. Die in einer Erklärung benutzten Fakten und Beziehungen müssen korrekt sein, zumindest bezogen auf den aktuellen Kenntnisstand des Umfelds. Dieser Aspekt stellt eine notwendige Bedingung für die Qualität von Erklärungen dar, obwohl er z.B. in Alltagssituationen verletzt sein mag, ohne daß die Akzeptanz einer Erklärung beeinträchtigt wird.

Alle Versuche, eine Erklärung aus dem Regelwerk des Expertensystems zu konstruieren, gehen davon aus, daß die Erklärung eine berechenbare Funktion der statischen und dynamischen Wissensrepräsentation ist. Stegmüller definiert die wissenschaftliche Erklärung einer Tatsache als logische Folgerung (Deduktion) aus allgemeinen Gesetzmäßigkeiten (Regeln) und aktuellen Falldaten. [332] Akzeptiert man diese Definition, läßt sich sogar eine *strukurelle Gleichartigkeit* von Erklärung und Repräsentation postulieren[37]. Leider hilft die strukturelle Ähnlichkeit nicht weiter: Erklärung und Repräsentation sind *inhaltlich* verschieden, da sie unterschiedliche Zwecke haben.
Regeln und Deduktionen eines regelgestützten Programms sind Handlungsanweisungen. Die Regeln spiegeln das Ergebnis eines Konstruktionsprozesses wider, durch den das Problemlösungswissen eines Menschen in operationable Formeln gegossen wurde, sie erhellen nicht den Konstruktionsprozeß selbst, ebensowenig wie die Korrespondenz zwischen formalem Konstrukt und realem 'lebendigen' Wissen. Eines der häufigsten Einsatzfelder von Expertensystemen ist die Diagnose von Fehlern in technischen Systemen. Das Regelwissen des Expertensystems stellt eine Art 'Reparaturanleitung' dar, die nach folgendem Schema aufgebaut ist:

*Prüfe Teil A.*
*Wenn das Verhalten X beobachtet wird, liegt der Fehler Y vor,*
*andernfalls prüfe als nächstes Teil B.*

Eine solche Reparaturanleitung ist ein Kondensat mehrerer Wissensquellen: Wissen über das fehlerfreie Funktionieren und die Struktur des Gesamtsystems, Wissen über die Funktion der Einzelteile und ihr Zusammenwirken, Wissen über die Auswirkungen des Fehlverhaltens eines Einzelteils und evtl. Wissen über die sinnvolle Reihenfolge der

[37] Stegmüller spricht von der strukturellen Gleichartigkeit von Erklärung und Voraussage.

einzelnen Prüfschritte. Die Reparaturanleitung ist eine effiziente Prozedur, die Anleitung gibt, was im Fehlerfall zu tun ist. Sie kann so detailliert aufgebaut sein, daß auch ein nicht sachkundiger Benutzer die einzelnen Schritte praktisch nachvollziehen und den Fehler identifizieren kann, ohne jedoch seine Handlung wirklich zu verstehen.

Die Unterscheidung von Sichtweisen auf ein Expertensystem — die Entwicklersicht, die Nutzersicht, die Schülersicht — implizieren verschiedene Zwecke der Erklärungen und somit verschiedene Erklärungsmodelle.

Für die Sicht auf ein Expertensystem als logisches Kalkül gibt es einen funktionalen Zusammenhang zwischen Wissensrepräsentation und Erklärung. Der Zweck der Erklärungen für den Entwickler ist die Überprüfung der logischen Korrektheit der Regeln und der Deduktionen. Der Trace der Ableitung ist ein *adäquates* Modell für derartige Erklärungen, das dem Entwickler auch *verständlich* ist. Die *Korrektheit* der Erklärung hängt ab von der Korrektheit der Inferenzmaschine und zusätzlicher Debugging-Programme — dies ist ein grundsätzliches Problem der Korrektheit von Software, was nicht der Erklärungskomponente angelastet werden kann.

Der wesentliche Zweck der Erklärungskomponente für den qualifizierten Benutzer ist, die internen Programmabläufe sichtbar zu machen, um eine Überprüfung der Systemantwort und eventuelle Korrekturen der Implementierung zu ermöglichen. Setzen wir voraus, daß die implementierten Problemlösungsstrategien der idealtypischen Vorgehensweise eines Experten entsprechen und daß sich Regeln und Deduktionen isomorph in eine fachspezifisch verständliche Form übertragen lassen. Die Forderung nach Verständlichkeit und Adäquatheit der Erklärung scheint dann erfüllbar zu sein, die Forderung nach Korrektheit unter der erwähnten Voraussetzung der Korrektheitheit der Inferenzmaschine und der Transformationsprozeduren. Dies bedeutet nicht, daß gegenwärtige Erklärungskomponenten adäquate und verständliche Erklärungen liefern. Die Hauptprobleme sind nicht-adäquate Formen der Wissensrepräsentation und die meistens starre und zu simple Ableitungsstrategie, die darüberhinaus nicht geeignet darstellbar ist. «Für wesentliche Verbesserungen der Erklärungsfähigkeit muß das Wissen auf verschiedenen Abstraktionsebenen ... sowie in verschiedenen Repräsentationsformen (z.B. statistisches, fallvergleichendes, empirisches und kausales Wissen bei der Diagnostik) dargestellt werden» [272].

Die Forderung nach einer verständlichen Form der Erklärung ist berechtigt, sofern sie eine isomorphe Umsetzung des implementierten Modells meint (z.B. Graphik, lesbare Ausgabe der Regeln). Eine getrennte Modellierung von Erklärung und Problemlösung ist riskant. Ein zweites oder drittes Modell des Gegenstandsbereichs *neben* dem im Expertensystem implementierten Modell birgt wegen der Gefahr von Übersetzungsfehlern mehr Fehler als es aufdecken helfen soll. Es kann nicht darum gehen, den Benutzer *glauben* zu lassen, daß die Deduktion korrekt ist oder daß Regeln ihre fachwissenschaftliche Begründung haben.[38] Er soll im Gegenteil die Korrektheit der Deduktion, d.h. die Korrektheit des implementierten Modells der Problemlösung,

[38] Leider tendieren die einfachen Erklärungsmodelle dahin, gegenüber dem Benutzer die Korrektheit des Systemverhaltens zu propagieren, statt den oft berechtigten Zweifel an der völligen Korrektheit einer heuristisch erhobenen Wissensbasis zuzulassen. Deutlich demonstriert dies ein Entwurfsbeispiel von Schnupp ([310], p.44 ff): nachdem durch wiederholte WHY-Fragen die Wurzel des Ableitungsbaums erreicht wurde, antwortet das Programm allmächtig: «Frag nicht soviel, antworte lieber mal.»

überprüfen. Also muß letzteres sichtbar gemacht werden, d.h. der Ablauf der Deduktion. Eine derartige Erklärung ist nur für den fachlich kompetenten Benutzer adäquat, der weiß, welche Gesetze im Programm modelliert sind. Adäquate Erklärungen für den Laien oder den 'Schüler' aus dem Problemlösungsmodell eines Expertensystems heraus sind nicht möglich. Die Antwort des Expertensystems hat den Gehalt einer wissenschaftlichen Hypothese. Die im Programm modellierten Gesetze und Methoden müssen von der Erklärungskomponente erwähnt werden, damit im Kopf des Benutzers Verständnis entstehen kann. «Verständnis impliziert gemeinhin einen aktiven Prozeß der Interpretation» [300]. Eine gewisse Expertise seitens des Benutzers ist also *immer* notwendig, um einen verantwortbaren Einsatz von Expertensystemen zu erlauben. Nur der Experte kann die unvollständigen Erklärungen sinnvoll ergänzen und dadurch die Korrektheit des Programms überprüfen.

Der wichtigste Aspekt der Kommunikation zwischen Lehrer und Schüler ist die Erzeugung von Kompetenz. Der Schüler soll in die Lage versetzt werden, selbständig Hypothesen aufzustellen und zu verifizieren, Pläne zu formulieren, Entscheidungen zu treffen. Erforderlich dazu ist zum einen das Wissen um Standardmethoden des Fachgebiets, wie die erwähnten Standardkonstruktionen der Formalen Sprachen oder verschiedene mathematische Beweistypen. Wissen dieser Art verlangt nach regelhafter Formulierung und wird auch mehr oder minder regelhaft vermittelt. Zur Kompetenz gehört jedoch mehr als die Kenntnis fachlicher Regeln; dazu gehört die Vermittlung einer sozialen Haltung zum Erlernten. Bereits das Wissen um die Ausnahme, die Verletzung von Regeln, was in wohl allen Fachgebieten ein Kennzeichen des Experten ist, ist nicht mehr regelhaft abbildbar. Solches Wissen entsteht durch Erfahrung aus Handeln, aus dem Haltungen entstanden sind. Hubert und Stuart Dreyfus nennen als einen Parameter ihres Fünf-Stufen-Modells des Lernens die Verbindlichkeit (*commitment*) [110]. Der Experte zeichnet sich gegenüber dem Novizen oder dem fortgeschrittenen Anfänger dadurch aus, daß er verantwortlich und im Umgang mit anderen verbindlich handelt. Idealtypisch für die Lehrsituation ist die Erzeugung des Bewußtseins wechselseitiger Verbindlichkeit. Auch Winograd und Flores [362] greifen genau diesen Begriff der Verbindlichkeit wieder auf. Menschen können verbindlich mit anderen umgehen und als Lehrer auf ihre Schüler in verbindlicher Weise soziale Haltungen und Einstellungen zu übertragen. Das Expertensystem als ein Vermittler sozialer Haltungen ist allerdings eine absurde und unakzeptable Vorstellung.

Die Erklärungskomponente aller kommerziell verfügbaren Expertensystem-Shells beruht auf der oben skizzierten Technik der Baumsuche. «Oft wird ein 'Trace' des Programmablaufs generiert und nachher mit der Aura natürlicher Sprache in der Semantik des domänenspezifischen Wissens bekleidet» [214]. Neu hinzugekommen sind komfortablere und umfangreichere Zugriffsmöglichkeiten auf das Systemwissen sowie vielfältigere Formen der Darstellung, insbesondere graphischer Art.

Die Unfähigkeit existierender Programme, gute Erklärungen zu generieren, wird in unterschiedlicher Weise reflektiert. Manche Entwickler verzichten ganz auf den Anspruch, eine Erklärungskomponente für den Endbenutzer zu liefern, und beschränken sich auf Erklärungen für den Programmentwickler, für die die bekannten leicht programmierbaren Trace-Funktionen zur Dokumentation verifizierter Hypothesen und Fakten und zur Darstellung des Ableitungspfad verwendet werden ('WHY'- und 'HOW'-Fragen).

Es gibt Hinweise darauf, daß die Idee der 'Expertensystemtechnik als regelgestützte Programmierung' sich verschiebt. So wird z.B. in einer deutschen Fassung des Handbuchs für die Expertensystem-Shell NEXPERT die Shell als 'Werkzeug zur Strukturierung eines diffusen Problembereichs' bezeichnet. Nutzungsschwerpunkt ist also nicht das Endprodukt Expertensystem, sondern das Werkzeug für den Experten. Eine Erklärung in einem anderen Sinn als Sichtbarmachen der Inferenzschritte erübrigt sich dann, da der Experte gleichzeitig Benutzer und Programmierer ist, also sowohl Kenntnis des Gegenstands als auch der Repräsentationssprache vorausgesetzt werden können.

Der interessanteste Ansatz, der zu einer entscheidenden Verbesserung der Wissensrepräsentation und damit der Erklärungen führen kann, ist die Forschung über kausale Modelle. Das zu diagnostizierende System wird in seiner Funktionsweise direkt modelliert, Fehler des Systemverhaltens werden dann als Differenzen zum normalen Systemzustands erkannt. Einen Überblick und einige Beispiele modellgestützter Programme gibt [271]. Modellgestützte Programme sind zur Zeit noch Forschungsgegenstand, praktische Erprobungen stehen aus.

Sicher werden diese Anstrengungen zu komfortableren Entwicklungsumgebungen führen, doch 'selbsterklärende' Programme wird es wohl sowenig geben wie 'automatische' Programmierverfahren.

# 5. Technische und ökonomische Machbarkeit von Expertensystemen

*Expert systems are no panacea for achieving the impossible or even the very difficult. A mere inclination to have an expert system is no guarantee that one can be built.*

Daniel Bobrow

*Man kann in der Automaten-Kunst Meisterwerke vollbringen, ohne daß man auch nur eine einzige Maschine ausgeführt oder betrieben hätte, so wie man Methoden ersinnen kann, um die Bahn eines Gestirns zu berechnen, das man niemals erblickt hat.*

Marie Jean Antoine Condorcet

## 5.1 Erhebungen über die betriebliche Verbreitung von Expertensystemen

«Vor allem müssen wir aus dieser Erfahrung lernen, daß der Akzeptanztest eines Expertensystems nicht beendet ist, bevor bewiesen werden kann, daß das System tatsächlich *alltäglich* mit der Aufgabe eingesetzt wird, für die es entworfen wurde» ([160] ohne Hervorhebung). Die Suche nach alltäglichen betrieblichen Einsätzen von Expertensystemen erweist sich als mühsam.
Es zeigen sich mehrere Schwierigkeiten bei der Erhebung.

- Welche Definition eines Expertensystems legt man zugrunde, eine anwendungsorientierte oder eine technikorientierte Definition?
- Wie grenzt man Expertensysteme von anderen komplexen (eventuell innovativen) DV-Programmen ab?
- Soll die Größe oder der Herstellungsaufwand des Programms beachtet werden?
- Wann endet die Entwicklung eines Prototyps und wann beginnt der 'reguläre' Einsatz eines Expertensystems?

In [198] heißt es zum Einsatz dieser Technik in der Bundesrepublik: «Es scheint, daß es nur sehr wenige Expertensysteme die Bedingungen des sogenannten 'eingeschwungenen Zustands' erfüllen, die außerdem nicht 'trivial' wären:

- mehr als ein Jahr Einsatz vor Ort
- dezidierte Anwendung, kein Spielzeugsystem, kein Demonstrationssystem, keine Messeentwicklung, keine Hochschulentwicklung, die an der Hochschule bleibt, keine ausschließlich ausbildungsunterstützende Anwendung
- keine über die übliche Modifikation der Wissensbasis hinausgehende Abänderung oder Rekonfiguration des Systems.»

Als triviale Anwendungen werden dabei Programme verstanden, die ohne wesentlich höheren Aufwand mit herkömmlicher Programmiertechnik zu erstellen, zu betreiben und zu warten wären.
Klaus Kornwachs, Hauptautor dieser Studie der Enquete-Kommision des Bundestages [198], vermutet zum Juni 1989 maximal fünf Systeme in der Bundesrepublik im alltäglichen Einsatz gemäß diesen Kriterien. Deutlich unbekümmerter ob der Ernsthaftigkeit des jeweiligen Einsatzes erhebt P. Mertens, Wirtschaftsinformatiker an der Universität Erlangen, seit einigen Jahren Zahlen über den betrieblichen Einsatz von Expertensystemen [223,224,225].
Die Untersuchung von Mertens et al. [224] vom Juli 1986 und eine Fortschreibung im *Elektronik-Journal* nennen im Frühjahr 1987 acht betrieblich eingesetzte Expertensysteme in der Bundesrepublik[39]. Von den genannten acht Expertensystemen laufen Anfang 1988 nur noch drei Programme (CADBAU/BOCAD-3D, IKON und IXMO) im angekündigten Umfang, zwei werden trotz angekündigter Vermarktung nur hausintern eingesetzt und zwei sind wegen «unerwartet hohem» Wartungsaufwand eingestellt worden.

[39] sowie eines in einem Rolladen-Fertigungsbetrieb in der Schweiz und ein Anlageberatungssystem bei der Zentralkasse Wien.

- **CADBAU III**, ein CAD-Entwurfsunterstützungssystem der Firma BOCAD, Bochum für den Stahlbau mit Expertensystemelementen. Das Programm heißt inzwischen BOCAD-3D.
- **DIAL-D**, Auswahlhilfe zu den leitungsgebundenen Datendiensten der Bundespost. Vom Auftraggeber (Deutsche Bundespost) niemals in den laufenden Betrieb übernommen worden, laut Mertens aber vom Hersteller SCS für interne Zwecke eingesetzt. Die PC-Version wurde aus dem dialog-unterstützenden Kundeneinsatz zurückgezogen.
- **GUMMEX**, ein Steuerprogramm zur Produktion von Elastomeren bei der Freudenberg AG, Weinheim. Entwickler war das Battelle-Institut, Frankfurt. Der Betrieb ist nach einer Testphase eingestellt worden wegen des «unerwartet hohen Aufwands für Wartung und Pflege».[225].
- **IKON**, ein Konfigurationsprogramm für PCS-Rechner, ähnlich XCON von Digital Equipment. Das Programm soll von PCS intern eingesetzt werden [214].
- **INTRA**, (*Intelligent Trace Analyzer*), ein Programm zur Untersuchung von Programmabbrüchen. Hersteller und Anwender war der Rechnerhersteller Hewlett Packard; das Programm wird «wegen unerwartet hohen Pflegeaufwandes» [225] nicht mehr gewartet und nicht eingesetzt.
- ***Versicherungsberatung***. «Dieses System unterstützt den Aufbau von großen Simulationsmodellen für Versicherungsbetriebe in einer Beratungsunternehmung» [225]. Hersteller ist das Institut für Wirtschafts- und Versicherungsmathematik GmbH, München. Zustand unbekannt.
- **IXMO**, Programm zur Diagnose von Kraftfahrzeugmotoren auf dem Prüfstand. Hersteller ist die Innovationsgesellschaft für fortgeschrittene Produktionssysteme in der Fahrzeugindustrie, Berlin. Das Programm wurde mit dem Expertensystem-Programmgenerator MED1 programmiert, der an den Universitäten Kaiserslautern und Karlsruhe entwickelt wurde. Routineeinsatz bei Daimler-Benz, Stuttgart und BMW in Steyr.[272]
- **SIUX** (*Siemens UDS Experte*), ein Diagnosesystem zur Ursachenanalyse schlechten Laufzeitverhalten des Datenbanksystems UDS [272]. Wurde mit MED1 entwickelt. Wird bei Siemens eingesetzt, auch zur Ausbildung und Schulung. Die ursprünglich von Mertens [224] behauptete Kommerzialisierung wird in [225] zurückgenommen.

*1988 aktualisierter Stand der von Mertens [223] Anfang 1987 aufgeführten Einsatzbeispiele in der Bundesrepublik.*

In der Fortschreibung der Mertensstudie vom Oktober 87 heißt es: «Mit lediglich 17 laufenden Systemen im deutschsprachigen Raum[40] konnte nur eine enttäuschend geringe Zahl aufgefunden werden. Gemessen daran muß man sagen, daß das Thema Expertensysteme in der fach- und vor allem auch in der populärwissenschaftlichen Diskussion überbewertet scheint, auch wenn man die relative Jugend und das Zukunftspotential in Rechnung stellt» [223]. In der erneuten Fortschreibung vom Jahresanfang 1988 zählen Mertens et al. dann 32 eingesetzte Programme, darunter 14 Konfigurationssysteme, fünf Diagnosesysteme, zwei Werkstoffauswahlsysteme und zwei Beratungssysteme zur Risikoabschätzung [225]. Scheint sich auch nicht jeder Einsatz als alltäglich zu bestätigen, zeigen sich doch typische Einsatzfelder, in denen zumindest an solchen Programmen gearbeitet wird. Für Januar 1988 gliedern sich die Aufgabenklassen für die von Mertens in [225] weltweit gefundenen 935 Prototypen gemäß der folgenden Tabelle.

[40] Gemeint sind die Bundesrepublik, die Schweiz und Österreich.

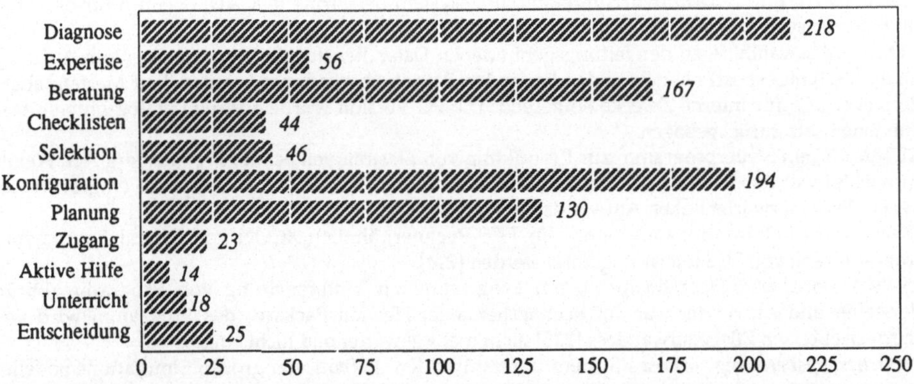


*Liste der von Mertens [225] aufgeführten weltweit entwickelten Prototypen im Januar 1988.*

Das Mitteilungsblatt KI der Fachgruppe 'Künstliche Intelligenz' in der Gesellschaft für Informatik führte im Herbst 1988 eine Umfrage «Laufende KI-Projekte in der Industrie» durch. Ausgangslage war die Beobachtung «Die Marktforschungsunternehmen sind sich, was den Einsatz von KI-Technologien betrifft, keineswegs einig. Die einen sprechen von bisher ausschließlichen Anwendungen im Militär und an Börsen, die anderen behaupten, Computerhersteller und Forschungsinstitute seien die wenigen KI-Anwender, und seit Jahren geistert die ominöse Zahl von etwa '30 echten KI-Systemen' herum, die angeblich in der Bundesrepublik im industriellen oder kommerziellen Einsatz seien» [344].

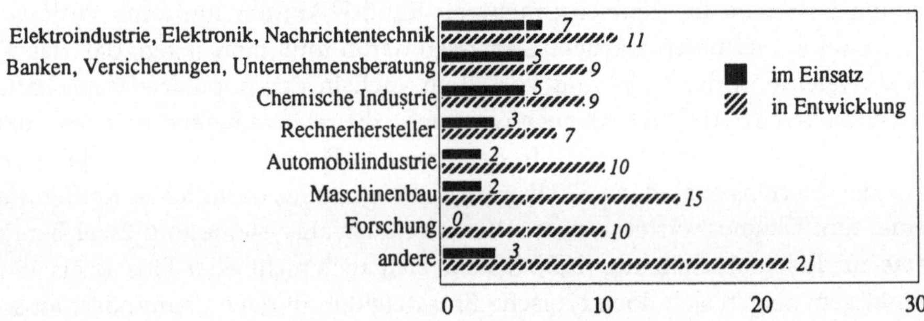


*Umfrage der Zeitschrift KI im Herbst 1988 [279]: 92 Expertensysteme in der Entwicklung und 27 Expertensysteme im laufenden Einsatz in der Bundesrepublik.*

Um diesem Informationsnotstand abzuhelfen wurden von der Redaktion 69 vermutete industrielle Anwender, 21 Beratungsfirmen und 23 Hard- und Software-Hersteller bzw. -Vertreiber angeschrieben; es antworteten 39, also rund 35% der Befragten. Daraus ergaben sich 94 laufende Projekte, von denen 27 in einem nicht weiter qualifizierten Stadium der Anwendung sein sollen. Zwei der Programme in Entwicklung beschäftigten sich mit der Verarbeitung natürlicher Sprache, alle anderen scheinen von der Aufgabe her Expertensysteme zu sein. Die Umfrage ist mit Sicherheit unvollständig, auch wenn die «ominöse Zahl von 'etwa 30 echten KI-Systemen'» scheinbar bestätigt wurde. Doch

hat z.B. die IBM Deutschland keinerlei Angaben gemacht, obwohl diese Firma mit ihrem LILOG-Projekt das größte deutsche Forschungsprojekt zur Sprachverarbeitung durchführt und auch im Expertensystembereich sehr aktiv ist [164,279].
Die Westberliner Firma 'Brainware', Vertreiber von Expertensystem-Software, veröffentlicht regelmäßig Schätzungen, die an Hand der Mertens-Untersuchung, eigenen Verkäufen und Kundengesprächen erstellt werden, und die zumindest die hochgesteckten Erwartungen einer jungen HiTech-Firma widerspiegelt [107].

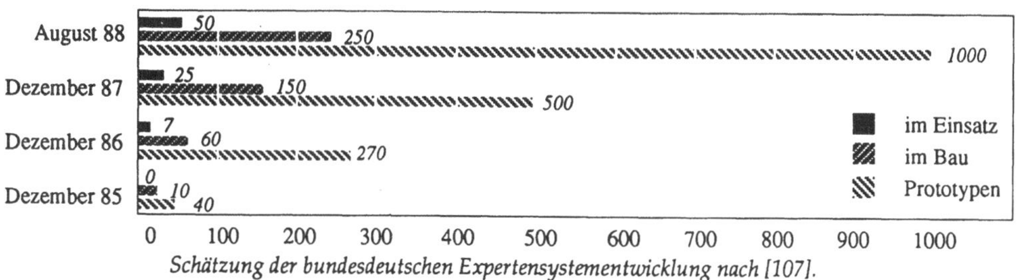


*Schätzung der bundesdeutschen Expertensystementwicklung nach [107].*

Die Zahl der im Einsatz befindlichen Programme scheint dabei eher hoch geschätzt. Eine andere typische Schwierigkeit solcher Schätzungen wird an der Tatsache sichtbar, daß der Brainware-Spezialist v. Drabich-Waechter zum einen ein Programm der Firma Boehringer Ingelheim mitzählt, das zur Steuerung einer Tablettenpreßmaschine verwendet wird, und zum anderen ein für Siemens erstelltes Programm zur Konfiguration von Brandmeldeanlagen (BMT [307]) einbezieht, das etwas vollmundig als das «größte Expertensystem der Welt» bezeichnet wird. Das Tablettenpreßsystem wurde in zwei Wochen erstellt, verarbeitet sieben Meßwerte in einem kleinen Programm, das 14 programminterne Attribute und sieben Benutzervorgaben berücksichtigen muß. Das noch im Test befindliche Konfigurationssystem soll dagegen rund 30.000 Regeln in rund 150 Programm-Modulen verarbeiten. Beide Programme können unter dem Gesichtspunkt der Anwendung als Expertensysteme bezeichnet werden, von ihrer technischen Komplexität her sind sie um Größenordnungen verschieden. Die Firma Brainware gibt die Zahl der bis 1988 verkauften Software-Produkte zur Expertensystemerstellung mit 1100, die Zahl der nachfragenden Interessenten an solchen Programmen mit rund 4000 an.[41] Das bundesdeutsche Marktvolumen für Expertensysteme (einschließlich LISP-Maschinen) wird auf Grund dieser Zahlen und weiterer Schätzungen auf rund 122 Millionen DM für 1988 hochgerechnet (gegenüber geschätzten 33 Millionen für 1985). Weiterhin werden 135 Millionen DM interne Firmenaufwendungen (Löhne, Geräte usw.) für KI-Entwicklungen geschätzt — fast ausschließlich Expertensystementwicklungen.
Im Bereich der Informationstechnik sind dies eher kleine Zahlen. Der bundesdeutsche DV-Markt wird für 1988 mit 36,6 Milliarden DM beziffert, davon rund 12 Mrd. für Software[42]. Allein der Inlandsumsatz der IBM lag bei 8,1 Mrd. DM, der Umsatz von Siemens im Bereich Datenverarbeitung betrug 5,1 Mrd. und Nixdorf setzte 2,8 Mrd. um. Die

[41] Zum Vergleich gibt die Firma IntelliCorp für ihr preislich und leistungsmäßig hoch angesetztes Produkt KEE (Knowledge Engineering Environment) bis zum Januar 1989 insgesamt 220 Verkäufe in der Bundesrepublik (und weltweit 3000) an.

[42] Laut IDC Deutschland GmbH, zitiert nach *Computerwoche* 16:1/2 vom 6.Jan. 1989.

großen bundesdeutschen Software-Firmen liegen in Größenordnungen des Umsatzes um 100 Mio. DM. Zum Vergleich: Der weltweite IBM-Umsatz lag 1988 bei 60 Milliarden US-$, allein der Gewinnanteil betrug dabei sechs Milliarden US-$. Das amerikanische Software-Haus Microsoft hatte 1988 einen weltweiten Umsatz von 719 Mio. US-$, Lotus setzte 469 Mio. $ und Ashton Tate setzte rund 300 Mio. $ um. Die großen amerikanischen KI-Software-Häuser setzen jährlich zwischen 10 und 25 Mio. $ um. Der US-amerikanische DV-Markt wird im kommenden Jahr auf rund 200 Mrd. US-$ geschätzt.[43]
Der gesamte Markt für Expertensystem-Software und spezialisierte Rechner beträgt demnach höchstens ein Prozent des deutschen Software-Marktes oder 0,3 Prozent des DV-Marktes. Sicher scheint jedoch: Der Markt für Expertensystemtechnik und KI-Produkte existiert; seine Größe und seine Entwicklung bleiben vorerst verborgen. Fest steht nur, daß er gemessen am Gesamtbereich der Informationstechnik noch sehr klein ist.

Buchanan hat für 1985 einen Überblick über amerikanische und europäische Expertensysteme vorgelegt, die im Feldtest sind oder alltäglich eingesetzt werden, wobei er betont, daß Literaturangaben und Mitteilungen, auf die er sich bezog, nicht durchgängig nachgeprüft werden konnten. «Je nachdem, welchem Sprecher Sie vertrauen, wird suggeriert, daß höchstens ein einziges Expertensystem 'wirklich' arbeitet (nämlich R1), oder daß es Hunderte arbeitender Systeme gibt. Weil die Institutionen, die Systeme entwickeln, nur zögernd veröffentlichen und es so viel 'Wind' um die Künstliche Intelligenz gibt, fällt es schwer, Dichtung und Wahrheit zu unterscheiden» [56][44].
Paul Harmon, Herausgeber des Rundbriefs «Expert System Strategies», hat im Anhang zu Feigenbaum, McCorduck & Nii «The Rise of the Expert Company» [123] für 1988 einen summarischen Überblick über Expertensysteme im betrieblichen Einsatz erstellt. Die Liste wird als Auswahl gekennzeichnet.

| | Buchanan 1985 | Harmon 1988 |
|---|---|---|
| Fertigung oder Betrieb von DV-Anlagen | 18 | 39 |
| Fertigung und Produktionssteuerung | 7 | 24 |
| Finanzwirtsch., Rechts- und Steuerberatung | 3 | 25 |
| Maschinendiagnose | 3 | 12 |
| medizinische u. wissenschaftl. Forschung | 3 | 11 |
| elektronische Medien, Druckmedien | 0 | 7 |
| Transportwesen | 0 | 3 |
| Chemie | 3 | ? |
| Geologie | 4 | 3 |
| Landwirtschaft | 1 | 2 |
| Andere | 6 | 3 |

*Einsatzgebiete von Expertensystemen in den USA 1985 und 1988. 1985 im Feldtest befindliche oder alltäglich eingesetzte Expertensysteme in den USA nach Angaben von [56]. 1988 alltäglich eingesetzte Expertensysteme in den USA nach Harmon [123]. Beide Erhebungen sind nicht vollständig.*

[43] Zahlen laut IDC Deutschland GmbH, zitiert nach *Computerwoche* 16:1/2 vom 6. Jan. 1989 und 16:12/13 vom Juni 1989.
[44] zitiert nach [297]

Auffällig ist, daß in der Harmon-Liste kein einziges Programm in der chemischen Industrie vorkommt, während Feigenbaum, McCorduck und Nii im Hauptteil des Buches dem Chemiekonzern *duPont of Nemours* ein ganzes Kapitel widmen und von zweihundert dort im Einsatz befindlichen Expertensystemen reden — mit dem etwas verwirrenden Nachsatz: «(Der bei duPont zuständige Abteilungsleiter für KI) Mahler glaubt, daß innerhalb von fünf Jahren ein großes Expertensystem bei duPont entwickelt wird, aber zwischenzeitlich ist er glücklich darüber, die Eingangsschranke gesenkt und die Leute in Bewegung gesetzt zu haben.»[45]

## 5.2 Vom Elend der Prognosen

Weitere Quellen aktueller Zahlen und prognostischer Hochrechnungen sind die jährlichen Reports der britischen Beratungsfirma OVUM [258] über in Europa und international eingesetzte Programme, sowie entsprechende Reports von Frost&Sullivan, Diebold und anderen Unternehmensberatern.

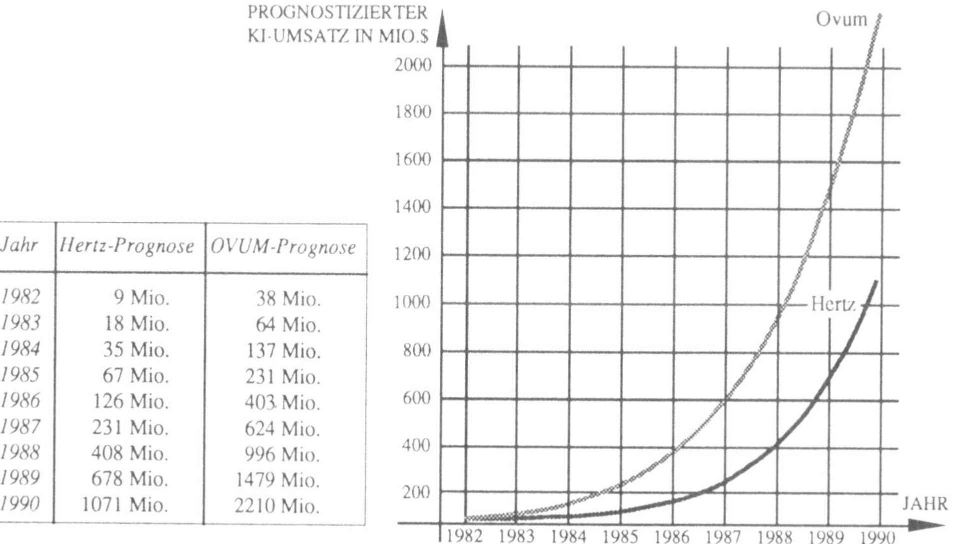

| Jahr | Hertz-Prognose | OVUM-Prognose |
|---|---|---|
| 1982 | 9 Mio. | 38 Mio. |
| 1983 | 18 Mio. | 64 Mio. |
| 1984 | 35 Mio. | 137 Mio. |
| 1985 | 67 Mio. | 231 Mio. |
| 1986 | 126 Mio. | 403 Mio. |
| 1987 | 231 Mio. | 624 Mio. |
| 1988 | 408 Mio. | 996 Mio. |
| 1989 | 678 Mio. | 1479 Mio. |
| 1990 | 1071 Mio. | 2210 Mio. |



*Zwei frühe Prognosen über den Weltmarkt für Produkte der Künstlichen Intelligenz-Forschung. Die Prognose des amerikanischen KI-Forschers D. B. Hertz ist zitiert nach [117]; die Ovum-Prognose steht in «Wie fünf Minuten nach dem Urknall» [237].*

OVUM hat auf der Jahrestagung 1988 der American Association of Artificial Intelligence (AAAI-88) in St.Paul die eigenen Prognosen drastisch revidiert und spricht nun, genau wie Feigenbaum, von einer «zweiten Welle» der Expertensystemtechnik, nachdem das für die achtziger Jahre prognostizierte exponentielle Umsatzwachstum im Jahr 1988

[45] Mahler believes that within five years there'll be some big expert system at Du Pont, but meanwhile he's happy with having lowered the entry barrier and got people started [123].

zusammengebrochen ist. Inzwischen wird diese Idee der Zweiten Welle auch in der Bundesrepublik propagiert.

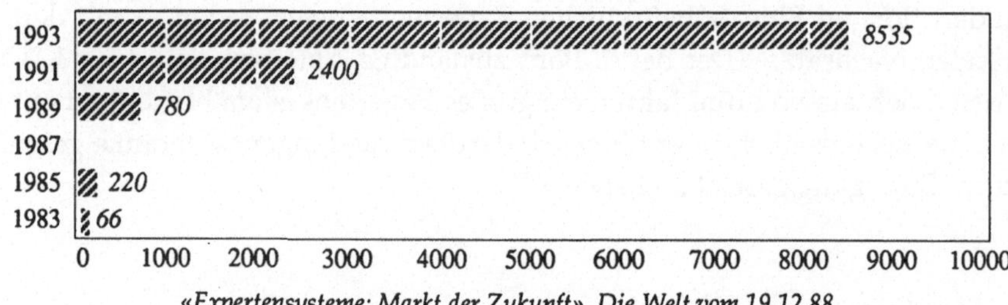


*«Expertensysteme: Markt der Zukunft», Die Welt vom 19.12.88*

Dessen ungeachtet hat die Tageszeitung *Die Welt* noch am 19.12.88 eine außerordentlich hoffnungsvolle Prognose «Expertensysteme: Markt der Zukunft» für die nächsten Jahre veröffentlicht. Die optimistischen Zahlen sind anscheinend einer schon älteren, in der *Welt* nicht zitierten Studie der 'International Resource Development Corporation' entnommen; sie werden auch von Savory [297] zitiert. Die *Welt* verblüfft durch die Behauptung, der Expertensystemumsatz im Heimeinsatz erreiche bereits 1991 fast den Umfang des Fabrik-Umsatzes (520 Mio. US-$ vs. 575 Mio.US-$) und erreiche 1993 bereits 2,5 Mrd. (gegenüber 1,3 Mrd. im Fabrik-Einsatz und 3,9 Mrd. im Büroeinsatz). Diese Zahlen lassen sich durch die aktuelle Entwicklung und Forschung, die ja bis zur Marktreife und -durchdringung führen müßten, nicht bestätigen.

Thomas J. Watson, langjähriger Aufsichtsratvorsitzender von IBM, wird in [355] mit zwei Prognosen zitiert: «I think there is a world market for five computers» (1943) und «There doesn't seem to be any real limit to the growth of the computer industry.» (1968) Zuverlässige Langfristprognosen scheinen in unentwickelten oder dynamischen Märkten, wahrscheinlich aber sogar in allen Märkten letztlich Glücksache zu sein — und die prognostizierenden Firmen sehen das auch so. Andererseits ist jede auffällige Prognose von einem gewissen Aufmerksamkeitswert, also kostenlose Werbung. Auch die von der *Welt* zitierte 'International Resource Development Corporation' ist notorisch für ihre Überschätzungen neuer Techniken.

Die Zeitschrift *High Technology Business* hat kürzlich einige Prognosen im KI-Umfeld über ein paar Jahre mit der beobachteten Marktentwicklung verglichen. Heimroboter, billige Heimcomputer, rechnergestützte Sprachverarbeitung, Videokonferenzen und Videotex bleiben demnach weit hinter einzelnen Marktprognosen zurück. Btx, die bundesdeutsche Version von Videotex, zeigt eine ähnlich katastrophale Entwicklung mit Hunderten von Millionen DM öffentlich finanzierter Verluste. 1986 gab es knapp 58000 Anschlüsse, die Post hatte ursprünglich eine Million Anschlüsse vorhergesagt (Prognose von 1982/83). Diebold hatte in einer 1984 revidierten Prognose für 1986 eine halbe Million Teilnehmer vorhergesagt. Eine volle Million Anschlüsse waren nach der revidierten Diebold-Studie erst im Jahr 1988 zu erwarten, während die Post für dieses Jahr auf 2-3 Mio. Anschlüsse hoffte. Die 1983 vorgelegte gesetzlich vorgeschriebene Begleitstudie für die Erprobung von Btx des Heinrich-Hertz-Instituts (HHI) geht von einer 'schnellen', 'weniger optimistischen' und 'pessimistischen' Variante der Btx-Einführung aus, die für Ende 1988 zwischen 0,8 und 2,8 Mio. Anschlüsse unterstellt.[46] Tatsächlich gab es Ende 1988 147000 amtliche Btx-Anschlüsse. Dieser im Vergleich zu 1987 relative Aufschwung des neuen Mediums ist wohl Ergebnis einer wesentlichen konzeptionellen Änderung, vor allem der Öffnung der Anschlüsse für Personal Computer ('Soft Decoder'), womit die Büroanschlüsse zunehmen sollen. Von einem Wohnstuben-Markt kann weiterhin nicht die Rede sein.

Der *High Technology Business*-Aufsatz zitiert einen Marktforscher mit dem Satz: «It's absurd to say that we can predict the future.» Der Autor schließt mit: «Few in the Twilight Zone of market forecasting would disagree.»

| US-Markt | Vorhergesagter Umsatz in Mio. $ | | | Realer Umsatz in $ |
|---|---|---|---|---|
| Industrielle Roboter | 1987: | 828 | (*Venture Development*) | 1987: 300 Mio. |
| Heimroboter | 1990: | 1-2000 | (*Future Computing*) | 1987: null |
| Heimcomputer | 1986: | 835 | (*IDC*) | |
| (Geräte unter $500) | 1987: | 4400 | (*Future Computing*) | 1987: nahe null |
| | 1995: | 2300 | (*Electronic Trend Publ.*) | |
| Videotex | 1987: | 7000 | (*Creative Strategies Intl.*) | 1987: 113 Mio. |
| | 1990: | 12-15000 | (*Gary Arlen Newsletter*) | |
| Videokonferenzen | 1990: | 13000 | (*Eastern Management Group*) | 1987: 100 Mio. |
| | 1992: | 600 | (*Intl. Resource Dev.*) | |
| Spracherkennung | 1990: | 1000 | (*Probe Research*) | 1987: 50 Mio. |
| | 1992: | 4000 | (*Intl. Resource Dev.*) | |

*Zum Elend der Marktprognosen im KI-Umfeld.*[47]

## 5.3 Betriebliche und kommerzielle Anwendungen der Expertensystemtechnik

Der betriebliche Einsatz von Expertensystemen steht erst am Anfang. Es ist deshalb schwer, zu beurteilen, ob die jetzt in der Prototypenphase, der Felderprobung oder im Einsatz befindlichen Programme alle zukünftigen Haupteinsatzfelder abdecken, oder ob wesentliche Anwendungsfelder noch hinzukommen bzw. andere Anwendungsgebiete, die jetzt verfolgt werden, nach einer Erfahrungszeit wieder verschwinden werden. Im folgenden werden einige Expertensystemanwendungen vorgestellt, die bereits zu eingesetzten Programmen oder Felderprobungen geführt haben. Daneben werden einschlägige Forschungsvorhaben erwähnt.

Der klassische Einsatzfall analytischer Expertensysteme ist die *Diagnose* und *Reparatur* technischer Systeme. FAULTFINDER ist ein bei Nixdorf entwickeltes Programm zur Erkennung und Lokalisierung von Fehlern in den Unix-Rechnern des Typs TARGON/32 durch den Maschinenbediener, der dazu keine Hilfe des technischen Kundendienstes braucht. FAULTFINDER wurde ursprünglich in Prolog programmiert, aber später mit der

[46] Die Postprognose und die HHI-Rechnungsvarianten (keine Prognose, sondern eine Diskussion möglicher Entwicklungslinien) sind in [315] zu finden.
[47] High Technology Business Sept. 1988.

Nixdorf-Expertensystemshell TWAICE neu geschrieben. «Die Aufgabe dieses Systems ist die Erkennung und Lokalisierung von Fehlern sowie die Erzeugung von Reparaturanweisungen für beliebig komplexe Geräte und Anlagen (Rechner, Fotokopierer, Autos, Flugzeuge, chemische Anlagen, Kraftwerke, Stromnetze usw.), wobei wir lediglich die Reparatur von Rechnern damit implementiert haben» [297]. Die Reparaturanleitung wird durch das komplementäre System REPPLAN erzeugt.

CATS-1 (auch DELTA genannt) wurde als Diagnose- und Reparatursystem zur Behebung von Defekten in General Electrics dieselelektrischen Lokomotiven entwickelt. CATS-1 wurde seit 1981 entwickelt, wobei manchmal die etwas seltsam klingende Vorgabe erwähnt wird, daß der Ingenieur David Smith, Senior Field Service Engineer bei General Electric mit 40 Berufsjahren Erfahrung, zu seiner Pensionierung ersetzt werden sollte. Dies sollte vor allem durch die Schulung jüngerer Ingenieure an Hand des Programms erfolgen. CATS-1 war deshalb auch als Verwaltungssystem für Schulungsfilme ausgelegt. Es führte erst einen Diagnoselauf für den vermuteten Fehler durch und sammelte dabei für die Diagnose wichtige Fakten und Hypothesen (hybride Vorwärts-Rückwärts-Inferenzmaschine). CATS-1 konnte graphische Darstellungen ausgeben. Nach der Identifizierung des vermuteten Fehlers konnten Bilder, technische Zeichnungen und sogar Videoclips von einer Videoplatte zur schrittweisen Reparaturanleitung abgerufen werden. Die benötigte Hardware bestand aus einer PDP 11/23 mit Sony Video Laserdisc und einem graphikfähigen Farbbildschirm. Die Software wurde ursprünglich in LISP geschrieben und dann nach Forth übertragen.

Ein Labortyp von CATS-1 wurde im GE-Forschungszentrum Schenectady 1983 fertiggestellt. Die Vorversion des Programms enthielt 45, der Laborprototyp bereits 350 Regeln. Der Feldprototyp, der die Hälfte aller vorkommenden Fälle erledigen können sollte, enthielt 530 Regeln. Bei der Freigabe der Produktionsversion, die 80% aller Fälle lösen können sollte, enthielt das Programm 1200 Regeln [157]. Das Wartungs- und Reparatursystem geriet zunehmend selbst in Wartungsschwierigkeiten. Nach [248] wurde es von General Electric Software-Häusern zur Verwertung angeboten unter der Bedingung, daß diese die Wartung von GEs Version garantierten. Da sich kein Kooperationspartner fand, soll das Programm inzwischen abgeschaltet sein.

IXMO ist ein Programm zur Kraftfahrzeugmotordiagnose auf dem Prüfstand. Digitale Meßwerte wie Öldruck in verschiedenen Betriebszuständen werden automatisch erfaßt; vom Prüfstandpersonal werden zusätzlich subjektiv bewertete Symptome wie klassifizierte Klopfgeräusche oder Abgasfarben eingegeben. Es werden defekte Baugruppen oder Bauteile diagnostiziert. Durch den Einsatz von IXMO soll die Nachbearbeitungszeit durch präzisere Diagnosen verkürzt werden.

Hersteller ist die Innovationsgesellschaft für fortgeschrittene Produktionssysteme in der Fahrzeugindustrie, Berlin. Zwei Programmversionen werden seit 1986 bei Daimler-Benz in Stuttgart und bei BMW in Steyr eingesetzt [225]. In den Prüfständen werden etwa fünfzig Motorentypen geprüft, «von denen bisher nur sehr wenige in der Wissensbasis berücksichtigt werden, die allerdings die Hälfte der Produktion ausmachen» [272]. Die Programmversionen basieren auf dem an den Universitäten Kaiserslautern und Karlsruhe von Puppe und Borrmann entwickelten Programm MODIS [40] und wurden mit dem Expertensystem-Programmgenerator MED1 erstellt [270,271]. Sie enthalten laut Puppe 1000-1500 Regeln und verarbeiten 50-100 Symptome mit denen 100-500 Diagnosen erstellt werden können [272].

Die Roboterfirma Reis, Obernburg hat für die Diagnose und Wartung von Robotern des Typs RR H15 das Programm 'Reis Service Expert' entwickelt. Es werden mechanische und elektrische Fehler im graphischen Bildschirmdialog untersucht und bis zur Modulebene diagnostiziert. Durch den Einsatz sollen mögliche Stillstandzeiten verringert werden. Das Programm wird seit Oktober 1987 angeboten und in der Bundesrepublik und den USA eingesetzt [225,123].

Das von Ford in Zusammenarbeit mit der GMD entworfene, gut dokumentierte Diagnosesystem DEX.C3 erfaßte 170 Regeln. Es ist in BABYLON auf einer Symbolics LISP-Maschine geschrieben. Nach Mertens [225] soll DEX.C3 «im Kundendienstbereich das nur bei wenigen Spezialisten vorhandene Know-how auf breiterer Basis zur Verfügung stellen». Dies ist jedoch nicht wörtlich zu nehmen. DEX.C3 wurde von den Auftraggebern und Entwicklern von vornherein als Laborprototyp-Entwicklung verstanden. Es wurde nicht unter betrieblichen Bedingungen getestet und wird nicht eingesetzt: «Ziel ... war es, Arbeitsweise und Einsatzmöglichkeiten eines Expertensystems im Kundendienstbereich ... zu erproben» [375]. Das Programm sollte die Machbarkeit eines «aktiven Werkstatthandbuchs» [375] demonstrieren. DEX.C3 nutzt eine gelungene graphische Darstellung des Getriebes auf dem Bildschirm zur Erklärung aktueller Diagnosen. Mit dem Programm können 33 verschiedene Fehlerklassen diagnostiziert werden. «Diese 33 Enddiagnosen spiegeln nicht die Gesamtzahl aller möglichen Fehler im Getriebe wieder. Vielmehr sind Diagnosen, ähnlich wie das Getriebewissen, nur bis zu einem bestimmten Detaillierungsgrad im System vorhanden, da eine Verfeinerung nur bis zu diesem Grad sinnvoll ist» [375].

Siemens setzt zur Diagnose schlechten Laufzeitverhaltens bei Zugriffen auf das Datenbanksystem UDS das Diagnosesystem SIUX ein. Als Symptome werden neben allgemeinen Angaben über den Anlagetyp und die Anwendung die Werte des UDS-Datenbankmonitorprogramms verarbeitet. Die Diagnosen sollen die Ursachen langsamer Zugriffszeiten erkennen. Dies können schlecht gewählte Datenbankparameter, Überlastung der Anlage durch andere Anwendungen oder ungünstiges Design der DB-Anwendung sein. Falls sinnvoll, werden Änderungen der Datenbankparameter vorgeschlagen. SIUX verarbeitet etwa 40 Symptome und rund 200 Regeln, die zu 17 verschiedenen Diagnosen führen können [272]. Mit der ausgebauten Erklärungskomponente zur Plausibilitätskontrolle kann SIUX neben der Diagnose auch zur Ausbildung und Schulung eingesetzt werden. Um unplausible Konfigurationen bei der Schulung abzufangen, wird eine Überprüfung der eingestellten Konfiguration mittels Konsistenzregeln vorgenommen [272].

Das berühmteste *Konfigurationssystem* ist wohl XCON (eXpert CONfigurator), das unter dem Namen R1 von der Carnegie Mellon University (CMU) entwickelt wurde und bei der Digital Equipment Corporation (DEC) zur Konfiguration von VAX- und PDP-Rechnern eingesetzt wird. Es ist wohl das älteste im alltäglichen, industriellen Betrieb eingesetzte Programm und vermutlich auch das umfangreichste. Seine Geschichte und sein Stand werden im Exkurs 1 genauer diskutiert. Auch andere Rechnerhersteller entwickeln Konfigurationssysteme. So wird z.B. bei Nixdorf nach [297] das Programm CONAD zur Konfigurierung von 8864-Zentraleinheiten mit Terminalarbeitsplätzen und angeschlossenen Geldautomaten[48] eingesetzt. Das Programm ist in TWAICE geschrieben und enthält rund 1400 Regeln. Savory gibt eine «Eigenersparnis von ca. 3 Mio. DM jährlich» durch den Einsatz des Programms an [297]. Bei PCS wird seit 1985 das Programm IKON zur Konfigurierung von Mehrplatzrechnern entwickelt: «Die erste Expertenaufgabe bestand darin, eine richtig geordnete Reihenfolge von Baugruppen-Karten in der 'Daisy-Chain' des Adreßbusses zu finden. Die zweite Expertenprozedur war das Zusammenstellen der vollständigen Menge von Kabeln für bestellte Gehäuse, Peripheriegeräte und konfigurierte Baugruppen. Speziell die Probleme der Verkabelung ließen es geraten erscheinen, ein Expertensystem zu bauen, statt alles in einem relationalen Datenbanksystem unterzubringen. Es wurde klar, daß die zwei Expertenaufgaben des Konfigurierens und der Verkabelung zusammen mit anderen wissensintensiven Operationen bei der Anwendung konventioneller Implementierungsmethoden einen hohen Entwicklungsaufwand erfordert hätten und dazu zu einer wenig flexiblen Lösung geführt hätten» [214]. IKON ist in Prolog programmiert; es enthält 200-300 Regeln. Auch für Rechner von IBM, Siemens, Unisys, ICL und NCR sind Konfigurationssysteme bekannt. Das IBM Programm CSS soll beim Umbau oder Neuaufbau von IBM-Großrechnern helfen. [56]

Neben der Konfiguration von DV-Hard- und Software wird an Einsatzfällen im Maschinenbau gearbeitet, so bei Siemens an einem Programm BMT zur Konfiguration von Brandmeldeanlagen [307]) und bei MAN Roland an einem Programm KONFIG zur Konfiguration von Druckmaschinen [279].

Neben dem Konfigurationssystem XCON und seinen Derivaten und Erweiterungen setzt DEC mehrere Expertensysteme bei der rechnergestützten Fertigung ihrer DV-Systeme ein. *Dispatcher* disponiert beim Zusammenbau von Rechnern über mehrere Arbeitsstationen, wobei die Verteilung der Aufträge, die Zuweisung der Bauteile, der Transport der Baugruppen zwischen den Arbeitsstationen und die Arbeitszeiten überwacht werden. *Mover* steuert und koordiniert die Aktionen zweier Robotarme bei dieser Fertigung im DEC-Werk Marlborough, Massachusetts. Beide Programme sind im täglichen Einsatz [123]. Die Entwicklung des in der Literatur diskutierten bei Westinghouse entwickelten Fertigungssystems ISIS (z.B. [131, 203]), ist laut Mertens [223] eingestellt worden.

[48] Die 8864-Rechner werden im Bankbereich eingesetzt. Der von Savory behauptete alltägliche Einsatz wird nicht überall im Haus Nixdorf bestätigt. Zu den Verbreitungshindernissen für CONAD gehört offensichtlich auch das Problem, daß CONAD auf den Unixrechnern des Typs Targon läuft, deren Nutzung in den Abteilungen, die die 8864 konfigurieren, zusätzliche Kosten verursacht.

Die Forschung im Bereich industrieller, prozeßorientierter Expertensysteme wird durch das BMFT-Verbundvorhaben TEX-K (PLAKON) unterstützt, das einen breiter einsetzbaren «Expertensystem-Kern für Planungs- und Konfigurationsaufgaben» in unterschiedlichen technisch-naturwissenschaftlichen Anwendungen entwickeln soll. Zu den untersuchten Anwendungstypen gehört u.a. der Entwurf von Mikrorechnernetzen (Siemens), die Konfigurierung von Bildverarbeitungssystemen (URW), die Konfigurierung von industriellen chemischen und röntgentechnischen Analysesystemen (Philips) und die Erstellung von Arbeitsplänen in der mechanischen Teilefertigung (Batelle).
Laufende CIM-Anwendungen in der Bundesrepublik sind schwer aufzuspüren (wozu natürlich auch die Unschärfe des Schlagworts Computer Integrated Manufacturing beiträgt). Sowohl Mertens [223] wie die Zeitschrift KI [344] konnten keine laufenden Einsätze aufspüren. Carl Zeiss, Oberkochen, bezeichnet CIM-Integration als eine Aufgabe ihres Programms zur «dynamischen auftragsabhängigen und fertigungsorientierten Generierung von Arbeitsplänen im Bereich der Planoptik». Es wird von einer Zeiteinsparung im Verhältnis 1:60 berichtet. Für Zeiss ist nach Angaben des Entwicklungspartners IBM das System «ein Bestandteil der Produktion geworden und nicht mehr wegdenkbar».[279]
DEC hat zur Ergänzung von XCON seit 1981 das Verkaufssystem XSEL (eXpert SELling assistant) zur Angebotsplanung für VAX-Rechner entwickelt, das seit 1986 alltäglich eingesetzt wird [350,123]. Im Jahr 1986 wurden rund 18000 Aufträge, im Jahr 1987 25–30% aller Aufträge, die aber 80% des Auftragsvolumens ausmachten, mit Hilfe von XSEL abgewickelt [123]. Neben XSEL wird XSITE eingesetzt, das die Aufstellungsplanung der Rechner beim Kunden unterstützt (Räume, Energieversorgung, Lüftung).
Daß der Einsatz von Expertensystemen im Verkauf nicht ohne Probleme ist, zeigt ein Hinweis in [223]: Das Programm DIAL-D wurde von der Firma SCS für die Bundespost zur Konfiguration von Datenfernübertragungsdienstleistungen entwickelt. Die Bundespost hat das Programm nicht in den laufenden Einsatz überführt, aber SCS bot diesen Service versuchsweise im Kundenverkehr auf einem PC an. «Davon kam man aber wieder ab, da die 'monotonen Dialoge' die Kunden belästigten.» [223]
Neben dem Verkauf ist natürlich auch ein Einsatz im Einkauf denkbar. Bei Siemens wird ein solcher Prototyp in Zusammenarbeit mit der TU Berlin entworfen [203,223].

Im Bereich chemischer und geologischer Analyse lassen sich regelhafte Anteile des Erfahrungswissens in Form von Expertensystemen modellieren. Für das geologische Expertensystem PROSPECTOR wurde eine Gruppe von geologischen Datenbanken über einen langen Zeitraum aufgebaut und versuchsweise eingesetzt. Aus dem technischen Programm ist die Expertensystemshell KAS entstanden. PROSPECTOR selber wird nicht mehr eingesetzt [157,110]. Um PROSPECTOR rankt sich die Legende eines Hundert-Millionen-Dollar Ertrags (s. Exkurs 2).

In der Versicherungs- und Finanzwirtschaft unterliegen Software-Systeme steten Änderungsanforderungen, die auf Grund der vielen, rasch wechselnden gesetzlichen, vertraglichen und tariflichen Randbedingungen entstehen. Regelgestützte Expertensysteme bieten sich als Programmiermethodik an, da sie einerseits die Regelhaftigkeit von Gesetzes-, Vertrags- und Tarifbedingungen gut abbilden können und durch die Trennung von aufgabenspezifischen Regeln und Regelinterpreter leicht änderbar sind. In [225] wird als früher Entwickler eines solchen Programms die Zentralkasse Wien genannt. Vom DFG-Sonderforschungsbereich 314 «Künstliche Intelligenz» wurde das Geldanlageberatungssystem GABI für die Sparkasse Saarbrücken entwickelt [9]. In den USA setzt AMERICAN EXPRESS das Expertensystem *Authorizer's Assistant* zur Bonitätsprüfung und aktuellen Authorisierung von 20-35% der Transaktionen ein [123]. Mit Hilfe der Großrechner-Expertensystemshell ESE hat die genossenschaftliche WGZ-Bank, Düsseldorf/Münster das Expertensystem GENO-STAR zur Beraterunterstützung bei Anträgen auf öffentliche Finanzierungshilfen entwickelt. Es soll im Frühjahr 89 in den regulären Einsatz kommen und im Laufe des Jahres auf den 11000 Terminals der Mitgliedsbanken (Volksbanken, Raiffeisenbanken, Spar- und Darlehnskassen) im Bereich der Bankrechenzentren Münster, Köln und Koblenz verfügbar sein [279]. In [320] wird ein Expertensystem zur Bonitätsprüfung in der Lansure Insurance Company beschrieben, das in zehn regionalen Niederlassungen von 50-60 Angestellten alltäglich genutzt wird. Senker et al. betonen, daß Expertensystemanwendungen im britischen Finanzwesen noch sehr rar sind, aber immerhin 6% der angesprochenen Banken und Versicherungen mit solchen Entwicklungen experimentieren wollen.

Im Bürobereich ist die Dokumentenbearbeitung Ziel des Einsatzes von Expertensystemen. Das großangelegte BMFT-Verbundprojekt WISDOM soll unter dem Slogan «Neue Perspektiven durch Wissensverarbeitung im Büro» die Bearbeitung elektronisch erfaßter Dokumente untersuchen. «Sowohl die 'Dokumentenverarbeitung im Großen' als auch die 'Dokumentenverarbeitung im Kleinen' *soll mit Hilfe der Wissensverarbeitung automatisiert* werden»[49]. WISDOMs 'Dokumentenverarbeitung im Großen' untersucht ein Einsatzfeld der maschinellen Büroarbeit, das inzwischen mit dem Begriff 'Group-Software' belegt wird.[50]

Bei der Gothaer Versicherungsbank hat ein Testprojekt zur Auswahl und Steuerung der Serviceprogramme einer Versicherungssparte entwickelt, das auch das Zusammensetzen und Schreiben der Angebote (mit SCRIPT) aus Textbausteinen unterstützt [279].

### EXKURS 1: Aufstieg und Fall eines Expertensystems: R1/XCON

XCON, der Konfigurationsexperte des Rechnerherstellers Digital Equipment Corp. (DEC), ist bekannt als *die* Erfolgsgeschichte der Expertensystem-Ära. Zumindest die KI-Gemeinde sieht in XCON ihren bisher größten kommerziellen Erfolg. Der Erfolg läßt sich nur schwer in Zahlen messen: Von DEC bestätigte Umsatzzahlen gibt es nicht, XCON und seine Derivate werden nur DEC-intern genutzt. Die geschätzten Rationalisierungs-

[49] Die Zitate sind der Projektbeschreibung beim BMFT [24] ohne kursive Hervorhebung entnommen.

[50] Eine grundsätzliche Kritik dieser KI-Auffassung des Rechners als Kommunikationspartner im Büro findet man in Winograd/Flores [362]. Sie stellen dieser systemischen Modellierung der Büroarbeit das Konzept des Rechners als technisches Medium entgegen. Ihre theoretische Kritik hat sich zwischenzeitlich auch in praktischen Systemen niedergeschlagen.

gewinne sind wenig aussagekräftig — die Angaben reichen von über die Jahre akkumulierten «several million dollars» [17] zu jährlichen Einsparungen von 8 Mio.$ [157], 18 Mio.$ [102] bis zu 40 Mio. $ [123][51] — und bleiben selbst dann Promille des DEC-Jahresumsatzes von derzeit rund zehn Milliarden Dollar.
Das eXpert CONfigurator-Programm XCON wird seit Anfang 1980 kontinuierlich im alltäglichen Betrieb genutzt. Allein diese Tatsache zeichnet XCON gegenüber nicht minder bekannten Programmen aus, wie beispielsweise PROSPECTOR oder wie MYCIN, das bestens dokumentiert, analysiert und weiterentwickelt, allerdings nie im klinischen Betrieb eingesetzt wurde.
Die positiven Erfahrungen mit XCON haben andere, weniger risikobereite Firmen veranlaßt nachzuziehen: Mittlerweile gibt es wohl keinen großen Hersteller von Groß- oder Minirechnern mehr, der nicht ein Konfigurationssystem betreibt oder entwickelt [214,297]. DEC selber hat das Konfigurationssystem ergänzt und integriert in ein Netzwerk von Expertensystemen, wie XSEL, XSITE, XTEST, *Matcher* und CDS (Configuration Dependent Sourcing Expert), das die Auftragsabwicklung von der Erstellung des Angebots bis hin zur Aufstellung des Rechnersystems unterstützen und steuern soll. Im Konzern werden darüberhinaus weitere Expertensysteme zur Fertigung (*Dispatcher* und *Mover*), zur Reparatur (AI-SPEAR — AI Standard Package for Error Analysis and Reporting) und zur Rechnerleistungssteuerung beim Kunden (VPA — Vax Performance Advisor) eingesetzt. Schieferle spricht von rund 40 laufenden Expertensystemen unterschiedlicher Größe bei DEC [303]. Seit 1987 wird XCON auch in Europa eingesetzt.[52]
Die Konfigurierung eines Rechnersystems bei DEC ist eine zeitaufwenige und komplexe Aufgabe, weil die Zahl der Systemvarianten immens groß ist. DEC bietet nicht eine begrenzte Zahl von Standard-Computersystemen an, sondern Einzelkomponenten wie Zentraleinheit, Peripheriegeräte, Controller, Kabel etc., die nach den Wünschen des Kunden zusammengestellt werden. Laut Feigenbaum [123] sind unter 100 Aufträgen nur zehn Lieferungen gleich. Ein Einzelauftrag, der 30-40 Komponenten umfassen kann, muß von einem Konfigurierer (im DEC-Sprachgebrauch: *Technical Editor*) auf seine Vollständigkeit überprüft werden, d.h. es ist zu entscheiden, ob die gewünschten Komponenten zu einem funktionsfähigen System integrierbar sind, und welche Komponenten ergänzt oder modifiziert werden müssen. Zusätzlich sollen räumliche und logische Zuordnungen der Komponenten, Busadressen und Kabellängen festgelegt werden. Eine Vorstellung von der Komplexität dieser Aufgabe mag die Gesamtzahl der angebotenen Komponenten vermitteln, die gegenwärtig bei etwa 5000 liegt, wobei eine Komponente im Schnitt acht für die Konfiguration wesentliche Eigenschaften besitzt. enschliche Editoren arbeiten die Konfiguration in zwei Stufen durch. In der ersten Stufe legen sie den Grobaufbau des Auftrags in der Papierform fest, wobei sie ihn um fehlende Komponenten vervollständigen und bei Bedarf nicht-machbare Kombinationen evtl.

[51] «DEC's own most conservative estimates are, that including maintenance and systems quality control-costs, the collection of XCON/XSEL programs saves the company about $40 million per year. This figure includes the savings realized by not building the five or six new final-test-and-assembly plants that (DEC-Manager) O'Connor had foreseen the company would need to keep up with growing sales, and includes the cost of hiring and training new technical editors» [123]. Wenn man dann noch die Summen als Gewinn dazurechnete, die durch Streiks und Schließung dieser Fabriken hätten entstehen können.
[52] In der irischen Fabrik in Galway und in der schottischen Fabrik in Aye [123].

nach Rücksprache mit dem Kunden änderen. Dazu müssen sie Bauzeit und Liefertermin abschätzen. In der zweiten Stufe bauen Techniker die Einzelteile in die Gehäuse ein und erstellen die Systemkonfiguration beim Kunden. Dabei kommt es, durchaus in einem gewissen Kleinkrieg mit den Konfigurierern, noch zu Ergänzungen und Änderungen sowie zu Entscheidungen über Konfigurationsalternativen, die durch die Grobstruktur nicht immer festgelegt sind. Die Erfahrung spielt bei solchen *ad hoc*-Entscheidungen eine große Rolle, da etwa die Reihenfolge, in der Komponenten in den Bus einer VAX gesteckt wird, für die spätere fehlerfreie Arbeit des Rechnersystems relevant sein kann. Eine weitere Klasse von ad hoc-Entscheidungen der Techniker ist wegen unterschiedlich aufgebauter, zugelieferter Teilaggregate erforderlich, etwa Busplatinen mit bereits montierten Leiterplattenmodulen oder Gehäuse mit bereits montierten Busplatinen. Diese sollen nach Möglichkeit nicht verändert werden, obwohl sie nicht immer den Konfigurationsvorgaben entsprechen.

Die R1/XCON-Geschichte beginnt 1978 mit dem ersten Kontakt zwischen Samuel Fuller und Dennis O'Connor aus dem Management der Digital Equipment Corporation und der Arbeitsgruppe der Carnegie-Mellon-Universität (CMU) unter John McDermott, die ein Anwendungsgebiet und einen industriellen Partner für die ihre Expertensystem-Forschung suchte. Innerhalb von fünf Monaten entstand an der CMU das in OPS4 geschriebene Demonstrationssystem R1[53], das über 250 Regeln und 100 Komponenten umfaßte und einfache Konfigurationen einer VAX-11/780 überprüfen konnte. Im Frühsommer 1979 wurde dieser Prototyp bei DEC vorgeführt und traf auf genügend Resonanz, um weitere Investitionen in die Entwicklung zu riskieren. Innerhalb der nächsten Monate wurde der Prototyp erweitert auf rund 750 Regeln und die damals angebotenen 420 Komponenten der VAX-11/780. Im Oktober und November 1979 fand eine «formale Validierungsphase» statt, durch die R1s Expertise-Leistung überprüft wurde. Danach wurde R1 von OPS4 auf OPS5 übertragen, wobei die Zahl der Regeln auf 500 schrumpfte. Zwischen Juni und Dezember 1980 wurde das Programm für die Konfigurierung der täglich anfallenden Aufträge eingesetzt und dabei getestet und korrigiert. Seit Mitte 1981 wird XCON (wie R1 nun genannt wurde) in verschiedenen Fabrikationsstätten von DEC benutzt und ist seitdem stetig vergrößert worden: Im ersten Jahr wurden 4000 Aufträge bearbeitet. 1984 war das Programm auf 3300 Regeln angewachsen und dazu befähigt, sämtliche Rechner der VAX-11 Familie und der PDP-11 Familie zu konfigurieren. Bis zu diesem Zeitpunkt waren 20000 Aufträge mit der geringen Fehlerrate von 2–5% ausgeführt. 1988 ist diese Zahl auf 90000 Aufträge angewachsen [157], wobei inzwischen 24 verschiedene Zentraleinheiten und über 20000 Hard- und Software-Objekte verwaltet werden [123]. Zwischenzeitlich wurde der OPS5-Interpreter, der XCON verarbeitet, in BLISS (einem kompilierbaren LISP-Dialekt) neugeschrieben, wodurch XCON statt ursprünglich 15 CPU-Minuten für eine Konfigurationsaufgabe nur noch 1,5 CPU-Minuten verbraucht. Da XCON im Stapelbetrieb läuft, ist dies von wesentlicher Bedeutung für den Einsatz. 1988 wird XCON auf 8000-9000 Regeln geschätzt [248].

[53] Der Name R1 wird von John McDermott in [220] erklärt durch den Satz: «Four years ago I couldn't even say 'knowledge engineer', now I ...».

Dieser Triumph der Expertensystemtechnik wird allerdings getrübt durch die zunehmenden Gerüchte und Andeutungen, daß XCON an die Grenzen seiner Kapazität stößt und das Programm nahezu unwartbar geworden ist und die Erfolgsgeschichte schlicht durch das Abschalten des Programms enden könnte, wäre DEC nicht inzwischen abhängig von XCON.

Die Entstehungs- und Entwicklungsgeschichte von XCON ist in vielerlei Hinsicht typisch für die Entwicklung von Expertensystemen schlechthin, was uns — vor allem im Hinblick auf ein mögliches Scheitern — veranlaßt, die Stationen dieser Geschichte genauer zu betrachten.

*Die passende Aufgabe für ein Expertensystem*

Die Rechnerkonfiguration erscheint in vielerlei Hinsicht als eine ideale Aufgabe für den Einsatz der Expertensystemtechnik.

«Der einzige Grund dafür, daß wir mit dem Bau des Expertensystems beauftragt wurden, war, daß das Problem einige Leute genügend ärgerte, so daß sie bereit waren, alles auszuprobieren.» (John McDermott zitiert nach [276]) Zu den «einigen Leuten» gehörten wohl nicht die technischen Editoren, die die Konfigurationen planen und von denen im Gegenteil berichtet wird, daß sie den Test des Programms zunächst boykottierten. Es bestand jedoch seitens der Konzernspitze hinreichende Bereitschaft, sich auf das Wagnis eines Expertensystems einzulassen.

John McDermott, XCONs Designer, nennt mehrere Faktoren, die eine Automatisierung der Konfigurierungsaufgabe nahelegen [220]: so können Menschen die Vollständigkeit einer Konfiguration nicht garantieren. Dann ist die Vielzahl der Komponenten mitsamt ihren Eigenschaften und gegenseitigen Abhängigkeiten für einen Menschen nur schwer überschaubar. Dies hat verschiedene Auswirkungen, die DEC durch den Einsatz von XCON mindern wollte. Wird ein System für $500.000 ausgeliefert und es fehlt ein Kabel oder ein Stecker für wenige Dollar, liefert DEC diese Teile umsonst nach. Die Summe solcher 'allowance losses' ist vielleicht weniger bedeutend als Ärger und Mißtrauen, die beim Kunden zurückbleiben, wenn er auf diese Teile warten muß [202]. Des weiteren bearbeiten verschiedene Konfigurierer dieselbe Komponentenliste unterschiedlich. Daraus folgt eine ungern gesehene Inkonsistenz der Systemkonfigurationen, die etwa dazu führen kann, daß ein Kunde, der mehrere Maschinen gleicher Ausstattung bestellt und diese aus verschiedenen Fabrikationsstätten erhält, mit unterschiedlichen Konfiguration arbeiten muß, schon wegen der Wartung dieser Maschinen ein unerfreuliches Ergebnis. Und schließlich sind qualifizierte Konfigurierer schwer zu finden und schwer zu halten.

Ohne Zweifel war — wie bei jeder Automatisierung — ebenso eine stärkere Kontrolle seitens des Managements über den Arbeitsprozeß und das Fachwissen der Konfigurierer beabsichtigt. Dieses Ziel wird von McDermott angesprochen: «Vor der Entwicklung von R1 wäre es schwierig gewesen, das für die Konfiguration nötige Verfügungswissen exakt zu bestimnmen. Viele der benötigten Informationen waren nirgends aufgeschrieben, und so wären individuelle menschliche Experten die einzige Quelle derartiger Abschätzungen gewesen» [220]. Dieser Aspekt wird auch von J.Sviokla [336] hervorgehoben, der die organisatorischen Auswirkungen des Expertensystemeinsatzes anhand dreier Beispiele, darunter auch XCON, untersucht. Da die Expertensystemtechnik vorzugsweise für diffuse, schlecht strukturierte Arbeitsprozesse geeignet erscheint, «sollte die Computerisierung dieser Aufgaben ein besseres Verständnis und bessere Kontrolle über Aufgaben zulassen, die vorher von Menschen ausgeführt wurden» [336].

Vor 1978 hatte DEC bereits drei erfolglose Versuche unternommen, die Konfigurierung mittels konventioneller Programmiermethoden zu automatisieren [303]. Der Grund für das Scheitern liegt in der mangelnden Flexibilität herkömmlicher Programmiersprachen. Ein Konfigurationssystem unterliegt ständigen Änderungen: technische Daten der Komponenten werden geändert, neue Komponenten und Rechnersysteme kommen hinzu. Dies sind Änderungsanforderungen, die durch das klassische Paradigma der Expertensystemtechnik — Trennung von Datenbasis und Inferenzstrategie — leichter zu handhaben sind.

Die Aufgabe der Konfigurierung eines Rechnersystems hat nach McDermott genau den richtigen Schwierigkeitsgrad für ein Expertensystem. McDermott machte diese Äußerung, nachdem er alle kritischen Passagen der Systementwicklung hinter sich hatte: sein Programm funktionierte. Es gibt jedoch einige weniger voluntaristische Indizien für die Bestimmung des Schwierigkeitsgrads:

- Ein Konfigurierer benötigte durchschnittlich 25 Minuten für einen Auftrag. Verschiedentlich werden in der Literatur Richtwerte von 15 Minuten bis zwei Stunden angegeben, die eine Expertensystem-verdächtige Aufgabe erfordern soll (z.B. [350]). Danach liegt die Aufgabe der Konfigurierung im richtigen Rahmen.
- Die Konfigurierung eines Rechnersystems ist zum großen Teil eine wohldefinierte Aufgabe, soweit es sich um das Abbilden und Wiederauffinden technischer Daten handelt. Die einzelnen Komponenten, ihre Eigenschaften und Beziehungen zueinander sind exakt definiert.
- Um eine Konfiguration korrekt auszuführen, ist eine Fülle an Detailwissen erforderlich. Ein Konfigurierer muß durchschnittlich acht technische Eigenschaften pro Komponente kennen. Bei 420 Komponenten, die 1980 für die VAX-11/780 angeboten wurden, müssen also über 3300 technische Einzelheiten memoriert oder nachgeschlagen werden. [220]

Nach [157] erwog die Gruppe anfänglich, ob sie nicht statt eines VAX 11/780-Konfigurationssystems ein Programm für PDP-11 Rechner (deren Produktion damals für DEC der Haupterwerbszweig war) bauen sollten. Die PDP-11-Reihe sind zwar die leistungsschwächeren Rechner, aber die Konfigurationsmöglichkeiten sind ungleich größer, da sehr viel mehr Bauteile verfügbar sind. Doch nach McDermotts eigener Aussage wäre das R1-Projekt vermutlich bereits auf Grund dieser Steigerung der Komplexität nicht über die Anfangsphase hinausgekommen. Die Abwägung der Komplexität der zu bewältigenden Aufgabe ist demnach von größter Bedeutung und es wird leichter verständlich, warum Prototyp-Entwicklungen an der Erweiterung auf realistische Einsatzgrößen (dem *scaling*) scheitern.

*Inkrementelle Entwicklung*

Expertensysteme lassen sich nicht nach den üblichen Phasen- oder Zyklenmodelle der Software-Technik entwickeln. XCON ist ein ausgezeichnetes Beispiel für die *inkrementelle* oder *explorative* Entwicklung eines Programms und hat in erheblichem Maße die heute verbreiteten Prinzipien des 'Knowledge Engineering' geprägt.

Der erste Prototyp R1 entstand innerhalb von vier Monaten an der CMU. «...Ich wurde fünf oder sechs Tage über die Grundlagen der VAX-System-Konfiguration unterrichtet, las wieder und wieder die zwei Manuals, die viele der Einschränkungen der System-Konfigurationen beschreiben, und implementierte dann eine erste Version von R1 (mit weniger als 200 bereichsspezifischen Regeln), die die einfachsten Aufträge korrekt konfigurieren konnte, aber bei komplexeren Aufträgen zahlreiche Fehler machte» [220].

Die schnelle Entwicklung eines Prototypen hatte nicht nur den Grund, den industriellen Partner DEC von der Machbarkeit des Vorhabens zu überzeugen. McDermott machte die Erfahrung, daß die Konfigurationsexperten zwar eine klare Vorstellung über die grundsätzliche Strukturierung in Haupt- und Teilaufgaben haben, ihr Verhalten innerhalb der Teilaufgaben aber eher durch Wissen um Ausnahmen als durch Regelwissen geleitet ist. Dieses Wissen konnten sie nicht auf Anfrage hin mitteilen, sondern nur beim Durcharbeiten eines konkreten Falls bzw. bei der Demonstration des Prototypen. Bei der Erweiterung und Verfeinerung des Prototypen während der nächsten vier Monate arbeitete McDermott mit den DEC-Experten am Demonstrationssystem. Die Regelbasis wuchs in dieser Zeit auf über 750 Regeln an, in der Hauptsache verursacht durch das Splitten von Regeln, um R1s Aktionen den tatsächlichen Erfordernissen anzupassen.

Ein Programm wie R1/XCON *muß* kontinuierlich wachsen. Neue Komponenten und Rechnertypen werden von DEC eingeführt und sollen von XCON konfiguriert werden: 1984 umfaßte XCONs Expertise die gesamten VAX-11 und PDP-11 Familien in 3300 Regeln. Neue Teilaufgaben sollen vom Programm erledigt werden, z.B. größere Genauigkeit bei der räumlichen Plazierung der Einheiten. Und natürlich werden ständig Fehler und Inadäquatheiten entdeckt, deren Korrektur zur Erweiterung der Regelbasis führt. Diese Erweiterungsaufgaben sind nie abgeschlossen. Heute wird XCON auf 8000 bis 9000 Regeln geschätzt, von denen aber längst nicht alle benutzt werden. Das Hauptproblem ist, alte Regeln zu entfernen, ohne daß es zu unerwünschten und unvorhersehbaren Seiteneffekten kommt. Problematisch ist hier — wie auch bei MYCIN — die Verquickung von strategischem und fachspezifischem Wissen in den Regeln und die nicht vorhandene funktionale Modularisierung der Regelbasis. Der einzige Ausweg scheint zu sein, das gesamte Programm neu zu strukturieren und umzuschreiben.

McDermott lobt noch 1982 die Leichtigkeit, mit der Erweiterungen in einer regelgestützten Sprache wie OPS5 durchgeführt werden können [220]. Mittlerweile werden die Auswirkungen des inkrementellen Programmierens vorsichtiger oder sogar resignierend beurteilt: «Es gibt eine Tendenz, inkrementelles Programmentwickeln als so triviale Angelegenheit zu betrachten, daß das Einfügen einer neuen Regel in die Wissensbasis nach einer gewissen Zeit der Nutzung des Programms von weniger ausgebildetem Personal durchgeführt werden kann. (...) Die Erfahrung mit XCON zeigt, daß inkrementelle Entwicklung zwangsläufig zu Redundanzen und ad hoc-Lösungen führt, mit anderen Worten: Wenn man nicht rigoros etwas unternimmt, wird die Unordnung im Programm immer wachsen» [181].

*Validierung*

Spezifikation und Verifikation in einem nicht-formalen Gebiet, wie es bei Heuristiken vorliegt, ist nicht möglich. Was bleibt ist eine irgendwie geartete Bestimmung, wie gut ein Expertensystem seine Aufgaben erledigt. Man spricht von *Validierung*.

Zwischen Oktober und November 1979 wurde XCON für die Konfigurierung von fünfzig Aufträgen eingesetzt [160], wobei fünf Validierungschritte mit den zehn letzten Auftragseingängen aus dem aktuellen Auftragseingang bearbeitet wurden. Das Programmergebnis wurde von zwölf Personen, bestehend aus Konfigurierern, Technikern und Ingenieuren, bewertet. Die Bearbeitung jedes einzelnen Auftrags wurde von jeweils sechs Personen gemeinsam diskutiert und ausgewertet, wobei der erste Auftrag jeweils besonders ausführlich diskutiert wurde. McDermott nennt dies kühn eine «formale Validierung». «McDermott berichtete, wie die Auswerter rasch lernten, daß unter ihnen eine beträchtliche Uneinigkeit über die korrekte Ausführung einer Konfiguration bestand» [160]. Bei dieser Validierung von R1 durch fünfzig Aufträge wurden zwölf fehlerhafte Konfigurationen entdeckt, die in sieben Fehlerklassen fielen. Nachdem diese Fehler in der Regelbasis von R1 korrigiert wurden, galt R1, nun XCON genannt, als einsatzfähig. Niemand bei DEC oder der CMU erwartete, daß R1/XCON nach diesen 50 Tests fehlerfrei sei, immerhin wurde das Programm aber für verläßlich genug gehalten, um menschliche Konfigurierer künftig ersetzen zu können.

Von Juni bis Dezember 1980 schloß sich eine intensive Testphase an, in der die Auswertungsgruppe weitergeführt wurde. XCON wurde für die Bearbeitung aller anfallenden Aufträge benutzt. Die Arbeit der menschlichen Konfigurierer änderte sich im nächsten Jahr in der Weise, daß sie die Ergebnisse von XCON überprüften, offensichtliche Fehler korrigierten und diese der Bewertungsgruppe meldeten. Genauso meldeten Techniker die beim Zusammenbau gefundenen Fehler von XCON. Ein kleineres, aber nicht banales Problem war es, die tatsächliche Performanz von XCON festzustellen, d.h. die endgültige Ausführung der Konfigurationsvorschläge durch die Techniker zu überprüfen, da diese eine Konfiguration durchaus eigenständig abänderten, wenn ihnen dies notwendig erschien. Diese letztliche Prüfung der Qualität von XCON, die ja aus der Sicht der Techniker als hinderliche Zusatzarbeit begriffen wurde, konnte erst durch den Druck der Firmenleitung über *post mortem Reports* erzwungen werden. In dieser Zeit lag die Fehlerquote bei 32%, ein Ergebnis, welches die gestiegenen Erwartungen kurzfristig dämpfte. McDermott notierte: «Viele Leute waren durch die schlechte Performanz von R1 in dieser Acht-Monats-Periode irritiert; die Erwartungen nach der Validierungsphase waren, daß R1 bald wenigstens 90% der Aufträge korrekt konfigurieren würde. Im Nachhinein ist klar, daß R1 am Ende der Validierungsphase immer noch ein sehr unerfahrener Konfigurierer war. Es hatte nur einen winzigen Anteil möglicher Aufträge bearbeitet und sein Wissen war dementsprechend noch immer sehr unvollständig» [219]. Heute soll die Fehlerrate unter 2% liegen. Rund die Hälfte entdeckter Fehler führt zu Änderungen der Regelbasis.

Die Erfahrungen mit XCON entsprechen den Erwartungen an ein Expertensystem: die Fehlerrate sinkt mit der Zahl der bearbeiteten Fälle, bei XCON sogar auf einen erstaunlich niedrigen Wert. Zwei Beobachtungen sind festzuhalten. *Erstens:* Ein Expertensystem ist nie fehlerfrei. *Zweitens:* Es gibt keine scharfen Kriterien für die Bestimmung des Zeitpunkts, wann ein Expertensystem genügend Expertise gesammelt hat, um eingesetzt werden zu können. In [181] findet man eine Diskussion der zweiten Beobachtung: Ein Expertensystem soll eine Menge typischer Fälle korrekt bearbeiten. Was aber sind typische Fälle? In einem nicht formalisierten Gebiet ist es nicht möglich, zuverlässig eine geeignete Menge von Testfällen zu finden, die die Leistungsfähigkeit des Programms bestimmen lassen. Die Qualität des Programms wird immer von der Zahl der bereits bearbeiteten Fälle abhängen, die jedoch stets nur ein Ausschnitt aus der Zahl der möglichen Fälle ist. Ebenso unscharf ist die Validierung über die Fehlerrate. Im Falle von XCON wurde vorhergesagt, das Programm müsse zu 90% korrekt sein, bevor es von Nutzen sein könne. In der Tat war XCON aber schon vor Erreichen dieser Marke in der Lage, die Konfigurationen zu unterstützen.

*Expertenunterstützung oder -ersetzung*

XCON ist als Experten*ersetzungs*system konzipiert. Das Programm erhält als Eingabe die Liste der Komponenten des Kundenauftrags, überprüft die Vollständigkeit der Konfiguration und macht gegebenenfalls Änderungs- und Modifikationsvorschläge. Weitere Bestandteile der Ausgabe sind Skizzen über die räumliche Anordnung der Komponenten, Kabellängen etc. Als Aufgabe für den Experten bleibt die Revision der von XCON berechneten Konfiguration oder die manuelle Bearbeitung komplizierter und anspruchsvoller Aufträge.

DEC hat durch den Betrieb von XCON die Zahl der Konfigurationsexperten sowohl direkt als auch indirekt erheblich reduzieren können: vor der Inbetriebnahme von XCON konfigurierten 23 technische Editoren 19.000 Einheiten pro Jahr, mit XCON schaffen 17 Fachkräfte 60.000 Einheiten pro Jahr [336]. Entlassungen fanden wegen der starken Expansion von DEC nicht statt, jedoch wurden trotz der Auftragssteigerungen keine neuen technischen Editoren eingestellt. Die verbleibenden Experten wurden zum großen Teil mit veränderten Aufgaben betraut. Zur Revision und Korrektur der von XCON berechneten Konfigurationen sind weiterhin hochqualifizierte Fachkräfte nötig, allerdings in geringerem Umfang als vorher. Im Rahmen der internen Umstrukturierung, die dem Einsatz von XCON vorausging, wurde eine KI-Gruppe aus den Reihen der Konfigurierer gebildet, die die Bedienung und Pflege des Programms übernehmen sollte. Es wird berichtet, daß ein nicht einschlägig vorgebildeter Neuling dieser Gruppe nach etwa drei Monaten Ausbildung in OPS5 fähig war, das Programm zu ändern und zu erweitern [276].

Nach [336] ist die Arbeitszufriedenheit der verbleibenden Konfigurierer gesunken: «Alle Fachkräfte meinten, daß ihre Arbeit stärker zur Routinetätigkeit geworden sei. ... Die technischen Editoren, die befragt wurden, drückten den Wunsch aus, zur alten Konfigurationsweise zurückzukehren, bei der die Herausforderung größer war, neue und kreative Lösungen zu finden, und bei der weniger technischer Kleinkram anfiel. Für die erfahrenen Editoren sind einige der herausfordernden Aspekte ihrer Arbeit wegen XCON entfallen. Ferner mußten sie, je mehr XCON zum Experten wurde, immer genauer Bescheid wissen, um Fehler oder Probleme im Output zu erkennen. Doch war auch für die meisten von ihnen diese Tätigkeit weniger interessant als Konfigurationen von Grund auf zu entwickeln» [336].

1986 beschäftigte DEC zehn Vollzeitprogrammierer zur Pflege von XCON [157], für 1988 nennt Feigenbaum [123] 15 Programmierer für die XCON/XSEL-Expertensystemprogramme, in [17] werden 30 Personen für diese Aufgabe genannt. Die Wartungs- und Weiterentwicklungskosten werden von Feigenbaum mit 2,5 Mio. Dollar angegeben.[54] Der personelle Rationalisierungseffekt von XCON wird nach [123] vom DEC-Manager O'Connor wegen einer Verzehnfachung der Arbeitsproduktivität auf «hundreds of new technical editors» geschätzt (wobei dieser Effekt als höchst erwünscht herausgestrichen wird). Nach Schieferle [303] hat XCON «die Fertigungsverfahren des Unternehmens grundlegend verändert», da die meisten DEC-Rechner nicht mehr im Werk, sondern beim Kunden zusammengebaut werden. XCON hat letztlich bewirkt, «daß auf den Bau eines FA&T-Werkes (Final Assembly und Test) in USA verzichtet werden konnte» [303].

DEC hat inzwischen die Palette der Expertensysteme um XCON wesentlich erweitert. Seit 1981 wurde zusammen mit der Carnegie Mellon University XSEL (eXpert SELling assistant) als Verkaufsunterstützungssystem entwickelt, eigentlich mit dem Hauptmotiv, die Zahl der nicht-konfigurierbaren bzw. unvollständig ausgefüllten Bestellungen für VAX 11/780-Rechner zu mindern. XSEL ist wie XCON in OPS5 geschrieben, kann aber im Gegensatz zu XCON interaktiv benutzt werden. Es wird seit 1986 eingesetzt; 1988 sollen rund 25%-30% aller Aufträge unter Einsatz von XSEL abgewickelt worden sein. *Matcher* soll bei der Konfiguration durch XCON die Wiederverwendbarkeit von Baugruppen und Geräteteilen aus nicht abgewickelten Aufträgen prüfen. CDS (Configuration Dependent Sourcing Expert) soll die Fertigungsreihenfolge der durch XCON konfigurierten Systeme für die unterschiedlichen Fabrikationsstätten festlegen. XSITE soll in Ergänzung von XSEL dem Kunden vor Ort bei der Aufstellung der Geräte helfen und Räumlichkeiten, Energieversorgung und Klimatisierung auf Tauglichkeit überprüfen. XTEST dient der Generierung systemspezifischer Tests. Nach [123] haben die genannten Programme alle das Prototypstadium verlassen und wurden 1988 alltäglich eingesetzt.

Organisatorisch hat DEC die eigenen KI-Aktivitäten im Artificial Intelligence Technology Center (AITC) zusammengefaßt. Nach Bullinger und Kornwachs [58] ist die Zahl der dort beschäftigten Wissenschaftler, Ingenieure und Verwaltungsleute von 175 im Jahre 1986 auf 600-800 Personen im Jahre 1988 angestiegen. Die Hauptaktivitäten des AITC sind Anwendungen in der Produktion und im Service, KI Produktentwicklung und Marketing von KI-Produkten und Dienstleistungen [58].

Heute ist DEC vom Funktionieren XCONs abhängig; es gibt nicht mehr genügend Experten im Hause, die die anfallenden Aufträge manuell bearbeiten könnten: «... XCON griff so tief in die Firmentätigkeit ein, daß DEC-Manager betonen, ein Ausfall von XCON

[54] Ein Insider-Witz bei DEC lautet: XCON ersetzte 75 Fachleute, die die Konfigurierung machten. Leider braucht man heute 150 Leute zusätzlich, um XCON zu warten [248].

schlüge innerhalb von drei Tagen auf die Firma durch: Sie könnte ihre Produkte nicht mehr verkaufen» [123].

*Fazit*
XCON schwebt in der Gefahr, ein unwartbares Programm zu werden. Ein Signal ist die Tatsache, daß John McDermott seine Tätigkeit an der CMU aufgegeben hat und ausschließlich bei DEC arbeitet, vermutlich beauftragt mit der Rettung von XCON.
Über die Ursachen der Unwartbarkeit läßt sich vorläufig nur spekulieren: einige sehen den Grund in der Größe von XCON, das bei Fachleuten als das derzeit umfangreichste betrieblich eingesetzte Expertensystem gilt: Andere machen die zu gering ausdifferenzierte Architektur von XCON verantwortlich, die die unterschiedlichen Regelgehalte nicht hinreichend berücksichtigen. Schließlich wird die mangelnde Flexibilität von OPS5 als Ursache der Wartungsschwierigkeiten vorgebracht. Dieses letzte Argument wirft die Frage nach geeigneten Programmiersprachen und Entwicklungsumgebungen für Expertensysteme auf: 1978, als XCON entstand, galten OPS4 und der Nachfolger OPS5 als äußerst fortschrittliche Sprachen für die Expertensystementwicklung. Heute gibt es Expertensystem-Shells und –Umgebungen, die OPS5 überlegen sind, mit denen aber keine vergleichbaren Erfahrungen vorliegen.
Als weitere Ursache für den Fall von XCON wird die mangelnde bzw. fehlende Planung angeführt. Begriffe wie Software Life Cycle und Wartung sind (noch immer) Fremdworte in der KI-Welt. Die meisten Expertensysteme erreichten bislang nur die Prototypenphase und entstanden zudem oft im akademischen Umfeld, in dem sie nur ihre Existenz beweisen müssen, nicht ihre dauernde Funktionstüchtigkeit, ihre Wartbarkeit oder ihre Integrierbarkeit in existierende DV-Umgebungen.

Natürlich ist XCON zu einem Zeitpunkt entstanden, an dem wenig oder garnichts über die Probleme großer Expertensysteme bekannt war. XCON ist das erste Expertensystem, das über Jahre hinweg benutzt und weiterentwickelt wurde und dies alleine demonstriert schon seine Einzigartigkeit. Doch aus XCONs Pilotfunktion folgt ein Strom neuer Forschung. Unzulänglichkeiten der Expertensystemtechnik, die gerade aufgrund der Erfahrungen mit XCON erkannt wurden, werden in der neueren Forschung reflektiert. Weniger der Nachbau von Programmen des Typs XCON, sondern die Lösung grundsätzlicher Probleme, wie Methodik des Knowledge Engineering, Spezifikation heuristischen Wissens, Test- und Verifikationstechniken, Abstraktion und Modularisierung von Wissen, werfen die aktuellen Probleme der weiteren Entwicklung der Expertensystemtechnik auf.

## EXKURS 2: El Dorado und der Weg dorthin — Das geologische Expertensystem PROSPECTOR

PROSPECTOR[55], das zur Analyse geologischer Daten eingesetzt wurde, nimmt eine herausragende Rolle in den Legenden der frühen Expertensysteme ein. Durch den

[55] entwickelt von R.Duda, P.E.Hart, J.Gaschnig u.a. am Stanford Research Institute.

Einsatz von PROSPECTOR gelang nach Feigenbaum & McCorduck [122] eine bedeutende geologische Entdeckung: «1982 wurde das Expertensystem von einer Firma genutzt, die Molybdänvorkommen in den Cascades-Bergen im US-Staat Washington erschloß und ausbeutete, und es wurde ein Fund gemacht, dessen Wert verschiedentlich als zwischen einigen Millionen und einhundert Millionen US-Dollar geschätzt wurde. Der Fundort war von den Firmenexperten als nicht erfolgsträchtig eingeschätzt worden; es wird berichtet, daß die Firma auf der Oberfläche der Lagerstätte Abraum einer nahegelegenen Bohrung aufgeschüttet hatte!». Die Geschichte wird seitdem in vielen Büchern und Festvorträgen über Expertensysteme oder Maschinelle Intelligenz wiederholt, ausgeschmückt und verklärt.

Dreyfus & Dreyfus [110] berichten die Details abweichend. Demnach wurde PROSPECTOR auf ein bereits erfolgreich angebohrtes Feld angesetzt und zwar zur Vorhersage der Erfolgsträchtigkeit geplanter neuer Bohrungen in einem noch nicht explorierten und kartographierten anschließenden Teil des Feldes, der als potentiell ergiebig angesehen wurden. Die Vorhersagen PROSPECTORs wurden überwiegend durch die Bohrungen bestätigt. «Unglücklicherweise fand man in dem bis dahin nicht kartographierten Gebiet kein Erz, das abzubauen sich gelohnt hätte: Es lag, so enthüllten die Bohrungen, zu tief, um sich ökonomisch ausbeuten zu lassen. Offensichtlich hatte das System also die Experten keineswegs ausgestochen» [110].

Man kann dies als gewissen Widerspruch zur Darstellung in Hayes-Roth, Waterman & Lenat [160] sehen, in der der Wert des entdeckten Feldes letztlich mit 100 Mio. $ angegeben wird, wobei als Quelle eine persönliche Angabe des PROSPECTOR Autors John Gaschnig genannt wird: «PROSPECTOR hat ein Molybdän Lager gefunden, dessen endgültiger Wert wahrscheinlich $100,000,000 überschreitet.» Nur: Was ist der «endgültige Wert» eines Erzlagers, das nicht abgebaut wird? Man könnte vielleicht sagen, daß PROSPECTOR wissenschaftlich erfolgreich war, jedoch nicht ökonomisch. Die Legende des profitablen Programms fällt damit freilich — auch wenn die Propaganda dieses kleine Detail gerne überspringt.

Doch die Legende vom Schatz am Mount Tolman, die Hayes-Roth, McCorduck und Feigenbaum begonnen haben, wird von der AI-Community weitergesponnen (so z.B. in [234] und [333]), und der Wert des ungehobenen Schatzes wächst und wächst. Im Jahr 1988 ist der Wert des Schatzfundes (vielleicht inflationsbedingt) bereits um die Hälfte auf 150 Mio.$ angewachsen (in [272]).

Würden die KI-Propagandisten die veröffentlichten Mitteilungen der PROSPECTOR-Autoren lesen, könnte der Stoff, aus dem die Träume gesponnen sind, zerreißen. Die Geschichte läßt sich recht einfach durch einen Aufsatz in *Science* erschließen [64], der nach der berühmten Serie von Bohrungen geschrieben wurde, und der knapp über Erfolge und Mißerfolge des Unternehmens berichtet. Interessanterweise gibt es auch einen populärwissenschaftlichen Aufsatz über Expertensysteme in *Byte* [112], der nach PROSPECTORs erstem Einsatz erschien, aber vor den berühmten Bohrungen lag.[56] Dort wird eine Bildschirmgraphik gezeigt, die das durch PROSPECTOR in Richtung Nordwesten ausgeweitete, vorher nicht explorierte Suchgebiet am Mount Tolman zeigt: «PROSPECTOR hat nun seine erste Vorhersage über den Ort eines Molybdän-Lagers gemacht.

[56] was Dreyfus &Dreyfus nicht berücksichtigen.

Die Bohrungen, mit denen nachgeprüft werden soll, ob sich an der von PROSPECTOR vorhergesagten Stelle ein Lager befindet, stehen unmittelbar bevor.»
Im *Science*-Aufsatz vom September 82 wird der erste Einsatztest von PROSPECTOR unter realistischen Bedingungen genauer beschrieben. Für PROSPECTOR wurde für diese Untersuchung eine Wissensbasis über Molybdän aufgebaut. Das Programm besitzt keine umfassenden geologischen Kenntnisse, sondern für bestimmte Anwendungsfälle werden spezialisierte Regeln hinzuprogrammiert. PROSPECTOR soll rund ein Dutzend mineralspezifischer Wissensbasen besitzen.
Am Mount Tolman war bereits 1918 Molybdän festgestellt worden, aber erst seit 1964 wurde für die *Bear Creek*-Gruppe gezielt danach gesucht. 1978 wurde durch Bohrungslöcher und Stollen Molybdän in rund einem Kilometer um den Berg gefunden und eine Ausdehnung des Lagers um einen Kilometer nach Osten vermutet. Danach wurde das Gelände an die Firma Amax verkauft, die es erneut untersuchen wollte. Die PROSPECTOR-Mannschaft konnte über die Ergebnisse der Bear Creek-Probebohrungen verfügen. Die Auswertungen bestätigten die aus dieser Untersuchung bekannten Ergebnisse im Kern und ließen nach Abschluß im April 1980 den Verdacht zu, daß das Vorkommen sich auch nach Nordwesten erstreckte, oder daß dort ein zweites Vorkommen lag; dieser Stand wird in der Byte [112] kurz erwähnt. Geologische Auswertungen von fünf Bohrungen im Nordwesten und zwei Bohrungen im Südwesten, die von der Amax-Gruppe unabhängig von den PROSPECTOR-Vorhersagen vorgenommen wurden, bestätigten, daß das Lager eine größere Ausdehnung hat, als es als Ergebnis der Bear Creek-Bohrung erschien. Im einzelnen wurde festgestellt:

- Das von PROSPECTOR als erzhaltig verdächtigte Gebiet im Nordwesten konnte grundsätzlich bestätigt werden, wobei sporadische, im Prinzip abbaubare Molybdän-Abschnitte identifiziert wurden.
- Die Lagerstätten (die vorher bekannten und die neu entdeckten) sind ursprünglich ein Lager gewesen, das durch Erosion geteilt wurde.
- PROSPECTORs Vermutungen überdecken die bestätigten prinzipiell abbaubaren Abschnitte.
- Das Lager mag sich nach Südwesten in größerer Tiefe noch weiter erstrecken, aber dies wurde nicht durch Probebohrungen untersucht und deshalb auch von PROSPECTOR nicht bewertet.
- PROSPECTOR hat das volle Ausmaß des Lagers nicht positiv erkannt.[57]

Der Artikel schließt mit den Worten: «Es ist klar, daß PROSPECTOR exakt den Ort bedeutender, zuvor *nicht verifizierter* Erzvorkommen in einem *bereits bekannten* Bereich identifizierte» [112].
Zu beachten ist: PROSPECTOR hat das Feld nicht ausgesucht. Es stand bereits fest, daß dort weitere Probebohrungen durchgeführt würden. In der Legende freilich hat PROSPECTOR das Lager entdeckt, so z.B. in [234,333].
Das Problem der PROSPECTOR-Legende ist, daß sie nicht die wissenschaftliche Qualität des beachtlichen Programms kolportiert, sondern den Profit im Auge hat, eine Verwirrung von wissenschaftlichem und wirtschaftlichem Erfolg, der für das junge AI-

57 «The weakest part of PROSPECTOR's evaluation was its failure to recognize the full extent of the deposit» [64].

Business nicht untypisch ist. Dies hängt aber an der Qualität des Erzvorkommens, das im Science-Aufsatz erst als 'ore-grade' bezeichnet wird[58], worunter nach den Kriterien der Minengesellschaft ökonomisch ausbeutbare Vorkommen verstanden werden[59]. In einer Fußnote zum Aufsatz wird dann allerdings lakonisch mitgeteilt, daß Amax die Pläne zur Ausbeutung dieses und anderer Molybdän-Vorkommen nach Einreichung des Aufsatzes aufgegeben hat.[60]

Technische Details zu PROSPECTOR, aus dem später die Expert System Shell KAS abgeleitet wurde, findet man z.B. bei Waterman [350], bei dem die Millionen-Story nicht mehr angeführt wird. Die Arbeiten an PROSPECTOR wurden laut Waterman [350] 1983 eingestellt.

Letztlich kann es gleichgültig bleiben, ob PROSPECTOR am Mount Tolman auch nur gestartet werden konnte, denn CBS Evening News, Business Week und im Gefolge alle anderen Interessierten und Beeindruckten verbreiteten die frohe ökonomische Botschaft unabhängig von der wissenschaftlichen Faktenlage: Die Expertensysteme sind da! Man kann wohl mit Recht vermuten, daß durch den vermuteten finanziellen Erfolg von PROSPECTOR die Begehrlichkeit der Manager auf Expertensysteme voll geweckt wurde, auch wenn die bohrende Bestätigung von PROSPECTOR wissenschaftlich eher von untergeordneter Bedeutung war.

Martin Gardner hat in [138] auf einen Fall hingewiesen, der zu PROSPECTORs Molybdän-Fund in eigenartiger Weise parallel liegt: Der texanische Ölhändler Jerry Conser gründete 1980 die Millenium-Foundation zur Untersuchung paraphysikalischer (PSI–) Effekte mit einer Mio. Dollar Grundausstattung, nachdem ein Wünschelrutengänger zwei ergiebige Ölfelder entdeckt hat. Herr Conser nennt allerdings auch religiöse Gründe für die 'PSI-Energy', die ihm so hervorragenden ökonomischen Erfolg brachte, nämlich die bevorstehende Wiederkunft Christi.

But the show must go on. Im SPIEGEL 23/89 vom Juni 1989 wird unter der Überschrift «Satelliten erspähen Goldvorhaben» gemeldet: «In Zukunft, so vermuten die Wissenschaftler, werden sich auch viele andere noch verborgene Rohstoffe vom Schreibtisch aus finden lassen, aufwendige Probebohrungen könnten sich dadurch auf ein Minimum reduzieren.» Zur Abwechslung handelt es sich nicht um ein Expertensystem, sondern die Inspektion von Bildern der Fernerkundungsatelliten Landsat 6 und Spot, also ein Durchbruch der rechnergestützten Bildverarbeitung.

[58] «Given geological maps of readily available predrilling exploration data for Mount Tolman in Washington State and using rules obtained from a porphyry molybdenum exploration specialist, the program (called PROSPECTOR) identified the location of previously unknown ore-grade mineralization» [64].

[59] «By ore-grade we mean an ore mineral content greater than the planned mine cut-off. Because of a multiplicity of engineering, economic, environmental, and social factors, not all ore-grade rock is profitable to mine» [64].

[60] «Amax reportedly discontinued plans for mining this and other molybdenum properties subsequent to the initial submission of this report.» W.Utterbeck, personal communication, zitiert in [64]. Utterbeck ist der Geologe der Amax, der die zweite Probebohrung leitete.

## 5.4 Kommerzielle Hilfsmittel zur Programmierung von Expertensystemen

Die frühen Expertensysteme (MYCIN, Dendral, PROSPECTOR, Macsyma) wurden in der in KI-Forschungsgruppen sehr verbreiteten Sprache LISP implementiert. Daneben gab es Sprachneuentwicklungen, die die neuen Paradigmata der Wissensrepräsentation reflektierten: KRL, eine sehr mächtige objektorientierte Sprache [29], die allerdings nur in einer Prototypenversion implementiert wurde, und die regelgestützte Entwicklungsumgebung OPS4/5, die Ende der 70er Jahre an der CMU entstand, und zur Programmierung des Konfigurationssystems XCON eingesetzt wurde. Durch das japanische Fifth-Generation Programme wurde die logische Programmiersprache Prolog, die bis dahin auf Europa beschränkt war, zur 'Konkurrenz' für LISP, wobei die Japaner an die Entwicklung Prolog-artiger Sprachen für parallele Rechnerarchitekturen denken, die als *prolog*-Architekturen (kleingeschrieben) bezeichnet werden.

### 5.4.1 *KI-Programmiersprachen*

LISP (List Processing Language) wurde Ende der fünfziger Jahre von John McCarthy entworfen. Im Unterschied zu den in den gleichen Zeit entwickelten Programmiersprachen (z.B. Fortran und Algol, aber auch Cobol), die primär die Manipulation von Zahlen durch mathematische Operationen modellieren oder die Bearbeitung und Verwaltung formatierter Dateibestände unterstützen sollen, ist das grundlegende Konzept von LISP die formallogische Manipulation von Listen, die rekursiv wiederum aus einfacheren Listen und aus einzelnen Alphabetszeichen aufgebaut sind. Jedes Programm ist eine Liste, die als Funktion mit Argumenten aufgebaut ist. Es liefert also mit konkreten Argumenten genau einen (Funktions-)Wert als Ausgabe. Eine wesentliche Eigenschaft der Sprache besteht darin, daß Programme und Daten formal nicht unterschieden werden (da sie formal Listen sind), so daß LISP-Programme andere Programme als Eingabe benutzen und manipulieren können. Ebenso wichtig ist die Möglichkeit für den Programmierer, neue Funktionen der Programmiersprache in höchst einfacher Weise selber zu definieren; LISP ist eine erweiterbare Sprache. LISP besitzt eine vollständig dynamische Speicherverwaltung. Diese Eigenschaften lassen elegante Lösungen für komplizierte Probleme zu, die resultierenden Programme sind allerdings häufig für andere Menschen schlicht undurchschaubar, und Programmdokumentation ist keine der Stärken von typischen LISP-Programmierern. Seit 1980 gibt es, auch auf Drängen des US-Verteidigungsministeriums, Bestrebungen, einen Standard für LISP zu definieren, der alle vorherigen LISP-'Dialekte' ersetzen soll. Common LISP war der erste konkrete Versuch einer standardisierten LISP-Version; Mängel, die sich nach den ersten Implementierungen zeigten, führten zu weiteren Normungsaktivitäten. Der erste Vorschlag eines ISO-Standards ist ab Ende 1989 zu erwarten. Es gibt Bemühungen, die Einbettung objekt-orientierter Programmiermethoden in LISP ebenfalls zu standardisieren; mögliche Kadidaten für einen solchen Standard sind *Flavors*, *Common Loops* und *Common LISP Object System (CLOS)*. Eine Reihe hybrider Expertensystem-Shells (KEE, ART, BABYLON) sind ursprünglich in LISP implementiert und laufen auf LISP-Maschinen, so daß sich die Shell mit den spezifischen Vorteilen von LISP-Prozeduren kombinieren lassen.

Prolog (*Pro*gramming in *Log*ic) wurde um 1970 von Alain Colmerauer an der Université de Marseilles entworfen. Prolog implementiert maschinell eine Teilmenge der Prädikatenlogik erster Stufe, sogenannte Horn-Klauseln, also Ausdrücke von der Form $\alpha_0\wedge\ldots\wedge\alpha_n\Rightarrow\beta$. Prolog kann deshalb auch als regelgestützte Sprache mit rückwärtsverkettender Auswertungsstrategie aufgefaßt werden. 'Regeln' in Prolog haben also beliebig viele konjunktiv verknüpfte Vorbedingungen $\alpha_0,\ldots,\alpha_n$ und eine einzige Schlußfolgerung $\beta$. Fakten $\gamma$ werden als spezielle Form von Regeln dargestellt, nämlich als logische Implikationen, deren Vorbedingung 'wahr' ist: Wahr $\Rightarrow\gamma$. Der Kern der Inferenzmaschine von Prolog ist eine formelvereinheitlichende Ableitung, die Unifikation — eine Form des Pattern Matching. Weitere wesentliche Eigenschaften von Prolog sind die Listenverarbeitung und die in der Inferenzmaschine implementierte Tiefensuche via 'Backtracking'. Die Entwicklung eines Prolog-Programms besteht vereinfacht gesehen in der Formulierung von Fakten und Regeln über den Objektbereich. Das Programm bearbeitet 'Anfragen', indem es die als logische Behauptung formulierte Frage aus den Fakten und Regeln der Datenbasis zu beweisen versucht. Diese Ähnlichkeit mit der Vorstellung regelgestützter Expertensysteme hat Prolog als Entwicklungssprache für Expertensysteme beliebt gemacht. Als weiterer Vorteil von Prolog wird die relative leichte Anbindung an relationale Datenbankabfragesprachen genannt.
Lisp und Prolog sind wesentlicher Beitrag zur Entwicklung logischer Programmiersprachen. Die künftige Verwendung von logischen und funktionalen Programmiersprachen für die Entwicklung von Expertensystemen ist offen. KI-Sprachen sind der Stoff, aus dem viele prototypische Expertensystemträume gewoben sind. Die Aneignung von KI-Forschungsergebnissen spricht also für die Verwendung solcher Sprachen wie Lisp oder Prolog (oder gar noch exotischerer Produkte wie OPS5), die die Konstruktion komplexer oder nicht-standardisierter Wissensrepräsentationsformate oder spezieller Inferenzverfahren unterstützen.

Auf der anderen Seite gibt es die Forderung der Anwender nach Integration der Expertensysteme in existierende DV-Umgebungen, d.h. vorhandene Hard- und Software. Dies spricht eher gegen die Verwendung von LISP oder Prolog. Zudem gibt es einen wachsenden Markt von Expertensystem-Shells, die verschiedene Hilfsmittel für die Systementwicklung bereits enthalten, und die ohne spezielle Programmierkenntnisse bedient werden können, sondern die Integration herkömmlicher Programmiermodule unterstützen. Auch dies ist ein Argument gegen spezielle KI-Sprachen und für den Einsatz herkömmlicher Programmiersprachen wie Cobol, Pascal, Modula-2 oder Fortran, die mit gewissem zusätzlichem Aufwand die Programmierung komplexer oder nicht-standardisierter Wissensrepräsentationsformate oder spezieller Inferenzverfahren zulassen. Zur Zeit ist ein Trend weg von KI-Sprachen zu beobachten, der sich mit der Verfügbarkeit billigerer Spezialhardware wieder umkehren mag.

### *5.4.2 Expertensystem Shells*

Expertensystem-Shells sind Programm-Generatoren, die ein oder mehrere Wissensrepräsentationsformate und eine Inferenzmaschine bereitstellen. Kennzeichnend für

Shells ist daneben die Integration verschiedener Hilfsmittel zur Programmentwicklung: spezielle Editoren, Graphikprogramme, Schnittstellen zu anderen Programmiersprachen oder Anwendungen. Die erste spezielle Expertensystem-Shell entstand 1980 mit EMYCIN [221], einer vom spezifischen Fachwissen unabhängigen Version von MYCIN. Die treibende Kraft hinter dem mittlerweile kaum noch überschaubaren Angebot an Expertensystem-Shells ist neben dem unmittelbaren ökonomischen Interesse der Software-Firmen der Engpaß der Wissensakquisition. Grundsätzlich kann jedes Expertensystem in jeder universellen Programmiersprache geschrieben werden; die Verwendung einer Shell erleichtert und beschleunigt den Entwicklungsprozeß entscheidend. Hinzu kommt die Idee, daß durch eine einfach und intuitiv gestaltete Oberfläche keine speziellen Programmierkenntnisse nötig sind, um Expertensysteme zu erstellen. Expertensystem Werkzeuge sollen es dem Experten erlauben, in seiner eigenen Sprache ohne Programmierung Rechneranwendungen zu schreiben. Protagonisten des KI-Marktes wie Feigenbaum, der 1983 den entscheidenden Engpaß für eine massenhafte Verbreitung von Expertensystemen in der Wissensakquisition feststellte, sehen die Notwendigkeit spezieller Programmierer oder Knowledge Engineers mit den fortgeschrittenen Expertensystemwerkzeugen verschwinden. Diese Idee gipfelt in Werbeslogans wie *With Level 5 you don't have to be an AI expert*, oder *Innerhalb von 2 Stunden haben Sie Ihr erstes Expertensystem erstellt*. Derartige Phrasen sind nicht nur Werbung. Es gibt Expertensystem-Shells, die nach sehr kurzer Einarbeitungszeit einfache Anwendungen zulassen, allerdings haben sie in der Regel entscheidende Schwächen, die sie für größere Aufgaben oder den betrieblichen Einsatz unbrauchbar machen.

Harmon [157] unterscheidet fünf Kategorien von Expertensystem-Shells:

- *Einfache regelgestützte Shells* benutzen Produktionsregeln als Repräsentationsformalismus, die Regelmenge ist unstrukturiert, d.h. die Auswertungsstrategie der Inferenzmaschine kann nicht beeinflußt werden. Die wesentliche Funktion solcher Shells ist wohl, dem unerfahrenen Programmierer den Einstieg in den Expertensystem-Markt zu erleichtern und diese neue Technik des Programmierens kennenzulernen. Diese Shells sind billig ($50-$1000), auf PCs verfügbar und recht gut und schnell zu verstehen. Ihre Grenzen zeigen sich aber sofort, wenn ein größeres Problem angegangen wird: starre Inferenzstrategien, keine Modularisierungsmöglichkeit, begrenzte Editierfunktionen, fehlende Schnittstellen.
- *Strukturierte regelgestützte Systeme* bieten Möglichkeiten, die Regelmenge durch explizit definierbare Kontexte in Teilmengen zu strukturieren. Die Teilmengen sind gewöhnlich in Kontextbäumen organisiert, an deren Pfaden entlang die Kontrolle der Auswertung und Informationen aus bereits ausgewerteten Kontexten weitergegeben werden. Die Vorteile dieses Typs von Shells liegen in der Modularisierbarkeit der Wissensbasis, was entscheidend zur Übersichtlichkeit und Änderbarkeit der Regelmenge beiträgt, und in der gegenüber unstrukturierten Regelmengen höheren Effizienz der Auswertung.
- *Induktive Shells* generieren selbsttätig Regeln aus einer Zahl von Fallbeispielen. Die Beispiele werden über Tabellen angegeben und nach dem *Machine Learning* entstam-

menden Algorithmen in Regeln umformt. Induktive Shells mögen für einfache Klassifikationsaufgaben relativ gut geeignet sein, komplexe Wissensrepräsentationen oder strukturierte Regelmengen lassen sich kaum mit ihnen erstellen. Ähnlich wie die einfachen regelgestützten Shells sind die induktiven Systeme eher eine Einstiegshilfe in den Shell-Markt.

- *Hybride Systeme* bieten neben dem Regelformalismus Frames oder objektorientierte Programmiermethoden an, verbunden mit weitentwickelten Editier- und Graphikfähigkeiten. Sie sind die zur Zeit komplexesten Entwicklungssysteme und setzen gute Programmierkenntnisse voraus. Die ersten Programme dieser Art liefen fast ausschließlich auf LISP-Maschinen, VAX-Minis oder UNIX-Workstations. Mit der Entwicklung leistungsstarker PCs sind sie auch auf solchen Geräten verfügbar.
- *Anwendungsspezifische Shells* sind auf ein spezielles Anwendungsgebiet zugeschnitten. Von ihren technischen Eigenschaften her können sie in jeder der bereits erwähnten Kategorien angesiedelt sein. Die Tendenz dieser Entwicklungen führt zu generischen Anwendungstypen, bei denen die Programmierumgebung von der Anwendung her bestimmt wird. So wurde bei General Electric die generische Programmierumgebung ENGINEOUS zum Entwurf von Strahlturbinen vorgestellt [177].

| | Aufgaben-typ | Repräsentations schema | Größe der Shell |
|---|---|---|---|
| Wohldefiniert (Algorithmisch) | Prozeduren | Regeln | klein |
| | Diagnose | Regeln | klein-mittel |
| | Kontrolle | Regeln | klein-mittel |
| | Konfiguration/ Entwurf | Regeln/hybrid | mittel-groß |
| Vage (Heuristisch) | Planung | hybrid | groß |

*Zusammenhang zwischen Aufgabentyp, Repräsentationsschema und Größe der Shell [157]*

Harmon verweist mehrfach darauf, daß Shells aus den einzelnen Klassen unterschiedlich gut geeignet sind für verschiedene *Typen* von Aufgaben. So läßt er einfache regelgestützte Shells und induktive Shells für die Erstellung kleiner Expertensysteme (weniger als 500 Regeln) in unstrukturierten Anwendungsgebieten zu. Bei Konfigurations- und Planungsaufgaben werden Strukturen und Beziehungen zwischen den Objekten des Problemgebiets wichtiger, die mit unstrukturierten Regelmengen nicht erfaßt werden können. «Beim Übergang von einfachen zu schwierigeren Problemen gehen die meisten Wissensingenieure von den regelbasierten Shells zu den mächtigeren objektorientierten Shells über, die mehr Flexibilität beim Entwurf der Wissensbasis und der Inferenzstrategie, die das Expertensystem benutzen soll, zulassen» [157].

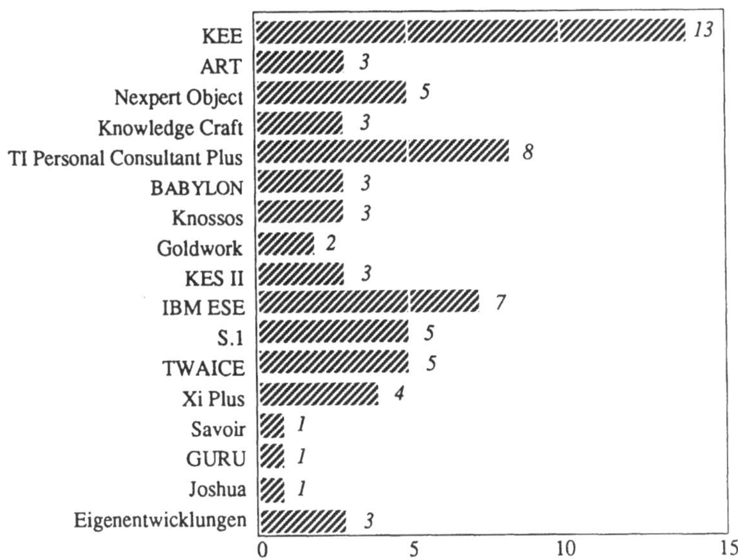


*Umfrage der Zeitschrift KI im Herbst 88 [344]: Shells in Expertensystemprojekten*

Einfache regelgestützte Shells und induktive Shells sind *Einstiegshilfen* in den KI-Markt, anhand derer sich der unerfahrene Programmierer mit den Prinzipien regelgestützter Programmierung vertraut machen kann. Harmons Einschätzung, daß komplexere Probleme mit strukturierten oder objektorientierten Shells bearbeitet werden, wird auch durch die Umfrage der Zeitschrift KI [344] bestätigt. In den dort genannten Expertensystem-Projekten werden überwiegend strukturierte und objekt-orientierte Shells benutzt.

Eine etwas andere Klassifizierung von Werkzeugen für Expertensysteme nimmt Puppe vor. «Die vier Hauptgruppen sind:

- Programmiersprachen der Künstlichen Intelligenz (z.B. LISP oder Prolog)
- Allgemeine Werkzeuge für Wissensrepräsentationsformen, die die Programmiersprache um bewährte Grundtechniken der Wissensrepräsentation und -verarbeitung erweitern. Dazu gehören Regeln mit Vorwärts- und Rückwärtsverkettung, Frames mit Vererbung, Constraints mit lokaler Propagierung, Evidenzmodelle zum probabilistischen Schließen, Abhängigkeitsnetze zum nicht-monotonen Schließen und Zeitdatenbanken zum temporalen Schließen. Man unterscheidet häufig zwischen einfachen Werkzeugen, die nur eine Wissensrepräsentation (meist Regeln) unterstützen (z.B. OPS5, EMYCIN, FRL usw.), und hybriden Werkzeugen, die mehrere Grundtechniken kombinieren (z.B. KEE, ART, Knowledge Craft, BABYLON, Gold Works, usw.).
- Problemspezifische Werkzeuge (Shells), die spezifische Anforderungen eines Problemlösungstyps durch geeignete Integration von Wissensrepräsentationen und Bereitstellen typischer Problemlösungsstrategien berücksichtigen (z.B. ... MED2 für die Diagnostik). Wegen ihrer Spezialisierung ermöglichen Shells im Gegensatz zu allgemeinen Werkzeugen die Entwicklung eines Expertensystems ohne Kenntnisse einer

Programmiersprache (Fußnote: Nicht alle als 'Shells' bezeichneten Expertensystemwerkzeuge erfüllen dieses Kriterium.) Die wichtigsten Problemlösungstypen sind Diagnostik, Konstruktion und Simulation ...

- Shells mit Basiswissen aus dem Anwendungsbereich, welches nur noch durch Spezialwissen ergänzt werden muß (z.B. SYNTEL und Financial Advisor)» [272].

Diese Klassifikation ist wegen ihrer Unterscheidung zwischen *allgemeinen* Expertensystemwerkzeugen und *problemspezifischen* Werkzeugen nützlich, da ein Vergleich von Shells über die intendierte Anwendung und nicht primär über technische Merkmale vorgenommen werden kann. Voraussetzung dafür ist allerdings eine weitere Ausdifferenzierung von Problemlösungstypen bzw. Anwendungsbereichen mit einheitlichen Merkmalen, die sich als Problemlösungstyp wiederfinden lassen.

Im Folgenden soll ein Überblick über einige Expertensystem-Shells gegeben werden. In die Bewertung sind überwiegend größere objektgestützte Shells aufgenommen worden, wobei vor allem technische Eigenschaften, die mittlerweile zum unverzichtbaren *state of the art* gehören, betrachtet werden. Betrachtete technische Details im Überblick sind:

- Strukturierungstechniken oder objekt-orientierte Techniken
- Kontrolle der Inferenzstrategie durch den Entwickler oder Benutzer
- Qualität der Behandlung von Unsicherheiten
- Existenz einer Trace-Funktion
- Graphikunterstützung
- Menü- und Fenstertechnik
- Einbettung in die DV-Umgebung.

*Strukturierte Wissensrepräsentation*

In allen Entwicklungswerkzeugen ist der Regelformalismus vorhanden, der deshalb keiner besonderen Erwähnung bedarf. Wichtig hingegen ist die Möglichkeit, die Regelmenge zu *strukturieren*: inhaltlich zusammenhängende Teile des Wissensgebiets werden zusammenhängend abgebildet und zusammenhängend abgearbeitet. Einige Shells erlauben die Strukturierung der Wissensbasis durch explizit anzugebende 'Kontexte', bei anderen wird die Struktur über die Variablennamen in den Regeln hergestellt.
Konflikte treten auf, wenn zwei oder mehr Regeln zur selben Zeit anwendbar sind, es müssen Mechanismen der *Konfliktlösung* vorgesehen werden. Bei der gebräuchlichsten Methode der Konfliktlösung wird aus der Liste der anwendbaren Regeln die zuerst vorkommende Regel ausgewählt. Andere Strategien arbeiten nach zeitlichen Kriterien — die am längsten nicht ausgewertete Regel wird als nächste ausgeführt — oder bevorzugen speziellere Regeln vor allgemeiner gültigen. In einigen Fällen kann die Strategie der Konfliktlösung vom Entwickler definiert werden. Entscheidend für die Qualität eines Programms ist nicht die Zahl der implementierten Lösungsstrategien, sondern der Umgang mit auftretenden Konflikten und möglichen Lösungen. Lösungsstrategien sollten für den Benutzer nachvollziehbar sein oder selbst definiert werden können.

Die meisten Entwicklungswerkzeuge enthalten Methoden, *unsicheres Wissen* zu bearbeiten. Das häufigste Verfahren ist die Vergabe von (Un-)Sicherheitsfaktoren an einzelne Bedingungen, die bei Auswertung der Regel vererbt werden, gebräuchlich sind daneben probabilistische und Fuzzy Logic-Methoden. Auch hier ist die Möglichkeit der Beeinflussung von Sicherheitsfaktoren und vor allem ihrer Vererbung entscheidendes Qualitätskriterium.

Wünschenswert ist weiterhin die Möglichkeit, Bedingungen und Schlußfolgerungen mittels *Variablen* zu formulieren, die während einer Konsultation mit bestätigten Fakten belegt werden.

Die neueren Shells bieten neben dem Regelformalismus auch die Beschreibung von *Objekten* und ihrer Eigenschaften, gelegentlich auch objektabhängiger Prozeduren, in Frames an. Dieser Formalismus eignet sich besonders für hierarchisch gegliederte Wissensgebiete, in denen Objekte zu Klassen mit gleichen Eigenschaften zusammengefaßt werden können. Die hierarchischen Beziehungen zwischen Objekten werden durch die *Vererbung* von Eigenschaften und Methoden realisiert, Richtung und Umfang der Vererbung kann in manchen Fällen vom Entwickler definiert werden. Bei objektorientierten Programmiermethoden kommt als weitere Eigenschaft die Möglichkeit des Versendens von Botschaften zwischen Objekten hinzu; dies wird hier nicht weiter diskutiert.

Induktive Shells enthalten Mechanismen, die aus *Beispielfällen* selbständig Regeln bilden. Dies kann ein geeignetes Instrumentarium sein für Klassifikationsaufgaben in begrenzten Wissensgebieten. Doch wichtig ist wiederum die Transparenz des Induktionsmechanismus.

*Steuerung der Inferenz*

Als grundlegende Charakteristika der Inferenzmaschine wird in den Tabellen die *rückwärts-* oder *vorwärtsorientierte* Schlußrichtung der einzelnen Shells angegeben. Mit Parametern verbundene Prozeduren, die bei einer Änderung der Parameter aktiviert werden, aber automatisch im Hintergrund des Expertensystems arbeiten, werden als *Dämonen* oder *Active Values* bezeichnet.

Unter dem Stichwort *Kontrolle der Strategien* ist eine Reihe von Möglichkeiten zusammengefaßt, die Auswertungsstrategie zu beeinflussen: zu diesen gehören aktive Beeinflußbarkeit der Agenda, die Wahl beliebiger Einstiegspunkte in die Wissensbasis durch Vorgabe von Fakten und Hypothesen, Möglichkeiten der Modifikation der Auswertungsrichtung und der Vollständigkeit der Auswertung.

In einigen Shells ist es möglich, bei Vorhandensein unsicherer Fakten Annahmen über die Fakten zu treffen und die Ableitung fortzusetzen, bis die Prämissen sich entweder durch andere Daten bestätigen oder als inkonsistent erweisen. Im letzteren Fall muß die gesamte Schlußkette, die auf den falschen Prämissen beruht, rückgängig gemacht werden. Derartige Techniken werden häufig als *nichtmonotones Schließen* oder auch *Truth Maintenance*[61] bezeichnet. Die Technik der *Viewpoints* oder *Worlds* verfolgt

[61] Nichtmonotone Logik und Truth Maintenance sind intensiv diskutierte Themen in der theoretisch ausgerichteten KI-Forschung. Die in Shells implementierten Methoden gleichen Namens sind in der Regel eingeschränkte Versionen dieser Konzepte. Insbesondere sollte ihre Korrektkeit und Mächtigkeit mit Vorsicht behandelt werden (vgl. z.B. [108]).

mehrere Lösungsmöglichkeiten parallel, wobei jede der Alternativen unterschiedliche Mengen von Annahmen voraussetzt, und verwirft diejenigen, die sich schließlich als ungültig erweisen.

*Gestaltung von Entwicklungs- und Nutzungs-Oberflächen*
Die Entwicklungsoberfläche ist die Umgebung, in der die Wissensbasis erstellt und verändert wird. Sie kann identisch sein mit der Nutzungsoberfläche, vor allem bei großen Shells wird jedoch Entwicklungs- und Nutzungsumgebung getrennt. Unter den beiden Stichworten sind diejenigen Eigenschaften der Shells aufgeführt, die für die jeweilige Umgebung sinnvoll und nützlich sind, unabhängig von der technischen Trennung der Umgebungen.
Die Existenz spezieller *Editoren* für die Akquisition der Regeln und Frames ist außer in wenigen sehr einfachen Shells mittlerweile selbstverständlich. Für erfahrene Programmierer erweist es sich jedoch als vorteilhaft, die Regelmenge auch in herkömmlichen *Textsystemen* oder *speziellen Programmiertexteditoren* editieren zu können: meist können Such- und Änderungsoperationen dadurch in erheblicher Weise vereinfacht und beschleunigt werden. Die Verwendung spezifischer Makros in komfortablen Editoren ist ebenfalls nützlich. Deshalb kann das Vorhandensein oder der bequeme Zugriff auf ein Textsystem *neben* speziellen Editoren als Qualitätsmerkmal gewertet werden.
Aus der Vielzahl möglicher Testhilfen für den Entwickler eines Expertensystems kommt der *Trace-Funktion* die größte Bedeutung zu. Die in einer Ableitung des Expertensystems ausgewerteten Regeln werden als Pfad durch die Wissensbasis dargestellt. Die Darstellung kann eine Textliste sein, die angenehmere *graphische* Darstellung der Ableitung wird sich jedoch wohl zukünftig als Standard durchsetzen.
Nützlich für den Entwickler ist eine strukturierte *Abbildung der Regelbasis*, durch die Abhängigkeiten der Regeln untereinander erkannt werden können. Es sollte möglich sein, in diesem Regelnetz zu navigieren, d.h. beliebige Ausschnitte der Regelmenge zu inspizieren und nach Bedarf zu erweitern. Die Möglichkeit, Standardfälle des Anwendungsgebiets, von denen die Entwicklung eines Expertensystems gewöhnlich ausgeht, in einer *Fallbibliothek* zu speichern, so daß nach Änderungen oder Erweiterungen der Wissensbasis die korrekte Bearbeitung dieser Standardfälle schnell überprüft werden kann, ist vorteilhaft. Hilfreich ist eine Unterstützung bei der Überprüfung der Wissensbasis auf erkennbare Inkonsistenzen. Einige Shells bieten Hilfen zur *Konsistenzprüfung*, die allerdings kaum über einfachere Tests wie den der Typkompatibilität durch den Regeleditor hinausgehen.
Die Verwendung graphischer Gestaltungsmittel wird alltäglich in der DV-Welt. Bei Expertensystemen sind graphische Elemente nützliches Hilfsmittel für anwendungsspezifische Informationsseiten oder Ein-/Ausgabeformulare. Einige Shells bieten *Graphikunterstützung* durch die Shell selber an und die meisten erlauben die Einbindung extern erstellter Graphiken.
Die Akquisition aktueller Falldaten während einer Konsultation erfolgt interaktiv durch Eingaben der Benutzer. Die zulässigen Werte der erfragten Parameter sollten über *Menüs* bereitgestellt werden, um vermeidbare Fehler zu verhindern und den ohnehin

ermüdenden Dialog zu beschleunigen. Die Möglichkeit, auf Fragen des Programms mit *unbestimmten Eingaben* zu reagieren, ist in mehrfacher Weise vorteilhaft: es ist durchaus denkbar, daß die verlangten Angaben nicht oder nicht eindeutig bekannt sind oder nur mit größerem Aufwand beschafft werden können. Die Auswertung der Regeln kann durch unbestimmte Eingaben indirekt beeinflußt werden, indem die entsprechende Frage zurückgestellt wird, bis ihre Beantwortung für einen erfolgreichen Abschluß der Konsultation unbedingt erforderlich ist und auch auf anderen Wegen nicht beschafft werden kann.
Der Benutzer sollte jederzeit während und nach einer Konsultation *Hilfen* über den aktuellen Systemzustand und die ihm möglichen Aktionen anfordern können. Basisversion einer Erklärungskomponente sind die aus MYCIN bekannten *WHY*- und *HOW*-Fragen: warum wird eine Angabe verlangt oder eine Regel ausgewertet, wie wurde ein Ergebnis abgeleitet. Trotz aller Unzulänglichkeiten dieser Art von Systemkontrolle muß zumindest die WHY/HOW-Funktion, verbunden mit einer übersichtlichen Darstellung der bearbeiteten Regel, verfügbar sein.

*Einbettung in herkömmliche DV-Umgebungen*
Die Einbettung der Expertensysteme in *herkömmliche* DV-Umgebungen gehört zu den entscheidenden Voraussetzungen für die weitere Verbreitung solcher Programme. Die Möglichkeit der Einbindung *externer Prozeduren* und der Zugang zu *Datenbanksystemen* sind zwei wesentliche Qualitätsmerkmale. In der folgenden Auflistung werden die *Implementierungssprache*, die *Rechner*, für die die Shells verfügbar sind, und — soweit Informationen vorliegen — die Anzahl der in der BRD *verkauften Programme* angegeben.

Die oben diskutierten Eigenschaften einiger Shells sind in den Übersichten getrennt nach der intendierten Hardware zusammengestellt, nämlich einmal für Großrechner und Minis und zum anderen für Personal Computer. Die Auswahl der betrachteten Shells erfolgte in erster Linie nach den Kriterien Verfügbarkeit und Verbreitung der Programme im deutschsprachigen Raum. Die Angaben in den Tabellen stammen teils aus eigener Arbeit mit den Shells, teils aus Handbüchern oder technischen Reports, teils aus der Literatur ([141,213,157]).

| | KEE | ART | S.1 | ESE | Knowledge Craft |
|---|---|---|---|---|---|
| **Wissensrepräsentation** | | | | | |
| -strukturierte Regeln | ja | ja | ja | ja | ja |
| -Konfliktbehandlung | Entw.def. | | progr. | | |
| -Unsicherheiten | progr. | progr. | CF | CF,starr | progr. |
| -Variablen | ja | ja | nein | nein | ja |
| -Objekte | ja | ja | (ja) | nein | ja |
| -Vererbung | systemdef. | systemdef. | systemdef. | - | Entw.def. |
| -Beispiele | nein | nein | nein | nein | nein |
| **Inferenz** | | | | | |
| -backward | ja | ja | ja | ja | ja |
| -forward | ja | ja | progr. | ja | ja |
| -Dämonen | ja | ja | ja | nein | ja |
| -Kontrolle der Strategien | ja | ja | ja | Kontrollsprache | ja |
| -hypothetische Schlüsse | ja | ja | nein | nein | ja |
| -Viewpoints, Worlds | ja | ja | nein | nein | ja |
| **Entwicklungs-Oberfläche** | | | | | |
| -Regel-/Frame-Editoren | ja | nein | ja | ja | ja |
| -Textsystem | nein | ja | ja | ja | ja |
| -Darstellung des Regelnetzes | ja | ja | nein | Grafik | ja |
| -Trace-Funktion | Grafik,Text | ja | Text | Text | ja |
| -Fallbibliothek | nein | nein | ja | ja | ja |
| -Konsistenzprüfung | ja | nein | ja | nein | nein |
| -Graphikunterstützung | ja | ja | nein | ja | ja |
| **Nutzungs-Oberfläche** | | | | | |
| -Menü | ja | ja | nein | ja | ja |
| -unbestimmte Eingaben | ja | ja | ja | nein | nein |
| -Hilfen | ja | ja | ja | ja | ja |
| -WHY/HOW | ja | ja | ja | ja | ja |
| **DV-Umgebung** | | | | | |
| -externe Prozeduren | (1) | (1) | C | ja | (1) |
| -Datenbanken | (1) | (1) | nein | ja | (1) |
| -Implementierungssprache | LISP | LISP | C | Pascal | LISP |
| -Rechner | WS | WS | MF | MF | WS,VAX |
| -bis 1988 verkaufte Programme (in der Bundesrepublik) | 220 | ? | ? | ? | ? |

| | |
|---|---|
| progr. | programmierbar |
| Entw.def. | definierbar durch den Entwickler/Nutzer |
| systemdef. | feste Systemdefinition |
| CF | Certainty Faktoren |
| FL | Fuzzy Logic |
| WS | Workstation |
| MF | Mainframe |
| (1) | über Host-Rechner |

*Übersicht über Mainframe- und Workstation- Shells*

| | Nexpert Object | Personal Consultant Plus | 1stClass | Rulemaster | Exsys | MicroExpert |
|---|---|---|---|---|---|---|
| **Wissensrepräsentation** | | | | | | |
| -strukturierte Regeln | ja | ja | nein | (ja) | nein | nein |
| -Konfliktbehandlung | Entw.def. | Entw.def. | - | Prioritäten | starr | starr |
| -Unsicherheiten | progr. | CF,starr | CF,starr | CF,FL,starr | CF,starr | nein |
| -Variablen | ja | nein | nein | nein | nein | nein |
| -Objekte | ja | ja | nein | nein | nein | nein |
| -Vererbung | Entw.def. | systemdef. | - | - | - | - |
| -Beispiele | nein | nein | ja | ja | nein | nein |
| **Inferenz** | | | | | | |
| -backward | ja | ja | ja | ja | ja | ja |
| -forward | ja | ja | ja | ja | ja | nein |
| -Dämonen | ja | ja | nein | nein | nein | nein |
| -Kontrolle der Strategien | ja | ja | nein | nein | nein | nein |
| -hypothetische Schlüsse | ja | nein | nein | nein | nein | nein |
| -Viewpoints, Worlds | nein | nein | nein | nein | nein | nein |
| **Entwicklungs-Oberfläche** | | | | | | |
| -Regel-/Frame-Editoren | ja | ja | ja | ja | ja | nein |
| -Textsystem | ja | nein | ja | nein | nein | ja |
| -Darstellung des Regelnetzes | ja | nein | ja | nein | nein | nein |
| -Trace-Funktion | Grafik,Text | Text | Text | Text | Text | Text |
| -Fallbibliothek | ja | ja | ja | progr. | nein | nein |
| -Konsistenzprüfung | ja | nein | ja | ja | nein | nein |
| -Graphikunterstützung | ja | ja | nein | nein | nein | nein |
| **Nutzungs-Oberfläche** | | | | | | |
| -Menü | ja | ja | ja | ja | ja | ja |
| -unbestimmte Eingaben | ja | ja | nein | ja | nein | nein |
| -Hilfen | ja | ja | ja | ja | ja | ? |
| -WHY/HOW | ja | ja | (ja) | why | ja | ja |
| **DV-Umgebung** | | | | | | |
| -externe Prozeduren | C,Pascal | LISP | C,Pascal | C,Fortran | ja | |
| -Datenbanken | dbase | dbase | dbase,Lotus | nein | dbase,Lotus | nein |
| -Implementierungssprache | C | Scheme | Pascal | C | C | Pascal |
| -Rechner | PC,VAX,WS | PC,VAX,WS | PC | PC | PC | PC |
| -bis 1988 verkaufte Programme (in der Bundesrepublik) | 90 | 150 | ca.100 | 40 | ? | ? |

| | |
|---|---|
| progr. | programmierbar |
| Entw.def. | definierbar durch den Entwickler/Nutzer |
| systemdef. | feste Systemdefinition |
| CF | Certainty Faktoren |
| FL | Fuzzy Logic |
| WS | Workstation |
| MF | Mainframe |
| (1) | über Host-Rechner |

*Übersicht über PC Shells*

**EXKURS 3: Verkäufer der Künstlichen Intelligenz**

Die Finanzierung der jungen KI-Firmen erfolgte zu einem nicht unerheblichen Anteil über Wagnis-Kapital, wie dies bei einer Technik mit hohen Marktzuwachs-Erwartungen nicht überrascht. Die Kombination von geringem Angebot und hoher Erwartung der prospektiven Kunden bei gleichzeitiger Unkenntnis der einforderbaren Produktqualität führte für viele Software-Firmen zu überraschend schnellem Wachstum. Setzt man 1986 als Einführungspreis für eine Expertensystem Shell $1000 an, was eine untere Preislage war, so konnte eine aufstrebende Firma im amerikanischen Markt ohne allzu große Forschungs- und Entwicklungsanstrengung (allerdings mit einiger Werbung) innerhalb eines Jahres 1 Mio. Dollar Umsatz machen: Die *Fortune 500*-Firmen kauften vermutlich alle dieses Produkt (besonders wenn ein Hauch von Academia in der Werbung versprochen wurde), und die Konzerne auf den Plätzen 500-1000 taten dies vermutlich ebenso. Armee, Luftwaffe, Marine, Universitäten und staatliche Forschungsinstitute zählen dann schon zum Extra-Profit (der freilich durch einige Raubkopien geschmälert wird). Sie kauften vermutlich auch zwanzig weitere Shells zu Preisen zwischen 800 und 5000 Dollar. Für $20000-$50000 ein preiswerter Einstieg in eine 'Schlüsseltechnologie'. Möglicherweise sah sich ein Programmierer das 'kinderleicht beherrschbare' KI-Produkt an, möglicherweise legte er es nach einem frustrierenden Arbeitstag ein für allemal zur Seite, aber vielleicht arbeitete er sich auch so ein, daß er das Update der Shell auch noch kaufte. Damit konnte eine Firma in einem Jahr selbst mit einem flauen Produkt mehr als 1 Mio. Dollar umsetzen. Allerdings gelang dies mit einem flauen Produkt nur einmal; danach war der Innovationseffekt verbraucht.

Einige tausend Kunden gingen in den letzten Jahren erheblich weiter und kauften eine spezialisierte LISP-Maschine von Symbolics, LMI oder Xerox zu Preisen um $50000 und mehr das Stück. Hier kann man davon ausgehen, daß die Mehrzahl der Leute wußte, was sie tat, und Ernüchterung erst mit den Versuchen einsetzte, Prototypen auf normale DV-Anlagen zu übertragen und die DV-Abteilung von der Notwendigkeit zu überzeugen, daß sie die mit der LISP-Machine erstellten Expertensysteme in Zukunft pflegen müsse.

Diese einfachen Markteinführungseffekte genügten, um für eine gewisse Anzahl der Firmen eine plötzliche einschneidende Rezession zu bewirken, wobei sich die allgemeine Rezession durch den weltweiten Börsenkrach zusätzlich nachteilig auf das finanzierende Wagnis-Kapital auswirkt. Eine erhebliche Anzahl von Produkten verschwand vom Markt oder wurde von anderen Firmen übernommen. Auch bei den Großen des Geschäfts (die 1987 zwischen 12 und 20 Millionen Dollar Jahresumsatz erzielten) gab es heftige Rückschläge. Teknowledge (S.1) entließ mehr als ein Viertel seiner Belegschaft (60 von 220) und ist inzwischen verkauft. Intellicorp (KEE) hatte nach vier Verlustquartalen im März 1988 bereits sechs Quartale mit Verlusten hinter sich und 30 von 200 Mitarbeitern entlassen. Die Carnegie Group entließ fast ein Fünftel der Belegschaft (200 Beschäftigte) und Inference entließ 20 von 130 Mitarbeitern[62]. Aber auch die Dienstleistungen der spezialisierten KI-Software-Büros sind weniger gefragt.

[62] Alle Zahlen aus der *New York Times* vom 4.3.88 zitiert nach *AI Trends*.

Hart traf der Markteinbruch die Hardware-Hersteller, wo es um größere Produktionsstätten ging. LISP-Maschinen werden derzeit noch von Texas Instruments ('Explorer') und Symbolics gefertigt, Xerox hat die Produktion der 'Dolphin'-LISP-Maschinen eingestellt und LISP Machine Industries (LMI) ist pleite. Auch Symbolics, die im Jahr 1987 $104 Mio. umsetzte, hat schwere Zeiten hinter sich gebracht. Die Firma hat zwei Jahre lang rote Zahlen geschrieben, einen Teil der Belegschaft entlassen und sich 1987 von ihrem Aufsichtsratsvorsitzenden und Gründer getrennt. Inzwischen scheint eine gewisse Konsolidierung eingetreten zu sein.[63]

Für den KI-Markt ist es also nicht zu der bei der Markteinführung neuer Produkte oder Dienstleistungen zu erwartenden S-Kurve (steiler Anstieg und anschließendes gebremstes Wachstum oder Stagnation auf hohem Niveau) gekommen, sondern zu einer abebbenden ersten Welle der Expertensystemtechnik, wie Feigenbaum und OVUM den Umsatzrückgang im Jahr 1988 umschrieben. Sie sehen nun eine beginnende zweite Welle oder zweite Ära, die größer werden soll, als die vergangene. Dieser erhoffte Trend ist bisher nicht verifzierbar.

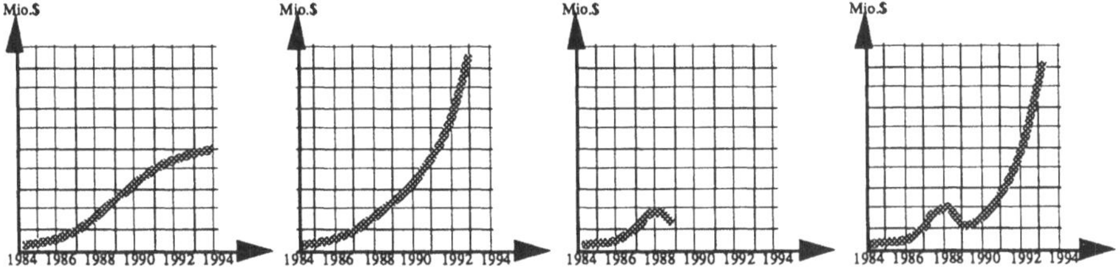


*a) Idealtypischer Verlauf innovativer Markteinführung (S-Kurve mit exponentiellem Anstieg bis zur Marktsättigung)*
*b) Typisierte frühe Prognosen für die Marktentwicklung der Expertensystemtechnik (Exponentielles Wachstum)*
*c) Typisierter realer Verlauf des Marktes bis 1988 («erste Welle»)*
*d) Feigenbaums Prognose einer «zweiten Welle»*

Die *New York Times* vom 4.3.88 zitiert einen Forscher mit den Worten: «Die KI sagt immer noch: Gebt uns mehr Zeit. Wie lange sollen wir warten? Sie erreichen keine plötzlichen Durchbrüche. Sehen wir der Sache ins Gesicht: Das Zeugs funktioniert nicht. Manche Leute haben eine Menge Geld investiert, aber die Wall Street schmeißt nicht fortwährend Geld weg.» Und er nimmt direkten Bezug auf den Entschluß von Xerox, ihrer KI-Produktlinie einzustellen: «Es gibt keinerlei Evidenz dafür, daß die KI-Abteilung für Xerox Produkte, Märkte oder Profite verbessert hat, obwohl die Firma 16 Jahre lang den Unterhalt des luxuriösesten KI-Sandkastens bezahlt hat.»[64]

Empirisch ist die Konsoldierungsphase bei einigen Software-Erzeugern mit Produkten hoher Qualität durch Firmenübernahmen gekennzeichnet. Doch dies ist ein relativ häufiges Phänomen in der Informationstechnik, auch bei normalerem Geschäftsverlauf. Das Entwicklungsrisiko wird kleineren Firmen überlassen; bei Erfolg wird die ganze Firma gekauft. So hat Cimflex Tecknowledge aufgekauft. Apple hat den LISP-Compilerbauer Allegro Inc. übernommen. Lotus Development hat den Prolog-Compilerbauer

[63] Computerzeitung 19:25 vom 2.11.88: «Symbolics schriebt wieder schwarze Zahlen».
[64] Gary Martins, zitiert in der *New York Times* vom 4.3.88.

Arity aufgekauft. Borland hat Ansa Software und ihre Datenbank *Paradox* übernommen. Cullinet hat Distributed Management Systems Inc. und ihre Shell *Impact* gekauft und inzwischen selber von Computer Associates übernommen worden.

Zwei mögliche Ursachen dieser für die KI-Firmen unglücklichen Entwicklungen stehen somit zur Diskussion: Einerseits unsolide Finanzierung in Tateinheit mit einem weltweiten Börsenkrach — andererseits mangelnde Produktqualität. Oder beides.

# 6. Expertensysteme in der DV-Welt

*Als Hauptkriterium zur Beurteilung mathematischer Forschung und mathematischer Technologie muß an einem engen, konservativen Qualitätsbegriff festgehalten werden: So wie bei dem erreichten Produktionsniveau in unserer Gesellschaft grundsätzlich überhaupt kein Schund und Dreck mehr produziert werden darf, sollte auch auf mathematische Wegwerfartikel und Wegwerfmodelle verzichtet werden. Es muß einfach anständige Arbeit verlangt werden. Die infantile oder kriminelle Bereitschaft zu Konstruktionen in nicht überschauten Bereichen muß überwunden werden.*

Bernhelm Booß

*Anwendungen der Künstlichen Intelligenz bringen handfeste Vorteile, wenn man sie zur Steigerung der Produktivität oder zur Kostensenkung heranzieht.*

Tom Schwartz[65]

---

[65] Computerwoche vom 17.2.88

Beim Einsatz von Expertensystemen wird eine Reihe von Nutzeffekten erwartet. Im Kern geht es um die Programmierung von Arbeitsvorgängen, die ansonsten nur schlecht oder bisher erfolglos programmierbar erscheinen. Dies betrifft vor allem Arbeitsvorgänge, die unscharf, vorläufig oder nur vage formuliert sind. Diese Vorgänge können nicht nur mit Expertensystemen bearbeitet werden, es stehen auch andere Möglichkeiten offen. Es gibt keinen Anwendungsbereich, der ausschließlich mit Expertensystemen bearbeitet werden kann, es gibt nur Bereiche, die sich gut oder schlecht dafür eignen, und selbst diese kann man letztlich nur durch Erfahrung auseinanderhalten.

An vorderster Stelle der erwarteten Nutzeffekte stehen Rationalisierungseffekte, wie sie bei den meisten DV-Programmen erwartet werden, nämlich die Verkürzung der Bearbeitungszeiten verbunden mit Erhöhung der Produktivität am einzelnen Arbeitsplatz und damit einer Senkung des Personalaufwandes. Es wird ein Dequalifikationseffekt durch die Möglichkeit, weniger erfahrene, eventuell auch angelernte Arbeitskräfte einzusetzen, erwartet. Und es werden Kontrolleffekte erwartet, die sich auf die Überwachung des Arbeitsprozesses und der Arbeitenden niederschlagen können, aber auch als Beherschung der qualitativen Konsistenz von Produkt und Arbeit. Alle drei Rationalisierungsaspekte der Produktivitätsteigerung, der Dequalifizierung und der intensiveren Kontrolle über den Arbeitsprozeß sind typisch im Exkurs 1 über den Einsatz von XCON beschrieben.

Unter mehr management-strategischen Gründen wird die Möglichkeit gesehen, Arbeitsvorgänge zur Nutzung durch ein Expertensystem besser zu analysieren und zu verstehen. Auch dies ist ein bekannter Rationalisierungseffekt. «Jetzt, wo sie die Abteilung wegen der bevorstehenden EDV-Einführung endlich einmal rationell analysiert haben, arbeitet sie so viel effektiver, daß wir ihren Rechner gar nicht brauchen.» hieß ein lust- und angstvoll zitierter Satz in den IBM-Geschäftsstellen in den sechziger Jahren. Waterman beschreibt diese Erfahrung bei der Konstruktion eines komplexen Expertensystems: «Doch das letztliche und wichtigste Resultat war mehr als dies: *Der Prozeß selber, die Herausbildung grundsätzlicher Regeln, schärfte die analytischen Fähigkeiten der Experten.* Unabhängig davon, ob diese Regeln jemals zu einem System zusammengefügt werden können ... war dies für die Experten eine nützliche Erfahrung» [351]. Quasi als Abfallprodukt der rationellen Analyse entsteht eine Wissensbasis, die dieses formalisierte und analytisch 'verfeinerte' Wissen[66] weiterer Behandlung, Aufbewahrung, Überarbeitung, Erweiterung, Vervielfältigung und Verteilung oder dem Verkauf zugänglich macht. Stichwörter sind 'Wissenssicherung' und 'Wissensmultiplikation' [225], aber auch 'Schulung'. Damit werden manchmal höhere Entscheidungskonsistenz, aber auch eine vorher nicht mögliche Fehleranalyse und Unvollständigkeitsprüfung der angelegten Wissensbasis erwartet.

Durch diese formale Wissensverfeinerung, -analyse und ihre maschinelle Bearbeitbarkeit wird die Untersuchung von präzise durchgerechneten Alternativen (etwa bei der Angebotserstellung mit Hilfe eines Konfigurationssystems) möglich und damit ein gewisser Wettbewerbsvorteil gesehen. Ein solcher Vorteil mag auch durch die Verkürzung von Bearbeitungsvorgängen und Durchlaufzeiten entstehen.

[66] *Knowledge Refinement* bei Michie [228].

Neben den globalen Rationalisierungseffekten bestehen Hoffnungen, durch den Einsatz von Expertensystemen einfacher und besser mit einem Arbeitsvorgang umgehen zu können, also die Hoffnung auf Erleichterung des Arbeitsablaufs. Beispielhaft ist die Vereinfachung der Bedienung und von Suchvorgängen: Dazu gehört die Zugangserleichterung zu anderen Rechnern oder Rechnerprogrammen. Typisch sind Zugangssysteme zu komplexen Datenbanken oder Simulationsprogrammen, aber auch die Verknüpfung einer Außendiensttätigkeit an einem PC mit einer zentralen Datenbank oder einer zentral angelegten und gepflegten Wissensbasis. Dies kann die Arbeitsinhalte qualitativ anreichern, indem komplexere und bisher zeitaufwendige Arbeitsschritte auch zur Bewertung möglicher Alternativen ausgeführt werden.

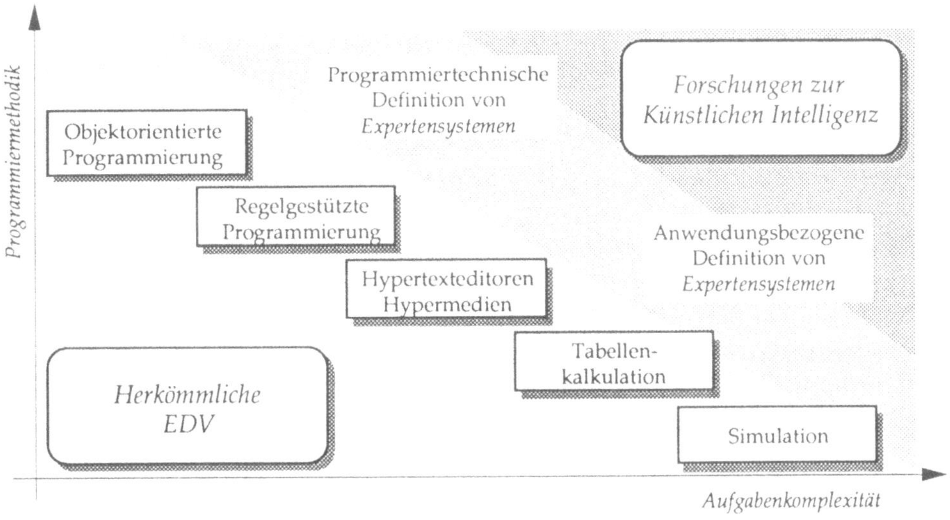


***Bild 6.1** Expertensysteme zwischen herkömmlicher Datenverarbeitung und Künstlicher Intelligenz*

Expertensysteme wirken so als typisches Mittel der Datenverarbeitung mit den gleichen Auswirkungen auf die Arbeitsplätze wie herkömmliche Programme, wobei bei der Integration in die DV-Welt die Besonderheiten, die aus ihrer Herkunft aus der Gedankenwelt der KI stammen, in den Hintergrund treten.

## 6.1 Expertensystemen vs. industrielle DV-Programme — Ein Antagonismus?

Der Einsatz von Expertensystemen im alltäglichen industriellen Einsatz unterscheidet sich in den Anforderungen an diese Programme kaum vom Einsatz anderer DV-Programme. Für den Nutzer ist der technische Unterschied bei der Entwicklung der Programme irrelevant, soweit sie dadurch keine besonderen Nachteile zeigen (etwa durch erhöhte Unzuverlässigkeit und permanente Weiterentwicklung der Wissensbasis). Die Planung eines solchen Einsatzes muß die gleichen Randbedingungen beachten, die

auch bei der Einführung herkömmlicher Software gelten. Die Planung betrifft die Nutzer des Programms und ihre Vorgesetzten und muß sich auf die Anwendungsaspekte, den Programmentwurf und seine Implementierung beziehen. Es ist das teuer erworbene praktische Grundwissen der Systemanalytiker und Software-Techniker, daß die ersten beiden Gruppen für den industriellen Einsatz viel bedeutender sind als die Anwendung und ihre maschinelle Umsetzung. «Unzureichende Planung und uneffektives Management mag Enttäuschungen hervorrufen, nachdem Expertensysteme installiert wurden. Das ist kein Versagen der Technik. Wir scheinen die gleichen Fehler wieder und wieder zu machen.» (N. S. Rajaram, zitiert nach [331])
Für die meisten KI-Systementwerfer ist dies eine allerdings neue Erfahrung, vergleichbar mit den Erfahrungen beim Verkauf eines Software- oder Hardware-Produkts, bei dem die Produktqualität nicht ausschlaggebend für die Marktdurchdringung ist. Ein zentrales Problem beim Einsatz von DV-Produkten ist die Akzeptanz durch die Nutzer, die daran arbeiten müssen. Akzeptanz kann durch Wissen um die Ziele des Einsatzes, Schulung im Umgang mit dem System und Einsicht in die Vorteile seiner Nutzung im Arbeitsprozeß entstehen. Dies sind äußerst komplizierte Prozesse, die von der Software-Technik nur äußerst mühsam in einem fast vierzigjährigen Prozeß entwickelt wurden und wie alle Auseinandersetzungen um die Form und Qualität der Arbeit weder formal noch allumfassend geregelt werden können.
Akzeptanz durch die Vorgesetzten wird dabei meist anders begründet sein als Akzeptanz durch die mit dem Programm Arbeitenden. Diesen kann für eine gewisse Zeit die Akzeptanz der Vorgesetzten als Herrschaftsakt aufgezwungen werden; so wird freilich keine stabile Lage geschaffen und ist bei der prinzipiellen Anfälligkeit von Expertensystemen eindeutig kontraproduktiv. Die prinzipiell mögliche und mit anderen Anwendungen handfest betriebene Maschinisierung von Herrschaftsaspekten durch DV-Systeme findet Grenzen beim Einsatz von Programmen, deren Nutzung umfangreiche selbständige Handlungsweisen voraussetzen: «Falls man ein System implementiert, von dessen Scheitern die Benutzer von Anfang überzeugt sind, so wird es scheitern.» (Ford-Manager Donald L. Smith [331]). Mitsprache, Mitgestaltung, Mitbestimmung sind die Schlüsselworte für den andauernd neu zu bestimmenden Kompromiß am Arbeitsplatz, der die Einführung von Expertensystemen nicht auslassen wird. Aktuelle Ansätze partizipativer Software-Gestaltung, wie sie von Kristen Nygaard [255], Pelle Ehn [114] oder Christiane Floyd [127] und ihren Arbeitsgruppen vertreten werden, mögen hier klärend wirken. Wenn Knowledge Engineering je eine eigenständige Profession wird, aber auch wenn es in einer besser verstandenen allgemeinen Software-Technik aufgeht, muß der Dialog mit den Experten *und* den Nutzern die klassische Systemanalyse in den Hintergrund drängen.

Mit allen drei Aspekten der Systemeinführung — Aufklärung, Schulung und Akzeptanz durch Einsicht in die Nützlichkeit — können Wissenschaftler und KI-Forscher normalerweise nicht viel anfangen. Die jahrzehntelange Ghetto-Situation der KI-Forschung hat zwar sehr viele Ansätze zur Propaganda und selbstgefälligen Darstellung sowie eine Fülle von Versprechungen demnächst ('real soon now') einsetzbarer Programme hervorgebracht, aber nur bescheidene Ansätze zur Überzeugung von Menschen, die weniger an der Ideologie der Künstlichen Intelligenz, sondern an der praktischen Nutzung maschineller Unterstützung interessiert sind. Langsam ist ein gewisses Umdenken in dieser Situation erkennbar: Feigenbaums neues Buch wie eine Reihe anderer einführender Texte [160,350,297,225,203] deuten diese Entwicklung an. Die Zeitschrift *AI Expert* hat die Umsetzung der Expertensysteme in die reale DV-Welt über die Prototypen hinaus in mehreren aufeinanderfolgenden Ausgaben zum Thema gemacht (während das Flaggschiff der theoretischen KI-Forschung, die Zeitschrift «Artificial Intelligence» solche Fragen niemals aufgreift). Für die am Markt verbliebenen Herstellerfirmen ist die Situation allerdings dramatischer; sie müssen handeln. Die Firmenwerbung (z.B. Texas Instruments Satellite Symposia) und die Entwicklungsstrategien der Firmen (allen voran IBM mit der System Shell ESE) greifen dieses Thema notgedrungen auf.

## 6.2 Software-technische Probleme der Expertensystemtechnik

Nachdem sie lange als mehr oder minder schwarze Kunst angesehen wurde, unterliegt die Konstruktion von Software seit einiger Zeit der Forderung, sie müsse sich ingenieursmäßigen Prinzipien unterwerfen. Ein wissenschaftlicher Wendepunkt dieser Entwicklung war die NATO-Konferenz zum Software Engineering, die 1968 in Garmisch Partenkirchen stattfand. Auf ihr wurde das Wort Software Engineering als Kampfmittel gegen die 'Software-Krise' eingeführt.[67]

Die Software-Krise dauert auch heute, zwanzig Jahre später, noch an. Derek Partridge beschreibt 1986 die Software-Krise als Ergebnis des Drängens nach immer umfangreicheren und dadurch undurchschaubareren Programmen: «Die Software-Krise ist ein Zustand, in dem wir Computerprogramme, die nur unvollständig verstanden sind, bauen, verkaufen und uns zunehmend auf sie verlassen. Die großen Programme, die heute so große Bereiche unseres Lebens steuern, sind sowohl unzuverlässig wie nicht voll zu durchschauen.» Und: «Die Software-Krise ist Ergebnis unserer Fähigkeit, Programme in einer Größenordnung und Komplexität zu konstruieren und zu benutzen, die jenseits der Grenzen menschlichen Verstehens sind» [260]. Langsam beginnt sich die Erkenntnis durchzusetzen, daß es sich bei der Software-Krise nicht um eine technische Frage, sondern um das komplexe Zusammenspiel von Technik und gesellschaftlichen Verhältnissen und Prozessen handelt (vgl. etwa [254, 81]).

Ingenieurmäßiges Vorgehen sollte die 'künstlerische Freiheit' beim Programmentwurf beseitigen, die sich den hierarchischen Erfordernissen der industriellen Software-Produktion nicht subsumieren ließ. 'Ego-less' Programming wurde von der Ingenieursfraktion als Voraussetzung für eine arbeitsteilige Erstellung von Programmen mit getrennten Arbeitsschritten der Spezifikation, der Implementierung, des Tests und der Wartung empfunden. Viele Wissenschaftler sekundierten diesem Re-Organisations-

[67] Denn eben wo Begriffe fehlen,
Da stellt ein Wort zur rechten Zeit sich ein,
Mit Worten läßt sich trefflich streiten,
Mit Worten ein System bereiten...
(Goethe, *Faust, Erster Teil*)

programm der Programmierarbeit, indem unter der Fahne streng methodischer Gründe 'Modulares Programmieren', die Eliminierung des Goto-Statements [113] und anderer Ursachen des Spaghetti-Kodes, ja sogar die Eliminierung von Variablen forderten. Daß dieser Kleinkrieg weniger um wissenschaftliche Wahrheiten, sondern mehr um betriebliche Machtfragen und Selbstdarstellungen geht, ist auch noch zwanzig Jahre später in einschlägigen Zeitschriften, wie der *Computerwoche* nachzulesen. Mit dem denkwürdigen Satz: «Die Wortverbindung von Ingenieur und Software-Entwicklung verspricht ein Mehr an Sicherheit für die Investoren» wird ein Manager zitiert und die Redaktion weiß zu berichten: «Gefragt sei heute weniger der geniale Programmierer als der Software-Ingenieur, der streng nach den Regeln seines Berufsstandes vorgeht.»[68] Welche intersubjektiv akzeptierten «Regeln» damit gemeint sind, wird allerdings nicht verraten. Tatsächlich sind die Bastionen der Künstler-Informatiker nicht einfach kampflos geräumt. Donald Knuth' ab 1968 erschienenes Standardwerk «The Art of Computer Programming» [194] trug seinen Titel nicht absichtslos und wurde mit David Gries' «The Science of Programming» konterkariert [150]. Die Schlachten um die Programmiermethodik wurden aber letztlich in den DV-Abteilungen der Betriebe geschlagen, wo die Praxis eher in der Durchsetzung von 'Phasenmodellen' und 'Chief-Programmer Teams' bestand. Bei den *Chief Programmer Teams* wurde die lohnkostengünstige und herrschaftsstabilisierende Trennung eines Programmentwerfers (des Chiefs) und einiger Kodierknechte gefordert; sie haben sich aber kaum in dieser Form durchsetzen lassen.

Wesentliches Hilfsmittel der organisierten Software-Erstellung sind *Phasenmodelle*, die mehr den Erfordernissen arbeitsteiliger industrieller Programmierung entsprechen als die wissenschaftlich-methodologischen Diskussionen. Mit einem Phasenmodell wird die Programmentwicklung grob in Einzelschritte wie Anforderungsspezifikation, Programmentwurf, Implementierung, Test, Wartung und Weiterentwicklung zerlegt (je nach Methodologie gibt es unterschiedliche Vorstellungen der genauen Phasentrennungen). Der genaue Zusammenhang der Phasen blieb freilich immer umstritten, und die Vorstellung einer strikt linearen Abarbeitung der einzelnen Phasen ist mehr eine theoretische Forderung als praktischer Alltag. Zu den wissenschaftlichen Versuchen, die Erstellung von Software qualitativ zu verbessern, gehören die Bemühungen zur formalen Spezifikation, zur Verifikation durch den Beweis der funktionalen Äquivalenz von Programmkode und formaler Spezifikation oder zur Transformation der formalen Spezifikation in Programmkode. All diese Bemühungen bleiben mehr auf der theoretischen Seite, während die anfänglich eher vernachlässigten Bemühungen um eine theoretische und praktische Verbesserung von Testverfahren, Programmkode-Dokumentation, Projektverlaufsüberwachung und Wartungsmethoden in der Praxis insbesondere nach analysierten Fehlschlägen zu gewissem Ansehen gekommen sind.[69]

Die gängigen Phasenmodelle des Software Life Cycle — Anforderungsdefinition, Spezifikation, Implementierung, Test und Wartung — sind bei der Entwicklung von Exper-

[68] Beide Zitate aus einem Eigenbericht «Programmier-Genies sind nicht mehr gefragt» der Computerwoche vom 23.12.88, p.11 über ein Symposium in Garmisch-Partenkirchen.

[69] So soll Apple Computer nach dem Verlust des Quellkodes für den Treiber des zum damaligen Zeitpunkt verkaufsstrategisch als sehr wichtig eingeschätzten Typenraddruckers ein neues System der Projektverlaufsüberwachung und Quellkodedokumentation eingeführt haben. (lt. S. Knaster [193], p.10)

tensystemen nicht mehr anwendbar. Statt dessen wird zunehmend der bisher unentfaltete Begriff 'inkrementelle' oder 'explorative' Programmierung verwendet. Der typische Entwicklungsweg eines Expertensystems beginnt mit der Konstruktion eines Prototypen für eine kleine Zahl häufiger Anwendungsfälle, in dem die grundlegenden Strukturen der Wissensrepräsentation und der Benutzungsschnittstelle festgelegt sind. Wenn die Wissensbasis hinreichend gefüllt und die Fehlerrate unter eine akzeptable Marke gesunken ist (im Fall des berühmten XCON-Programms lag die anfängliche Forderung bei weniger als zehn Prozent Fehler, dies wurde jedoch nicht erreicht[70]), wird der Einsatz des Programms gewagt.

Sind die herkömmlichen Phasenmodelle auch überholt, so bleibt doch notwendigerweise eine zeitliche Folge der Entwicklung. Buchanan et al. [55] unterscheiden fünf zeitliche Phasen bei der Entwicklung eines Expertensystems, die sich softwaretechnisch am Herkömmlichen orientieren. Charakteristisch sind die Zyklen der Entwicklung, die während der gesamten Lebenszeit eines Expertensystems immer wieder durchlaufen werden, eine Eigenart der inkrementellen oder explorativen Programmierung.

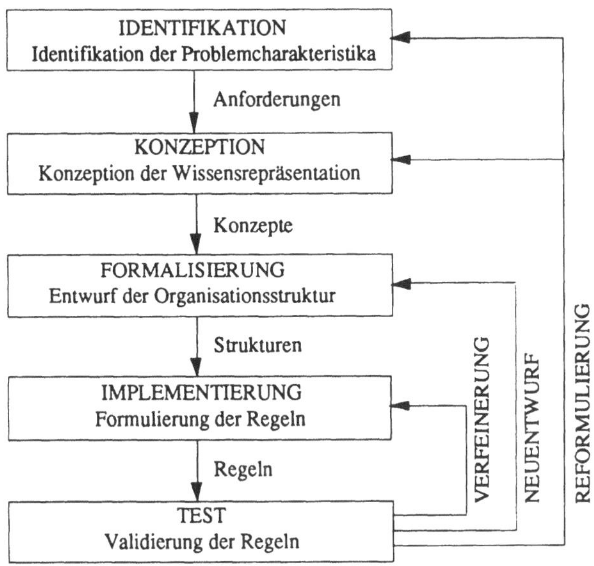


***Bild 6.2** Phasenmodell der Wissensakquisition nach [55]*

Über die Probleme, die sich aus dieser neuen Art von Programmierstil ergeben, zieht Jackson ein eher düsteres Resumé: «In konventionelleren Programmierstilen ist es klar, was die Kriterien guter Programmierpraxis sind. Überdies wurden ganze Bücher geschrieben, die sich mit den Aspekten des Programmentwurfs, der Programmierstile und Effizienzüberlegungen befassen. Auch wenn einige dieser Gegenstände kontrovers diskutiert werden, helfen solche Texte zusammen mit der mündlichen Überlieferung erfahrener Programmierer dem Neuling, dieses Geschäft zu erlernen. Solche Erfah-

[70] Heute wird meist eine Fehlerrate von 1-2% für XCON-Konfigurationen angegeben.

rungen gibt es im Zusammenhang mit der KI-Programmierung nicht und speziell nicht im Zusammenhang mit dem Knowledge-Engineering. Viele LISP-Einführungen enthalten schreckliche Programme, die den Enthusiasten strukturierter Programmierung schaudern lassen....Wie Kluzniak und Szpakowicz (1984) herausgestellt haben, ist es in keinem Fall selbstverständlich, daß 'Programmieren in Logik' entweder bessere Programme oder weniger Programmieraufwand zum Ergebnis haben. So ist es nicht einsichtig, warum eine Menge von Prädikatenkalkülformeln weniger Fehler enthalten sollten als eine Menge von Programmbefehlen oder warum sie leichter zu korrigieren sein sollten. Die Hoffnung scheint sich auf den Gedanken zu gründen, daß man Logik benutzen kann, um zu beweisen, daß ein bestimmtes wissensbasiertes Programm bestimmte Eigenschaften hat und daher seine Korrektheit oder zumindest seine Einschränkungen von Anfang an garantieren kann. Für mich ist es schwer verständlich, daß dies möglich sein soll, wenn man die Komplexität heutiger Programme voraussetzt, wo Module von unvollständigem, unsicherem und möglicherweise inkonsistentem Wissen um die Aufmerksamkeit in einem Interpreter streiten und nicht unter einer heuristischen Kontrollbuchung verwendet wurden» [181].

Begriffe wie Software-Test und Verifikation sind auf diese Programme insgesamt nicht anwendbar, man spricht stattdessen von 'Validierung'. Hierdurch wird angedeutet, daß die Korrektheit heuristischer Methoden weder formal beweisbar noch ausreichend testbar ist. Vorschläge, eine hinreichende Menge von Testfällen zu spezifizieren, durch die die Verläßlichkeit eines Expertensystems nachgewiesen werden kann, sind zum Scheitern verurteilt: es ist nicht bekannt, wie eine solche Menge bestimmt werden könnte. Die vollständige Menge der Probleme, die ein Expertensystem während seiner Lebenszeit bearbeiten wird, ist wegen der heuristischen Natur des Problemgebiets nicht spezifizierbar.

Das Fehlen von Testmethoden ist auch eine Konsequenz der Trennung von anwendungsspezifischen Regeln als 'Wissensbasis' vom Kontrollprogramm. Es reicht nicht aus, nur den Programmkern (d.h. Inferenzmaschine und ihre Schnittstellen) zu testen; der Test der Interaktionen zwischen Programm und Wissensbasis wird jedoch wegen des gewaltigen Umfangs dieser Aufgabe selten, wenn überhaupt, durchgeführt.

Dies führt zu einer unbefriedigenden Situation: ein Expertensystem ist niemals fertig und arbeitet niemals fehlerfrei — ein entscheidender, wenngleich in der Praxis nicht immer erkennbarer, Unterschied zu herkömmlichen Software-Programmen. «Ich bin nicht sicher, ob alle (oder auch nur die meisten) seiner Gönner oder Befürworter sich darüber im klaren sind, daß R1 jederzeit Fehler machen wird. Das Problem liegt darin, daß zumindest manche der R1-Förderer darin nur ein Programm, jedoch nicht den Experten sehen. Zwischen Programmen und Experten besteht nun in der Tat ein gewaltiger Unterschied. Programme sind am Ende *ex definitione* fehlerfrei. Fachleute andererseits sind, wenn sie vollkommen fertig sind, meist tot. Während der letzten beiden Jahre habe ich immer wieder hervorgehoben, daß ein auf Wissen basierendes Programm ein relativ ausgedehntes Lernstadium durchlaufen muß, und selbst dann, wenn es zum Experten geworden ist, wird es, wie alle anderen Fachleute auch, gelegentlich Fehler machen. Den ersten Teil dieser Aussage hat man begriffen, den zweiten aber vermutlich nicht. Ich bin daher gespannt, ob Digital oder ein anderes großes Unternehmen — sobald dieses Merkmal der Expertensystem-Programme einmal anerkannt ist — innerlich bereit sein wird, Programmen, deren Fehlbarkeit bekannt ist, eine nennenswerte Verantwortung zu übertragen» [219]. Das Grundproblem liegt in der Tatsache, daß menschliche Experten nicht immer fehlerfrei arbeiten, weshalb die heuristischen Beschreibungen von Teilen des Expertenwissens ebenfalls nicht fehlerfrei sein können. Der Unterschied zur traditionellen Software-Entwicklung liegt nicht unbedingt in der Tatsache, daß Fehler vorkommen (das ist immer der Fall), sondern in der Tatsache, daß sie als normale Arbeitsbedingung des Programms grundsätzlich akzeptiert werden. Aus diesem Grund scheiden Expertensysteme für den Einsatz in kritischen und gefährlichen Umgebungen aus. Ebenso ist eine Einbettung von Expertensystemen in autonome Systeme unzulässig, sofern die Entscheidungen des Systems irreversibel sind. Viele Vorschläge der Anwendung von Expertensystemen im Computer Integrated Manufacturing (CIM) und im militärischen Bereich fallen in diese Kategorie; *Expertensysteme müssen als riskante, potentiell fehlerhafte Programme betrachtet werden.*

Finanzieller und betrieblicher Aufwand beim Einsatz von Software entsteht vor allem anderen aus der Pflege bestehender Software. Nach Untersuchungen der US-Luftwaffe [133] kostet die Erstellung einer Programmzeile im Schnitt etwa $75, die Wartung über die Laufzeit des Programms kostet dagegen über $400. Damit wird auch die enorme ökonomische Bedeutung der Wartung und Weiterentwicklung von Software sichtbar. Bei Expertensystemen kommt freilich hinzu, daß die Programme eigentlich nur durch fortwährende Pflege einsatzfähig bleiben, da ihre Stärke gerade darin ausgemacht wird, daß sie Sachverhalte besonders gut modellieren können, die sich durch häufige Änderung der Wissensbasis auszeichnen. Pflege der Software, Wartung und Weiterentwicklung sind also eine zentrale softwaretechnische Aufgabe des Expertensystemeinsatzes. Und gerade hier zeigen sich deutliche Schwachstellen der bisherigen Entwicklung, die viel mehr am Labor und am Prototyp orientiert ist als am realen betrieblichen Einsatz. Auf die Schwierigkeiten, die bei der Pflege von XCON entstanden, wurde bereits vorher eingegangen. Auch in der Bundesrepublik sind von den wenigen bisher eingesetzten Programmen gleich mehrere in eine Wartungskrise geraten. Für IKON, ein Rechner-Konfigurationssystem der Firma PCS, München wird von den Entwicklern [214] von unerwartet hohem Pflegeaufwand berichtet, der auch durch eine inhaltliche Verschiebung der Einsatzaufgaben bedingt ist: «Die Hardware-Teile haben sich oft und manchmal radikal geändert mit einem Trend zu weniger komplizierter Konfigurierung der Hardware. Dafür stieg aber der Bedarf an Tests der Software-Kompatibilität und Anpassung mit der Zeit. Man kann sagen, daß die Konfigurierungstätigkeit von IKON sich von Hardware auf Software verlagert hat. ... Unerwartet waren die häufigen Änderungen des empirischen Wissens, und nicht nur wegen neuer technischer Parameter, sondern wegen nichttechnischer Modalitäten wie Preisoptionen, langfristige Strategie, Lagerbestand u.s.w.»

Für zwei der neun von Mertens [224] 1986 genannten, in der Bundesrepublik betrieblich eingesetzten Expertensysteme hat die Wartungskrise ihren Einsatz nach relativ kurzer Betriebsdauer beendet:

GUMMEX, ein Steuerprogramm zur Produktion von Elastomeren bei der Freudenberg AG, Weinheim, entwickelt vom Battelle-Institut, Frankfurt, wurde nach einer Testphase eingestellt wegen des «unerwartet hohen Aufwands für Wartung und Pflege» [225]. INTRA (Intelligent Trace Analyzer), ein Programm des Rechnerherstellers Hewlett Packard zur Untersuchung von Programmabbrüchen, wird «wegen unerwartet hohen Pflegeaufwandes» [225] nicht mehr gewartet und nicht eingesetzt.

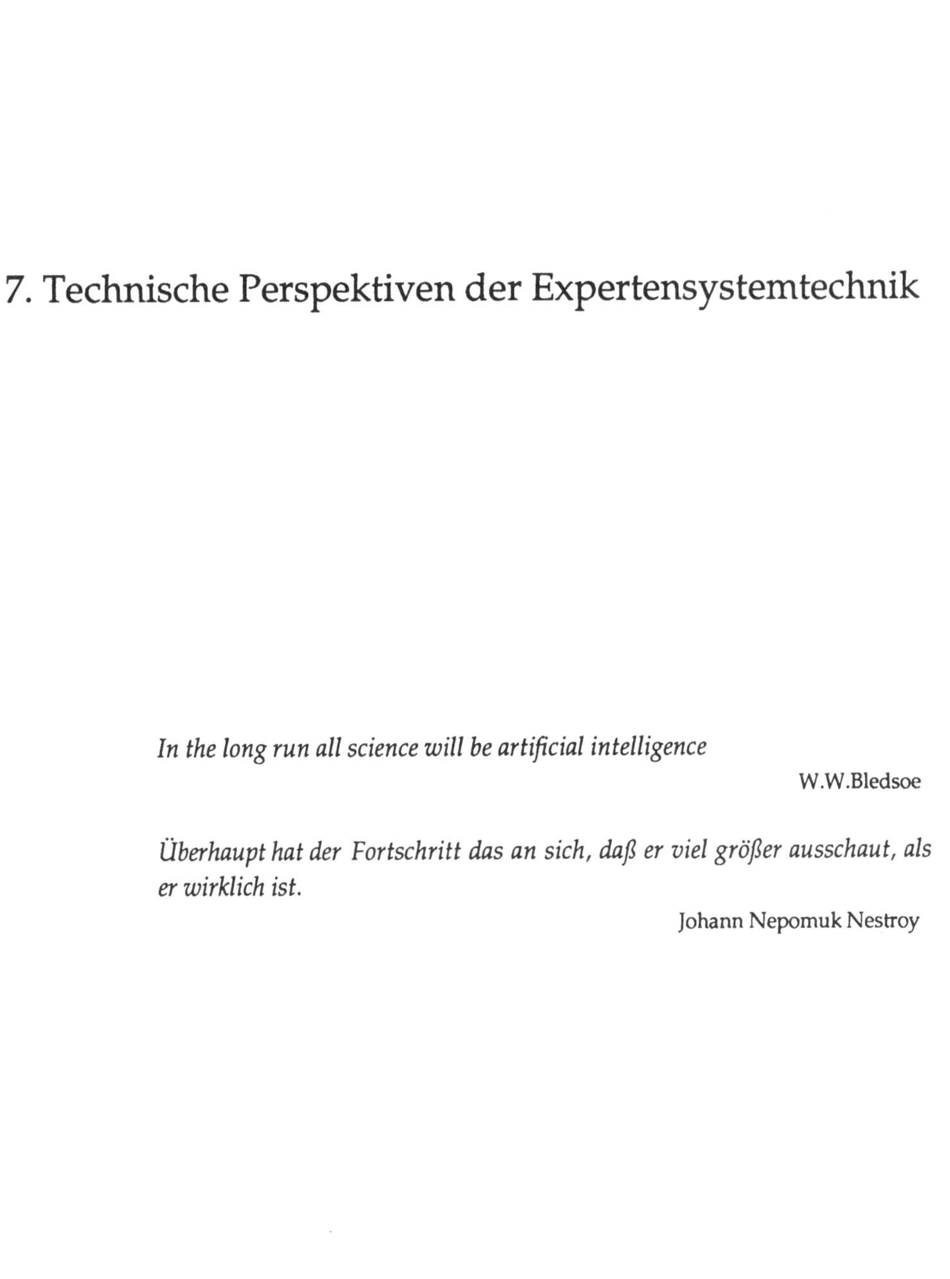

# 7. Technische Perspektiven der Expertensystemtechnik

*In the long run all science will be artificial intelligence*

W.W.Bledsoe

*Überhaupt hat der Fortschritt das an sich, daß er viel größer ausschaut, als er wirklich ist.*

Johann Nepomuk Nestroy

## 7.1 Dimensionen möglicher Entwicklung

Es ist unwahrscheinlich, daß Expertensysteme ihre separierte Rolle als Software einer ganz besonderen Art, die sie derzeit einnehmen, in den nächsten Jahren behalten werden. Die Trennung von den Forschern der Künstlichen Intelligenz haben die Entwickler praktisch einzusetzender Expertensysteme weitgehend vollzogen. Auf KI-Konferenzen spielen die heute entwickelten Formen von Expertensystemen als Forschungsthema keine wesentliche Rolle mehr: «Expertensysteme sind — obgleich potentiell nützlich — kein theoretischer Fortschritt auf unser Ziel hin, eine intelligente Maschine zu erfinden» [299]. Sie dienen allerdings noch immer als Aushängeschild 'erfolgreicher' KI-Anwendung und werden deshalb als Anwendungsgebiet der Wissensrepräsentation oder der Deduktionssysteme weiterhin in der KI mitgeführt, wenngleich erkennbar ist, daß die Forschungen auch in diesen KI-Gebieten andere Leitbilder haben. Es ist freilich denkbar, daß sich auf Grund dieser Entwicklung innerhalb der KI-Gemeinde ein deutlicher Bruch zwischen 'reiner KI-Grundlagenforschung' und 'angewandter Wissensverarbeitung' ausbilden wird. In der Benennung des neugegründeten Ulmer 'Forschungszentrum für Angewandte Wissensverarbeitung' ist dies schon angelegt.
Angesichts der hohen Erwartungen, die mit der Gründung von KI-Zentren durch Bund, Länder und Industrie verbunden sind, besteht freilich ein Druck auf die Forscher, *industriell anwendbare* KI-Programme zu entwickeln. Das Potential für kurz- und mittelfristig einsetzbare *Anwendungen* der KI ist jedoch in den meisten Forschungsgebieten gering; es besteht im wesentlichen aus den Programmen zur Bildverarbeitung, zur einfachen Textanalyse und vor allem anderen aus den Expertensystemtechniken. Von daher mag der Druck auf die KI-Forscher wachsen, sich doch wieder dem Themenkreis Expertensysteme zuzuwenden, wobei dann eine Anreicherung der derzeitigen Programme mit allerlei KI-Eigentümlichkeiten wie Schnittstellen für schriftliche und gesprochene Sprache oder Lernmodulen für die Wissensakquisition versucht werden mag. Eine Sonderrolle nimmt die Querverbindung der Expertensystemtechnik zur Bildverarbeitung ein [291]; sie wird heute bereits gepflegt, wenngleich dies häufig nicht als KI interpretiert wird. Dies alles würde auf eine Umkehrung des derzeitigen Trends, Expertensysteme eher als besonderen Informatik-Programmierstil denn als KI-Systeme zu interpretieren, hinauslaufen. Ob die Anwender angesichts des doch eher mühsamen Einstiegs in diese Technik eine solche erneute Verschiebung mitmachen, hängt sicher nicht nur von der Propaganda der KI-Forscher, sondern von nachweisbaren Erfolgen ab. Eine derartige Entwicklung bleibt demnach trotz sie verstärkenden Erwartungsdrucks eher fraglich.

Natürlich ist es auch möglich, daß der Themenkreis Expertensysteme schlicht mit dem Aufgeben der Prototypentwicklungen, mit dem Abschalten unwartbarer Programme und der Übernahme der intendierten Aufgaben durch herkömmliche Programmiertechniken verschwinden wird. Dies wäre kein völlig neues Phänomen der Informatik; es ist seit den Mißerfolgen bei der Einführung der Management Information Systeme unter dem Namen 'MIS-Effekt' bekannt. Auch Home-Computer wie der IBM-Junior oder das

TV-gestützte Bildschirmtextnetz der Bundespost gehören in die Kategorie solcher teuren, aber letztlich erfolglosen Schnellschüsse.

Nehmen wir im Gegensatz dazu an, daß Expertensysteme (eventuell in veränderter, weiterentwickelter Form) sich als notwendig zur informatischen Erfassung gewisser komplexer Aufgabenbereiche erweisen, die nur mit heuristischen Verfahren beschrieben werden können und die den Charakter qualifizierter Arbeit haben. Auch dann scheint eine Wandlung der heutigen Auffassungen von Expertensystemen unumgänglich, da sie sich in angemessener Weise in die sich gleichfalls weiterentwickelnden Hauptströmungen der DV einpassen müssen.
Aus der unterschiedlichen Definition von Expertensystemen ergeben sich unterschiedliche Ansätze einer technischen Weiterentwicklung. In Abschnitt 1.5 wurde unterschieden zwischen

- Programmen, die in herkömmlicher Weise programmiert sind, aber die qualifizierte geistige Arbeit eines Experten unterstützen oder ersetzen,
- Programmen, die heuristische Verfahren mit einer Inferenzmaschine und symbolischer Wissensrepräsentation implementieren und die qualifizierte geistige Arbeit eines Experten unterstützen oder ersetzen,
- Programmen, die heuristische Verfahren mit einer Inferenzmaschine und symbolischer Wissensrepräsentation implementieren, aber keine Aufgaben übernehmen, die bislang als 'Expertentätigkeit' galten,

Zwei mögliche Migrationspfade zeichnen sich realistischerweise ab, die sich gegenseitig nicht notwendig ausschließen müssen:

- Die Integration der Expertensystemtechnik in die Programmiertechnik und
- die Integration der Expertensysteme in die Anwendungen.

Die Tatsache, daß von DV-Spezialisten die Worte 'regelbasierte Programmierung' und 'Expertensystemprogrammierung' manchmal synonym verwendet werden, deutet nicht nur auf schlampigen Sprachgebrauch, sondern auch auf den Willen der Software-Entwickler hin, regelartige Datenstrukturen, Inferenzmodule, heuristische Lösungsbeschreibungen ebenso wie Frames, semantische Netze und Deduktionsverfahren zum festen Bestand der Software-Technik zu machen, wenn sich diese formalen Objekte und Techniken als nützlich zur Lösung ihrer Aufgaben erweisen. Wo praktische Erfahrung mit KI-Programmen vorliegt, wird dies schon so gesehen: «KI, das zeigt die Erfahrung, ist somit nicht nur ein wertvolles neues Instrument, um sonst kaum überschreitbare Komplexitätshürden zu bewältigen, sondern auch eine Technik, die in traditionellen Bereichen produktivitätssteigernd wirken kann. Rapid Prototyping, exploratives Programmieren und partizipatives Design sind nur einige Stichwörter. Die KI bietet heute technische Möglichkeiten, die mit traditioneller Software nicht durchführbar sind. Der Unterschied zwischen KI und DV wird sich jedoch innerhalb der nächsten Jahre verwischen und man wird je nach Bedarf auf beide Technologien zurückgreifen» [304]. Dieser Aneignungsprozeß beschreibt eine Tendenz der DV-Entwicklung, die sich unabhängig von ideologischen Differenzen mit der KI-Forschung nie gescheut hat, die praktischen Systeme der KI-Forschung wie LISP, Prolog, Bildverarbeitungssysteme, ikonische Benutzerschnittstellen oder integrierte Programmierumgebungen zu übernehmen, sofern sich diese als nützliche Arbeitsmittel erwiesen. Aus einer solchen Sicht kann man die KI-Forschung als ein Entwicklungslabor für Programmiermethoden [335] (oder Programmier'stile' [166,334] oder Programmier'paradigmen' [26,127,129]) ansehen. Und da manche KI-Forscher ausgesprochene Hacker sind, haben sie sich nützliche Programmierhilfsmittel geschaffen. Die Protagonisten solcher Aneignung der KI als softwaretechnische Hilfe der allgemeinen DV-Entwicklung betonen meist, daß sie an den 'überzogenen' geistigen Grundlagen der KI nicht interessiert sind, sondern bloß an ihren praktischen Ansätzen. Ob man freilich die KI einkaufen kann, ohne dabei bewußt oder unbewußt die Ideologie der Künstlichen Intelligenz und die daraus gezogenen Schlüsse zu übernehmen, ist fraglich. *In vieler Hinsicht mag die KI-Ideologie als Zerrspiegel der Informatik erscheinen, aber letztlich ist sie auch ein Spiegelbild unbewußter Theoriebildung in der Informatik.*

Eine offene technische Frage bleibt, wie sich die Spannung zwischen Programmiersprachen zur Expertensystemerstellung und entsprechenden Programmgeneratoren (*Shells*) entwickeln wird. Zur Integration von Expertensystemen in die allgemeine Software-Entwicklung wird der Zugang zu Programmiersprachen nützlicher sein, aber es ist genauso vorstellbar, daß Shells durch Möglichkeiten der Makro-Programmierung, der Einbindung in herkömmlichen Programmiersprachen, durch einfache Zugriffe auf andere Programme und Daten und eine glatte Integration in das umgebende Betriebssystem als Programmgeneratoren einsetzbar werden [90]. Ein Beispiel zeigt die Shell Nexpert Object, die einerseits die Einbettung von C- oder Pascal-Programmen zuläßt und andererseits durch die Kombination mit dem Apple HyperCard-Programm unmittelbare Zugriffe auf das Macintosh Betriebssystem zuläßt. Unter Unix sind solche Entwicklungen ähnlich einfach zu realisieren. Da die Anbindung an Datenbanken, Programmiersprachen und Betriebssystemfunktionen derzeit im Zentrum der Weiterentwicklung von Shells steht, ist die Etablierung eines eigenständigen Arbeitsmittels Expertensystem-Programmgenerator, mehr oder weniger ähnlich den Entwicklungen der Tabellenkalkulationsprogramme, durchaus möglich.

Von den Anwendungsbereichen wird es Verschiebungen der Expertensysteme in die allgemeine DV-Welt geben. Dies mag die Vorstellungen von Expertensystemen gründlich verändern. «Gegenwärtig ist nicht absehbar, ob Expertensysteme in ihrer gegenwärtigen technischen Form reüssieren, oder ob andere, derzeit nur in Ansätzen sichtbare Modelle erfolgreich sein werden. Denkbar ist auch, daß sich Expertensysteme mit einem gegenüber dem derzeit propagierten eher reduzierten Anspruchsniveau durchsetzen, anders gesagt, daß sie lediglich in solchen ausgewählten Anwendungsbereichen eingesetzt werden, in denen ihre Stärke zum Ausdruck kommt» [18]. Dabei zeigen sich unterschiedliche Entwicklungsmöglichkeiten, ohne daß man jetzt definitiv sagen könnte, welche sich realisieren werden und welche bloße Möglichkeiten bleiben.

Der Bedarf nach *On Line-Hilfe-Systemen* wächst mit der Komplexität der interaktiven DV-Anwendungen, ebenso wie der Wunsch nach vielseitigeren Dialogmodulen für Datenbanken oder Telekommunikationsanwendungen. Die Bereitstellung von interaktiv nutzbaren Bildschirmdarstellungen von Handbüchern, Lexika und Katalogen wird durch die Entwicklung neuer Speichermedien wie CD-ROMs, aber auch durch den konstanten Fortschritt in der magnetischen Aufzeichnungstechnik billiger. Der Umgang mit wesentlich größeren Dateien, Texten und Dateisystemen als den derzeit üblichen verlangt geeignete Editoren, die in irgendeiner Form die Prinzipien von Hypertext-Editoren [75] aufgreifen werden. Die Verwendung regelgestützter Programmierung zur Konstruktion von *Hypertext-Editoren* ist naheliegend, und sie wird in kommerziellen Programmen wie Knowledge Pro oder Nexpert Object bereits vollzogen.
Mit der Bereitstellung von *Bedienungshandbüchern* für komplexe Geräte auf dem Bildschirm eröffnet sich der Übergang zu Unterstützungssystemen zur Diagnose fehlerhaften Verhaltens dieser Geräte. Die Auslegung von Diagnosesystemen als Expertensysteme ist ein Trend, der im Maschinenbau und der Elektronikindustrie ebenso wie in der Fertigung und anderen Bereichen der industriellen Produktion sichtbar geworden ist. Andererseits ist die Fehleranalyse ein wohletabliertes Arbeitsfeld [265], in der die Nutzung von Expertensystemen nur eine Maßnahme unter vielen möglichen ist. Es ist ohne weiteres vorstellbar, daß z.B. die regelgestützte Fehlerdiagnose eine Standardtechnik dieses Arbeitsfeldes wird, ohne daß sie die besondere Hervorhebung 'Expertensystem' erhält. Im Halbleiterentwurf sind regelgestützte Programme zur Leiterbahnentflechtung seit langem üblich, ohne daß die Vorstellung gepflegt wird, daß es sich hier um 'Expertensysteme' handelt. Eine ähnliche inhaltliche Integration wäre bei komplexeren Diagnosesystemen vorstellbar. Das gleiche kann auch für Planungssysteme, wie etwa Konfigurationssysteme für Anlagen oder Geräte eintreffen. In all diesen Fällen handelt es sich um die Integration der Expertensysteme in die DV-Technik ihrer Anwendungsfelder.

## 7.2 Integration der Expertensysteme in die DV-Welt

Die derzeitige Expertensystementwicklung ist noch stark gekennzeichnet durch dedizierte Hardware, vor allem Maschinen von Symbolics oder Texas Instruments, und durch für normale DV-Abteilungen exotische Sprachen wie LISP oder Prolog. Zunehmend migriert diese Entwicklung auf PCs unter MS-DOS oder auf den Macintosh II. dazu stehen spezialisierte Programmgeneratoren für Expertensysteme *(Shells)*, LISP und Prolog und eine Reihe spezialisierter LISP-Architektur-Erweiterungsboards zur Verfügung. Vereinzelt wird auf LISP oder Prolog unter Unix-Workstations zurückgegriffen, und seltener findet die Entwicklung unter einem Großrechnerbetriebssystem, etwa unter der IBM-Shell ESE statt. Erreicht ein derartiges Programm die Prototypstufe, so stellt sich die Frage der Einbettung in die real existierenden DV-Umgebungen. «Ein von der Industrie oft geforderter Standard bei Expertensystemwerkzeugen wird sich jedoch in naher Zukunft kaum realisieren lassen, da sich die Technologie noch zu schnell weiterentwickelt» [272].

### *7.2.1 Verschwinden spezieller Hardware und Reduktion der Software-Vielfalt*

Wenige Expertensysteme arbeiten autonom ohne umfangreiche Ein- und Ausgabedaten. Viele sollen in bestehende Datenbestände eingreifen und auf bestehender Hardware unter gegebenen Betriebssystemen implementiert werden. Auf der Abteilungsebene sind dies Minis und Workstations unter Unix oder herstellerspezifischen Betriebssystemen oder zunehmend vernetzte PCs unter Unix, MS-DOS oder herstellerspezifischen Betriebssystemen. Die andere Einsatzvariante zielt auf zentrale DV-Großrechner, die als Plug Compatibles entweder unter einer Variante des IBM-Betriebssystems MVS laufen oder ein herstellerspezifisches System benutzen (z.B. VM, VSE oder BS2000). Beiden sonst so gegensätzlichen Bewegungen, die sich als zentrale vs. dezentrale DV-Versorgung wohl noch Jahrzehnte gegenüber stehen werden, ist eines gemeinsam: Sie haben mit LISP- oder *prolog*-Hardware nichts zu tun. Doch Software, die sich nicht in die laufenden Betriebssysteme einschließlich geeigneten Datenaustauschs einbetten läßt, hat keine Perspektive, die Stufe eines Protoyps zu überwinden.

Da sich gleichzeitig die Rechenleistungen der PCs und Workstations in den letzten Jahren erheblich verbessert haben und LISP als Programmiersprache der KI im praktischen Einsatz zunehmend durch herkömmlichere Programmiersprachen ersetzt wird, scheint der Einsatz spezialisierter LISP-Maschinen langsam auszulaufen. Von den vier Hardware-Herstellern Symbolics, LISP Machine Industries, Texas Instruments und Xerox liefern nur noch Symbolics und TI Geräte aus. Auch deren Erwartungen bezüglich spezialisierter Hardware-Systeme scheint nicht ungebrochen: Ihr strategisches Konzept schließt den Übergang auf PC-Prozessoreinschubkarten ein (Texas Instruments *Micro-Explorer* oder die Symbolics *MacIvory*-Karte), auf denen auch Entwicklungssysteme wie KEE und ART verfügbar sind. Eine weitere Variante einer LISP-Einschubkarte auf der Basis herkömmlicher Mikroprozessortechnik bietet das Golden Hill *Humming Board*. Die japanische *prolog*-Hardware hat dagegen den Markt noch nicht erreicht und die erhoffte Akzeptanz ist derzeit nicht abschätzbar.

Der spezialisierten LISP- und *prolog*-Hardware steht die stetige Leistungssteigerung der Workstations und Minis entgegen, die vor allem unter Unix laufen, sowie die beachtliche Leistungssteigerung der PCs mit den Motorola 68020–, 68030– und 68040–Mikroprozessoren und der IBM-kompatiblen PCs mit 80386– und 80436–Mikroprozessoren. Der originäre Vorteil spezialisierter LISP-Hardware, vor allem die hardwaremäßige Typüberprüfung, wirkt sich sich nur bei LISP aus; eine sprachliche Beschränkung, die dem Trend der Integration in die kommerzielle DV-Welt entgegensteht. Die hervorragenden Eigenschaften der Software-Integration und der graphischen Benutzungsoberfläche des Symbolics-Betriebssystems Genera werden auch vom Macintosh-Betriebssystem, vom Digital Research Graphics Environment Module (GEM), von Microsoft Windows sowie einigen Unix-Oberflächen wie Next, OSF/Motif oder Open Look erreicht. Auch IBMs System Application Architecture SAA soll eine Windows-artige graphische Benutzungsoberfläche auf (fast) allen IBM-Maschinen vom OS/2-Mikro bis zum Großrechner verbreiten.

Eine andere Entwicklung spezialisierter Hardware beschäftigt sich mit der Konstruktion parallel arbeitender Rechner mit sehr hohem Vernetzungsgrad der Prozessoren (massive parallel computers). Paradeobjekt ist die *Connection Machine*, die von W. Daniel Hillis am MIT entwickelt wurde [168]. Diese Rechnerarchitekturen erlauben die programmgesteuerte Konfiguration der Verbindungsleitungen, um aufgabenspezifisch die parallele Struktur der sehr großen Prozessorzahlen zu arrangieren. Bei der Connection Machine können dies bis zu 65535 parallel arbeitende Prozessoren sein, die etwa für Aufgaben der Mustererkennung oder der Simulation völlig unterschiedliche Verknüpfungsarchitekturen annehmen kann. Derzeit wird solche Spezialhardware nur im militärischen Bereich und für wenige Großforschungseinrichtungen genutzt. Ob parallel arbeitende Systeme wesentliche Bedeutung erlangen werden, ist noch offen.

### 7.2.2 *Mainframes*

Entgegen den bisherigen Hauptströmungen der Expertensystementwicklungen auf Minis, Workstations, PCs oder auf LISP-Maschinen bestehen auch einige Möglichkeiten der Entwicklung auf Großrechnern. Auf Mainframes werden erst einige wenige Expertensystem-Erstellungssysteme angeboten, darunter KEE, Aion ADS, S.1, TWAICE, AICorp KBMS und das IBM-eigene ESE, die zum Teil mit gewissen Einschränkungen unter MVS verfügbar sind. Da KEE (Knowledge Engineering Environment) zudem auf vielen Workstations und LISP-Maschinen, sowie unter Unix und MS-DOS verfügbar ist, sollte eine Portierung auf das Großrechnerbetriebssystem MVS nicht zu schwierig sein. Das Expert System Environment ESE der IBM hat inzwischen verschiedene Erweiterungen erfahren, darunter eine Version ESCE/PC, die es erlaubt, ESE-Anwendungen auf einem PC einzusetzen. Die IBM-Strategie, ESE für ein Jahr umsonst zur Verfügung zu stellen und dann erst die monatliche Miete abzurechnen, hat sich wohl positiv auf die Akzeptanz ausgewirkt hat. IBM spricht von 150 Expertensystemen, die in Zusammenarbeit mit der IBM Deutschland gegenwärtig entwickelt werden und von 180 Programmen, die bereits im Pilotversuch erprobt werden oder fest im Einsatz sind.

### 7.2.3 *Abteilungsrechner und PCs*

Bei den Personal Computern zeigen sich im Macintosh II und IIx mit ihren Motorola 68020 und 68030-Prozessoren Geräte, die für viele Entwicklungen hinreichende Leistung besitzen. IBM-kompatible PCs auf der Basis der Intel 80386-Prozessoren sind prinzipiell in der gleichen Leistungsklasse; sie werden unter MS-DOS allerdings durch die Beschränkungen des nutzbaren Hauptspeichers stark behindert. OS/2 ist dabei ein bislang noch wenig akzeptierter Ausweg aus diesem Problem. Eine ebenfalls wenig genutzte Perspektive der PC-Nutzung besteht im Übergang auf Unix (etwa in Form von Xenix bei den 80386-Rechnern oder als A/UX bei den Apple–Rechnern). Der Vorteil eines solchen Übergangs bestünde nicht zuletzt in der besseren Anpassung an entsprechende Workstations und Minis.

Konkurrenz erfahren die hochwertigen und hochpreislichen PCs (wie der Mac II oder die 386-Maschinen) durch den Preisverfall bei den graphisch ausgerichteten Unix-Workstations von SUN, DEC, Apollo oder den Neuling NeXT, die sich von der Leistung her nach oben an die PCs anschließen, wobei bei entsprechendem Kosteneinsatz die Leistungsbereiche spezialisierter LISP-Maschinen erreicht werden.

Durch den bruchlos anschließenden Übergang auf Unix-Mini- und Superminirechner wie etwa der VAX 11/8800 können LISP-Maschinen leistungsmäßig übertroffen werden. Eine zielstrebige Verwendung von Unix ließe damit die ganze Hardware-Palette von PCs über Workstations und Minis zu Super-Minis und Mini-Superrechnern ('Crayettes') bis hin zu Höchstleistungsrechnern des Cray-Typs zu. Obwohl damit die gesamte Leistungsbandbreite von Rechnern abgedeckt ist, wäre eine Einbindung in die PCM-Großrechnerwelt allerdings nicht erreicht (es sei denn, diese werden mit Unix statt MVS betrieben — ein seltener Fall).

Wie immer der Kampf zwischen PCs und Workstations ausgehen wird, scheint ein Verlierer doch schon festzustehen: Die dedizierten LISP- und *prolog*-Maschinen. Ihr weitgehendes Verschwinden vom amerikanischen Markt wird in der Frost & Sullivan-Studie AI1951 (zitiert in [135]) für die frühen neunziger Jahre vorhergesagt. Dies ist wahrscheinlich weniger durch den hohen Preis dieser Maschinen bedingt, die nicht gerade in großen Stückzahlen gebaut werden, sondern durch ihre Inkompatibilität mit anderen Rechnertypen, Programmiersprachen, Anwendungen und Betriebssystemen. Obwohl dieses Problem von den wenigen verbleibenden Herstellern sicher erkannt ist, bleibt es doch fraglich, ob eine solche Anpassung noch hinreichend schnell geleistet werden kann, um das völlige Verschwinden dieses Marktsegments zu verhindern. Ebenso offen bleibt die Frage, ob die LISP-Architekturen in Form von Einschubkarten eine größere Verbreitung erfahren werden.

## 7.3 Arbeitsgerechte Handhabung: Soft Engines

Die Konstruktion von Software ist einerseits ein formaler Prozeß, der sich an der mathematischen Arbeitsweise der algorithmischen oder funktionalen Beschreibung von berechenbaren oder zumindest heuristisch beschreibbaren Vorgängen orientiert. Andererseits geht die Software-Konstruktion über die rein mathematischen Aspekte hinaus, indem sie ein Gerät zur Ausführung der Programme berücksichtigen muß. Die Kombination Gerät und Programm wird so zur eigentlichen Maschine, zum integrierten Hilfsmittel, das mit dem englischen Begriff 'Engine' beschrieben werden kann. Konzeptionell läßt sich dieser Begriff dann auch auf Programme, also Software-Produkte, als 'Soft Engines' übertragen [90]. So wird die Inferenzmaschine, die im Kern eines Expertensystems implementiert ist, im englischen als *Inference Engine* bezeichnet. Sie ist natürlich keine klassische Maschine, sondern bloß ein Programm, das freilich eine Hardware-Basis braucht, auf der es ausgeführt werden kann. Mit gleichem Recht kann man auch Programmiersprachenübersetzer, Textverarbeitungssysteme oder Tabellenkalkulationsprogramme als eine Art von 'Engine' begreifen.
Durch solche Entwicklungen wird es etwas einfacher, der extrem hohen Komplexität von DV-Systemen konzeptionell gegenzusteuern, indem versucht wird, Rechnerprogrammen zum Einsatz in Arbeitsumgebungen den Charakter vielseitiger, aber zweckbestimmter Werkzeuge zu verleihen. Dies geschieht in drei Dimensionen, nämlich durch

Breite der Anwendungsmöglichkeiten, durch Abstraktion von den maschinellen Eigenheiten der maschinellen Durchführung der Aufgabe und durch symbolische Übertragung der maschinisierten Arbeitsprozesse. Programme, die diesen Charakter vielseitiger, aber zweckbestimmter Werkzeuge haben, sollen 'Soft Engines' heißen.
Die angemessene *Breite der Anwendungsmöglichkeiten* soll durch Programme erfolgen, die für einen sozial bestimmten Zweck gebaut werden, der eine gewisse Breite des Einsatzbereiches zuläßt, so daß die damit Arbeitenden nicht eine Unzahl unterschiedlicher 'Engines' kennenlernen müssen, um ihre Arbeiten zu verrichten. Andererseits darf die Vielseitigkeit nicht in eine unübersichtliche 'Universalität' umschlagen, die dem Werkzeugcharakter entgegensteht. Diese Balance von Breite und Zweckbindung sieht für unterschiedliche Arbeitsplätze unterschiedlich aus, so wie ein Kfz-Mechaniker Dutzende von Schraubendrehern und -Schlüsseln benutzt, bei einem Picknick aber mit einem Schweizer Offiziersmesser zurechtkommen mag. Es gibt Programmtypen, die für bestimmte Arbeitsgebiete diese Forderung erfüllen wie z.B. Compiler, Textverarbeitungssysteme, Tabellenkalkulationsprogramme oder Expertensystemshells.
Die *Abstraktion* von den maschinellen Eigenheiten der Durchführung der Aufgabe verlangt die Trennung der logischen Ebenen der Bearbeitung. DV-Systeme verbinden eine Vielzahl von Einzelteilen in einer Vielzahl logischer Ebenen zu einer zielgerichteten Struktur. Ein wesentlicher Teil der methodischen Diskussionen zum Rechnereinsatz rankte sich um die Definitionen dieser Abstraktionsebenen, so die frühe Herausbildung der Programmiersprachen (Makro-Assembler, Fortran, Cobol), der Betriebssysteme (IOCS, OS/360, THE, Unix), der Rechnerarchitekturen (System /360), die GOTO-Kontroverse, 'Stepwise Refinement' und die Entwicklung der Modulkonzepte. Da die Komplexität moderner Rechner alle Stufen von der Digitalelektronik und Rechnerorganisation, der Rechnerarchitektur, der Betriebssysteme und Programmiersprachen bis hin zu den anwendungsspezifischen Beschreibungen umfaßt [76], ist die Notwendigkeit einer konzeptionellen Strukturierung offensichtlich, und eine wesentliche Schwierigkeit der Systemintegration beruht auf den Problemen des beim derzeitigen technischen Stands noch viel zu häufig nötigen Hin- und Herspringens zwischen diesen konzeptionell-logischen Ebenen der Abstraktion. Diese Wechsel der Abstraktionsebenen drohen den Arbeitsablauf zu unterbrechen; der Computer kann nur dann einen Werkzeugcharakter annehmen, wenn sein Einsatz den Arbeitsfluß nicht störend unterbricht.
Die *symbolische Übertragung* schließlich spiegelt dem Benutzer eine ihm vertraute Umgebung vor, mit der er seine Arbeit mit dem Rechner in vertrauter Weise einordnen kann. Symbolische Übertragung findet man bei Tabellenkalkulationsprogrammen, wo das Kassabuch simuliert wird, in der Prozeßrechentechnik der Leitwarten, wo der Material- und Informationsfluß der Produktion simuliert wird, oder bei CNC-Drehmaschinen, wo die Geometrie der Drehteile auf den Bildschirm übertragen wird.

Die Expertensystemtechnik kann mit ihren Programmgeneratoren (Shells) zu 'Soft Engines' führen. Shells sind breit einsetzbar, sie können die Abstraktionsebenen zwischen Expertensystemerstellung, Programmausführung durch logische Auswertung und den eigentlichen Arbeitsvorgang (Befragen des Programms) sehr gut trennen. Ihre Arbeitsweise kann bei geeignet gestalteter Benutzungsoberfläche (evt. mit graphischen

Darstellungen wie bei KEE, BABYLON oder Nexpert) zur symbolischen Darstellung des maschinisierten Arbeitsprozesses werden.
Da die Einsatzformen der Soft Engines anwendungsorientiert sind, stehen die Expertensystem-Shells damit in der Konkurrenz zu Tabellenkalkulationsprogrammen, graphischen Simulationssystemen, Formelmanipulationsprogrammen oder Hypertextsystemen. Übergänge zwischen diesen Programmtypen und neue Konstellationen mit expertensystemtechnischen Ansätzen sind zu erwarten und zum Teil schon erkennbar (z.B. Knowledge Pro). Die Expertensystemtechnik könnte so zur Anreicherung anderer Programmtypen dienen.

Ob die jetzigen Shells bereits diesen Charakter vielseitiger, aber zweckbestimmter Werkzeuge annehmen werden, ist bisher nicht deutlich erkennbar. Es ist eine weitergehende Differenzierung zu unterschiedlichen Problemlösungstypen angelegt, z.B. Diagnostik, Planung, Prognose, Simulation, und bereits in einigen Entwicklungen beobachtbar. Gemeinsame Grundlage eines Problemlösungstypus sind bestimmte Formen der Wissensrepräsentation und der Problemlösungsstrategie, also der Kernstücke jedes Expertensystemwerkzeugs. Es ist zu erwarten, daß die Differenzierung weitergeht und zur Entwicklung von speziell auf einen Problemlösungstypus zugeschnittenen Werkzeugen führt.
So wird z.B. an der Ohio State University an der Entwicklung von programmierten Hilfsmitteln für 'generische Problemlösungstypen' gearbeitet [68]. Die Idee der 'generischen Werkzeuge' ist es, auf einen Problemlösungstypus zugeschnittene Tools zu bauen, die untereinander kombiniert werden können. «Die Nützlichkeit dieses Ansatzes resultiert aus der Möglichkeit, mit einer begrenzten Anzahl von generischen Problemlösungstypen ein breites Spektrum abzudecken. Wenn dies gelingt, wären generische Problemlösungstypen die primitiven Elemente einer universellen Sprache zur Entwicklung beliebiger Expertensysteme. ...In jedem Fall ist die Idee der generischen Problemlösungstypen und deren Implementierung als Menge von kombinierbaren Werkzeugen ein zentrales Thema der Expertensystemforschung» [272].

## 7.4 Assistenzsysteme — Programme zur Überwachung der Arbeitskonsistenz

Die Vorstellung, Expertensysteme könnten Experten in relevanten Arbeitsbereichen ersetzen, verschwindet vermutlich mit den wachsenden Erfahrungen mit solchen Programmentwicklungen. Die Ideologie des 'Expertensystems' mag dann einer Rückbesinnung auf die originären Leistungsbereiche von Programmen im Sinne einer kontrastiven Aufgabenteilung zwischen manueller und rechnergestützter Arbeit weichen [253,346,347]. Regelgestützte Programmierung mag dann zur Konstruktion unterstützender Programme, die als 'Assistenzsysteme' oder 'Konsistenzsysteme' verstanden werden, führen. Bei solchen Programmen, die in ihrer technischen Konstruktion den jetzigen 'Expertensystemen' ähneln mögen, wird die Konsistenz rechnergestützter Arbeitsweisen durch die Überprüfung vorab mitgeteilter Arbeitsregeln verbessert. Ein regelgestütztes Konsistenzüberpüfungssystem kann die aktuelle Arbeitsweise eines Menschen im Rahmen seiner technischen Möglichkeiten mit diesen Vorabregeln vergleichen und Abweichungen aufzeigen, also formale Kritik üben, indem das Programm formale Inkonsistenzen, ignorierte Randbedingungen oder vom Programm erkennbare Schwachstellen sucht [305]. Ein solches Programm kann nicht die Frage beantworten "Ist die Expertenentscheidung richtig?"; es kann bloß die Frage "Stimmt die Expertenentscheidung mit den vorher angegebenen Regeln überein?" verneinen, also einen formalen Widerspruch entdecken — und dies auch nicht immer. Und wie ein Adept Sir Karl Poppers kann ein solches Programm niemals sagen: «Dies ist die richtige Entscheidung!» Das mag als wenig erscheinen, aber mehr können 'Expertensysteme' auch nicht! Nur: Den Benutzern und den Auftraggebern scheint dies nicht in dieser Schärfe bewußt zu sein. 'Assistenzsysteme' entsprechen technisch den 'Expertensystemen'; ihre Metaphorik ist unterschiedlich.

Ein Assistenzsystem kann unter günstigen Umständen eine formale Inkonsistenz entdecken; ihre Bedeutung kann es nicht beurteilen. Der Experte muß entscheiden, ob er die vorher eingegebenen Regeln beachten will, oder ob er sie im konkreten Fall für unpassend hält. Eine solche Entwicklung verspricht einige Vorteile, die freilich noch näher zu untersuchen sind: Assistenzsysteme können bis zu einem gewissen Maße unterschiedliche, eventuell widersprüchliche Expertenmeinungen speichern und eine Entscheidung aus unterschiedlicher Sicht kritisieren, und sie können unvollständiges Wissen modellieren, solange das Programm nicht für fehlerfrei gehalten wird — was technisch völlig unbegründet wäre. Typische Einsatzfelder solcher Konsistenzüberwachungssysteme werden im Bürobereich gesehen (etwa die Einhaltung von Abwicklungsgängen bei der Aktenbearbeitung) [155], aber auch das bei General Electric entwickelte Programm ENGINEOUS zur Unterstützung der Konstruktion von Strahlturbinen [177] ist in dieser Weise als Konsistenzüberwachungssystem ausgelegt: Bekannte Materialeigenschaften begrenzen die Einsatzmöglichkeiten bestimmter Werkstoffe, aber die Konstrukteure können diese Grenzen im Einzelfall verschieben. Auch die vielfältigen Forschungsaktivitäten im Bereich medizinischer Expertensysteme mögen in die Richtung von Assistenzsystemen führen.

Radikal entgegengesetzt sind dagegen die Hoffnungen, aus Expertensystemen durch Anreicherung mit 'Alltagswissen' sogenannte 'intelligente Fachsysteme' entwickeln zu wollen, wie sie am Deutschen Forschungszentrums für Künstliche Intelligenz in Kaiserslautern und Saarbrücken gepflegt werden [11,286]. Angesichts der dünnen wissenschaftlichen Fundierung der Suche nach formalisierbarem Alltagswissen und der nunmehr über dreißigjährigen erfolglosen Bemühungen um die Formalisierung des Alltagswissens empfehlen sich weniger ehrgeizige Forschungen und dafür real einsetzbare Forschungen und Entwicklungen. Soll die Expertensystemtechnik überleben, so muß sie vor allem realistische Bescheidenheit in ihren Zielen und Methoden erlernen.

## 7.5 Perspektiven erweiterten KI-Einsatzes

Neben den unterschiedlichen Möglichkeiten der Integration von Expertensystemen in die DV-Welt als neue Programmiertechnik oder als anwendungsspezifische Aufgabenstellung gibt es die denkbare Perspektive einer Performanzerweiterung gegenüber heutigen Programmen durch den umfassenden Einsatz (noch zu entwickelnder!) KI-Technik. Dies müßte entweder durch die Anreicherung heutiger Expertensystemtechnik mit anderen KI-Techniken oder durch eine völlige Neukonzeption des Begriffs 'Expertensystem' geschehen.

### *7.5.1 Basistechniken*

Mit Sicherheit werden die Forschungen zu den 'Basistechniken' der Expertensysteme, zu neuen Formen der Wissensrepräsentation, zu neuen Ableitungskalkülen und zur Präzisierung von Kalkülen zur Darstellung unscharfen, vorläufigen, unsicheren und vagen Wissens in einer starken Wechselwirkung zur bestehenden Expertensystemtechnik bleiben. Wie sich das freilich im Einzelnen auswirken wird, bleibt offen. So bemerkt Puppe über eine mögliche Kopplung von Inferenzkomponenten und Deduktionssystemen: «Die geringsten Beziehungen bestehen zu den Deduktionssystemen. Während Expertensysteme typischerweise in Anwendungsbereichen mit viel vagem und redundantem Wissen operieren und die Inferenzketten relativ kurz sind, liegt dem typischen Anwendungsgebiet von Deduktionssystemen, dem Theorembeweisen, wenig, aber exaktes und nicht-redundantes Wissen zugrunde, das in langen und komplizierten Ableitungen ausgewertet werden muß» [272], während Siekmann vermutet: «Die Gebiete der Expertensysteme und Deduktionssysteme werden sich wissenschaftlich wieder zusammenentwickeln ... und gemeinsame Inferenzmechanismen entwickeln» [323].

### *7.5.2 Sprachschnittstellen*

Sprachschnittstellen sind von Anfang an ein Lieblingstopos der KI, und sie gelten bei manchen Propagandisten der Expertensystemtechnik als naheliegende Perspektive technischer Entwicklung. «In der zweiten Ära der Wissensverarbeitung wird es alltäglich sein, daß Systeme mit den Nutzern in menschlicher Sprache interagieren, zumindest im Bereich des eigenen Wissens des Systems»[71] [123]. Im Kontext der Expertensysteme sind dazu mehrere Integrationsansätze beschreitbar, wobei bisher keiner zu wesentlichen Erfolgen geführt hat. Die Tastatureingabe könnte durch eine sprach-analysierende Komponente vereinfacht werden, wenn man die Probleme der Mehrdeutigkeit menschlicher Sprache in den Griff bekäme. Da diese Forschung nur in sehr kleinen Schritten vorankommt, ist die Konstruktion 'permissiver' Editoren der nächstliegende Schritt. Da diese Entwicklung aber in zunehmender Konkurrenz zu den graphischen und ikonischen Bildschirmaufbauten geschieht, ist Bedarf und Interesse an sprachanalysierenden Editoren dieser einfachsten Leistungsklasse eher zurückgegangen.[72] Die Hoffnungen

[71] Der Nebensatz geht nun wirklich zu weit, denn eigentlich müßten selbst Feigenbaum, McCorduck und Nii einsehen, daß es etwas viel von einem Expertensystem verlangt ist, wenn es über Dinge reden soll, die *nicht* in seiner Wissensbasis stehen.

auf komplexe 'sprachverstehende' Editoren, die über die Funktion des permissiven Editors hinausgehen, entbehren ebenso wie die reizvolle Vorstellung, die Wissensbasis in freier menschlicher Sprache aufbauen oder ändern zu können, der wissenschaftlich-technischen Fundierung.[73]
Bei der automatisierten Wissensakquisition wäre zur Primäreingabe der Einsatz von Lesemaschinen nützlich [82,84,88]. Zur Analyse des erfaßten Leseguts, das natürlich auch schon in elektronischer Form erfaßt werden kann, wird schon lange (und eher erfolglos) an automatischen Interpretationsverfahren gearbeitet, von denen einzig automatische Indexierungsverfahren eine gewisse praktische Perspektive zeigen.
Die Verarbeitung gesprochener Sprache ist demgegenüber weniger bedeutend, wenngleich es spezialisierte Anwendungen dafür geben mag. Die Sprachausgabe mit voll synthetischer Sprache ist industriell verfügbar, aber immer noch schlecht, wenngleich mit einiger Anstrengung verständlich. Die Spracheingabe ist für wenige Worte mit auf den Sprecher trainierten Programmen industriell einsetzbar. Allgemein sprachverstehende Programme mit großem oder gar beliebigem Wortschatz für untrainierte Sprecher scheinen noch in weiter Ferne zu sein — wenn sie denn je kommen. Es gibt bei Spracheingabe wie bei Sprachausgabe einige neue Ansätze durch den Einsatz neuronaler Netze, ohne daß dies bisher zu industriell genutzten Programmen geführt hat.

### *7.5.3 Bilder und Graphik*

Die derzeitige Software-Entwicklung benutzt, angeführt durch die enorme Verbreitung von PCs, immer stärker ikonische und menügesteuerte Eingabemöglichkeiten zur Vereinfachung der Bedienung (z.B. Macintosh Finder u.a) [250]. Dies wird ein künftiger Trend für die Eingabe und Bildschirmmanipulation für Expertensysteme sein.
Auch die graphische Darstellung und Aufbereitung von Daten wird immer wichtiger. Expertensysteme werden zunehmend ihre Arbeitsweise, ihre Zwischenergebnisse und Endergebnisse durch graphische Schemata, Kurven, Skizzen, Bildern und in naher Zukunft auch Filmsequenzen aufbereiten — auch im Zusammenspiel mit anderen Programmtypen. Laborsysteme wie DEX.C3 enthielten solche graphischen Darstellungselemente [Wittur 88], doch auch Programmierhilfsmittel wie KEE oder Nexpert Object bieten graphische Möglichkeiten zumindest ansatzweise.
Der wachsende Einsatz billiger CD-ROM Speicher wird die Verbreitung bildhafter Arbeitsweisen beschleunigen. Dies gilt selbstverständlich, wie der vorher beschriebene Trend zu ikonischer Eingabe und Bildschirmmanipulation, nicht nur für Expertensysteme, sondern für alle interaktiv nutzbaren Programme.
Bildverarbeitung als sensorische Eingabevariante ist speziell für diagnostische Expertensysteme von großer Bedeutung, da die sprachliche Umschreibung von Symptomen die

[72] Andererseits : «Und die Verfügbarkeit von natürlichsprachlichen Zugangssystemen — etwa zu Datenbanken, die jedermann mit seiner eigenen Sprache bedienen kann — halte ich für eine conditio sine qua non eines wirklich demokratischen Datenzugriffs.» [156]. Nähme man diese Aussage wörtlich, müßte man v. Hahns Forschungen allein aus politischen Erwägungen fördern.
[73] Puppe bemerkt in [272] zu dieser Frage: «Allerdings ist die Entwicklung einer allgemeinen Inferenzkomponente für die natürliche Sprache derzeit utopisch.» Wie utopisch diese Idee ist, kann man an Hand der technisch-wissenschaftlichen Ziele und der konkreten Ergebnisse des führenden LILOG-Projektes der IBM sehen [146].

Arbeitsweise eines diagnostischen Expertensystems verlangsamt. Die automatisierte Meßwerterfassung ist nicht auf fortgeschrittene Bildverarbeitung wie Objekterkennung, Szenenanalyse oder gar Bildfolgenanalyse angewiesen, auch einfachere optische, thermische, akustische oder taktile Sensorik kann und wird in die Expertensystemtechnik integriert werden. Umgekehrt werden Expertensysteme zunehmend auf ihre Eignung zur Bildanalyse (Segmentierung, Objekterkennung, Szenenanalyse) hin untersucht [291].

### *7.5.4 Hypertexte und Hypermedien*

Die Anreicherung von Expertensystemen mit Hypertexten und Hypermedien (oder umgekehrt) [75], scheint eine bedeutende Perspektive darzustellen. Am Diagnosesystem CATS-1 der Firma General Electric war dies exemplarisch zu beobachten. In CATS-1 wurde ein Diagnosesystem mit Hilfe eines Video-Plattenspielers zum Reparatursystem erweitert, das neben der verbalen Diagnose und Reparaturanleitung Bilder, Graphiken, Zeichnungen und sogar Bildfolgen zur Verfügung stellte. CATS-1 ist wegen Wartungsproblemen inzwischen eingestellt worden, aber neue Expertensystem-Programmgeneratoren wie Knowledge Pro weisen Übergänge zu Hypertextsystemen auf.

Zu den einfacheren Anwendungen in der Textverarbeitung gehört die regelgestützte Formularverarbeitung, die die Bildschirmmasken ergänzen und ablösen soll, da sie im Zusammenhang mit dem elektronischen Publizieren neue Perspektiven rechnergestützter Büroarbeit eröffnet.

Eine ähnlich gelagerte Entwicklungslinie der Unterstützung menschlicher Nutzer am Bildschirm führt von den viel genannten Zugangssystemen ('Intelligent Front-Ends') für Datenbanken zu allgemeineren Zugangssystemen für unterschiedlichste Datenbanken und andere Speicherformen und -medien in einzelnen Rechnern. Noch wichtiger wird diese einheitliche Zugangsmöglichkeit in Rechnernetzen, wo auf verteilt gespeicherte Datenbanken mit völlig unterschiedlichen Abfragesystemen zugegriffen werden soll. So entsteht die Vision von 'Hypersystemen' zur Zugangsunterstützung zu verteilten Datenbanken und Informationssystemen, die auf unterschiedlichen Medien in heterogenen Rechnersystemen und -netzen gespeichert sind. In welchem Umfang diese Programme textliche, sprachverarbeitende oder ikonische Bedienungselemente haben, ist vorerst nicht erkennbar.

Zu den fortgeschritteneren Topoi der Expertensystemtechnik gehört die Vorstellung, daß Experten bewußt ein Expertensystem als Lehrbuch konzipieren, daß den operationalen Teil ihres Wissens zur Verfügung stellt (der dann durch andere Lernmittel ergänzt wird). Auch dies ist ein möglicher Weg zum Hypertext oder Hypermedium. So schreibt Frank Puppe in [272] «Gegenüber Lehrbüchern haben Expertensysteme den großen Vorteil, daß das Wissen empirisch getestet werden kann, was eine theoretische Durchdringung sehr begünstigt. Beispielprojekte, bei denen bekannte Experten ihres Fachgebietes Expertensysteme als Beschreibungsmittel ihres Wissens benutzt haben, sind INTERNIST, das Wissen des Internisten Prof. Myers enthält, und MOLGEN, dessen Wissensbasis von den Molekularbiologie-Experten der Stanford University Kedes, Brutlag und Sninsky aufgebaut wurde. In beiden Fällen haben die Experten ihr Wissen direkt in den Computer eingegeben, so wie sie beim Schreiben von Büchern wahrscheinlich mit einem

Textsystem gearbeitet hätten» [272]. Wie weit dieses Wissen tatsächlich in der Lehre sinnvoll und erfolgreich eingesetzt werden kann, ist noch offen. Michie beschreibt diesen Prozeß als 'Knowledge Refining' und vermutet, daß auch in Büchern bereits niedergeschriebene Fachkenntnisse für die expertensystemgestützte Nutzung am Bildschirm aufbereitet werden: «Es läßt sich bereits voraussehen, daß sich ein ganzer Industriezweig dieser Aufgabe annehmen wird; er wird sich um einen vollkommen neuen Werkstyp, die 'Wissens-Raffinerie' gruppieren. In diese Raffinerie wird Fachwissen in seiner existierenden Form einfließen, um von Fehlern befreit, verdichtet und, wo nötig, durch Kreativität lückenlos gemacht zu werden, so daß als Endprodukt ein Wissen entstanden sein wird, das als überprüft und korrekt bewertet wird» [228]. Auch Puppe ist ob dieser Perspektive optimistisch [272]: «Selbst wenn man berücksichtigt, daß sich Teile des Fachwissens ebensowenig in Expertensystemen wie in Büchern formalisieren lassen, dürften Expertensysteme die theoretische Ausbildung in diffusen Bereichen signifikant verbessern, da das formalisierte Wissen einer weit besseren Kritik unterzogen werden kann, als es bei Büchern möglich ist.» Ob und wie sich diese Perspektive realisiert, ist wie der ganze Bereich der bildschirmgestützten (Hyper-)Texte offen. Wir stehen erst am Anfang dieser Entwicklung.

### *7.5.5 Automatisierte Wissensakquisition und Lernende Regelgenerierung*

'Lernende' Programme, die sich selbständig verbessern, werden immer wieder als Perspektive aus den aktuellen Schwierigkeiten der KI-Forschung gesehen: «Der endgültige KI-Durchbruch wäre der Bau einer Maschine, die lernen und ihre eigenen Erfahrungen auf eigene Weise verändern kann» [299]. Praktisch eingesetzte Expertensysteme sind nicht als lernende Programme aufgebaut. Roger Schank bemerkt lakonisch: «Sie verbessern sich nicht infolge ihrer Erfahrung. Sie machen einfach mit der nächsten Wenn-Dann-Regel weiter.» Unter den Stichwörtern 'Induktive Inferenz' und 'Machine Learning' haben die Versuche, maschinelles Verhalten automatisch zu verbessern, Wellen der Begeisterung seit Samuels Dame-Programm durchlaufen, ohne zu praktisch eingesetzten Programmen zu führen.

Trotzdem wird die vage Vorstellung von maschinellem Lernen einschließlich automatischer Konzeptgenerierung und ähnlicher Ideen manchmal als Schritt zur automatisierten Daten- und Wissensakquisition angesehen. Im einfachsten Falle wird versucht, aus einer Beispielmenge und evtl. einer Zahl von Gegenbeispielen eine Verallgemeinerung in Form einer Regel in einer bestimmten formalen Sprache abzuleiten. Vereinzelt werden Programme mit solchen ansatzweise realisierten Komponenten angeboten (z.B. Rule-Master, 1st-Class oder ZENO). Es sind einfache Anwendungsfälle denkbar (etwa bei Tabellen oder begrenzten Klassifikationsaufgaben), wo solche Ansätze der induktiven Regelgenerierung erfolgreich sein können. Im allgemeinen führt die Fragestellung jedoch schnell in die Gebiete des maschinellen Lernens oder der automatischen Programmierung, die bisher durchweg praktisch erfolglos waren.

Die automatische Wissensakquisition, die auf die Ergebnisse der automatischen Datenbanksuche oder der Verarbeitung automatisch erfaßter Prozeßdaten zurückgreift, wird vereinzelt als Perspektive fortgeschrittener Expertensysteme angesehen, ohne daß bisher einsatzfähige Programme entwickelt wurden.

### 7.5.6 *Kausale und qualitative Modelle des Wissens*

Ein anderer Pfad der Weiterentwicklung jetziger Expertensystemtechnik soll zur Verbesserung der Wissensrepräsentation führen. Ansatzpunkt ist die Konstruktion qualitativer oder kausaler (tiefer) Modelle der Wissensgebiete [189,190]. Das von 'Wissensingenieuren' regelhaft eingefangene Verfügungswissen des Experten führt fast zwangsläufig zu sogenannter 'flacher' Modellierung, die die inneren Zusammenhänge des repräsentierten Wissens nicht oder nur höchst mangelhaft abbildet. Als typisch für eine flache Modellierung kann die Formalisierung eines Konfigurationssystems angesehen werden, wo üblicherweise weder Entstehung noch ökonomische noch technische Zusammenhänge in den resultierenden Regeln wie «Wenn Plattenlaufwerk XD707 gewünscht, dann ist Controller A02 oder Controller A12 mit offenem Widerstand R249 erforderlich» erkennbar sind. Bei der 'tiefen' oder 'kausalen' Modellierung wird dagegen eine vollständige, gewissen Ansprüchen an kausale Erklärbarkeit genügende Wissensrepräsentation angestrebt. Z.B. mögen die Maxwellschen Gleichungen als 'tiefes' formales Modell elektrischer und magnetischer Felder angesehen werden.[74] Dies ist ein ehrgeiziges, aber bisher wenig ausgearbeitetes Ziel in den Forschungen zur Wissensrepräsentation.

Eine verwandte Richtung dieser Forschungen führt zur 'qualitativen' Modellierung, wo die klassische reellwertige Analysis durch eine qualitative Einteilung von Wertebereichen (z.B. positiv, negativ, null) ersetzt wird und qualitative Modellrechnungen mit diesen qualitativen Werten möglich sind [189].[75] Diese Ansätze sind als Versuch zu verstehen, Alltagswissen über physikalische Vorgänge, das einen großen Teil des Expertenwissens ausmacht, einzufangen und zur Rechnersimulation nutzbar zu machen. Die Forscher selbst schätzen die zeitlichen Dimensionen dieses Vorhabens eher pessimistisch ein: «Die Entwicklung einer vollständigen qualitativen Physik, die dem Umfang der Erfahrungen eines Ingenieurs in einer Vielzahl von Gebieten entspricht, ist keine Fünf-Jahres Aufgabe, und wahrscheinlich auch keine Zehn-Jahres Aufgabe» [130].

### 7.5.7 *Konnektionismus*

Eine Neukonzeption des Begriffs maschineller Expertise zeichnet sich im Bereich der neuronalen Netze ab. Dies ist ein Rückgriff auf die kybernetischen Forschungen zum Komplex 'Neuronale Netze'. Die Idee der logischen Modellierung von Nervennetzen geht auf McCulloch & Pitts und auf Norbert Wiener zurück. Schon Samuel erwägt in der Beschreibung seines lernenden Dameprogramms den Einsatz eines allgemeinen neuronalen Netzes als Modell einer lernfähigen Gehirnstruktur, das dann auch das Damespiel lernen könnte. Er verwirft diesen Einsatz dann aber zugunsten eines speziellen Programms zum Erlernen des Damespiels, das seine Arbeitsweise über die Variation geschickt definierter Parameter ändern kann. Der Lernprozeß geschieht dadurch, daß das Programm gegen seine Kopie spielt, die mit anderen Parameterwerten abläuft. Die Parameter, die durch umfangreiche Befragung von Experten festgelegt wurden, werden abhängig vom Spielergebnis variiert, wobei das Verliererprogramm seine Parameter

[74] Ob sie als «tiefes» Modell für den Verstärkerbau genügen, ist dagegen eher fraglich.

[75] Die analytische Kurvendiskussion von Funktionen reeller Variablen kann als in diesem Sinne qualitative Analyse der Funktion verstanden werden.

verändern muß (solange, bis es gewinnt): «Zum Anfang sei festgestellt, daß deutlich zwischen zwei allgemeinen Ansätzen zum Problem des maschinellen Lernens unterschieden werden soll. Eine Methode, die der Neuronale-Netz-Ansatz genannt werden kann, beschäftigt sich mit der Möglichkeit, ein zufällig verknüpftes Schaltnetz (oder seine Rechnersimulation) zum Lernen als Ergebnis einer Belohnungs-und Bestrafungsstrategie zu bringen. Der zweite, sehr viel effizientere Ansatz, beruht darauf, das Äquivalent eines hochgradig strukturierten Netzes zu erzeugen, das nur einige spezielle Aufgaben erlernen kann. Die erste Methode sollte zur Entwicklung von Allzweck-Lernmaschinen führen. Ein Vergleich zwischen der Größe der Schaltnetze, die vernünftigerweise konstruierbar oder simulierbar sind und der Größe von Netzen bei Tieren, läßt den Schluß zu, daß wir noch einen weiten Weg vor uns haben, bevor praktische Geräte erhältlich werden. Die zweite Vorgehensweise verlangt die Neu-Programmierung bei jeder neuen Anwendung, aber sie kann heute schon verwirklicht werden» [294]. In den sechziger Jahren wurden die Arbeiten zu den Neuronalen Netzen u.a. von Bernard Widrow und Frank Rosenblatt weitergetrieben; die Arbeit von Minsky und Papert über Perceptrons [233] hat dann wesentlich dazu beigetragen, daß das an Kybernetik und Regeltechnik orientierte KI-Modell der neuronalen Netze zurückgedrängt wurde zugunsten der heute dominanten 'symbolischen', an Computerprogrammen und symbolischer Logik orientierten KI-Forschung [259]. Durch Arbeiten von Hopfield, Rumelhardt [292] und anderen ist inzwischen ein erneutes Interesse an neuronalen Netzen, vor allem im Bereich der Mustererkennung, entstanden. Dieses Interesse wird zukünftig im Rahmen eines DARPA-Programms gefördert.[76] In der Bundesrepublik fördert das BMFT in einem Schwerpunktprogramm neun Forschungsgruppen auf diesem Gebiet. «Der Bundesminister für Forschung und Technologie wird die Forschung auf dem Gebiet der Neuro-Informatik fördern mit dem Ziel, geeignete Verarbeitungsprinzipien zu entwickeln und Prototypen neuronaler Computer zu realisieren» [380].

Die Expertensystemtechnik im technischen Sinne, die sich ja explizit auf Formen symbolischer Logik bezieht, wird dies kaum beeinflussen, aber es ist gut denkbar, daß gewisse Anwendungen, insbesondere im Zusammenhang mit Mustererkennungsaufgaben[77], die mit Expertensystemen lösbar erscheinen, auch durch entsprechende neuronale Netze bearbeitet werden können, sofern diese erfolgreich weiterentwickelt werden.

### *7.5.8 Integration von Expertensystemen in Rechnernetze*

Forschung über das schwierige Thema der Integration von Expertensystemen soll zu multi-access Systemen, verteilten Systemen [203] und automatisch kooperierenden Expertensystemen führen. Obwohl alle diese Themen als wichtig für die programmtechnische Ausgestaltung von CIM-Fabriken angesehen werden, gibt es keine erfolg-

[76] mit ersten Förderinteressenten, wie der Beitrag von P.F.Castelaz, J.E.Zumda & D.E.Mills 'SDI Applications of Neural Net Technology' [66] auf der ersten Jahrestagung der International Neural Network Society in Boston, 1988, zeigt.

[77] Als typische Forschungsgebiete seien Spracherkennung und optische Mustererkennung genannt. Es sind aber auch schon Neuronale Netze zur Bonitätsprüfung bei der Kreditaufnahme vorgestellt worden [212]. Der Einsatz dieses Systems, das in Fortran programmiert und zum Einsatz auf einer Cray X-MP entwickelt wurde, ist dann doch verworfen worden.

reichen Installationen. «Es fehlt ... an Verfahren für die kontinuierliche Verbindung unterschiedlicher Expertensysteme ohne den Aufwand, Teile neu zu programmieren. Expertensysteme stehen heutzutage als isolierte Inseln von Wissen da, und es ist schwierig, sie miteinander zu verbinden» [214].

All diese Programme sind noch in der Entwicklungsphase. Dennoch müssen die oben gestellten Fragen nach der Zuverlässigkeit von Software und der Transparenz von Verantwortung gelöst werden, bevor solche komplexen Anwendungen erwogen werden können und dürfen.

# 8. Folgen für die Arbeitswelt

*Maschinen werden innerhalb der nächsten zwanzig Jahre dazu imstande sein, jede Arbeit zu übernehmen, die auch der Mensch ausführen kann.*

Herbert Simon, 1967

*Schließlich handelt es sich um nichts anderes als die Befreiung des Menschen von der Last gleichförmiger geistiger Tätigkeit, ein Anliegen, das seit Pascal und Leibniz die Menschheit bewegt.*

F. L. Bauer, 1988

*Jede Arbeit jedoch, die die Möglichkeit des Wettbewerbes mit Sklavenarbeit zuläßt, nimmt die Bedingungen der Sklavenarbeit an und ist im wesentlichen Sklavenarbeit.*

Norbert Wiener, 1948

## 8.1 Qualitative und quantitative Auswirkungen auf die Facharbeit

Die Drohung des Verlusts der Arbeitsplätze und damit der materiellen und sozialen Basis menschlicher Existenz in den herrschenden Industriegesellschaften ist stete Drohung der Informationstechnik, Informatik und KI-Forschung: «Die informationsverarbeitende Technologie — und deren schillerndstes Kind, die Künstliche Intelligenz — vernichtet Arbeitsplätze, und dieser Prozeß wird sich in den nächsten Jahren noch erheblich beschleunigen.» [323].

Marvin Minsky denkt wie immer noch etwas weiter: «Mit der Zeit wird der Tag kommen, an dem das menschliche Wissen die Domäne des Rechners wird. Wenn alles, was wir uns wünschen, schon durch denkende Maschinen für uns getan wird: Wie werden wir unsere Zeit verbringen? Welchen Zeitvertreib werden wir uns suchen, welchen auf uns zugeschnittenen Stimuli hingeben? Und was wird mit der Zeit selbst — wie lange wollen wir die mageren Jahre, in denen unser Körper existiert, akzeptieren?» [342].

Dieser niederschmetternde Eindruck wird durch den seichten Public-Relations-Ton industrieller Forscher und ihrer öffentlichen Geldgeber verstärkt. In einer BMFT-Pressemitteilung wird das Forschungsverbundprojekt WISDOM mit dem Satz beschrieben: «Das Forschungsprojekt WISDOM hat das Ziel, mit modernen Methoden der Wissensverarbeitung Tätigkeiten im Bürobereich auf effektive und *menschengerechte* Weise zu unterstützen» [24]. Eine Präzisierung dieses beachtlichen Ziels im nächsten Satz zeigt dann aber, daß es sich dabei wohl doch nur um eine recht banale Hoffnung auf Rationalisierungs- und Kontrollerfolg handelt: «Sowohl die 'Dokumentenverarbeitung im Großen' als auch die 'Dokumentenverarbeitung im Kleinen' *soll mit Hilfe der Wissensverarbeitung automatisiert* werden».

Im Bürobereich soll die Bearbeitung von Dokumenten durch den Einsatz von Expertensystemen unterstützt werden: 'Dokumentenverarbeitung im Großen' soll auf ein expertensystemartig gebautes 'elektronisches Organisationshandbuch' zurückgreifen, «das Informationen über Aufbauorganisation, Zuständigkeiten, Adressierungsinformation, Funktionen und Aufgabenprofile der Mitarbeiter sowie über Durchführungsvorschriften und Richtlinien hat.» «Für den Umgang des Benutzers mit einem solchen System werden unterschiedliche Formen der Mensch-Computer-Kommunikation entwickelt. ... Moderne Bürosysteme bieten eine so große Funktionalität, daß sie von den Benutzern nur schrittweise erlernt werden kann.» (Alle Zitate aus [24].) Beachtlich bleibt freilich, daß es sich bei diesem Begriffsnebel um die offizielle Projektbeschreibung des mit 22,6 Mio. DM Fördermitteln weitaus größten BMFT-Verbundprojektes im KI-Bereich handelt. Plastikwörter wie *menschengerecht — automatisiert — Mensch-Computer-Kommunikation — nur schrittweise erlernbar* schüren die Angst vor den Folgen dieser Technik, ohne im geringsten über die realen Bewegungen dieser Rationalisierungstechnik aufzuklären. Nähme man die Zukunftspropaganda ernst, wäre es um die qualifizierte Arbeit schon geschehen.[78] Das Teilprojekt 'Benutzermodellierung' von WISDOM enthält ernsthaft konfliktwillig formulierte Konzepte zur verschärften Kontrolle am Arbeitsplatz:

[78] Und es gibt natürlich alerte Sozialforscher, die verständlicherweise diese Schriften und Absichtserklärungen dann für einen staatlich geprüften Beleg vom Ende der qualifizierten Arbeit halten (Beispiele findet man in [6]).

«Alle relevanten Informationen über den individuellen Benutzer werden in der Wissensbasis 'Benutzermodell' festgehalten und kontinuierlich aktualisiert» und «Das Wissen über den Benutzer wird auf zwei Arten gewonnen: • explizite Eingabe durch den Benutzer im Metadialog mit dem System (Konventionen, Kompetenz), • implizit durch Auswertung des Benutzerverhaltens in der Interaktion (Kompetenz, Intentionen)» [10]. Diese Elemente von WISDOM sind also ein Überwachungssystem zur Leistungskontrolle — zweifellos mitbestimmungspflichtig und angesichts der dubiosen Leistungserwartungen und die diffusen Zwecksetzungen bei Programmen, die 'Kompetenzen' und 'Intentionen' des Nutzers feststellen sollen, nach §87(1) BetrVG strikt abzulehnen[79].

Ob die Qualität menschlicher Arbeit nicht mehr gebraucht wird, ist allerdings gar nicht so klar, wie es den Protagonisten der KI und ihren Gönnern und Förderern erscheint. Durch kernige Behauptungen wie: «Durch diesen Prozeß werden Millionen von Arbeitern und Verwaltungsangestellten zunächst das verlieren, was ihren 'Marktwert' und nicht zuletzt ihr Selbstverständnis ausmacht, nämlich ihre Qualifikation, die nun nicht mehr gebraucht wird, und sie werden schließlich im großen Heer der 'nicht mehr vermittelbaren' Arbeitslosen landen.» [323] gerät diese wichtige gesellschaftliche Diskussion (an deren Ende Siekmann eine «soziale Katastrophe» sieht, sofern keine Entscheidungen zu «drastisch reduzierten Arbeitszeiten» erfolgen) schnell in eine schiefe Ausgangslage, die dann zu falscher Einschätzung und zu falschem Handeln führen kann.

Zweifellos sind mit dem Einsatz von Expertensystemen Rationalisierungseffekte verbunden, wie sie bei den meisten DV-Systemen erwartet werden, nämlich die Verkürzung der Bearbeitungszeiten verbunden mit Erhöhung der Produktivität am einzelnen Arbeitsplatz und damit einer Senkung des Personalaufwandes. Daneben wird ein Dequalifikationseffekt erwartet, der sich durch die Möglichkeit, weniger erfahrene, eventuell auch angelernte Arbeitskräfte einzusetzen, eröffnet. Und letztlich werden Kontrolleffekte erwartet, die sich auf die Überwachung der Arbeitsvorgänge und der Arbeitenden niederschlagen können, aber auch als Beherrschung der qualitativen Konsistenz von Produkt und Arbeit. Alle drei Rationalisierungsaspekte sind exemplarisch im Exkurs 1 über den Einsatz von XCON beschrieben. Arbeitsplatzbezogen bedeutet dies perspektivisch intensivierte Arbeitshetze, Lohnsenkung für die gleiche Arbeit, Einschränkung der Entscheidungsfreiheiten im Arbeitsprozeß und zunehmende Überwachung. Keiner dieser Effekte ist allein durch den Expertensystemeinsatz bedingt; alle sind auch mit anderen DV-Einsätzen verbunden. Die Dequalifizierung der Arbeit und die damit verbundene Lohnsenkung betrifft unter Umständen neue, bisher nicht maschinisierte Arbeitsbereiche. Wie stark sich diese Effekte auswirken werden, ist derzeit noch nicht abschätzbar. Expertensysteme ersetzen jedenfalls nach bisheriger Beobachtung nicht die umfassende Qualifikation eines Facharbeiters — was unter dem Aspekt finanzieller Rationalisierungsgewinne auch reichlich unerheblich ist.

In einer Studie des Internationalen Arbeitsamtes werden drei Fallstudien zum Expertensystemeinsatz in Großbritannien untersucht [320]:

---

[79] Karl-Heinz Rödiger schlägt eine Erweiterung des §87(1) «um einen Punkt für Systeme mit unsicherem und ungesichertem Verhalten vor», der sich explizit gegen den Einsatz solcherart charakterisierter Expertensysteme wendet [288].

- Bei der Lansure Insurance Company war die Bonitätsprüfung für bestimmte Fälle in der Zentrale in den Händen von zwei Spezialisten konzentriert, die jährlich 3500 Anträge zu bearbeiten hatten. Zwei Stunden täglich beantworteten sie unter starkem Arbeitsdruck telefonische Fragen aus den Zweigstellen, den Rest der Arbeitszeit verbrachten sie mit schriftlichen Vorgängen. Es bestand der Eindruck, daß die telefonischen Anfragen relativ viele triviale Punkte betrafen, die durch ein Expertensytem in den Zweigstellen beantwortbar schienen. Die vorhandene Arbeitsorganisation wurde als Flaschenhals begriffen. Das Expertensystem soll die Spezialisten deshalb entlasten, indem ihr Wissen maschinell in die Zweigstellen verteilt wird. Ein Anteil der zentralen Aufgaben sollte so in die Zweigstellen geleitet werden. Als Nebeneffekte wurden Konsistenz der Antworten und eine geringere Fehlerquote durch Wegfall des Arbeitsdrucks erhofft. Zudem scheint eine gewisse Fluktuation bei dieser Art von Spezialisten in den Zweigstellen zu bestehen, die dadurch noch verschärft wird, daß die zentralen Spezialisten nicht in der Lage sind, neue Mitarbeiter anzulernen, sondern ihnen nur im aktuellen Fall die richtige Antwort zu geben. Das Expertensystem sollte deshalb auch als Schulungshilfe in den Zweigstellen wirken.
  Das Programm wurde mit einer Shell auf einem PC entwickelt. Die Wartung erfolgt bei Bedarf in der zentralen DV-Abteilung. Dies sammelt vierzehntäglich Erfahrungsberichte und Änderungswünsche bei den Zweigstellen ein, um «sicherzustellen, daß das System benutzt wird, den Fortschritt zu beobachten und um Kommentare einzusammeln» [320]. Es wird inzwischen an zehn regionalen Zweigstellen eingesetzt und von 50 bis 60 Mitarbeitern der Versicherung genutzt. Aus den Zweigstellen wurden Mitarbeiter einen Tag lang in die Benutzung eingewiesen, die dann vor Ort weitere Mitarbeiter anlernten. Dazu waren keine besonderen EDV-Kenntnisse nötig, aber für die meisten Angestellten war es der erste Kontakt mit einem PC (es bestanden überwiegend Erfahrungen an Großrechnerterminals). Direkt vor der Einführung wurde der Prototyp mit zwei der später betroffenen Angestellten ausprobiert.
  Die meisten Angestellten der Zweigstellen empfinden den Systemeinsatz als Anreicherung ihrer Arbeit, zumal ungeschulte Bürokräfte jetzt manche Risikofälle umfassend bearbeiten dürfen, was ihnen vorher verwehrt war. Das Programm ist relativ langsam und verlangt die Beantwortung vieler Detailfragen, was als etwas unangenehm empfunden wird, aber es ist leicht zu benutzen, hat viele leicht aufrufbare Help-Dateien und läuft auf einem PC mit Farbschirm, was vorerst als Fortschritt gegenüber dem Großrechnerterminal aufgefaßt wird. Die Help-Dateien sind so gut aufgebaut, daß das Programm als Schulungshilfe benutzt wird.
  Als nachteilig wird von manchen Benutzern empfunden, daß regionale Besonderheiten bisher nicht recht eingearbeitet sind, und von anderen, daß das System als Kreditgeber «zu konservativ reagiert».

- Bei Eletel wird das Programm *Tefad* in regionalen Reparaturzentren eingesetzt. Das System läuft auf einem PC; es soll Lehrlingen und angelernten Kräften mit Grundkenntnissen in der Wartung und Reparatur elektronischer Geräte (also Löten, Bedienen eines Meßgerätes oder eines Oszilloskops) speziell bei der Reparatur von Leiterplatinen helfen. Die Firma setzt zur Reparatur überwiegend Lehrlinge ein, die in schwierigeren

Fällen einen Meister fragen müssen. Dies soll durch den Einsatz von *Tefad* weitgehend wegfallen. Erhofft wird von der Firma eine Steigerung der Produktivität sowie die Einsparung von Bauteilen (durch bessere Diagnose).
Der befragte Arbeiter hatte zehn Jahre im Außendienst in der Reparatur und Wartung gearbeitet. Die grundlegenden manuellen Tätigkeiten in diesem Bereich waren ihm vertraut; Rechner hatte er bisher am Arbeitsplatz nicht benutzt. Er erhielt einen Einweisung von einem Tag in die Arbeitsweise des Expertensystems und die Bedienung des Rechners. Nach zwei Wochen hatte er die Produktivität der eingearbeiteten Lehrlinge erreicht, nämlich 17-20 reparierte Leiterplatten am Tag. Die Arbeitskraft empfand die Arbeit mit dem Programm als Anwendung 'gesunden Menschenverstands' («seemed like 'common sense'»).
Die persönliche Situation des befragten Arbeiters hat sich in diesem Fall deutlich verbessert. Er mußte nicht mehr im Außendienst arbeiten (was er aus gesundheitlichen Gründen nicht mehr konnte), er war mit den neuen Leiterplatten schnell auf dem Stand seiner Kollegen (Trainingseffekt des Programms), wobei er seine Kenntnisse und Reparaturerfahrungen aus dem Außendienst anwenden konnte und er möchte gerne mit einem verbesserten Programm qualifiziertere Reparaturen durchführen — er hat dazu Verbesserungsvorschläge gemacht.

- Das dritte Programm, *Exshel*, dient der Optimierung der Steuerung eines chemischen Produktionsverfahren in sieben Fabriken der Chemiefirma Union Production. Ein Drittel der Produktionskosten entsteht durch den enorm hohen Energieverbrauch des Verfahrens. Bisher wurde die Anlage von angelernten Maschinenbedienern geregelt, die etwa alle zwei Stunden anhand mehrerer Meßwerte die Stellgrößen der Anlage veränderten. Dabei zeigte sich eine Tendenz zur Übersteuerung, die sich in höheren Temperaturen und höherem Energieverbrauch niederschlug. Dies ist durch den Einsatz von *Exshel* verringert worden. Die Bediener steuern die Anlage jetzt nur noch während der Phasen des Anlaufens und Abschaltens und in Ausfallzeiten des steuernden Expertensystems (etwa ein Zehntel der Zeit). In den Interviews betonen sie die Tatsache, daß sie dafür noch gebraucht werden: «Wir wußten, daß das System kommen würde. Einige sagten, daß wir unsere Jobs verlieren würden, aber wir wußten, daß dies nicht geschehen würde, weil die Firma den Prozeß nicht runterfahren oder starten konnte, deshalb wußten wir, daß wir immer im Job bleiben würden» [320]. Die technische Betriebsleitung meint, daß auch diese Prozeßabschnitte automatisierbar ist, aber der fortwährende manuelle Eingriff beim Start und beim Abschalten bleibt vorerst erwünscht, um die Fähigkeiten der Bediener der Anlage für Störfälle zu schulen.
  Die Bediener wurden in vier bis sechs Wochen angelernt, sie waren nach etwa einem Jahr 'erfahrene' Operateure. Die beiden interviewten Bediener arbeiteten seit vierzehn bzw. seit zweieinhalb Jahren an dieser Anlage. Die Betriebsleitung überwachte den chemischen Prozeß im Innern der Anlage mit Hilfe von Videokameras und verlangte von den Bedienern gelegentlich Änderungen der Prozeßeinstellungen. Die Bediener empfanden das als Einmischung in ihre Kompetenz und mißtrauten der Videobild-

interpretation. Genauso mißtrauten sie anfangs auch dem Expertensystem und versuchten ihre Überlegenheit zu beweisen. Mit dem Einsatz eines neuen Sensors, dessen Meßergebnisse die Bediener nicht gut interpretieren konnten, und durch Änderungen des Herstellungsprozesses, der eine komplexere Steuerung verlangte, zeigte das Expertensystem nach Ansicht der Betriebsleitung seine 'Überlegenheit'. Durch seinen alltäglichen Einsatz änderte sich die Arbeit der Bediener. Sie empfinden das als Dequalifikation; die Prozeßingenieure sehen das auch so: Vorher galt die Steuerung als 'schwarze Magie', jetzt ist es ein Computerprogramm. «Es ist ein langweiliger Job. Wir entschieden, was einzustellen war, stellten es ein, aber wahrscheinlich zu hoch. Jetzt macht's die Maschine. Wir beobachten nur. Der Job ist langweilig ... (Das System) ermöglicht es dem Management, den Job enger zu überwachen ... wir haben nichts Neues gelernt» [320].

Die Prozeßingenieure wurden mit dem neuen Programm geschult, die Bediener wurden während der ersten Wochen bei der Arbeit eingewiesen, was ihrer Meinung nach ausreichend ist. Die DV-Wartungsmannschaft soll demnächst für die selbständige Wartung von *Exshel* geschult werden.

Neuerdings ist eine generelle Reorganisation der Produktionsstätten mit dem Ziel des Arbeitsplatzabbaus geplant. Nach Aussagen einiger Manager sollen die Arbeitsinhalte der übrigbleibenden Bediener dann in neu zu schaffendenen Arbeitsgruppen erweitert werden. Die Einführung des Expertensystems *Exshel* kann so als Teil einer generellen Reorganisation der Arbeitsplätze gesehen werden.

Die drei Beispiele zeigen eine gewisse Bandbreite in der Reaktion auf den Einsatz eines Expertensystems. Expertensysteme können als knallharte Rationalisierungstechnik eingesetzt werden mit dem Ziel, Kosten und Arbeitskräfte einzusparen. Die Verfahrenstechnik ist von Anfang an führend in der Automatisierung gewesen; die Differenz zur Fertigungstechnik mit ihren gewachsenen Facharbeiterstrukturen ist auch beim Einsatz der Expertensystemtechnik zu sehen. Expertensysteme können als erwünschte maschinelle Unterstützung der Arbeit in einem Bereich, der bisher keinen Rechnereinsatz kannte, eingesetzt werden, wo eher die Qualität der Arbeit angehoben wird und die Arbeitsproduktivät gesteigert wird. Der konkrete Fall Eletel ist insofern schwierig zu beurteilen, als, möglicherweise aus der persönlichen Situation des Befragten heraus, die Arbeitsmotivation hoch ist. Das Expertensystem hat ihn offensichtlich nicht behindert; ob es ihn so gut wie möglich gefördert hat, ist aus dem Bericht nicht ableitbar — und wohl auch nicht erfragbar. Im Fall der Versicherung wird das Expertensystem zur Beseitigung eines 'Flaschenhalses' eingesetzt, wobei die starken Nebenwirkungen der Arbeitsanreicherung und der Dezentralisierung auftraten, die vielleicht die spezielle Charakteristik des Programms als Expertensystem verdecken.

Expertensysteme wirken in allen drei Fällen als Expertenunterstützungssysteme oder Assistenzsysteme, wobei sie, wie andere Automatisierungstechnik auch, eher die weniger qualifizierten Arbeitsanteile automatisieren. Klingt dies im ersten Moment beruhigend bezüglich der De-Qualifizierungsproblematik, so bleiben natürlich trotzdem quantitative arbeitsplatzvernichtende und andere Rationalisierungswirkungen.

Bei einigen Einsatzfeldern kann die Konsultation eines Experten durch den Einsatz eines Expertensystems hinausgezögert werden. Typisch sind dafür Fehlerdiagnosesysteme oder Anlage-, Versicherungs- oder Vorsorgeberatungssysteme. Bei Konfigurationssystemen ist dagegen eher eine quantitative Steigerung der Expertenleistung zu vermuten, die freilich auch qualitativ wirksam wird, wenn Konfigurationsalternativen oder -details berechnet werden, die sonst nicht beachtet worden wären. McCorduck, Feigenbaum und Nii, die Propadanda um nahezu jeden Preis treiben, versuchen eine Doppelstrategie bezüglich Qualität und Quantität der Arbeit [123]. Da sie um Akzeptanz für die neue Technik werben, teilen sie beruhigend mit, daß Expertensysteme keineswegs den Experten ersetzen. «Nirgends wurde das Expertensystem als 'stand alone'-System begriffen. Assistent oder Kollege oder auch Diener ist die zugeordnete Rolle, niemals Chef oder Ersatz» [123]. Daß auch ein maschineller Kollege letztlich einen menschlichen 'Kollegen' ersetzt, wenn der Mensch mit diesem Maschinenkollegen doppelt so viel arbeitet wie vorher, wird dabei geflissentlich übersehen, denn es geht um «higher productivity and higher profits» [123]. Und erreicht wird diese Produktivitätssteigerung nach ihrer Beobachtung: «Fast überall steigern Expertensysteme die Arbeitsproduktivität um mindestens den Faktor zehn. Steigerungsraten um zwanzig, dreißig oder vierzig sind häufig» [123]. Entsprechend redet der Ideologe Feigenbaum auch immer von Anwendungen, mit denen jährlich Millionen Dollar eingespart oder gewonnen werden.

Praktiker, wie Donald L.Smith vom Ford Motor Co. Robotics and Automation Applications Consulting Center, warnt vor solchen Höhenflügen und empfiehlt statt dessen eher Anwendungen für Expertensysteme zu wählen, die von beherrschbarer Größe sind. «Das erste Expertensystem, an dem ich arbeitete, war zu groß. Als wir den ersten Prototyp fertig hatten, erkannten wir, daß wir ein Programm angegangen waren, das viel zu groß als Einstieg war. Hinzu kam, daß das Problem gar keine Expertensystemlösung brauchte» [331].

Ähnlich argumentiert Ed Mahler, Program Manager der im Sommer 1985 neu geschaffenenen KI-Forschungsgruppe beim Chemiekonzern DuPont of Nemours. Er hält die von Feigenbaum immer wieder genannten millionenträchtigen Anwendungspotentiale für extrem rar. Sein Interesse gilt statt dessen kleinen Anwendungen, bei denen Einsparungen im Bereich von einigen zigtausend Dollar im Jahr erzielt werden können. Auch diese sollen noch einen Return on Investment-Effekt zeigen, der ein Vielfaches des Einsatzes bereits nach wenigen Jahren erzielt.

Welche dieser Beobachtungen richtig, welche typisch und welche perspektivisch sind, bleibt dahingestellt. Die letztlich noch immer geringe Verbreitung realer Expertensysteme verschleiert ein klares Bild. Sicher scheint, daß der Erfolg beim Einsatz von Expertensystemtechnik wie bei anderen betrieblichen DV-Anwendungen auch, in quantitativen Rationalisierungseffekten liegt, die durchaus arbeitsplatzwirksam werden können.

Eng verknüpft mit diesen möglichen quantitativen Wirkungen ist eine Tendenz zu fortschreitender Taylorisierung qualifizierter Arbeit. Statt des Experten wird eine billigere angelernte Arbeitskraft eingesetzt, die eben nur noch die Teile der vorher definierten,

teureren Facharbeit übernehmen kann, die als Anleitung oder Entscheidung des Expertensystems bereitstehen. «Wenn man beim Einsatz wissensbasierter Programme einfach an hergebrachten Arbeitsbereichen festhält, dann liegt der Versuch nahe, mit Hilfe autonomer Expertensysteme hochbezahlte Spezialisten durch weniger qualifiziertes und billigeres Personal zu ersetzen. Eine solche vordergründige Wirtschaftlichkeit müßte wegen des Mißverhältnisses zwischen Benutzerkompetenz und Computerleistung wahrscheinlich nicht nur mit erhöhten subjektiven Belastungen, sondern auch mit objektiv verminderter Entscheidungsqualität erkauft werden.» «Ein scheinbarer Ausweg könnte bei diesem Ansatz in einer weiteren Fragmentierung der Arbeitsbereiche liegen. Die Verantwortung ungenügend qualifizierter menschlicher Monitore für automatisierte Entscheidungen müßte so eingegrenzt werden, daß alle Sonderfälle außerhalb der Routine sofort an Spezialisten abgegeben werden müßten. Je stärker aber die Vernetztheit des Entscheidungssystemes ist, desto schwieriger ist es, mit solchen starren Fragmentierungen insgesamt zu hochwertigen Entscheidungen zu kommen. Es ist ja gerade das Wesen venetzter Strukturen, daß sich einzelne Bereiche gegenseitig beeinflußen. Um diesen Wechselwirkungen gerecht zu werden, ist es daher notwendig, daß jeder Bereichsspezialist auch über seinen eigenen Tellerrand hinaussehen kann» [305].
Schiffs Hinweis auf die wachsende Einsicht, daß soziale Zusammenhänge auch in der Lohnarbeitssituation nicht beliebig zerschnitten werden dürfen, wie dies im Gefolge von Taylor und Ford bislang geschah, zeigt eine grundsätzliche Fehlorientierung der Informationstechnik, die für Expertensysteme genauso zutrifft. Während Gruppenarbeit und 'Quality Circles' als Instrument modernen Managements gelten, ist die Informatik und noch mehr ihre extremste ideologische Bastion, die Künstliche Intelligenz, nach wie vor der Idee der Maschine als 'Partner' verhaftet «Assistent oder Kollege oder auch Diener ist die zugeordnete Rolle» des Expertensystems, glauben McCorduck, Feigenbaum, Nii und mit ihnen die meisten Expertensystembauer. Ein Feldzug der *machines célibataires* gegen die lebendige Arbeit.

Daß die Automatisierung sich gegen die rationalisierenden Erwartungen wenden kann, wird durch die zunehmende Zahl von 'CIM-Havarien' [376] bekannt, bei denen eine fortschreitende technische Rationalisierung ein Absenken der Produktivität bewirkte. Michie/Johnston zitieren als Beispiel die umfassend automatisierte Stahlherstellung bei Estel Hoogovens in Ijmuiden: «Die Maschinisten bekamen solche Selbstzweifel, daß sie die Leitwarte gelegentlich sich selbst überließen ... Desgleichen konnten die Maschinisten die Programme des Steuerrechners nicht voll und ganz begreifen, und dies wiederum bestärkte sie in ihrer Einstellung, sich aus dem Produktionsprozeß herauszuhalten, es sei denn, irgendetwas lief eindeutig schief. Durch zu spätes Eingreifen der Maschinisten sank die Produktion unter die Leistung von Werken, die sich herkömmlicher Steuerungsmethoden bedienen. Die Automatisierung führte daher nicht nur zu niedrigerer Produktion, sondern gleichzeitig auch zur Entfremdung der Maschinisten.»[80]

[80] Michie/Johnston zitieren H.Voysey aus dem New Scientist 75/1977.

Der Einsatz von Expertensystemen kann sich im Einzelfall genauso auswirken, insbesondere, wenn ihre Integration in die Arbeitsorganisation dem Feindbild vom 'Störfaktor Mensch' verhaftet ist, der nur den geplanten, aber ansonsten autonomen Lauf der Maschine unterbricht oder bei noch nicht automatisierten Restarbeiten unterstützen soll. Die Arbeit in einer Leitwarte bringt diese Differenz zwischen maschinellen und menschlichen kognitiven Fähigkeiten oft scharf zum Ausdruck: Der Mensch soll als Wächter die Defizite der Maschine ausgleichen. Dies ist eine logische Folge des ignoranten Ansatzes, Maschinen so weit wie möglich als Ersatz menschlicher Arbeit zu konstruieren und die 'Restarbeit' dann dem Menschen, der ansonsten als 'Störfaktor' gilt, zu überlassen.
In einer anderen Richtung denkbar ist eine Integration neuer Arbeitsgebiete, die durch ein Expertensystem modelliert sind, in den Tätigkeitsbereich qualifizierter Arbeitskräfte, etwa die Übernahme der expertensystemgestützten Versicherungsberatung durch einen Berater einer Bausparkasse. Der in [320] zitierte und zuvor besprochene Fall der *Lansure Insurance Co.* mag dazu als Beispiel dienen. Ob solche Prozesse freilich das 'Ende der Arbeitsteilung' [186] beschleunigen, bleibt auch dann höchst fraglich, wenn die entsprechenden Expertensysteme zuverlässig arbeiten. Die Gefahr besteht, daß das maschinell neu erschlossene Fachwissen weniger zu einer Anreicherung der intellektuellen Kompetenz führt, sondern eher zu einer nicht wirklich verstandenen und nur schlecht handhabbaren Performanzerweiterung. Insbesondere die kritische Überprüfung der Programmergebnisse kann so erst einmal nicht gewährleistet werden. Ob sich dies im langfristigen Umgang mit einem Expertensystem ändert, ob dieses Programm also, auch wenn es nicht dafür gedacht ist, inhaltlich qualifizierend wirkt, ist höchst ungewiß. Die geringe bisherige Erfahrung mit Expertensystemen läßt in diesen Fragen keine eindeutigen Antworten zu.

Schon aus den drei Beispielen läßt sich eine gewisse Vielfalt der Motivationen bei der Einführung von Expertensystemen erkennen, eine Vielfalt, die für alle Reorganisationsmaßnahmen im Umfeld neuer Techniken gelten mag. Der gemeinsame Nenner, die ökonomische Rationalität, beschränkt sich nicht nur auf den unmittelbaren Kostenaspekt, der in der Diskussion über die Motive betrieblicher Entscheidungen meist vorrangig genannt wird und verkürzt allein durch die Zahl der eingesparten Arbeitsstunden und/oder eine Erhöhung des Produktwertes bewertet wird. Ebenso wichtig ist die Verschiebung produktivitätsrelevanter Aspekte der Arbeitsorganisation, die die Einengung offener und mehr noch verborgener Spiel- oder Freiräume der Beteiligten im Arbeitsprozeß betreffen, also Erweiterung oder Vertiefung der Kontrolle über den Arbeitsprozeß. Hier zeigen sich Expertensysteme wie informationstechnische Mittel generell als Mittel der reellen Subsumtion des Arbeitsprozesses[81]. Ihre Besonderheit erweist sich in einem gewissen Erfolg bei der Rationalisierung geistiger Arbeit, die bislang als nicht oder nur mit unverhältnismäßigem Aufwand maschinisierbar galt, also der Erweiterung der maschinell subsumierbaren Bereiche.

---

[81] Es handelt sich also um die alte Herrschaftsfrage nach den 'Poren des Arbeitstages' (Marx), die die Betroffenen vor dem neugierigen Blick der vorgesetzten Kontrolleure verbergen wollen. Vgl. Wiedemann [356].

## 8.2 Verantwortliche Gestaltung: Werkzeugcharakter und sozialer Zweck

Der Computer ist vereinzelt als Mega-Maschine überhöht oder als bloßes Werkzeug verniedlicht worden [152], wobei mit diesen Begriffen Implikationen gesellschaftlicher Wirksamkeit verbunden sind. Nun lassen sich eine Reihe von Gründen anführen, warum der Computer kein Werkzeug im historisch entwickelten Sinne dieses Wortes sein kann. Die Alternative kann freilich nicht darin bestehen, Computersysteme als Maschinen- und Herrschaftssysteme zu akzeptieren; die Auflösung der zugrundeliegenden technischen und gesellschaftlichen Gestaltungsaufgabe liegt darin, den Werkzeugbegriff so zu erweitern, daß eine Steigerung der Qualität der Arbeit durch Rechnersysteme und -programme möglich wird und tatsächlich erfolgt. «Die Perspektive zielt darauf, dem Computer bzw. Programm Werkzeug*charakter* zu verleihen» [241]. Neben dem Werkzeugcharakter wird immer wieder der mediale Charakter informationstechnischer Artefakte betont [75,114,241]. Frieder Nake betont die vermittelnde Rolle des sozialen Zweckes zur Beurteilung dieser beiden orthogonalen Aspekte: «Im Computer sind ... Verarbeitungsfunktion (Werkzeug) und Interaktion (Sprache) nicht prinzipiell zu unterscheiden, sondern immer nur unter Berücksichtigung des jeweiligen Zweckes. Denn beide sind informationell gefaßt. Darin gründen die widersprüchlichen Sichten des Computers als Werkzeug und als Partner. Sie erscheinen als zwei Aspekte des gleichen Sachverhaltes. Wir können in diesem Sinne davon sprechen, daß sich im Computer das Werkzeug als Werkzeug und als Beschreibung seiner selbst *verdoppelt* wiederfindet. ... In diesem erweiterten Sinn soll von 'Computer als Werkzeug' die Rede sein. Ich schließe mich damit nicht jenen an, die im Computer '*nur* ein Werkzeug' sehen. Ich umgehe vielmehr die Frage, ob der Computer dieses oder jenes sei (im klassischen Sinn ist er *kein* Werkzeug)» [241]. Der *Werkzeugcharakter* eines Expertensystems bemißt sich daran, inwieweit die menschlichen Eigenschaften und Fähigkeiten durch den Gebrauch des Programms nicht unterdrückt, sondern vielmehr gefördert, bzw. entwickelt werden. Die Frage ist: Wie handhabbar ist das Expertensystem? In einer Studie eines Arbeitskreises der Gesellschaft für Informatik zu gesellschaftlich verantwortlicher Software-Entwicklung [94] wird dieser Gebrauch des Wortes Werkzeugcharakter als Leitlinie der Gestaltung von Rechnersystemen und -programmen aufgegriffen und mit der Forderung nach *Sozialer Zweckbestimmung* verbunden. Dies wird allgemein für informationstechnische Produkte gefordert, auch für Expertensysteme.

Die enorme Vielseitigkeit informationstechnischer Entwicklungen (die manchmal fälschlich als Universalität mißverstanden wird) verschleiert, daß Rechner am Arbeitsplatz erst einmal zu einem bestimmten Zweck (etwa dem, diese Arbeit unterstützend oder kontrollierend zu gestalten) eingesetzt werden. Diese Vielseitigkeit läßt schnell die technische Realisierung ursprünglich nicht beabsichtigter Zwecke, etwa der Überwachung oder Leistungskontrolle zu. Dem soll die Forderung nach eindeutiger sozialer Zweckbestimmtheit der Informationstechnik im Interesse schützenswerter persönlicher und kultureller Räume Grenzen setzen. «Zu fragen ist: Wird die Technik zu einem sozial akzeptablen Zweck eingesetzt? Beide Leitlinien können in *Konflikt* zueinander geraten: Der Werkzeugcharakter von Systemen kann auf Kosten der sozialen Zweckbestimmtheit gehen; soziale Zweckbestimmtheit heißt noch nicht, daß die Systeme werkzeuggemäß oder gut handhabbar sind» [94].

Am Beispiel des Einsatzes eines Expertensystems als Unterstützungssystem am Büroarbeitsplatz sind diese Dimensionen der Systemgestaltung nachvollziehbar. Für die Kontrolle der Ergebnisse und für die Erklärungskomponente ist es nützlich oder sogar notwendig, alle Arbeitsschritte vollständig aufzuzeichnen. Dies entspricht dem *Werkzeugcharakter* des Systems. Diese Aufzeichnung kann freilich auch zur Kontrolle der Arbeitsleistung des Benutzers verwendet werden. Eine solche Kontrollmöglichkeit widerspräche der Entwicklungsleitlinie der sozialen Zweckbestimmtheit. Als technische Lösung böte sich in diesem Fall eine technische Zugriffsverweigerung durch andere als den Benutzer des Systems an, etwa über ein persönliches Kennwort. Aber nicht immer lassen sich solche einfachen Konfliktlösungen angeben — und oft sind mögliche Konflikte zur Zeit der Systementwicklung noch nicht antizipierbar — sofern überhaupt ein Entwicklerinteresse daran besteht.

Expertensysteme unterscheiden sich in diesen Fragen nicht wesentlich von anderen DV-Programmen. Die Verwirklichung der beiden Entwicklungslinien 'Werkzeugcharakter' und 'Soziale Zweckbestimmtheit' hängt sowohl von technik-immanenten Eigenschaften des zu entwickelnden Produkts als auch von den Arbeitsbedingungen und Aufgaben sowie von der persönlichen Haltung aller Verantwortlichen ab. «Dadurch ergeben sich zugleich *unscharfe* Verantwortungssituationen. Zur Auflösung dieser Situationen sind allgemeine politische und soziale Regelungen im Hinblick auf Schutz vor Mißbrauch und Einschränkung der Zwecke nötig. Allerdings beruht die Einhaltung solcher Regelungen auf einer verantwortlichen Übereinkunft und Haltung, da die informationstechnischen Systeme prinzipiell die Möglichkeit einer technischen Umgehung von Regelungen zulassen. Die schon in der Vergangenheit vorhandenen Mißbrauchsmöglichkeiten technischer Mittel werden durch die radikal erweiterten Speicher- und Vernetzungsmöglichkeiten so potenziert, daß neue verantwortliche Umgangsweisen erforderlich werden» [94].

Viele Expertensysteme werden zur Bearbeitung eines speziellen Aufgabengebietes entworfen, so daß die soziale Zweckbestimmtheit besteht. Offenes Entwicklungsziel bleibt die Benutzerfreundlichkeit, um sie werkzeuggemäß zu gestalten. Hier gibt es eine gewisse Tradition der KI-Programmierung, die diesen Zielen entgegenkommen mag. In graphische ausgerichteten Shells wie Nexpert Object und Programmierumgebungen wie KEE wird der Entwurf benutzerfreundlicher und werkzeuggemäßer Bildschirmgestaltungen unterstützt. Ein tieferliegendes Problem ergibt sich aber mit der regelgestützten Inferenz, deren Abarbeitung unter Umständen eine umfangreiche Liste von Fragen zur Hypothesenverifizierung umfaßt. So berichtet Mertens, daß das Programm Dial-D wegen der umständlichen Fragefolgen aus dem Kundenverkehr genommen wurde [223]. Zu den ausgesprochen problematischen Ansätzen der KI-Technik gehören freilich 'selbst-adaptierende Dialogsysteme', die über die werkzeuggemäße Eigenschaft der Anpaßbarkeit des Programms an die Wünsche des Benutzers hinaus eine Modellierung der Benutzer mit dem Ziel selbständiger Anpassung an ihre vermuteten Fähigkeiten versuchen. Solche Programme führen zu einer Umkehrung der Subjektrolle

zwischen Mensch und Maschine; Verantwortung und Selbstbestimmung im Arbeitsprozeß werden damit technisch aufgelöst. Nebenbei eröffnen sie damit die handfeste Gefahr des Mißbrauchs zur nicht geregelten technischen Leistungsbewertung. Dies alles ist mit sozialer Zweckbestimmung eines Expertensystemprogramms nicht vereinbar.
Die Ausprägung des Werkzeugcharakters führt zu ergänzenden, nicht ersetzenden Expertensystemen. Damit wird eine Entwurfspraxis unzulässig, die sich an der von der KI-Forschung behaupteten kognitiven Entsprechung von Mensch und Maschine ausrichtet, und die Menschen und menschliche Arbeit als Aspekte informationsverarbeitender Systeme ansieht. In [94] wird verlangt, diesen mechanistischen Blick durch eine Sichtweise abzulösen, die die besondere Konstitution der Menschen, Körperlichkeit, intuitiv-ganzheitliches Vermögen und soziales Wesen berücksichtigen. Walter Volperts Begriff der 'kontrastiven Analyse' [346,347] menschlicher und maschineller Potentiale soll hier als nützlicher begrifflicher Ansatz genannt sein, der die ideologische These der kognitiven Entsprechung von Mensch und Maschine überwinden hilft:
«Die *Körperlichkeit* des Menschen verlangt bei der Verwirklichung der Leitlinie 'Werkzeugcharakter' — wo immer möglich — die Rückbindung an sinnlich erfahrbare Praxis im Umgang mit informationstechnischen Mitteln. Die Simulation stofflicher Vorgänge auf der Ebene von Symbolen kann das Problem der Abstraktheit jedoch nur mildern. Es bleibt das Problem des Verlustes von Erfahrungswissen, das zu einem fehlerhaften Gebrauch der Informationstechnik führen kann.» «Das *intuitiv-ganzheitliche Vermögen* des Menschen verlangt die Chance, im Arbeitsprozeß selbständig Ziele bilden und verwirklichen zu können sowie sich einen Überblick zu verschaffen. Das setzt Handlungsspielräume voraus. ... können Computersysteme heute so gestaltet werden, daß sie an die Bedürfnisse der Benutzer weitgehend angepaßt werden können. Dies gilt immer mehr auch für die Ablauflogik und das Arbeitsgeschehen der mit dem System realisierten Prozesse.» «Das *soziale Wesen* des Menschen verlangt die Erhaltung und Schaffung von Feldern kommunikativen Handelns, um Gespräche und Zusammenarbeit mit anderen Menschen zu ermöglichen. Elektronisch vermittelte Kommunikation erlaubt dies in der Regel nicht.» [94]

Die Realisierung des Werkzeugcharakters rechnerunterstützter Systeme führt zu einer Steigerung des Gebrauchswertes dieser Systeme. Die Qualität der Arbeit wird damit verbessert. Dies ist unter den Bedingungen einer Marktökonomie kein vordringliches Ziel, sondern eher ein Weg zur Realisierung einer politischen Wunschvorstellung, die über die ordnungspolitische Basis 'Markt' hinausgeht: «Will man die emanzipatorischen Möglichkeiten für die Arbeiter hervorkehren, muß man am Gebrauchswert von Produkten und Arbeitskraft ansetzen.» (Frieder Nake in [241].) Dieser Weg verlangt also eine politische Entscheidung in einer wissenschaftlich/technischen Gestaltungsaufgabe; er ist weder gesellschaftlich zwangsläufig noch wissenschaftlich selbstverständlich: «Während Ziel des Umgangs mit dem klassischen Werkzeug das Erringen von Autonomie gegenüber diesem Werkzeug ist, bleibt im transklassischen Fall unter herrschenden Verhältnissen nur das Dreinschicken unter die Gegebenheiten des Systems. Gestaltung bedeutet stets zweierlei: Gestaltung des Computers als Werkzeug, damit tendenziell Gewinnung von Autonomie der Arbeitenden gegenüber ihrer Arbeit. Auf der erreichten Stufe der

Produktivkräfte kann dies nur eine kollektive Autonomie sein. Zweitens aber Gestaltung des Computers als Medium der Herrschaft, damit Fortbestand und Festigung der herrschenden Verhältnisse. Auch sie sind gesellschaftlich. Sozialverträgliche Gestaltung kann dann nur heißen, die Herrschaftsfunktion zurückzudrängen zugunsten der Werkzeugfunktion, die Gebrauchswertseite, die Seite der konkreten Arbeit betonen. Die Frage ist keine rein technische, aber doch auch eine technische. In der Verdoppelung des Werkzeugs zeigt sich ihre Widersprüchlichkeit» [241].

## 8.3 Rechtliche Aspekte

Wie vorher ausgeführt wurde, kann die Entwicklung von Expertensystemen zu Programmen führen, die im Vergleich zu herkömmlicher Software in hohem Maße riskant sind. Ihr alltäglicher Einsatz wirft somit eine Reihe von technischen, ethischen, politischen und juristischen Fragen auf. Welche Risiken werden beim Einsatz solcher Programme eingegangen? Ist der Einsatz solch riskanter Programme verantwortbar? Wie kann man die Risiken abschätzen oder mindern? Welche technischen Verbesserungen dieser Technik sind notwendig? Welche sind (absehbar) möglich? Verschwindet Verantwortung beim Einsatz solcher Programme? Wer haftet für den fehlerhaften Einsatz solcher Programme? Besteht die Notwendigkeit gesetzlicher oder rechtlicher Regelungen?
Computerprogramme haben rechtliche Regelungen in verschiedensten Bereichen erforderlich gemacht. Öffentlich bemerkte Meilensteine solcher Entfaltung sind das Datenschutzrecht und der verfassungsrechtliche Schutz der informationellen Selbstbestimmung der Bürger. Doch die informationstechnischen Folgen wirken sich auch auf Urheber- und Patentrecht, Vertrags-, Haftungs- und Gewährleistungsrecht aus und betreffen mit wachsender Verbreitung nicht zuletzt auch Arbeits- und Tarifrecht und sogar das Strafrecht. Auf einer rechtlich untergeordneten, gleichwohl wichtigen Ebene sind Verordnungen und Standardisierungen zu beachten, wie etwa Arbeitsschutzverordnungen, Richtlinen oder DIN-Normen zur Geräte- und Software-Ergonomie.

Expertensysteme sind vor allem anderen informationstechnische Produkte und unterliegen als solche der gleichen rechtlichen Entwicklung wie andere solche Produkte. Aber sie besitzen doch auch einige Besonderheiten, die in diesem Kontext auffällig werden können.
In der Frage des Urheber- und Patentrechts ergeben sich Fragen, die die Erstellung und Pflege einer Wissensbasis betreffen. Was gehört dem Auftraggeber, was dem Knowledge Engineer, was dem Experten? Die Vorstellung, daß der oder die expropriierten Experten als unverzichtbare Lieferanten der Elemente der initialen Wissensbasis und ihrer Fortschreibungen Urheberschutz genießen könnten, wird sofort deutlich, wenn man an massenhaft vermarktete Wissensbasen statt an die bisher vorliegenden Einzelprodukte denkt — wenngleich auch in diesen Fällen die Rechtslage gar nicht so einfach ist, wie sie den Protagonisten der Expertensystemtechnik erscheinen mag. Bezogen auf die Arbeit-

nehmer (als exploitierbare Träger von Fachwissen) stellt sich die Frage nach dem Eigentum am Inhalt ihrer Qualifikationen. Welche Anteile des in einem Expertensystem kodifizierten Fachwissens ist betriebsspezifisch und gehört damit quasi zum Inventar des Betriebs (als 'Betriebsgeheimnis'), welche gehören der lebendigen Arbeitskraft der Arbeitnehmer? Ist durch den Arbeitsvertrag nur die Anwendung des durch die Ausbildung, aber auch des durch die Betriebserfahrung erworbenen Fachwissens gekauft, oder bleibt das Fachwissen Eigentum der Arbeitenden, das nur im Rahmen der Arbeitszeit zur Verfügung gestellt wird?
Gehören die Experten zum Kreis der Ingenieure oder der leitenden Angestellten, so mögen Erfinderklauseln des Arbeits- und Tarifrechts anwendbar sein, doch die meisten Expertensysteme werden für Anwendungsbereiche unterhalb dieses tariflich privilegierten Levels entstehen. Zur gesellschaftlichen Frage wird: «Ist die Verfügung über die entlohnte Arbeitskraft auf die vertraglich geregelte Arbeitszeit beschränkt?» Dies ist nicht nur eine Facette des Tarifrechts, es werden verfassungsrechtliche Aspekte sichtbar, die letztlich die Konstruktion der gesellschaftlichen Produktionsweise betreffen. Wie weit diese Frage mittel- oder langfristig relevant wird, hängt von der weiteren Entwicklung der Expertensystemtechnik ab.
Noch einmal anders stellt sich das Eigentum an Wissensbasen dar, die als Ergebnis wissenschaftlicher Forschung entstanden sind. In naiver frühbürgerlicher Tradition 'gehört' der wissenschaftliche Erkenntniszuwachs der Menschheit über die Klassen- und Staatengrenzen hinweg. Dies betrifft zumindest den Inhalt der Erkenntnisse, nicht aber die Text-Form, die durch das Urheberrecht geschützt werden soll — das allerdings weniger die Autoren als die Verleger schützt. Die kapitalistische Wirtschaftsform hat dies bis jetzt weitgehend akzeptiert, soweit es sich nicht um zweckgerichtete militärische oder industrielle Forschung gehandelt hat. Seitdem Informationen in Form von rechnergestützten Informationsystemen und Datenbanken maschinell gespeichert werden kann, stellt sich diese Frage auf nationaler und mehr noch internationaler Ebene neu. Internationale Regelungen über den freien Zugang zu wissenschaftlichen und kulturellen Informationen sind dringend notwendig. Das Problem wächst mit dem Aufbau immer neuer rechnergestützter Informationssysteme, vor allem in den USA. Dies ist unter dem Eindruck einer für den Rest der Welt höchst problematischen Verhaltensweise der letzten US-Administrationen über die Geheimhaltungspflicht amerikanischer Wissenschaftler, die jederzeit auch auf Informationssysteme ausgedehnt werden kann. Im Zusammenhang mit der Expertensystemtechnik drohen ähnliche Probleme, falls internationale Methoden- oder Wissensbanken in entsprechender inhaltlicher Breite aufgebaut werden können.

Mit dem Recht an der ökonomischen Nutzung des Ertrags einer Wissensbasis können aber auch Gewährleistungsansprüche verbunden sein. Dies ist bereits in Form herkömmlicher Software ein äußerst komplexer Rechtsgegenstand, der bei Expertensystemen insbesondere wegen ihrer prinzipiellen, nicht-aufhebbaren Fehleranfälligkeit und der permanten Notwendigkeit der Pflege und Weiterentwicklung der Wissensbasis zu erheblichen Verbreitungshindernissen führen kann, wenn er von den Kunden der

Expertensystemhersteller erst einmal erkannt wird. Diese prinzipielle Fehleranfälligkeit wird wegen der mangelnden Zuverlässigkeit bisher entwickelter Validierungsmethoden und des praktisch völligen Fehlens geeigneter Testverfahren weiter verschärft. Die bisher überwiegende Praxis der maßgeschneiderten *in house*-Entwicklung solcher Programme, die natürlich schon wegen der Frage möglicher Betriebsgeheimnisse relevant bleiben wird, kann diese Probleme nur verbergen.

Doch die prinzipielle, nicht-aufhebbare Fehleranfälligkeit führt zu diffiziellen Haftungsproblemen, da durch den Einsatz von Expertensystemen in nahezu allen Anwendungsbereichen erhebliche materielle (und andere) Folgen durch die schwer oder nicht durchschaubare Arbeitsweise der Programme entstehen können. Eine besondere Haftungsproblematik ist bei Programmen zu befürchten, deren Ziel es ist, hochqualifizierte Entscheidungen durch geringer qualifiziertes Personal durchführen zu lassen. Typisch sind dabei etwa Diagnose- und Reparatursysteme, aber auch Beratungssysteme. Kritisch wird dies bei riskanten Einsätzen wie etwa bei Notfallsystemen in technischen Anlagen oder im medizinischen Einsatz, wo gering qualifiziertes Personal unter Zeitdruck schnell auf vorgeschlagene Programmentscheidungen reagieren muß. Ein Einsatz automatisch entscheidender Expertensysteme unter den Randbedingungen prinzipiell unvermeidbarer Fehlentscheidungen führt zu Haftungsproblemen, die ihren Einsatz in riskanten Anwendungen praktisch ausschließen. Einsätze von Expertensystemen als Notfallsysteme in atomtechnischen oder chemischen Anlagen, die zu Handeln unter Zeitdruck zwingen, verbieten sich unter diesem Aspekt von selbst. Das gleiche gilt für militärische Anwendungen dieses Typs. Um so brisanter bleibt, daß solche Entwicklungen weltweit geplant und finanziert werden.

## 8.4 Verlagerung und Verlust der Verantwortung

Mit nahezu jeder Maschinisierung menschlicher Arbeit stellt sich eine Neuverteilung der Arbeitsaufgaben ein und damit unter Umständen unbewußt und unkontrolliert eine Verschiebung der Verantwortung über den Arbeitsprozeß und das Arbeitsprodukt vom Arbeitenden weg. Natürlich kann keine Maschine Verantwortung übernehmen, aber sie kann diese verschleiern, so daß der an der Maschine Arbeitende sich nicht mehr verantwortlich fühlt. Dies ist ein Kernproblem jeder technischen Rationalisierung und Reorganisation der Arbeit, das eine sehr gefährliche Situation mit unübersehbaren materiellen, rechtlichen und finanziellen Folgen erzeugen kann. Auch beim Einsatz von Expertensystemen führt dies zu Problemen, die noch dadurch verschärft werden, daß dabei die Verantwortung für die Folgen der maschinisierten Arbeit mit übertragen werden können. Solch ein Vorgang ist immer problematisch, wenngleich in der industriellen Kultur bis zu einem gewissen Grade wohl unvermeidbar. Er wird zum schwerwiegenden Problem durch die grundsätzliche Unzuverlässigkeit heuristischer Methoden und ihrer Implementierung in Expertensystemen. Begegnen können wir diesem Problem nur durch bewußte Gestaltung dieser Technik, einer Gestaltung, die das Problem der Verantwortung und Verantwortbarkeit in maschinell unterstützten Arbeitsprozessen so ernst nimmt, wie es in anderen Arbeitsprozessen genommen werden muß. Expertise soll verantwortliche Entscheidung auf Grund fachlicher Kompetenz sein. Diese Kombination von Verantwortung und Fachwissen darf nicht klammheimlich aufgelöst werden. Hier müssen Techniker, Manager und Politiker, aber auch die Gesellschaft insgesamt noch einiges lernen, um mit diesem komplexen Phänomen umgehen zu können.

Expertensysteme sind besonders problematische Beispiele des Verantwortungstransfers von menschlicher Verantwortung auf Maschinen bzw. Programme, da die weitaus meisten Expertensysteme notwendigerweise über ihre ganze Entwicklungs- und Einsatzdauer unfertig und fehlerhaft sind. Expertensysteme dürfen deshalb nicht einfach unerfahrenen und in der Anwendung ungeschulten Benutzern übergeben werden, die die Grenzen eines verantwortlichen maschinellen Einsatzes solcher Programme noch gar nicht abschätzen können. Ebensowenig dürfen extrem komplexe Programme eingesetzt werden, wenn sie durch ihre Undurchschaubarkeit ein sachgerechtes Handeln verhindern. Besonders kritisch wird dies bei Programmen, die keine angemessene Bedenkzeit für die damit Arbeitenden zulassen. Experten handeln ja nicht einfach nach Regel-Kalkülen, die sich beliebig beschleunigen lassen. Offensichtlich gibt es Situationen, in denen Beschlüsse mit Nachdenken, mit Bedacht und vernünftigem Abwägen, und nicht durch ultraschnelles Suchen oder logisches Schließen vorbereitet werden.

Damit mögen weitere Hoffnungen auf eine neue Zukunftstechnologie schwinden: Der Ersatz von Sachverständigen durch billigere, ungeschulte Arbeitskräfte wird nicht ohne erhebliche Schwierigkeiten möglich sein.

Der Einsatz von Expertensystemen in riskanten Umgebungen, die schnelle Reaktionen verlangen (die die Zeit zu vernünftigem Abwägen und Bedenken überschreiten), ist somit verantwortungslos. Der Einsatz zur Steuerung atomtechnischer, chemischer oder petrochemischer Anlagen (ver-)führt zu verantwortungslosem Handeln und muß deshalb unterbleiben. Ganz ausdrücklich gilt dies aber für die Wahnsinnsentwicklungen der Waffentechnologie wie nuklearen «Early Warning and Response Systems» und SDI–Phantasien.

Die kürzlich durch das weitgehend automatisierte Feuerleitsystem Aegis hervorgerufene Katastrophe, die zum Abschuß eines Passagierflugzeugs im arabischen Golf führte [54,314], und der Absturz eines mit weitgehender Rechnerunterstützung geflogen Airbus A320 [206] bei der Vorführung eines besonders gewagten Tiefflugs zeigen die Gefahren solcher Systeme deutlich. Die ebenfalls schon weitgehend automatisierte anschließende Schuldzuweisung an die Bediener solcher Systeme verschleiert die grundsätzlichen Konstruktionsfehler solcher Automaten. Doch: «Solange es Parlamente gibt, die bereit sind, unvorstellbare Geldbeträge für die qualitative Ausweitung des Wettrüstens, für die Entwicklung phantastischer, neuartiger Waffensysteme zu bewilligen, wird es auch nicht an Angeboten zu Modellierungen und Berechnungen ohne ausreichende theoretische Grundlage fehlen. Es ist schwer, traditionelle wissenschaftliche Qualitätsmaßstäbe in einer militärischen Umgebung aufrechtzuerhalten, in der der Verlust von drei der 98 B-1B-Bomber in den ersten 14 Monaten ihrer Indienststellung keinen Skandal auslöst.» [35]

Dies bleibt ein zentrales gesellschaftliches Problem im Verhältnis wissenschaftlich-technischer Entwicklung zum militärisch-industriellen Komplex.

Von der Entwicklung eines in diesem Sinne wohl riskanten Notfall-Steuerungssystems für ein Kernkraftwerk in Taiwan wird in Feigenbaum, McCorduck und Nii [123] ohne weitere Details berichtet. Auch in der DDR wird im Kernforschungszentrum der Akademie der Wissenschaften, ZfK Rossendorf an solchen Programmen gearbeitet [8]. Die Diagnosesysteme RADEX und HUPEX zur Rauschanalyse und zur Analyse der Hauptpumpentätigkeit laufen auf PCs mit MS/DOS-ähnlichen Betriebssystemen — auch dies kaum eine Empfehlung für ihre Zuverlässigkeit [8]. Ähnlich riskante Entwicklungen finden in der Bundesrepublik statt. Ein Programm zur Fehlerdiagnose und vorbeugenden Wartung in Atomkraftwerken wird von der Firma Infovation entwickelt. Die genauen Einsatzbedingungen sind in der Beschreibung bei Mertens [225] nicht erkennbar. Im Rahmen des vom BMFT geförderten Verbundprojekts TEX-I ist bei der Interatom GmbH ein Expertensystem zur Situationsbewertung in Atomkraftwerken vom Typ 'Schneller Brüter' entwickelt worden. Eine besondere Note erhält das Ziel der Situationsbewertung in Atomkraftwerken durch die 'Anwendungsperspektiven' des Projekts TEX-I: «Der angestrebte Nutzen liegt in der Vereinfachung der Fehlerdiagnose (statt hochqualifizierter Spezialisten werden nur fachlich vorgebildete Personen benötigt) ... und der Kostenreduktion»[24]. Wie sich die Kostenrechnung nach einem wesentlichen Versagen des von billigerem 'fachlich vorgebildetem Personal' bedienten Expertensystem darstellt, wird in der Projektbeschreibung nicht diskutiert. Das Programm soll «zunächst als reines Beratungssystem zur Unterstützung des Bedienpersonals und von Servicetechnikern eingesetzt werden» [24]. Die beruhigend gemeinte Abschwächung 'zunächst' zeigt die Gefährlichkeit solcher Entwicklungen!

Gelegentlich wird eingewendet, ein Mensch mache, wenn er in riskanten Bereichen eingesetzt werde, wie ein Expertensystem ebenfalls Fehler. Doch hier gilt, daß solch riskante Anwendungen auch unter menschlicher Kontrolle so weit wie nur möglich einzuschränken sind und nicht, daß riskante Technik durch weitere, kaum weniger riskante Technik überwacht werden soll. Nun kann man leider nicht immer fordern, daß riskante Anwendungen überhaupt nicht konstruiert werden sollten, da etwa mit der Arbeitsweise in einer medizinischen Intensivstation nun einmal Risiken für Leib und Leben des Patienten verbunden sind. Hier muß aber noch einmal auf den grundsätzlichen Defekt aller Expertensystemprogramme hingewiesen werden: Ein Programm kann nur in wenigen vorherbedachten Fällen erkennen, wann es nicht mehr entscheiden kann und sein Einsatzfeld verlassen wird. Eine Fachkraft weiß dagegen über weite Bereiche, wann ihre Entscheidungen auf Grund der Situation unsicher oder falsch werden; dies ist ein wesentlicher Teil unserer Arbeitskultur und wesentliches, wenn auch nicht immer explizit vermitteltes Ziel der Ausbildung. Menschen können mit vielen unvorgesehenen Situationen fertig werden, notfalls, indem sie Hilfe holen. Um unvorhergesehene Situationen in Programmen abzufangen, müssen sie vom Programmierer vorhergesehen werden — ein Widerspruch in der Aufgabenstellung. Menschen sind in dieser Hinsicht Programmen weit überlegen, auch wenn sie nicht unfehlbar sind. Es geht letztlich um die Einsicht, daß Fehler unvermeidlich sind und deshalb Vorsicht und Umsicht zur qualifizierten Arbeit gehören. Gelegentlich werden solche Forderungen im Zusammenhang mit dem Übergang von Expertensystemen zu Fachsystemen erhoben [285], doch wie man diese Kategorien einem Programm beibringen will, bleibt unerkennbar.

Konkret folgt aber: Menschlichen Benutzern muß hinreichend Zeit bleiben, um die Entscheidung eines Expertensystems (oder anderer automatisierter Systeme) zu Über- und Be-denken und gegebenenfalls anders zu entscheiden: «Der Aufbau eines jeden Systems, das gesellschaftliche Verantwortung trägt, muß gewährleisten, daß seine Entscheidungen nicht nur durchsichtig, sondern auch *widerlegbar* sind» [228].

Es könnte ironischerweise ein positiver Einfluß der Expertensystemtechnik sein, die Einsicht in Unvermeidlichkeit der Fehlerhaftigkeit technischer und auch informationstechnischer Systeme so zu verankern, daß dies zur Konstruktion fehlerfreundlicher technischer Systeme führt. Die unvermeidliche Fehlerhaftigkeit und Unfertigkeit von Expertensystemen sollte dann zu Programmen führen, die ihre Funktion im Fehlerfall nach Möglichkeit *nicht abrupt* und *nicht katastrophal* abbrechen oder ändern. Die Konstruktion solcher 'gracefully degrading systems' [265] ist eine erhebliche technische Herausforderung, von der wir bisher bestenfalls die Umrisse erkennen.

# 9. Gesellschaftlicher Handlungsbedarf

*Schon von jeher brachte man Maschinen zu Markt, welche die Menschen außer Nahrung setzten, indem sie die Arbeiten derselben besser und schneller ausführten. denn zum Unglück machen die Maschinen allezeit recht gute Arbeit und laufen den Menschen weit vor. Daher suchen Männer, die in der Verwaltung wichtiger Ämter es zu etwas mehr als träger Mittelmäßigkeit zu treiben wünschen, soviel sie können ganz maschinenmäßig zu verfahren und wenigstens künstliche Maschinen abzugeben, da sie unglücklicherweise keine natürliche sein können.*

Jean Paul

## 9.1 Staatliche Forschungsfinanzierung

Nach einem Bericht des BMFT [24] zur Lage der KI-Forschung wird für den Zeitraum von 1984 bis 1989/90 für die zivile, finanzielle Förderung der Forschungen zur Künstlichen Intelligenz und zur Expertensystemtechnik eine Summe von mindestens 300 Mio. DM zur Verfügung gestellt. Diese Summe floß in Verbundforschungsvorhaben von Industrie, Hochschulen und staatlichen Forschungseinrichtungen. Der Umfang der militärischen Förderung über BMVg, IABG und andere industrielle und staatliche Forschungs- und Entwicklungsabteilungen wird nicht benannt. Das bundesdeutsche Marktvolumen dieser Technik beträgt nach optimistischen Schätzungen von 1985 bis 1988 maximal 309 Mio. DM [107] ohne Einbeziehung firmeninterner Aufwendungen, die in ähnlicher Höhe angesetzt werden. Zivile Förderung und Markt halten sich also vorerst noch die Waage und die Förderungsfinanzierung ist Motor dieses Marktes.
Der industrielle Anteil entspricht dabei keineswegs dem sonst vom BMFT gelobten Verhältnis 5:2:1 für private, Bundes- und Landesanteile an der Forschungsförderung [25]. Der Bund zahlt für die KI-Forschung mindestens so viel wie die privaten Geldgeber. Rechnet man die Länderanteile und den nicht klar durchschaubaren militärischen Finanzanteil zur Förderung hinzu, so zahlt die Industrie deutlich weniger als die Hälfte der KI-Forschungsaufwendungen. Der derzeitige Boom der KI-Forschung ist somit eine staatlich-politisch fundierte Entscheidung. Denn: «KI ermöglicht einen qualitativen Sprung von der Datenverarbeitung zur Wissensverarbeitung und stellt damit ein Fortschrittspotential für die Informationsverarbeitung insgesamt dar. ... Die Förderung des BMFT zielt darauf ab, diese neue KI-Technologie frühzeitig zu beherrschen und industriell vorbereitet zu sein, die Chancen dieses stark expandierenden Zukunftsmarktes zu nutzen» [25]. Die Nutzer sind vorerst überwiegend Fördernehmer des BMFT, der derzeitige Umsatz des 'Zukunftsmarktes' beträgt weniger als ein halbes Prozent des gesamten bundesdeutschen DV-Umsatzes.

Die staatliche Förderung der Künstlichen Intelligenz-Forschung und der Expertensystem-Forschung erfolgt über BMFT, DFG und spezifische Länderprogramme. Der Sonderforschungsbereich 314 der DFG «Künstliche Intelligenz», der an der Universität Saarbrücken angesiedelt ist, verplant zwischen 1985 und 1989 rund 19 Mio. DM, von denen 8 Mio. vom BMFT kommen. Als weitere institutionalisierte Forschungsgruppen sind die KI-Gruppe der GMD mit rund 20 Wissenschaftlern, sowie die Fraunhofer-Gesellschaft mit den Abteilungen Institut für Arbeitswirtschaft und Organisation (IAO) in Stuttgart, Institut für Informations- und Datenverarbeitung (IITB) in Karlsruhe, Institut für Produktionsanlagen- und Konstruktionstechnik (IPK) in Berlin und dem Institut für Produktionstechnologie (IPT) in Aachen zu nennen. In Stuttgart wird vor allem die sogenannte Mensch-Maschine-Schnittstelle untersucht, in Karlsruhe ist ein Schwerpunkt der Bildverarbeitung und der Expertensystemtechnik, während IPK und IPT mehr die praktischen Umsetzungen dieser Techniken entwickeln.
Der BMFT hat zwischen 1984 und 1989/90 rund 159 Mio. DM für KI-Forschung festgelegt, wovon 77 Mio. für die Expertensystemtechnik bereitstehen, der Rest im

wesentlichen für Mustererkennung und Bildverarbeitung. Der Finanzierungsanteil der Industrie in diesen «Forschungsverbundvorhaben» von Industrie, Hochschulen und staatlichen Forschungseinrichtungen beträgt weitere 135 Mio., so daß im genannten Zeitraum rund 300 Mio. DM aus der Forschungsförderung genutzt wurden. Im folgenden seien einige Beispiele der vom BMFT geförderten Forschungsprojekte zur Expertensystemtechnik erläutert.

- LERNER soll den «Wissenserwerb und Lernen zum Einsatz bei Dienstleistungs-Expertensystemen» untersuchen. Zu den Verbundpartnern gehören *Nixdorf*[82], Stollmann und die KIT-Gruppe der TU Berlin. Die Fördersumme liegt bei 6,9 Mio. DM. «Die Aufgabe des Verbundprojektes LERNER ist die theoretische Fundierung, der Entwurf und die Implementierung von Werkzeugen zur Konstruktion und Wartung von Expertensystemen. ... Eine Besonderheit des in LERNER verfolgten Lösungsansatzes besteht darin, verschiedene Hilfsmittel sowohl zur Unterstützung der automatischen Wissensübertragung als auch der automatischen Wissensakquisition bereitzustellen» [24].
- TEX-B soll «Wissensrepräsentation und Schlußfolgerungsverfahren für physikalisch-technische Systeme als einheitliche Grundlage (Basisuntersuchung) technischer Expertensysteme» untersuchen. Zu den Verbundpartnern gehören *Fraunhofer Gesellschaft (IITB Karlsruhe)*, Siemens, PCS und Batelle. Die Fördersumme liegt bei 8,8 Mio. DM. «Ziel des Vorhabens ist die Entwicklung, prototypische Implementierung und experimentelle Erprobung von neuen Wissensrepräsentationsformalismen» [24] und Inferenzverfahren, dabei insbesondere nicht-monotones und qualitatives Schließen, Schlußfolgerungen bei zeitlich ablaufenden Prozessen und ihre Anwendung in Diagnose- und Konstruktionssystemen. «Es sollen so die Grundlagen für eine neue Generation von Expertensystemen entwickelt und erprobt» werden [24]. Es liegt ein Zwischenbericht des Projektes in Buchform vor.
- TEX-I soll «Technische Expertensysteme zur Dateninterpretation, zur Diagnose und Prozeßführung» untersuchen. Zu den Verbundpartnern gehören *Siemens*, Bayer AG, ESG GmbH, Interatom, Krupp Atlas Elektronik GmbH, GMD und Fraunhofer Gesellschaft (IITB). Die Fördersumme liegt bei 10,4 Mio. DM. Das Vorhaben verfolgt vor allem Anwendungen der Expertensystemtechnik in der Prozeßsteuerung auf Basis des GMD-Expertensystem-Programmiersystems BABYLON. Konkret werden industrielle Prozesse bei der Situationsbewertung in Atomkraftwerken vom Typ 'Schneller Brüter', bei der Diagnose von Rechnernetzen, in einer Kläranlage, in der Prüftechnik und bei der Meldeanalyse in Prozeßleitsystemen untersucht.
- TEX-K (PLAKON) soll einen «Expertensystem-Kern für Planungs- und Konfigurationsaufgaben» in unterschiedlichen technisch- naturwissenschaftlichen Anwendungen entwickeln. Zu den Verbundpartnern gehören *Philips*, Siemens, Batelle, URW GmbH und die Universität Hamburg als Unterauftragnehmer. Die Fördersumme liegt bei 7,3 Mio. DM. Zu den Anwendungstypen gehört u.a. der Entwurf von Mikrorechnernetzen, die Konfigurierung von Bildverarbeitungssystemen, die Konfigurierung von indu-

[82] Der federführende Part ist kursiv geschrieben. Partner und Fördersummen müssen nicht über den ganzen Projektverlauf konstant bleiben.

striellen chemischen und röntgentechnischen Analysesystemen und die Erstellung von Arbeitsplänen in der mechanischen Teilefertigung.

- WEREX soll ein «koordiniertes System von Werkzeugen für die Konstruktion und den Betrieb von Expertensystemen» auf Basis von BABYLON entwickeln; dazu gehören auch Schnittstellen zu unterschiedlichen Betriebssystemen, zu LISP-Umgebungen, Datenbanken und Nutzungsoberflächen. Zu den Verbundpartnern gehören *ADV/ORGA*, F. A. Meyer AG, Danet, PCS, Siemens, GMD und die Universität München. Die Fördersumme liegt bei 11,3 Mio. DM.
- WISBER soll «Systeme zum Wissensbasierten Beratungsdialog» entwickeln. Zu den Verbundpartnern gehören *Universität Saarbrücken*, Nixdorf, Siemens, SCS und die Universität Hamburg. Die Fördersumme des inzwischen beendeten Projektes lag bei 10 Mio. DM.
- WISDOM soll «Wissensbasierte Systeme zur Bürokommunikation: Dokumentenbearbeitung, Organisation und Mensch-Computer-Kommunikation» entwickeln. Zu den Verbundpartnern gehören *Triumph-Adler*, Systemtechnik Berner&Mattner, Fraunhofergesellschaft (IAO Stuttgart), GMD, TU München und die Universität Stuttgart. Die Fördersumme liegt bei 22,6 Mio. DM. «Das Forschungsprojekt WISDOM hat das Ziel, mit modernen Methoden der Wissensverarbeitung Tätigkeiten im Bürobereich auf effektive und menschengerechte Weise zu unterstützen» u.a. durch die Entwicklung «unterschiedlicher Formen der Mensch-Computer-Kommunikation» [24]. Das edle Ziel der 'menschengerechten' Unterstützung der Büroarbeit ist allerdings durch die permanente Umgestaltung und Reduzierung der Triumph-Adler Forschung im Gefolge des Verkaufs an die Olivetti SpA möglicherweise etwas irritiert worden.

Neben diesen Aktivitäten möchte der Bund «die Grundlagenforschung stärken» und «in Form von neuen privatrechtlichen Organisationsformen» «die Partnerschaft zwischen Hochschule und Industrie durch ein längerfristiges Engagement (zu) fördern», wie dies der BMFT, Dr. Riesenhuber, in einer Festrede zur Gründungsfeier des 'Deutschen Forschungszentrums für Künstliche Intelligenz GmbH' ausdrückte. Dieser Schwerpunkt der 'gewandelten Förderpolitik' des BMFT wird nach Angaben des Zentrumsdirektors Gerhard Barth [11] mit rund 150 Mio. in den nächsten zehn Jahren vom Bund gefördert werden.[83] Das Deutsche Forschungszentrum für Künstliche Intelligenz wird zudem von den Ländern Rheinland-Pfalz und Saarland, den Universitäten Kaiserslautern und Saarbrücken gefördert. Gegründet ist die DFKI GmbH in Kaiserslautern und Saarbrücken von der Fraunhofergesellschaft, GMD und neun Industrieunternehmen. Die industriellen Partner des DFKI, ADV/Orga, AEG, IBM, Insiders, Krupp-Atlas Elektronik, Mannesmann-Kienzle, Nixdorf, Philips und Siemens, wollen in den nächsten zehn Jahren deutlich weniger zur Finanzierung beitragen, nämlich nur ein Viertel der Fördermittel, das sind DM 50 Mio. der Gesamtsumme von DM 200 Mio. «Diese werden durch die Entsendung von Mitarbeitern und die Finanzierung von Forschungsprojekten aufgebracht» [11]. «Die Länder und ihre Universitäten stellen darüber hinaus die Infrastruktur

[83] Im gleichen Heft, aber zwei Seiten vorher, verspricht der Vertreter des BMFT, S. Isensee, allerdings nur jährliche Beträge von anfänglich 5 Mio., die sich nach erfolgtem Aufbau auf 10-15 Mio. jährlich steigern sollen. Die Förderung soll 1997 enden; eine unbefristete, institutionelle Förderung, wie bei Großforschungseinrichtungen, wird vorerst pointiert abgelehnt.

des aus rund 100 Mitarbeitern bestehenden Instituts zur Verfügung (einschließlich der Professorentitel für die Leiter)» [11]. Die Gebäude in Kaiserslautern und Saarbrücken sind inzwischen bezogen. «Die Arbeiten am DFKI stehen unter dem Leitmotiv 'Intelligente Fachsysteme'. Auf das tägliche Leben übertragen entspricht dies in erster Näherung der Spezies 'Experte mit gesundem Menschenverstand'» [11]. Nach Hoffnungen aus dem BMFT soll die Forschung dieses 'Centers of Excellence' «zu wirklich intelligenten Systemen» führen, aber auch dort weiß man: «Entscheidend sind schließlich die Resultate» [178].

In Bayern wird an den Universitäten Erlangen-Nürnberg, Passau und der TU München mit einem Förderkreis aus rund 100 Firmen ein «Bayrisches Forschungszentrum für Wissensbasierte Systeme» (mit Sitz in Erlangen-Nürnberg) gefördert, das aus vorerst fünf Forschungsgruppen besteht.

Baden-Württemberg fördert unter starker industrieller Anteilnahme das Ulmer «Forschungsinstitut für anwendungsorientierte Wissensverarbeitung» (FAW).[84] Das von der Landesregierung zusammen mit Daimler-Benz, Siemens, IBM Deutschland, Nixdorf, Mannesmann-Kienzle und Hewlett-Packard gegründete Institut ist vertraglich an den ebenfalls neugegründeten Fachbereich Informatik der Universität Ulm gebunden, «der einen wesentlichen Teil des geistigen und personellen Umfeldes für das Institut bilden soll» [124]. Der Fachbereich wird wohl auch das räumliche, gerätetechnische und finanzielle Umfeld anreichern dürfen, ohne daß er wesentliche Mitbestimmungsrechte am Institut hat. Allein die Gebäude und Einrichtungen werden auf 20 Mio. DM Wert geschätzt. Das Institut hat 40 Arbeitsplätze, 20 davon werden durch für zwei Jahre freigestellte Mitarbeiter der Gründungsfirmen besetzt. Die Bildung eines Instituts *an* der Universität Ulm (nicht *in* der Universität) hat rechtliche Folgen; in §6(2) des Anbindungsvertrags heißt es: «Im Interesse des Auftragsgeberes können einzelvertragliche Geheimhaltungsmaßnahmen vereinbart werden. Das FAW darf Ergebnisse, die ... dem Auftraggegber zur ausschließlichen Nutzung zustehen ... selbst nicht nutzen, insbesondere nicht publizieren oder in die Aus-, Fort- oder Weiterbildung einfließen lassen» [169]. Die von Dreyfus gern benutzte Analogie zwischen KI und Alchemie mag hier zur Beschreibung der organisatorischen Perspektiven dienen: KI-Forschung als Geheimwissenschaft. Das Echo auf die Gründung dieses 'Centers of Excellence' ist folglich nicht nur positiv. Nicht alle ließen sich 'vom Charisma Späths begeistern', wie der Nachrichtentechniker Queisser. So urteilt Der Spiegel [169]: «Noch nie wurde eine deutsche Universität so gründlich zum Supermarkt der Industrie umgebaut.»

In Nordrhein-Westfalen wurden «Anwenderforen Expertensysteme» mit mehreren Mio. DM Landesunterstützung durchgeführt und ein «Zentrum in Nordrhein-Westfalen für Innovation und Technik GmbH» (ZENIT) in Essen als Gemeinschaftsgründung des Landes NRW, der Westdeutschen Landesbank-Girozentrale und eines Trägervereins aus mittelständigen Unternehmen gegründet. Auch in Hamburg ist ein Zusammenschluß universitärer und staatlicher KI-Forschung erfolgt.

---

[84] Angesichts der durch die Ulmer Gründung verursachten Verschiebungen in den Haushalten der übrigen baden-württembergischen Universitäten heißt dort die Devise «Die Zukunft der Geisteswissenschaften liegt in der Künstlichen Intelligenz» Vgl. auch [169].

1989 ist der Grundriß eines «Zukunftskonzepts Informationstechnik» für die beschleunigte betriebliche Umsetzung der Expertensystemtechnik und die Entwicklung der Parallelverarbeitung und Software-Technologie vom BMFT vorgestellt worden [380]. Demzufolge liegen die Schwerpunkte der Informationsverarbeitungs-Förderung in den Bereichen Parallelverarbeitung (SUPRENUM-Rechner) und KI. «Der Bundesminister für Forschung und Technologie wird die Förderung der Spitzenforschung auf dem Gebiet der Künstlichen Intelligenz auch in den neunziger Jahren fortsetzen. Dabei wird die Förderung konzentriert auf

• Projekte der Wissensverarbeitung im deutschen Forschungszentrum für Künstliche Intelligenz und auf Projekte, die eine fruchtbare Wechselwirkung mit diesem Zentrum erwarten lassen,
• das Teilprojekt PRO-ART von PROMETHEUS zur Interpretation von Bewegtbildern und
• die Erforschung neuer Ansätze der Spracherkennung» [320].

Die Finanzierung (immerhin ist der Einsatz von 420 Mio. DM für 1990 bis 1993 geplant) erfolgt zu Lasten der Forschung zu und der Entwicklung besserer Softwaretechnik, die der BMFT an die EG verweist.

Die EG-Forschungsförderung förderte nach BMFT-Angaben im ersten Fünfjahres-Abschnitt des ESPRIT-Programms (European Strategic Programme for Research and Development in Information Technology) vor allem unter dem Titel 'Advanced Information Processing' über 44 KI-bezogene Projekte (von insgesamt 227 Projekten). «Als Hauptziel in diesem Bereich soll Entwicklung von Techniken des Knowledge Engineering und ihre Fundierung für die industrielle Anwendung als wichtige Methode zur Produktion hochentwickelter Software gesichert werden;...» und «Die nächste Generation informationstechnischer Systeme braucht: die Entwicklung und Anwendung von Techniken des Knowledge Engineering; die Entwicklung neuer Rechnerarchitekturen zur symbolischen und numerischen Verarbeitung und fehlertolerante Systeme; die Entwicklung fortgeschrittener Systemschnittstellen zur effektiven Kommunikation zwischen Rechnersystemen, zwischen Rechnern und ihrer Peripherie und zwischen Rechnern und Benutzern» [120]. Diese Förderung läuft in der 1987 begonnenen ESPRIT II- Projektförderung weiter. Im EUREKA-Programm werden 12 KI-bezogene Projekte gefördert. Auch die Forschungen zu neuronalen Netzen werden bereits unterstützt: Das EG-Programm BRAIN (Basic Research in Adaptive and Neurocomputing) stellt bereits für die Vorbereitungsphase 20 Mio. ECU zur Verfügung.

In Großbritannien wurden im Rahmen des Alvey-Programms zwischen 1983 und 1988 rund 350 Mio. £ für KI bereitgestellt, wovon etwa 8% für Expertensystemtechnik und weitere 12% für Large Scale Demonstrators bereitgestellt wurden. «Das jetzige Alvey Programm erzeugt einen Grad von Zusammenarbeit, der in Groß-Britannien kein Vorbild in Friedenszeiten hat. Innerhalb der Regierung lernen drei beteiligte Ministerien (Handel und Industrie, Wissenschaft und Bildung und Verteidigung) miteinander auszukommen ...» [118].

Industrielles europäisches Engagement im KI-Sektor zeigt sich im *European Computer Research Center* (ECRC) mit Sitz in München, das eine Gemeinschaftsunternehmung der Firmen Siemens, ICL und Bull ist.

In den USA wird die KI-Forschung primär über militärische Programme gefördert. Über die Strategic Computing Initiative (SCI) stehen rund $ 600 Mio. für fünf Jahre zur Verfügung. Hinzu kommen Programme wie das 'Star War'-Programm SDI und die 'normale' (militärische) Förderung, Förderung durch die *Defense Advanced Research Project Agency* (DARPA) und die zivile *National Science Foundation.* In den USA läuft 30% der allgemeinen Forschungsförderung über das Pentagon [122]; im KI-Bereich wird dieser Prozentsatz allgemein als erheblich höher eingeschätzt. Auch die neue Welle der Neuronalen Netzwerk-Forschung wird bereits durch ein DARPA-Programm unterstützt, jedoch bemühen sich auch die Teilstreitkräfte um entsprechende Förderung. So betreibt das *Office of Naval Research* (ONR) ein '*Advanced Military Computing*'-Programm, das alleine Neuronale Netze fördern soll und dafür jährlich $ 2 Mio. vorsieht. Es gibt beim ONR auch ein Fünfjahres-Programm zur Förderung maschinellen Lernens (insgesamt werden dafür jährlich $ 6,5 Mio. bereitgestellt[85] und ein Programm zur Förderung der Expertensystemtechnik, der Robotik, der Sprachverarbeitung. Waterman nennt 26 dokumentierte militärische Expertensystementwicklungen [350]. Die Grenzen zwischen militärischer und ziviler Forschung werden immer weiter verwischt.

Nicht nur die amerikanischen Militärs möchten von der zivil deklarierten Forschung profitieren: «Die Bundeswehr versucht, den Anteil der spezifisch militärischen Informationstechnik möglichst gering zu halten und sich weitgehend auf Entwicklungen für den zivilen Bereich abzustützen» [320]. Künstliche Intelligenz ist einer von sieben explizit genannten langfristigen Forschungs- und Entwicklungschwerpunkten des Verteidigungsministeriums im Bereich der Informationstechnik. «Die Informatik (und darin besonders die KI) ist zur kriegsentscheidenden Grundlagenwissenschaft geworden, so wie es die Physik zur Zeit der Entwicklung der ersten A- und H-Bomben war.»[86]

Neben der militärischen Förderung wurde auch ein privatwirtschaftliches Forschungsinstitut von mehr als zwanzig Firmen der Computerindustrie in Austin gegründet. Die *Microelectronic and Computer Technology Corporation* (MCC) gab 1986 rund 65 Mio. Dollar für Forschung aus, darunter auch für industrielle KI-Projekte [24].

Japan hat zwischen 1982 und 1992 rund 1 Milliarde Dollar für das 'Fifth Generation Computer Systems Programme' (FGCS) bereitgestellt, das wesentliche KI-Anteile enthält. Die Verwaltung der staatlich-industriellen Kooperation erfolgt im Namen des Ministeriums for Trade and Industry (MITI) über das Institute for New Generation Computer Technology (ICOT). Die Ziele des Programms sind sehr hoch, der erreichte Stand ist anscheinend bereits jetzt weit zurück: «Im Vergleich mit den im FCGS-Programm verkündeten Zielen werden die bisher erreichten Ergebnisse von europäischen und amerikanischen Fachleuten zurückhaltend beurteilt» [24] Als weiterer japanischer KI-Förderträger neben dem ICOT ist das Electronic Dictionary Research Institute gegründet worden.

[85] *Newsletter Digest*, p.50, Sept. 1988.

[86] Siekmann in [323]. Gemeint ist wohl eher 'kriegsvorbereitend' oder 'kriegswichtig', nicht 'kriegsentscheidend'. KI- und Informatik-Entwicklungen, wie sie zu SDI beitragen sollen, wirken zweifellos destabilisierend auf den Frieden, aber SDI wird keinen Krieg entscheiden, weil es keine entscheidbaren Sieger eines atomaren Kriegs geben wird.

Bei den Forschungen zur KI und zur Expertensystemtechnik ist demnach die staatliche Forschungsförderung der wesentliche Antrieb. Zweifellos bestehen damit auch ungewöhnlich günstige Möglichkeiten gesellschaftlichen Eingriffs in die Forschungsrichtungen, Ausprägungen und allgemeinen Inhalte dieser Forschungen über Methoden der Technikfolgenabschätzung und -bewertung (engl. *technological assessment*, kurz TA). Daß unbefriedigter gesellschaftlicher Nachfragebedarf nach den Wirkungen und Folgen dieser Technikentwicklung besteht, mag man daran erkennen, daß der Bundestag sich bereits zweimal mit der Frage der Bewertung, der Chancen und der Risiken der Expertensystemtechnik beschäftigt hat [67]. Neben den in diesem Zusammenhang vorgelegten Gutachten und Berichten ist bisher nur vom BMBW eine Arbeitsgruppe am Internationalen Arbeitsamt in Genf ILO [17] zur Frage neu entstehender beruflicher Qualifikationsanforderungen mitfinanziert worden. Das DFKI Kaiserslautern sieht TA-Forschung nicht vor, und in einschlägigen KI- (oder TA-)Förderprogrammen in Bayern, Baden-Württemberg und Hamburg sind solche Projekte bislang nicht durchgeführt worden. Im Rahmen des Programms 'Sozialverträgliche Technikgestaltung' des nordrhein-westfälischen Ministeriums für Arbeit, Gesundheit und Soziales sind Fragen der KI-Technikbewertung in zwei kleineren Projekten behandelt worden und das BMFT stellt eine kleinere Summe für derartige Aktivitäten in den entsprechenden wissenschaftlichen Gesellschaften bereit. Angesichts der gezeigten, langfristigen Förderperspektiven der KI-Forschung in Bund, Ländern und EG scheinen trotz ihrer bisher geringen Eindringtiefe in industrielle Arbeitsprozesse weitere umfassende Untersuchungen zur Bewertung der Expertensystemtechnik und der Künstlichen Intelligenz nötig. Dies darf jedoch nicht dazu führen, daß die Hauptströmungen der DV-Entwicklung, also insbesondere die Reorganisation von Millionen Arbeitsplätzen durch den Einsatz von Personal Computern und die Vernetzung der enormen Zahl vorhandener Computer, bei solchen Technikbewertungen übergangen wird.

Die Aufzählung der Fördermaßnahmen zeigt, daß entgegen den Behauptungen mancher KI-Forscher, denen verständlicherweise der aus ihrer Sicht späte Zeitpunkt der erst in den achtziger Jahren anlaufenden Förderwelle mißfiel, die Forschungspolitik unter dem (Ein-)Druck internationaler Entwicklungen in den USA, Japan und Großbritannien schnell reagiert hat mit der Auflage entsprechender Forschungsprogramme und der Gründung von KI-Zentren. Zweifellos ist die Informationstechnik und die Informatikforschung von wesentlicher Bedeutung für die weitere technische Entwicklung der Bundesrepublik und aller Industriestaaten. Doch welchen Anteil an dieser Entwicklung die KI-Forschung haben wird, ist nach wie vor schlecht erkennbar. Jörg Siekmann sieht dieses Problem und schlägt deshalb eine integralere Betrachtungsweise vor [323]: «Eine bessere Einschätzung der wirtschaftlichen Bedeutung wird daher auf dem Wege zu erreichen sein, die künstliche Unterscheidung zwischen klassischer Informatik einerseits und KI andererseits und deren respektive Marktanteile fallenzulassen und stattdessen zu fragen, welche Bedeutung der Beherrschung dieser neuen Technolgien insgesamt zukommt.» Und er schließt dann: «Die Beherrschung dieser neuen Technologie wird zur *wirtschaftlichen Schlüsselfunktion.*» Nun liegen die «respektiven Marktanteile» jetzt und auch in den nächsten Jahren irgendwo zwischen 100:1 und 1000:1, so daß der Informatikumsatz durch diesen Zusammenschluß um weniger als ein Prozent steigen wird. Ebensowenig läßt sich auf Grund der bisherigen praktischen Erfolge der KI und ihrer Forschungsergebnisse ein sichtbarer KI-Anteil an der wirtschaftlichen Schlüsselfunktion erkennen. Die technische Schlüsselfunktion zur Weiterentwicklung scheint hauptsächlich als ideologiebildender Faktor gesehen zu werden; er darf nicht unterschätzt werden — wenngleich er bei weitem nicht von allen Informatikern geteilt wird.

Betrachtet man das realistische Marktvolumen und die betriebliche Verbreitung der KI-Techniken selbst in ihren optimistischsten Varianten, so wird auch deutlich, daß die permanente Fixierung auf einen in diesem engeren Gebiet kaum existierenden 'Weltmarkt' nur ideologischer Art ist. Die eigentliche Wirkung solcher ideologischer Fixierung auf den zukünftigen Weltmarkt kann mit Recht im Landesinnern vermutet werden, nämlich: «...daß die staatliche Technologiepolitik, auch die Förderpolitik des Bundesministeriums für Forschung und Technologie zum Bereich KI, auf die Konstituierung einer solchen Zweidrittelgesellschaft hinauslaufe, indem vorzugsweise großindustrielle Projekte unterstützt würden.»[87] Zwei Drittel der Bevölkerung im Wohlstand — ein Drittel am Existenzminimum.

## 9.2 Aus- und Weiterbildung

Welcher Schulungs- oder Ausbildungsbedarf entsteht mit Expertensystemen?
Für die Nutzer solcher Programme gibt es eigentlich keine wesentlichen Unterschiede zur generellen Nutzung von Computersystemen, wenn, wie bei jeder Software notwendig, auf die Besonderheiten des konkreten Programms eingegangen wird. Insbesondere sind die Grenzen und Schwächen des Programms zu vermitteln, um eine verantwortungsbewußte Arbeit mit einem solchen Programm zu gewährleisten. Das gleiche gilt für die Wartung und Pflege solcher Programme.
Angesichts des immer stärker werden Rechnereinsatzes in industriellen Berufen und in Büro und Verwaltung sollte eine Grundbildung über die Benutzung solcher Geräte zur beruflichen Ausbildung gehören, ähnlich wie der Umgang mit einer Schreibmaschine oder mit einem Auto. Hier ist eindeutig eine Bringeschuld der Informatik, die endlich einheitlich oder ähnlich konstruierte Zugangssysteme für graphische Bildschirmterminals entwerfen sollte — und dies nicht auf dem Niveau von MS-DOS Befehlszeilen, herkömmlichen Unix Shells oder MVS. Dazu gehören auch einheitlichere Gestaltungsprinzipien der interaktiven Software-Nutzung. Der Zugang zu Rechnern muß in ähnlicher Weise möglich werden wie das Wechseln der Automarke: Wenn man einen bestimmten PKW fahren gelernt hat, kann man nach kurzer Zeit der Anpassung ein Auto einer anderen Marke fahren. Es zeigt sich also ein komplexes Abhängigkeitsverhältnis von Aus- und Weiterbildung einerseits und technischer Entwicklung der Software-Gestaltung, dessen Perspektiven unbestimmt sind.

[87] Aus der Diskussionsmitschrift zu den Thesen von Jörg Siekmann auf der IG Metall-Fachtagung «Künstliche Intelligenz — Kontroversen um eine neue Technologie», Berlin, 16.Okt. 1987 [313].

Dabei gibt es durchaus tiefer liegende Probleme, die keine schnelle positive Entwicklung erwarten lassen. Mit den umfassenden Versuchen, Fabrik- und Büroarbeit durch den Einsatz von Rechnertechnik zu reorganisieren, werden letztlich Fragen der Arbeitskultur technischen Lösungsansätzen ausgesetzt, deren Folgen Informatiker nur schwer oder gar nicht überschauen und begreifen. So sind nicht einmal die Auswirkungen des Rechnereinsatzes auf das duale Ausbildungssystem, das die Arbeitskultur in der Bundesrepublik deutlich anders gestaltet als in anderen Ländern, hinreichend untersucht. Besondere Ausprägungen bei Expertensystemen sind dabei nicht recht erkennbar.

Zu einer spezifischen Frage, die die Expertensystemtechnik betrifft, ist die Ausbildung von Knowledge Engineers geworden. Offensichtlich werden von ihnen Qualitäten verlangt, die normale Informatiker nicht haben, nämlich die Fähigkeit, in fachfremden Gebieten hochqualifizierte Arbeitsweisen zu analysieren, zu verstehen und in maschineller Form in Wissensbasen verfügbar zu machen — soweit dies möglich ist. Dazu sind über die technischen Befähigungen eines Informatikers hinaus soziale Fähigkeiten des Umgangs mit anderen Menschen und intellektuelle Fähigkeiten zur schnellen und präzisen Einarbeit in andere Gebiete verlangt.

Soll man neue Studiengänge oder Aufbaustudien zum Knowledge Engineering einrichten? Es scheint eher, daß der Mangel an geschulten 'Knowledge Engineers' eine besonders pointierte Form der Software-Krise darstellt. Die vorher genannten sozialen Qualifikationen sind für eine qualifizierte Tätigkeit nahezu aller Systemanalytiker oder Software-Entwickler notwendig, so daß die tiefere Integration sozialer Kenntnisse und Fähigkeiten in das Informatik-Studium immer zwingender wird [81]. Entsprechende Präzisierungen der Ausbildungsordnungen der Universitäten und Fachhochschulen sind von den Kultusministerien unter Mithilfe des Fakultätentags Informatik, des Fachbereichstags der Fachhochschulen und der Gesellschaft für Informatik zu lenken, doch ohne sorgfältige und offene Diskussionen vor Ort wird sich in den Köpfen nichts bewegen.

## 9.3 Rechtliche Maßnahmen

Der derzeitige Stand der Expertensystemtechnik als noch immer isolierte, in den Kinderschuhen steckende und heftig mit Kinderkrankheiten behaftete Technik scheint keinen unmittelbaren gesetzlichen oder kollektiven rechtlichen Handlungsbedarf zu implizieren. Viele Fragen lassen sich durch individuelle Absprachen und Verträge regeln. Dies wird sich ändern, falls eine größere Marktdurchdringung erfolgt. Die nächsten Jahre könnten in dieser Hinsicht entscheidend werden. Die folgenden Bemerkungen sind unter der Perspektive breiteren Expertensystemeinsatzes zu sehen. Vieles folgt direkt aus den Bestandsanalysen in Abschnitt 8.3 und 9.2.

«Einsätze von Expertensystemen in atomtechnischen oder chemischen Anlagen, die zu Handeln unter Zeitdruck zwingen, verbieten sich unter diesem Aspekt von selbst. Das gleiche gilt für militärische Anwendungen dieses Typs.» Diese Feststellung in Abschnitt 8.3 kann als Aufforderung zu gesetzlicher oder anderer rechtlicher Aktivität verstanden werden. Es ist zu prüfen, mit welchen rechtlichen Instrumenten die derart beschriebenen Einsatzfälle auszuschließen sind.

Auch auf einer niedrigeren Ebene scheint eine klare Regelung der Produkthaftung und der Gewährleistungspflichten für Expertensysteme über die bestehenden, bereits jetzt unzureichenden Regelungen für informationstechnische Produkte hinaus nötig.
Als besondere Haftungsproblematik kann sich die arbeitsplatzbezogene Haftung erweisen. Der Einsatz eines Expertensystems auf Anordnung des Arbeitgebers könnte tatsächlich zu einer verminderten Haftung des Arbeitnehmers beim Einsatz von Expertensystemen führen, da ersichtlich ist, daß die Entscheidungslage für den Benutzer bis zur Undurchschaubarkeit anwachsen kann, andererseits aber kein professioneller Standard erkennbar ist, der die Sorgfaltspflicht des Arbeitnehmers arbeitskulturell festlegt. Dieses Problem, das für alle neuen Technologien ansteht, kann bei Expertensystemen auf Grund ihres typischen Einsatzes als Entscheidungsunterstützungssysteme in besonderem Maße relevant werden.
Doch nicht nur die Nutzung, sondern auch Entwurf und Pflege von Expertensystemen führt zu gesteigertem Regelungsbedarf bei Haftungsfragen. Dies betrifft natürlich erst einmal die allgemeine Sorgfaltspflicht bei der Erstellung von Software. Doch der dort erreichte Stand der Kunst ist auf Expertensysteme wegen unzureichender Validierungs- und Testmöglichkeiten kaum anwendbar. Hinzu kommen spezifische Fragen bei der Erstellung von Wissensbasen. Wer haftet für den Inhalt der Wissensbasis? Wer für die Pflege? Welche Probleme entstehen bei kooperierenden Experten, welche bei vernetzten Expertensystemen? Es ist zu prüfen, wie weit diese Probleme durch geltendes Recht abgedeckt sind und wie weit besonderer Handlungsbedarf entsteht.

In lockerem Zusammenhang mit diesen Problemen stehen urheberrechtliche Fragen zur formalen Kodifizierung qualifizierten Verfügungswissens. Es ist zu prüfen, ob solches Wissen urheberrechtlich geschützt ist, wem dieser Schutz zufällt und wie er rechtlich geregelt werden kann. Dies geht über die derzeit erkannten Fragen zum urheberrechtlichen oder patentrechtlichen Schutz von Computerprogrammen oder Büchern deutlich hinaus, so daß rechtlicher Handlungsbedarf absehbar ist. Bezogen auf die Arbeitnehmer (als exploitierbare Träger von Fachwissen) stellt sich die in 9.2 bereits erwähnte Frage nach dem Eigentum am Inhalt ihrer Qualifikationen, deren langfristige Wirksamkeit hier nur vermutet werden kann. Doch konkreter stellt sich die Frage, in welchem Umfang Arbeitnehmer eigentlich verpflichtet werden können, am Aufbau oder der Pflege einer Wissensbasis mitzuarbeiten. Eine solche Mitarbeit kann kaum gegen den Willen der Träger des Fachwissens erfolgen — vielleicht aber, ohne daß es ihnen mitgeteilt wird. Die Situation verschärft sich mit Programmen, die Nutzungs- und oder Nutzerdaten sammeln, sei es um die Wissensbasis induktiv zu verbessern, sei es um ein Nutzermodell herzustellen, um das Programm an den Nutzer selbständig zu adaptieren. In beiden (noch weitgehend hypothetischen) Fällen entstehen neue datenschutzrechtliche, aber auch ethische Fragen. Wie immer die Wissensenteignung ablaufen wird, sie ist auch unter dem Aspekt des Datenschutzes und der informationellen Selbstbestimmung zu sehen.

Das Eigentum an Informationen und Wissen verlangt auch auf internationaler Ebene neue Regelungen. Regelungsbedarf besteht bezüglich des Zugangs und der Verwendung großer Datenbanken und Informationssysteme. Hier sind internationale Regelungen über den freien Zugang zu wissenschaftlichen und kulturellen Informationen dringend notwendig. Falls internationale Methoden- oder Wissensbanken in entsprechender inhaltlicher Breite aufgebaut werden, besteht im Zusammenhang mit der Expertensystemtechnik ähnlich gelagerter Regelungsbedarf.

## 9.4 Arbeitsplatzbezogene Maßnahmen bei der Einführung der Expertensystemtechnik

Über die vorher diskutierten Handlungsfelder hinaus ergibt sich die Frage, welche spezifischen Maßnahmen am Arbeitsplatz bei der Einführung von Expertensystemen aus der Sicht der Arbeitnehmer notwendig werden und wie diese durchzusetzen sind. Dazu sind die spezifischen arbeitsplatzwirksamen Effekte von Expertensystemen zu betrachten, die Expertensysteme von anderen Rechnereinsätzen unterscheiden. Doch dies stößt beim jetzigen Umfang dieses Einsatzes auf wesentliche Schwierigkeiten. Die Besonderheit der Expertensystemtechnik, die in der Frage der Konstruktion, Zuverlässigkeit, Pflege oder der Einsatzbereiche durchaus existiert, scheint sich bezüglich der Arbeitsplätze nicht so niederzuschlagen, daß besonderer, allein auf die Expertensystemtechnik bezogener Handlungsbedarf erkennbar wird. Es ist praktisch kaum möglich, Besonderheiten dieses Einsatzes herauszufinden, die nicht auch mit anderen Computerprogrammen auftreten können.
Zur Erhärtung dieser Behauptung sollen noch einmal die drei detailliert untersuchten Einsatzfälle bei Senker et al. [320] aufgegriffen werden (vgl. Abschnitt 8.1). Es geht dabei um den Einsatz bei der Bonitätsprüfung in einem Versicherungsunternehmen, um einen Einsatz in einer chemischen Fabrik zur Optimierung einer verfahrenstechnischen Steuerung und um die rechnerunterstützte Reparaturanleitung für elektronische Platinen.
Betrachtet man die letzte Anwendung etwas distanzierter, so zeigt sich über die vordergründige Beobachtung des Einsatzes eines Expertensystems hinaus vor allem die derzeit vorherrschende Bewegung des Informationstechnik-Einsatzes von der Zentrale zur Dezentralen. Senker et al. betonen deshalb im Vorspann ihres Berichts auch die Erleichterung, mit der die Ablösung der batch-orientierten zentralen DV durch ein transaktionsverarbeitendes System mit Terminals in den regionalen Niederlassungen aufgenommen wurde. Mit dem Expertensystem ergänzt nun die Arbeit am PC die Terminals. Doch es wird nicht deutlich, was für die Angestellten bei der Arbeit mit einem Expertensystem auf einem Personal Computer bedeutender ist: das Expertensystem oder der PC.
Ebenso war die Einführung eines Expertensystems zur Reparatur für die betroffenenen Arbeitenden auch der erste berufliche Kontakt mit einem Computer überhaupt; es hätte genausogut eine Datenbank zur Verwaltung der Ersatzteile oder ein Textsystem zur Formularbearbeitung oder ein CAD-Programm sein können, wenn dies zur Arbeitssituation gepaßt hätte. Im angeführten Fall der chemischen Anlagensteuerung ist der Typ des optimierenden Steuerprogramms für die Arbeiter völlig nebensächlich, und sie vermitteln dies den Untersuchern auch genau so: «Soweit die beiden Arbeiter betroffen

sind, ist das Expertensystem einfach ein Computer oder eine 'black box' — sie unterscheiden nicht zwischen Expertensystemen und Rechnereinsatz im allgemeinen, da sie keine früheren Rechnererfahrungen als Basis eines Vergleichs haben» [320].

Wäre bei der Einführung neuer informationstechnischer Systeme auf betrieblicher Ebene alles bestens geregelt, gäbe es vorerst beim Einsatz derzeit verfügbarer Expertensystemtechnik über die in Abschnitt 9.3 aufgeworfenen rechtlichen Fragen hinaus vermutlich keinen zusätzlichen Handlungsbedarf. Daraus folgt: Forderungen, die im Zusammenhang mit der breiten Einführung von Informationstechnik entstanden sind, treffen genauso auf die Expertensystemtechnik zu.
Eine detaillierte Diskussion dieser Forderungen würde den Rahmen dieser Untersuchung sprengen. Leitidee kann die Grundsatzforderung des 'Aktionsprogramms Arbeit und Technik' der IG Metall sein, «den Menschen im Arbeitsprozeß zu belassen und für ihn Arbeitsbedingungen zu schaffen, die Selbständigkeit, Kommunikation, Qualifikation und Kreativität fördern» [313]. Als diskutable Forderungen genannt seien nur: Qualifizierungsmaßnahmen zur Aus- und Weiterbildung, Rationalisierungsschutz, Mitbestimmungsrechte des Betriebsrates und am Arbeitsplatz, Mitbestimmung bei der Gestaltung der Arbeitsplätze und der Produkte, Verkürzung der Arbeitszeiten, die sich am Produktivitätszuwachs orientiert und Maßnahmen zum raschen Abbau der Arbeitslosigkeit.

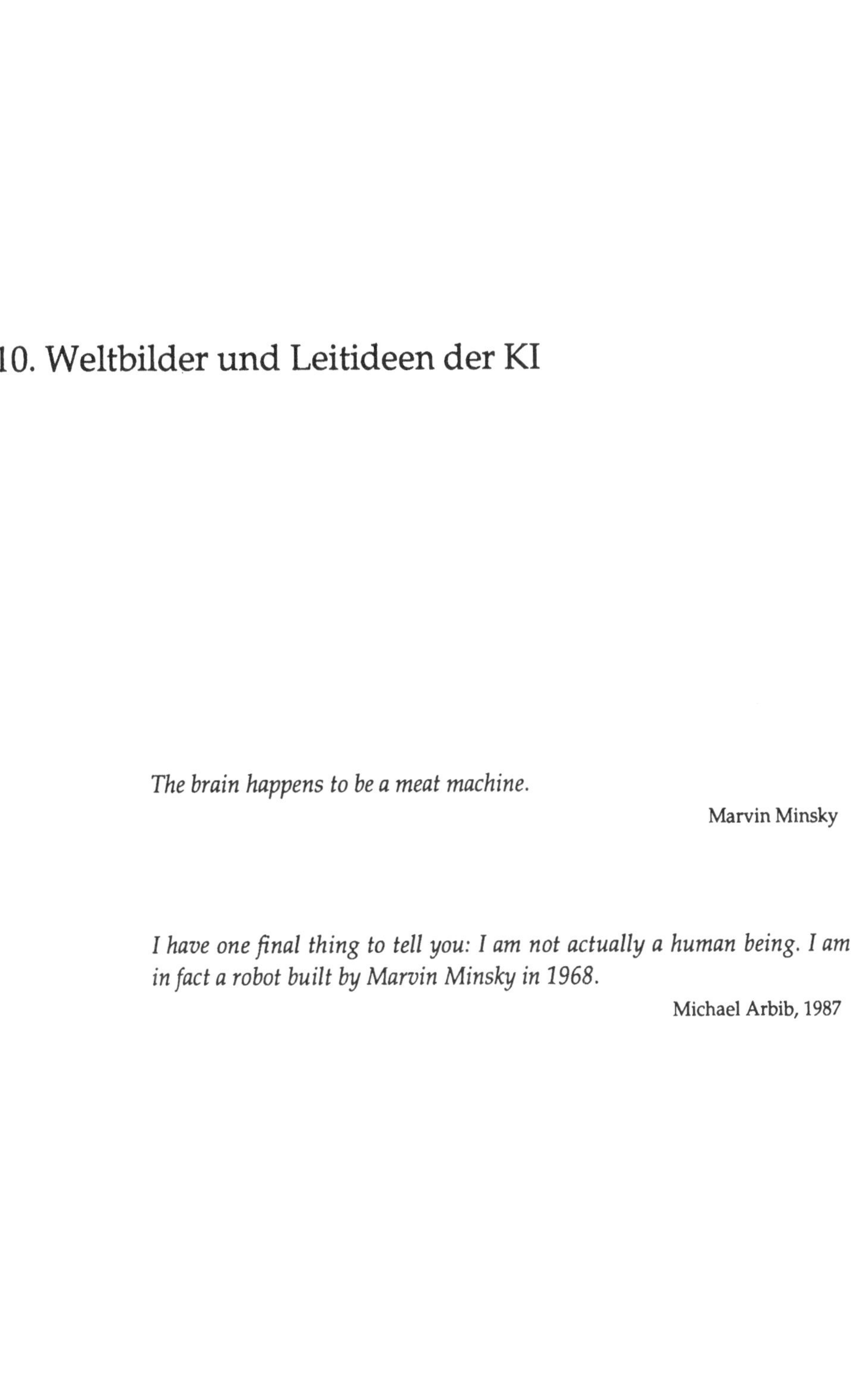

# 10. Weltbilder und Leitideen der KI

*The brain happens to be a meat machine.*

Marvin Minsky

*I have one final thing to tell you: I am not actually a human being. I am in fact a robot built by Marvin Minsky in 1968.*

Michael Arbib, 1987

Der rapide Wandel der Produktivkräfte durch die Informationsverarbeitung führt immer wieder zu heftigen Reibungen mit den Produktionsverhältnissen, die sich der veränderten Situation viel langsamer anpassen lassen. Informatiker und ihre Kollegen in der Informationstechnik und der Forschung zur Künstlichen Intelligenz stellen sich diesen Fragen nur zögernd und meist mit der typischen Fehlhaltung, die kurzfristigen Wirkungen zu überschätzen und den langfristigen Wirkungen gegenüber blind zu sein. Dennoch fordern diese technischen Entwicklungen geradezu heraus zum spekulativen Nachdenken über die Wechselwirkungen von Informatik und Gesellschaft. Norbert Wiener, der in vieler Hinsicht die Grundlagen der neueren informationstechnischen Entwicklungen im Rahmen der Kybernetik beschrieben hat, wies frühzeitig auf mögliche soziale Folgen der Automation hin mit dem Ziel sie diskutierbar und überwindbar zu machen: «Die Arbeit ist natürlich, daß wir eine Gesellschaft haben müssen, die auf menschliche Werte gegründet ist und nicht auf Kaufen und Verkaufen. Um diese Gesellschaft zu erreichen, brauchen wir eine Menge von Planungen und Kämpfen, die, wenn es zum besten verläuft, sich auf der Ebene von Ideen abspielt und wenn nicht — wer weiß wie?»[88] [357]

Wieners Genie und seine umfassende Bildung führten seine gesellschaftlichen Überlegungen in eine streitbare, aber diskutierbare Richtung. Dies gilt leider nur für wenige seiner spekulativen Nachfolger in der KI und der Informatik. Sie sind häufig Opfer ideologischer Ignoranz geworden, die sich im Kern auf einen schlichten maschinellen Materialismus stützt, der geistesgeschichtlich auf Descartes, Leibniz und LaMettrie aufsetzt. Von Descartes wird der umfassende Glaube an die prinzipielle Mathematisierbarkeit der Welt und ihrer Phänomene übernommen, der die Naturwissenschaften über Jahrhunderte antrieb und dessen materiale und ideologische Konsequenz Informatik, Informationstechnik, Kybernetik und Künstliche Intelligenz sind.

Die kartesische Mathematisierung hatte als Kehrseite ihres vermessenen universellen Anspruchs eine strikte Trennung von Geist und Körper verlangt, die auch die späteren Philosophen beschäftigte. Leibnizens Monadenlehre war ein Versuch, eine radikale Trennung von materialem, lebendigem und sterblichem Körper und immateriellem, unsterblichem Geist durchzuführen. Der materielle Teil wurde damit der mathematischen Analyse zugänglich, die Welt schien vollständig berechenbar zu werden, wobei der Wahrheitsbegriff dann durch Beweisbarkeit und Berechenbarkeit ersetzt wird. Leibniz schrieb 1686: «Das einzige Mittel, unsere Schlußfolgerungen zu verbessern, ist, sie ebenso anschaulich zu machen wie es die Schlußfolgerungen der Mathematiker sind, derart, daß man seinen Irrtum mit den Augen findet und, wenn es Streitigkeiten unter Leuten gibt, nur zu sagen braucht: *Rechnen wir!*, um zu sehen, wer recht hat, ohne eine weitere Förmlichkeit» [83].

Dabei sieht er zwei Möglichkeiten, diese programmatische Absicht zu realisieren: Entweder durch eine semantische Präzisierung der Umgangsprache zu einer universellen Kunstsprache oder durch die Formalisierung der Sprache nach mathematischem

[88] Wiener hatte wie einige seiner Kollegen eine starke Vorstellung kollektiver Veränderungsmöglichkeiten der Gesellschaft, die wohl zu einem wesentlichen Teil unter dem Eindruck der kriegsbedingten staatlich gelenkten Produktion in den USA stand, die von der Atombombenproduktion bis zu den Eingriffen in die Automobilindustrie.

Muster. «Wären die Worte gemäß einem Kunstgebilde gemacht — was ich für möglich halte, worauf jedoch diejenigen nicht gekommen sind, die Universalsprachen erdacht haben —, so könnte man zu diesem Erfolg durch die Worte selbst gelangen, was von einem unglaublichen Wert für das menschliche Leben sein würde. Inzwischen gibt es einen anderen weniger schönen Weg, der schon gangbar gemacht ist, während der andere ganz neu angelegt werden müßte. Er besteht darin, daß man sich nach dem Beispiel der Mathematiker der Charaktere bedient, die geeignet sind, unseren Geist zu fixieren und darin, daß man einen Beweis in Zahlen beifügt.» Die 'Charaktere' sind logische Variablen (in der heutigen Formulierung) und was Leibniz beschreibt, ist der Weg der Mathematisierung der Formalen Logik. Condillac, französischer Aufklärer, Freund (und Feind) Rousseaus, wiederholt hundert Jahre später die gleiche Idee in seinem Text *Die Sprache des Rechnens*: «Man wird vielleicht daraus schließen ... daß infolgedessen die Schlußfolgerungen eines Metaphysikers ebenso mechanische Operationen sind wie die Reihenoperationen eines Mathematikers. Das ist richtig. Niemand ist mehr als ich von dieser Wahrheit überzeugt, die meine Erfahrung mir alle Tage bestätigt.»

Dieses anspruchsvolle ideologische Programm der vollständigen Mathematisierung menschlicher Sprache und der Welt überhaupt wird zur naturwissenschaftlichen Basis-Ideologie der folgenden Jahrhunderte. Einen weiteren Höhepunkt erfährt es durch Arbeiten von Bertrand Russell und Alfred Whitehead und ihrem Schüler Ludwig Wittgenstein, der mitten im ersten Weltkrieg seinen Tractatus abfaßt. Der *Tractatus logico-philosophicus* ist neben Russell/Whiteheads *Principia Mathematica*[89] krönender Abschluß der mathematisch-technischen Ideologie, die die Naturwissenschaften und die Technik über die Jahrhunderte angetrieben hat. «Die Gesamtheit der wahren Gedanken sind ein Bild der Welt.» heißt es epistemologisch und syntaktisch bedenklich im Satz 3.01 des *Tractatus*. Er ist die geronnene Ideologie dieser Epoche [92] und ihr Ende. Wittgenstein hat die nächsten Jahrzehnte damit verbracht, die im Tractatus vorgebrachten Gewißheiten zu demontieren, um den Charakter der menschlichen Sprache und der Wirklichkeit zu erfassen — nebenbei bemerkt, sehr zum Kummer Russells. So schreibt Wittgenstein im scharfen Gegensatz zu seiner axiomatischen Aufforderung zur Präzisierung der Sprache durch logische Formalisierung im *Tractatus* in den *Philosophischen Untersuchungen*: «Ein Mensch kann für einen anderen ein völliges Rätsel sein. Das erfährt man, wenn man in ein fremdes Land mit gänzlich fremden Traditionen kommt; und zwar auch dann, wenn man die Sprache des Landes beherrscht. Man *versteht* die Leute nicht. (Und nicht darum, weil man nicht weiß, was sie zu sich selber sprechen.) Wir können uns nicht in sie finden» [374].

Das kartesisch-leibnizsche Forschungsprogramm wird durch die innerlogischen Entdeckungen des Gödelschen Unvollständigkeitssatzes und von Turings Nicht-Entscheidbarkeit gewisser logischer Prädikate offensichtlich fehlerhaft und damit nicht mehr umsetzbar. Trotzdem lesen sich viele Ansprüche von Descartes, Leibniz, LaMettrie und ihrer Nachfolger wie die Formulierung eines KI-Forschungsprogramms. Viele

[89] Finanziell war dieses monumentale Werk kein Erfolg; nach Russells Mitteilung mußten die Autoren trotz Zuschuß der Royal Society ein Sechstel der Druckkosten übernehmen: «Wir hatten also mit einem Werk, das zehn Jahre Arbeit gekostet hatte, jeder fünfzig Pfund *minus* verdient» [293].

Informatiker, Informationstechniker und KI-Forscher verfolgen dieses Programm recht unbeirrt weiter und greifen längst nicht mehr nur auf Mathematik und Physik zurück. Die Idee, einer Maschine die Verfügung über menschliches 'Alltagswissen' beizubringen, ist eine weitere Präzisierung dieses Programms, die immer wieder zum zentralen Anliegen der KI-Forschung wird — auch wenn ihre Aussichtslosigkeit zunehmend deutlicher wird. «Als wissenschaftliche Vision soll daher im Deutschen KI-Zentrum die Schaffung 'intelligenter Fachsysteme' dienen. Die Hilfeleistungen solcher Systeme sollen nicht nur durch die Anwendung von Spezialwissen auf einem engen Fachgebiet erbracht werden, sondern auch auf einer gewissen 'Alltagsintelligenz' beruhen» [286].

Neben der grenzenlosen Eroberung neuer Bereiche wird das Sichern bereits eroberter Gebiete durch Denkverbote nicht vergessen. «Wissenschaftliches Arbeiten wird ohne ein spezielles Expertensystem *undenkbar* werden: Nicht nur die Verwaltung der Daten, sondern auch die Beantwortung spezieller versuchstechnischer Anfragen, Experimentiervorschläge, Aufarbeitung der Fachliteratur, Überwachung und Kontrolle von Versuchen, Abschätzung von Erfolgswahrscheinlichkeiten *bis hin zum Vorschlag interessanter Forschungsthemen* werden vom Computer übernommen werden.» Wer forscht da noch selber? Im Überschwang der langfristigen Perspektiven werden von Siekmann nationale Sorgen nicht außer acht gelassen: «Die jeweils 'besten' Expertensysteme eines Gebietes werden über die Generationen weitergereicht und weiter verbessert werden und ein wichtiger Bestandteil des *geistigen Reichtums einer Nation werden, der ängstlich geschützt wird*.»[90]

Über die Spieltheorie, die Kybernetik, aber noch schärfer die Kognitionswissenschaft versuchen die Protagonisten des kartesisch-leibnizschen Forschungsprogramms immer neue Gebiete zu erobern bis hin zur informationellen Ästhetik und gar zu 'ethischen Maschinen' (die wiederum im Bereich der KI zu finden sind [146]). Dabei spielen sich die interessierten Kreise die Bälle wechselseitig zu und etablieren so ein scheinbar geschlossenes wissenschaftliches Referenzsystem, das in Wirklichkeit eher Zitierzirkel ohne festen Grund ist. Peter Naur hat dies kürzlich anläßlich seines 60. Geburtstages so formuliert: «Die Etablierung der Informatik und damit verbunden der informationstechnischen Maschinen hat ein eigentümliches Neudenken in mehreren Fächern nach sich gezogen ..., das die Auffassungen vom Wesen des Menschen berührt. ... Es gibt ein eigentümliches Muster, wo verschiedene Fächer sich gewissermaßen gegenseitig den Ball zuspielen: Informatiker berufen sich auf Auffassungen, die eine gewisse Gängigkeit unter Psychologen haben, ohne wirklich deutlich zu machen, wie gängig und wie anerkannt und wie wohletabliert diese Aufassungen sind — und eben dieselben Psychologen kommen dann zurück und sagen: Ja, aber gerade die Informatiker sagen das und das; und dann kann man auf diese Weise weiterfahren, ohne daß die Sachen in hinreichendem Grad bis auf den Grund analysiert werden. Dieses Spiel wird leider auch in gewissem Umfang von kommerziellen Interessen getrieben — was ja überhaupt für den ganzen Informatikbereich gilt»[91] [243].

[90] Zitiert nach [323]. Die kursiven Hervorhebungen fehlen im Original.

[91] Die Rohübersetzung der Vortragsmitschrift aus dem Dänischen verdanken wir Bernhelm Booß; sie ist hier ein wenig geglättet.

Um die kulturelle Spannweite zu demonstrieren, derer sich einige KI-Forscher verpflichtet fühlen, sollen beispielhaft drei Programme benannt werden, die nicht dem betrieblichen, sondern dem politischen Sektor zuzuordnen sind.
Sowohl Roger Schank von der Yale University wie Donald Waterman an der RAND-Corporation haben versucht, Programme zur Analyse des politisch motivierten Terrorismus nicht-militärischer Gruppen zu bauen. Schanks IPP-Programm (Integrated Partial Parser) ist ein *Belief*-System, das thematische Texte von Nachrichtenagenturen mit bestimmtem programmierten Voreinstellungen interpretieren soll. IPP ist kein Expertensystem im aktuellen Sinn, sondern ein KI-Forschungssystem aus dem Gebiet der Sprachverarbeitung. Es ist nicht zum praktischen Einsatz bestimmt, sondern verkörpert den etwas schrägen Humor, der viele Arbeiten Schanks und seiner Schüler auszeichnet. Sein Grundlagenwissen ist in einer frame-artigen Speicherstruktur abgelegt, die bei Schank und Abelson *script* heißt [298]. Mit den Programmgeneratoren Ziele (*goals*) und Pläne (*plans*) soll der Text zielgerichtet aus der Sicht eines hypothetischen Werterahmens (*Belief*) analysiert werden. So hat das Programm *Politics* explizit einen konservativen und einen liberalen Modus (nach US-amerikanischer Wertung). IPP baut auf dem von Roger Schanks Doktoranden Jerry de Jong geschriebenen textanalysierenden Programm FRUMP (Fast Reading Understanding and Memory Program) auf, das fortlaufend Texte aus einem Terminal der United Press International Agentur verarbeiten konnte. Natürlich wurden schon wegen des enormen Rechenzeitaufwandes nur einige wenige Meldungen verarbeitet.[92] Als technisches Hilfsmittel wurden die Konzepte *plans, scripts* und *goals* verwendet.
IPP analysiert Nachrichten, die als Meldungen über politisch motivierte Terroraktivitäten ziviler Gruppen erkennbar sind und soll ein semantisches Netz dieser Meldungen aufbauen, aus dem dann logische Verallgemeinerungen gemäß dem Werterahmen gefolgert werden können. Als Beispiel gibt Schank zwei Meldungen an, die von IPP verarbeitet wurden.[93] IPP nahm Merkmalsanalysen dieser beiden Meldungen vor, die aus [299] zitiert werden.

*Meldung 1*
Bei der Verstärkung der Bemühungen, ein baskisches Autonomiestatut zu vereiteln, das diesen Monat zur Abstimmung kommen wird, nahmen baskische Heckenschützen in San Sebastian eine von Polizisten besuchte Bar mit Gewehrfeuer unter Beschuß und verwundeten elf Menschen.
In Pamplona, einer anderen baskischen Stadt, ermordeten Terroristen einen Polizeiinspektor, als er zur Selbstverteidigung seine Waffe zog.

---

[92] Im LILOG-Projekt der IBM, an dem fünf Universitäten beteiligt sind, und das ähnliche wissenschaftliche Fragestellungen verfolgt, wird seit Jahren der gleiche Text aus 14 Sätzen analysiert.
[93] In der deutschen Ausgabe [299] sind diese Meldungen wohl nachträglich übersetzt, obwohl das ganze typographisch aufgemacht ist, als seien sie gerade dem Schnelldrucker einer IBM 709 entschlüpft.

*Merkmalsanalyse ER1 (S-zerstörerischer Anschlag)*

| | | |
|---|---|---|
| Ergebnisse | Gesundheit | -10 |
| | AU | Verletzte-Personen |
| | Gesundheit | -5 |
| Opfer | Anzahl | viele |
| | Rolle | Obrigkeit |
| Ziel | Örtlichkeit | Bar |
| Akteur | Nationalität | Baskisch |
| Methoden | AU | $Schußwaffenangriff |
| Ort | Region | Westeuropa |
| | Nation | Spanien |

*Meldung 2*

Ein baskischer separatistischer Guerilla erschoß am Donnerstag aus nächster Nähe drei junge Nationalpolizisten, die in einer Bar ihren Morgenkaffee tranken.

*Merkmalsanalyse ER5 (S-zerstörerischer Anschlag)*

| | | |
|---|---|---|
| Ziel | Örtlichkeit | Bar |
| Opfer | Geschlecht | männlich |
| | Rolle | Obrigkeit |
| Akteur | Nationalität | Baskisch |
| | Forderungstypus | Separatismus |
| Methoden | AU | $Schußwaffenangriff |
| Ort | Region | Westeuropa |
| | Nation | Spanien |

Aus den Analysen werden weitere Spezifika und eine Schlußfolgerung abgeleitet:

«Terroristische Anschläge in Spanien sind oft Erschießungen von Polizisten in Bars durch Basken.»

Schank bemerkt zu diesem etwas verblüffenden Ergebnis: «Das Programm erstellt eine neue Verallgemeinerung über baskische Terroristenanschläge, die es nach dem Lesen mehrerer Nachrichten selbst konstruiert. Die Verallgemeinerungen von IPP waren oft ein bißchen oberflächlich.» Weitere Verallgemeinerungen sind, «daß jeder terroristische Anschlag in Irland von der IRA zu verantworten war, daß bei jedem terroristischen Anschlag in Neuseeland die Waffe ein Bumerang war, und daß jede Flugzeugentführung im Libanon ein Protest gegen das Verschwinden eines Schiiten-Führers war.» Zusammenfassend kann man zu dem Schluß gelangen, daß IPP als Expertensystem die Karikatur eines WASP-Zeitungslesers simuliert, der wenig Ahnung hat, aber zu sehr schnellen Schlußfolgerungen neigt.

Watermans Programm [351] ist Teil einer langangelegten Arbeit der RAND-Corporation, die sich im Auftrag der DARPA und des US-Außenministeriums mit der Analyse vergangener und mit der Unterstützung beim Krisen-Management aktueller, als terroristisch eingestufter Aktionen beschäftigt. Untersuchungsgegenstand ist eine «theory of terrorism, terroristic tactics, and terroristic groups». Dazu wurden die Daten von über tausend Anschlägen gesammelt und die einiger hundert Anschläge genau analysiert. Dies bildet die faktische Basis eines Konsistenzsystems, das durch die Erfahrungsregeln der Auswertungsexperten angereichert werden soll. Ziel ist dabei ein Programm, das kritisierbare Entscheidungen in realen oder hypothetischen Krisensituationen liefern soll, wobei die Kritisierbarkeit bedeutet, daß die Experten die Deduktionskette des Programms im Detail analysieren und Gegenvorschläge erarbeiten sollen. «Im Arbeitszustand wird das System weiterhin verlangen, daß die Analytiker jeden Vorfall umfassend untersuchen und jede Bewertung erklären. Auf Grund der von den Analytikern bereitgestellten Regeln wird das System zu Schlüssen kommen, mit denen die Analytiker nicht übereinstimmen müssen. In diesem Fall werden die Analytiker gezwungen, die Basis ihrer Entscheidungen zu überprüfen, und dies mag zur Formulierung neuer Regeln für das System führen. Auf diese Weise ermöglicht das System, daß die Analytiker ihre eigenen Bewertungen und die anderer konservieren, wobei dies in einer Form geschieht, die leicht wiederherstellbar ist und Entscheidungsträgern, die realen Krisensituationen gegenüberstehen, zugänglich gemacht werden kann» [351].

*GOAL 1:*
**IF:** the public_opinion OF the current_event IS 'anti-terrorist'
**THEN:** SET the government_response OF the current_event TO 'harsh crackdown on terrorists'

*GOAL 2:*
**IF:** the casualty_level OF the current_event IS 'high'
  OR THERE IS a campaign WHOSE event_list IS KNOWN
  & the name OF the current_event IS IN the event_list OF the campaign
  & the frequency OF the campaign IS 'escalating'
  OR the time_between_attacks OF the campaign IS 'short'
**THEN:** SET the public_opinion OF the current_event TO 'anti-terrorist'

*GOAL 3:*
**IF:** the number_killed OF the current_event IS greater THAN 0
**THEN:** SET casualty_level OF the current_event TO 'high'

*GOAL 4:*
**IF:** the attacks_per_month OF the campaign IS NOT less THAN 1
**THEN:** SET the time_between_attacks OF the campaign TO 'short'

*Zielgerichtete Analyse terroristischer Bombenanschläge nach [Waterman 86a]*

Als wissenschaftlicher Werterahmen des Programms wurden drei behavioristische Grundannahmen getroffen:

- «... terroristische Aktivitäten können in streng formaler Weise analysiert werden. Die Gewalttaten politischer Extremisten wurden größtenteils nicht als Sammlung irrationaler und deshalb völlig unvorhersagbarer Taten angesehen. Sie folgen gewissen logischen Regeln...»
- «... obwohl der Bereich des Terrorismus offensichtlich komplex und jeder Vorfall einzigartig ist, bleibt es trotzdem wahr, daß sogar eine beschränkte Zahl von Regeln, die das Denken anspornen und den Bereich formalisieren, die Analyse des Gebietes verbessern.»
- «Die dritte Annahme ist, daß terroristische Aktivitäten als regelgestütztes System formulierbar sind. Eine einschränkende Randbedingung ist dabei die Zahl der Regeln, die nötig ist, um den ganzen Bereich zu modellieren. Dies kann in gewissem Grade verhindert werden, indem man versucht, nur einen kleinen Teil des Bereichs des internationalen Terrorismus zu modellieren. In dieser Anfangsphase haben wir unsere

Aufmerksamkeit auf das Problem terroristischer Bombenanschläge beschränkt» [351]. Technische Basis des Programms ist die Konzeption von Intelligenten Terminal Agenten (RITA — RAND Intelligent Terminal Agents), objekt-orientierte Programmkonstruktionen, die die Verwaltung eines Bildschirmterminals vornehmen sollen. Das Programm wird deshalb auch als Krisen-Management System beschrieben, das den Experten den Zugang zu den vorhandenen Rechnern und Datenbanken erleichtern soll.
«Unsere Arbeit wirkt sich positiv aus sowohl für Informatiker, die mit der Entwicklung von Expertensystemen befaßt sind, wie für Sozialwissenschaftler, die mit der Analyse des Terrorismus beschäftigt sind» [351].

Mag die Energie, mit der sich manche Expertensystemforscher in wissenschaftlich marginale und dubiose Projekte stürzen, auch überraschen, so ist doch auch der gute Wille, der immer wieder durchbricht, nicht zu übersehen. Robert Trappl vom Österreichischen Forschungsinstitut für Artificial Intelligence hat in seinem Aufsatz «Reducing International Tension and Improving Mutual Understanding through Artificial Intelligence: Potential Approaches» ein transnationales Expertensystem zum Krisenmanagement in politischen Ost-West-Krisen vorgeschlagen. Die Kosten eines solchen Programms werden von ihm niedriger als die einer Mittelstreckenrakete angesetzt. Sie wären dann allerdings höher als die bisherigen Summe der bisherigen Fördermittel für KI in der Bundesrepublik.
In allen drei Fällen sieht man die Leichtigkeit, mit der die Ideologen der kognitiven Entsprechung von Mensch und Maschine versuchen, sich neue Wissensgebiete anzueignen.

Freilich scheint die verbale Hemmungslosigkeit mancher KI-Ideologen nahezu schrankenlos. Sie wird dabei durch die saloppe Ausdrucksweise einiger KI-Forscher gefördert, die unter dem Eindruck der Hypothese der prinzipiellen kognitiven Simulierbarkeit lebendiger Strukturen durch Maschinen das menschliche Gehirn zum «lebendigen Computer» erklären — so immer wieder Siekmann, der sein Gehirn gerne «feuchte Hardware» (oder gar «schlüpfrige Hardware») nennt [324]. Roger Schank behauptet flott: «Auch ein Mensch ist in gewisser Weise nur ein Programm» [299]. Als ein beliebiges weiteres Beispiel dieser lockeren Ausdrucksweise seien Lebsanft und Gill [297] genannt: «Warum (teure) Expertensysteme verwenden statt wie bisher menschliche Expertise ('protein-based expert systems').» Kritiker solcher Auffassungen wie Joseph Weizenbaum werden dann auch schon mal als 'carbon-based rascist' beschimpft — so vom Nobelpreisträger Herbert Simon auf einer Podiumsdiskussion in der Harvard Universität im April 1988.
Sind dies auch rein ideologische Formulierungen, die nur vom Glauben an die Hypothese kognitiver Simulierbarkeit getragen werden und auch bei gutwilliger Interpretation vorliegender Forschungsergebnissen keinerlei reale Basis besitzen, so bleiben sie für die weiteren Diskussionen doch nicht folgenlos.[94] Ist nämlich die Gleichsetzung

[94] In [92] wurde der Prozeß der Umwandlung einer ideologischen Fixierung (nämlich Wittgensteins Aussage 4.01 «Der Satz ist ein Bild der Wirklichkeit» aus dem *Tractatus logico-philosphicus*) zum technischen Forschungsprogramm an Hand des Satzes «Es gibt nichts Interessantes, was nicht konstruierbar und programmierbar wäre» verfolgt.

erst einmal schattenhaft in den Köpfen, so scheint es nahezuliegen, sich dem Begriff der Evolution zuzuwenden und die Entwicklung der Technik als eine Nachahmung der biologischen Evolution zu interpretieren. Stanislaw Lem hat sich dem Thema nicht nur literarisch, sondern auch mit ernst gemeinten wissenschaftlichen Absichten in seinem Buch *Summa technologiae* genähert. Der berüchtigte Aphoristiker und MIT-Forscher Marvin Minsky sieht dagegen die KI-Forschung durchaus nicht nur als Nachahmung der biologischen Evolution. 1983 schrieb er: «Unser sterbliches Dasein scheint durch dürftige Ingenieurskunst erzeugt: Unsere Körperzellen degenerieren durch 'kontrollierten' Selbstmord und Krieg und sterben durch Versagen des Immunsystems und steuern uns mit falscher Information, so daß wir uns selbst zerstören. Es macht mich krank, die Lobreden auf die Evolution zu hören; kein Programmierer, der sich selbst achtet, würde Software-Fehler so schrecklicher Art stehen lassen! Ich wette, es wäre mindestens genauso gut, ganz neu anzufangen (ohne den Dreck, der sich in Milliarden Jahren angesammelt hat) und alles, was wir wirklich von diesem riesigen Zeichen-Verarbeitungs-Strukturnetz, das wir unser *Selbst* nennen, in einen stabileren und schöneren unsterblichen Code zu übertragen» [342].
Bei solchen verwirrten und misanthropischen Denkern scheint es zwingend, daß die Ablösung der biologischen Evolution durch eine technische Evolution bevorsteht. Bei Donald Michie wird dies noch als Gefahr bewertet [228]: «Im Jahr 2000 oder 3000 könnte aus dem 'Homo Sapiens' eine Rasse von uneinsichtigen Parasiten geworden sein, die — wie Flöhe im Hundefell — in den Winkeln und Ecken automatisierter Städte hausen, deren Rhythmus von gigantischen elektronischen Netzwerken nach unerforschlichen Strategien und Funktionsgesetzen bestimmt wird. Und was noch schlimmer wäre: Wir könnten eine entbehrliche Spezies werden, wenn nämlich die Hunde von den Flöhen wissen wollen: 'Was habt Ihr in der letzten Zeit für uns getan?' Um zu verhindern, daß dieser Fall eintritt, ist es nicht nur eine Geschmacksfrage, sondern bittere Notwendigkeit, daß die Technologie menschliches Gesicht und unsere Lebensart annimmt.»
Bei anderen Wissenschaftlern ist dagegen die Ablösung der Menschheit durch die Computer schon beschlossene Sache. So etwa bei Robert Jastrow, einem NASA-Wissenschaftler, in einem Interview: «Es ist gut möglich, daß die Evolution des Menschen so weit wie möglich gegangen ist, und daß eine neue Lebensform auf Silikonbasis die dominanten menschlichen Lebensformen auf Kohlenstoffbasis ablösen wird.» Rückfrage des Reporters Richard Ballad: «Meinen Sie, daß eine Computer-Gesellschaft die Menschheit als höchste Form des Lebens auf der Erde verdrängen wird?» Jastrow: «Ja» [342].
Jastrows kindische und zugleich menschenverachtende Phantasie findet auch in deutscher Sprache Eingang in die populäre Aufbereitung ideologisch-wissenschaftlicher Fragen, so bei Hoimar v.Ditfurth [105] und bei Klaus Haefner [153].

Gefahr und Ziel solcher ideologischen Äußerungen liegt außerhalb technischer Dimensionen. Es handelt sich nicht um absehbare technische Entwicklungen, auch wenn diese als «Gefahren der Wissenschaft» dargestellt werden. Doch für die so vorgetragenen Behauptungen über die Entwicklung der Informatik oder KI-Forschung gibt es keine Basis, und auch der begeistertste Entwickler fortgeschrittener Maschinen kann nicht ernsthaft behaupten, der Übergang von der menschlichen zur maschinellen Evolution stünde in absehbarer geschichtlicher Zeit bevor (und auf keinen Fall im Jahr 2000, wie Michie das impliziert). Es geht um eine Ideologie absoluter Technik, die die extreme Zuspitzung des kartesisch/leibnizschen Reduktionismus ist: die Zerlegung und Re-Konstruktion des Menschen, um die zweite, die bessere Schöpfung zu erreichen, wie Minsky das so klar benennt. Ziel solcher Aussagen ist ein ganz anderes: Solches Denken soll jedes Zögern vor dem Einsatz technischer und organisatorischer Mittel gegen den «Störfaktor Mensch» zum höheren intelligenten Zweck oder zur höheren intelligenten Einsicht beseitigen.

Das Problem liegt ja nicht darin, wie und wann diese Halbleiter-Evolution den Menschen überrollt (Minskys und Jastrows Frage). Und auch nicht darin, ob «die Menschen» das wollen oder nicht (Michies Frage) und wie man es aufhalten könnte (Siekmanns Frage). Das Problem ist, daß Wissenschaftler sich ohne wirkliche Basis in ihren Forschungen auf diese Fragen einlassen und andere Menschen dazu bringen wollen, sich dieser verkürzten, rein hypothetischen und rein ideologischen Fragestellung zuzuwenden. Damit werden schiefe Ausgangslagen für überflüssige Diskussionen vorbereitet, die letztlich nur dazu führen, daß sich unnütz viele Menschen an diese Sprechweisen gewöhnen, während die eigentlichen gesellschaftlichen Probleme der Informationstechnik, ihre Wirkungen als Rationalisierungsmittel und ihre zentrale Rolle in der Waffentechnik in den Hintergrund gedrängt werden[95]

Nähme man die propagierte evolutionäre Entwicklung ernst, so verstieße sie eindeutig gegen das Grundgesetz Art.1(1) — falls solche Einwände bei solch langfristigen ideologischen Perspektiven erlaubt sind.

Freilich bestätigt dies alles bloß Hilary Putnams Verdacht: «Die KI-Forschung ist die Wiederholung des logischen Positivismus, doch diesmal als Farce.»

[95] Damit soll weder Siekmann noch Michie unterstellt werden, daß ihnen diese zentralen Probleme nicht bewußt wären. Aber ihre Art darüber zu sprechen, nämlich irreale Phantasien mit realen Gefahren zu mischen, lenkt von machbaren Schritten gegen diese Gefahren ab.

# 11. Ein Schluß

*'Expertensysteme' ist eine schrecklich falsche Bezeichnung, da kaum etwas an ihnen expertenhaft ist.*

Roger Schank

*Es gäbe noch viel zu diesem Thema zu sagen; ich möchte jedoch nur hervorheben, daß der Kult, der mit den Experten betrieben wird, ganz offensichtlich sowohl profitabel ist (für jene, die ihn propagieren) als auch betrügerisch. Natürlich muß man von den KI-Forschungthemen so viel wie möglich lernen; natürlich sollten diese Forschungsgebiete so gewissenhaft wie möglich erforscht werden. Aber es wäre sehr bedenklich und höchst gefährlich, wenn sie nicht aufgrund ihrer Verdienste und ihrer tatsächlichen, nicht vorgeblichen Leistungen akzeptiert und beurteilt würden.*

Noam Chomsky[96]

[96] Zitiert nach Noam Chomsky, Die Verantwortlichkeit der Intellektuellen, Suhrkamp, Ffm, 1969. Gäbe es Informatiker, die von Chomsky nicht nur einen mathematischen Formalismus übernommen haben, sondern ein theoretisches Verständnis ihrer Arbeit entwickelten, so würden sie vielleicht bemerken, daß das Zitat in einem Wort nicht stimmt: Wir haben das Wort 'KI-Forschungsthemen' an die Stelle der Worte 'Sozial- und Verhaltenswissenschaften' gesetzt.

Warum beschäftigen sich so viele Menschen mit dem Themenkreis 'Expertensysteme'? Bei manchen ist es völlig klar: Sie planen oder bauen solche Programme oder sie interessieren sich für neue Software-Entwicklungstechniken. Aber was bringt Manager dazu, die leidlich desinteressiert sind am Aufbau von betriebseigenen Data Dictionaries, an der Einführung von Unix oder an Programmiersprachen wie Smalltalk, C++ oder Object Pascal, sich intensiv über das Potential der Expertensystemtechnik zu informieren. Warum veranstalten IG-Metall, Kirchen, die deutsche Landwirtschaftsgesellschaft und der Bundestag Symposien und Anhörungen zum Thema Expertensystemtechnik, wenn der ganze aktuelle Markt für KI-Technik gerade ein drittel Prozent des bundesdeutschen DV-Marktes ausmacht und weniger Umsatz bringt als der Verkauf eines einzigen gerüsteten Tornado-Jagdbombers? Es muß eine tieferliegende Faszination von der Vorstellung oder vom bloßen Wort eines maschinell fixierten Experten ausgehen. Vielleicht sind alle kritischen Einwände gegen den Stand und das Potential der Expertensystemtechnik hinfällig, und auch Bobrows Warnung, daß der bloße Wille, ein Expertensystem bauen zu wollen, keine Garantie für die erfolgreiche Konstruktion bietet, mag erfolglos bleiben gegenüber der heroischen Vorstellung der Unsterblichkeit, die Michie und Johnston [228] mit Expertensystemen verbinden: «Tiere müssen oftmals eingeschläfert werden, und das gleiche gilt für Roboter. Was Expertensysteme betrifft, so stellt sich hier aber eine interessante Frage. Ein solches System, das unter Mitwirkung eines menschlichen Experten konstruiert wurde, kann sich dessen Fertigkeiten in allen Einzelheiten so getreulich aneignen, daß Kollegen und Freunde, die mit dem System arbeiten, die Denkweise dieses Experten erkennen. Sie könnten noch lange nach dessen Tod auf die geistigen Schwächen und Einfälle des ehemaligen Gefährten reagieren. Dies würde eine Art von Unsterblichkeit bedeuten, die unmittelbarer ist als Bücher oder Hinterlassenschaften wie Photographien oder Magnetbänder, denn das System würde Fragmente reaktiven Verhaltens enthalten. Die Auslöschung eines solchen Systems wäre gewiß ebenso zu verurteilen wie das Niederbrennen der Bibliothek von Alexandria.».

# Zitate in der Ursprungssprache

2 «Most of the interest in expert systems is not because of their proven capability, but because of their potential.» A. Bundy [59]

9 «If Mainframes are associated with Pluto and the Underworld, microcomputers evoke the world of Apollo, of light and lightness, buoyant individuality.» J. L. Gasset [87]

13 «Informatics is the science that has as its domain information processes and related phenomena in artifacts, society and nature.» K. Nygaard [254]

14 «The ultimate goal of the research is to make machines that come close to, and possibly exceed, human abilities to perceive, learn, reason, and act on their environment.» A. Meyrowitz

16 «There is a lot of solemn talk about what computers can't do, but this is not a very interesting subject. ... Each year we see more impressive computer systems for handling natural language. Still, most of them are limited to particular domains of discourse. I know of no computer program today that can enter into a general conversation with you about anything you want to bring up.» H. Simon [327]

23 «Neural networks may show that Heidegger, later Wittgenstein, and Rosenblatt were right in thinking that we behave intelligently in the world without having a theory of that world.» H. Dreyfus & S. Dreyfus [111]

23 «There may be some practical uses for neural networks in areas of vision, sound analysis, motor control, and others, if we understand how the brain make these things happen. Animals are much better at certain kinds of tasks than any computer or software you can build. But it will take a large investment to solve these problems. There's enormous potential, but I think a lot of excitement in this field is based on the potential rather than technical know-how. The big question is, is this the appropriate time to try to exploit ideas from the life sciences for technology?
I've been doing research in this area for over a decade. Some people think neural networks will become practical within five years. I've seen a number of commercial and military ventures based on the assumption that this technology will be here soon. There's no way that's going to happen. I don't think, we can put a time frame on complex systems because there are large areas that we don't understand. A lot of people are doing this now, based more on hope rather than a technological foundation....We don't yet have the scientific understanding about what's needed for a vision or a speech machine. If we understood the problem, we could build the appropriate machine.
People in this field are saying that the greatest danger to the progress of the technology is exaggerated expectations. As long as people doing the work have patience and don't claim outrageous things, I think the field has a long and productive future.» J. Feldman [63]

25 «Three recent independent estimates of the number of concepts (frames) for full breadth of knowledge all came up with a figure of approximately one million: (1) CYC: 30,000 articles × 30 frames per article, (2) EDR: 200K words × 1 frame for each of a few languages, (3) Minsky: 4 LTM entries/hour from birth to adulthood.» D. B. Lenat [205]

25 «There has been a certain amount of discussion in the artificial intelligence literature about the possibility of a program switching between different representations, or creating new representations. If this were possible, the blindness inherent in any one representation could be overcome. But if we look carefully at what is actually proposed, it does not really confront the issues. In some cases the programmer builds in a small number of different characterizations (instead of just one), and the program is able to switch among these. In others, the so-called creation of representation does not deal at all with the characterization of the environment (which is where the problem arises), but simply with the details of the formal structures by which it is represented. In either case, the problem of blindness as created by the initial programming is untouched.» T. Winograd [362]

26 «Every questioning grows out of a *tradition* — a pre-understanding that opens the space of possible answers. We use the word 'tradition' here in a broad sense ... It is a more pervasive, fundamental phenomenon that might be called a 'way of being'. In trying to understand a tradition, the first thing we must become aware of is how it is concealed by its obviousness. It is not a set of rules or sayings, or something we will find catalogued in an encyclopedia. It is a way of understanding, a background, within which we interpret and act.» T. Winograd [362]

35 «The programming language would be close to the natural and mathematical language normally used by mathematicians, scientists, and engineers, and hence would be easy for the programmer to use. This approach is currently being developed under the name of automatic programming.» A. W. Burks [245]

36 «In short, automatic programming always has been a euphemism for programming with a higher-level language than was presently available to the programmer.» D.Parnas [51]

38 «...that the new technology is not just evaluated on the basis of technological and financial factors, but also based on social considerations. This overall consideration forms the basis for the design, introduction and use of systems and new technology, e.g. through consequence analyses.» K.Nygaard [254]

44 «Our medical robots can compete, in some particular speciality, with a doctors decade of advanced education — but not with what a five-year-old child can do!» M. Minsky [63]

44 «In my research, I propose several theories about how the great computers in human brains do many common sense sorts of things. But none of the theories is proven yet.» M. Minsky [63]

58 «The refinements to an expert system are never really complete since the systems continue to evolve as new information becomes available for problem resolution. Actually maintaining the system includes all the processes that were involved in developing and testing the system in the first place.» P. Harmon [157]

59 «(Knowledge acquisition) is often described as a process of 'capturing' the knowledge that the experts already have and use. In fact, it is a creative design activity in which a systematic domain is created, covering certain aspects of the professionals' work. The successful examples of expert systems have almost all been the result of long and intensive effort by a particularly qualified practitioner, and it can well be argued that the domains generated in developing the system are themselves significant research contributions.» T. Winograd [362]

78 «The main lessons from this experience is that the process of acceptance testing of an expert system cannot be considered complete until it can be demonstrated that the system is actually employed routinely in the capacity for which it was designed.» P. J. Hayes [160]

82 «Depending on which speakers you believe, it has been suggested that only one expert system, at most, is 'really' working (namely R1) or that there are hundreds of operational systems. Because the institutions developing systems are slow to publish, and there is so much 'hype' surrounding AI, it is difficult to separate fact from fiction.» B. G. Buchanan [56]

93 «The only reason we were asked to build the expert system was that the problem was bothering some people enough so that they were willing to try anything.» J. McDermott [276]

93 «Before R1 was developed, it would have been difficult to estimate accurately the amount of constraint knowledge required for the configuration task. Much of the required knowledge was not written down anywhere and thus the only source of estimates would have been individual human experts.» J. McDermott [220]

94 «...the computerization of these tasks should allow better understanding and control over tasks which were previously done by humans.» J. J. Sviolka [336]

95 «...I spent five or six days being tutored in the basics of VAX system configuration, read and reread the two manuals that describe many of the constraints on how VAX systems can be configured, and then implemented an initial version of R1 (consisting of fewer than 200 domain rules) that could configure the simplest of orders correctly, but made numerous mistakes when it tried to tackle more complex orders.» J. McDermott [220]

96 «McDermott reported that one of the things that the evaluators learned in processing the first few orders was that there was significant disagreement among themselves as to the right way to do the configuration.» F. Hayes-Roth et al. [160]

96 «Many people were disturbed by the poor performance of R1 over this eight month period; the expectation after the validation stage was that in retrospect, it is clear that at the end of the validation stage R1 was still a very inexperienced configurer. It had encountered only a tiny fraction of the set of possible orders, and consequently its knowledge was still very incomplete.» J. McDermott [219]

97 «Post-XCON, all technical editors found a routinization of their work. ... The technical editors who were interviewed expressed a desire to return to the old way of doing configurations where the challenge of figuring out new and creative solutions was greater and there was less technical 'nitpicking' work. To the expert TE's, some of the challenging aspects of their jobs were removed by

XCON. Furthermore, the more expert XCON became, the more expert the reviewer needed to be to discover any bugs or problems in the output. Yet, for the most part, reviewing output was less interesting than creating configurations from scratch.» J. J. Sviolka [336]

98 «In the next few years XCON became so deeply embedded in corporate operations that DEC executives say if XCON were turned off the company would feel the impact within three days: it wouldn't be able to sell its products.» E. Feigenbaum et al. [123].

100 «In 1982 the expert system was used by a company exploring for and mining molybdenum in the Cascades (State of Washington), and a find was made, the value of which has been variously estimated at several million to $100 million. The find was not the one the company experts had themselves conjectured; the company is reported to have been dumping tailings from a nearby dig on the site of the deposite!» E. Feigenbaum et al.[122]

100 «PROSPECTOR has discovered a molybdenum deposit whose ultimate value will probably exceed $100,000,000.» F. HayesRoth et al. [160]

100 «PROSPECTOR has also made its first prediction about the location of a molybdenum deposit. Drilling is underway to see if there is a deposit where PROSPECTOR predicted.» R. O. Duda [112]

101 «...it is clear that PROSPECTOR accurately identified the location of significant, previously unverified mineralization in a previously known system.» R. O. Duda [112]

106 «As you move from the simpler problems to the more difficult problems, however, most knowledge engineers move from rule-based tools to the more powerful object-oriented tools that allow more flexibility in designing both the knowledge base and the inference strategy their system will use.» P. Harmon [157]

115 «AI is still saying, 'Give us more time'. How long should we wait? ... They aren't going to make any sudden breakthrough. Let's face it, the stuff isn't working. People have invested lots of money. But Wall street doesn't throw money away forever. ... There is no evidence that AI has improved products, markets or profits for Xerox despite 16 years of spending to support the world's most luxurious AI sandbox.» Gary Martins, zitiert in der *New York Times* vom 4.3.88.

118 «But the final and most important result was more than this: *the process itself, the extraction of basic rules, sharpened the experts' analytical skills*. Regardless of whether these rules could ever be assembled into a system ... was a useful exercise for the experts.» D. E. Waterman[351]

120 «...insufficient planning and ineffective management can cause disappointment after expert systems are installed. The technology is not to blame. We seem to be making the same mistakes again and again.» N. S. Rajaran [331]

120 «If you try to implement a system and the users are convinced from the start that the system will fail, it will fail.» D.L.Smith [331]

121 «The software crisis is a state of affairs in which we construct, sell and increasingly rely on computer programs that are incompletely understood. The large programs that are now in control of so much of our lives are both unreliable and not fully comprehensible.» «The software crisis is due to our ability to construct and use programs of a size and complexity that are beyond the limits of human comprehensibility.» D. Partridge [260]

124 «I have hammered on the theme that a knowledge-based program must pass through a relatively lengthy apprenticeship stage and that even after it has become an expert, it will like all experts, occasionally make mistakes. The first part of the message got through, but I suspect that the second has not. My concern, then, is whether, as this characteristics of expert systems is recognized, Digital (or any large corporation) will be emotionally prepared to give a significant amount of responsibility to programs that are known to be fallible.» J. McDermott [219]

138 «In the second era of knowledge processing it will become commonplace for systems to interact with users in human languages, at least within the scope of the systems own knowledge.» E. Feigenbaum et al. [123]

142 «Developing a full qualitative physics that can capture the breadth of engineering expertise in a wide variety of domains is not a 5-year exercise and probably not even a 10-year exercise.» K. Forbus [130]

143 «At the outset it might be well to distinguish sharply between two general approaches to the problem of machine learning. One method, which might be called the *Neural-Net Approach*, deals with the possibility of inducing learned behavior into a randomly connected switching net (or its simulation on a digital computer) as a result of reward-and-punishment routine. A second, and much more efficient approach, is to produce the equivalent of a highly organized network which has been designed to

learn only certain specific things. The first method should lead to the development of general-purpose learning machines. A comparison between the size of switching nets that can be reasonably constructed or simulated at the present time and the size of neural nets used by animals, suggests that we have a long way to go before we obtain practical devices. The second procedure requires reprogramming for each new application, but is capable of realization at the present time.» A. L. Samuel [294]

148 «... ensure that the system is in use, to monitor progress, and to collect comments.» P. Senker et al. [320]

149 «We knew it (the expert system) had to come. Some said we'd lose our jobs, but we knew we wouldn't, because the company couldn't shut down or start the process, so we knew there would always be a job.» P. Senker et al. [320]

150 «It's a boring job. We used to decide what to adjust and we'd adjust it, but probably too much. Now the machine does it. We just watch. The job's boring ... (the expert system) has enabled management to have tighter control over the job ... we have gained no extra skills.» P. Senker et al. [320]

151 «Nowhere was the expert system conceived as 'stand alone'. Assistant or colleague, or sometimes servant is the assigned role, never boss or replacement.» E. Feigenbaum et al. [123]

151 «Almost everywhere, expert systems were speeding up professional work by at least a factor of ten. Speedup factors of twenty, thirty, or forty were common.» E. Feigenbaum et al. [123]

151 «The first expert system I worked on was too big. As we finished the first prototype, we realized were tackling a program far too big for a first effort. In addition, it was a problem that didn't need an expert system.» D. L. Smith [331]

168 «The main goal in this area are to ensure the development and lay the foundations for the industrial application of knowledge engineering techniques as an important method for the production of sophisticated software systems; ... The next generation of information processing systems will require: The development and application of knowledge engineering techniques. The development of new computer architectures for symbolic and numeric processing, and fault tolerant systems. The development of advanced system interfaces for effective communication between computing systems, the computer and its environment, and the computer and the user.» Esprit 1987 [120].

168 «The present Alvey Programme involves a degree of collaboration which has no British peacetime precedent. Within government three separate ministries (Trade and Industry, Education and Science, and Defence) are learning to coexist, progressively resolving inconsistencies between their bureaucratic methods.» R. Ennals [118]

174 «As far as both are concerned, the ES is just a computer or a 'black box' — they do not distinguish between the ES and computing in general, as they do have no other computing experience to form a basis for such comparisons.» P. Senker et al. [320]

183 «When fully operational, the expert system will continue to demand that analysts examine each incident in a comprehensive manner and explain each judgment. On the basis of rules provided by the analysts, the system will reach conclusions with which the analysts may disagree. In this case, the analysts will be compelled to reexamine the basis for their deductions, and this may lead to the formulation of new rules for the system. In this way the system will enable analysts to preserve their own judgments and those of others in a form that is easily retrievable and can be made available to decision makers faced with real crisis situations.» D. E. Waterman [351]

183 «... terroristic activities can be analyzed in a formal, rigorous fashion. For the most part, the violence of political extremists is not viewed as a collection of irrational and thus totally unpredictable events. It follows certain certain rules of logic...» «... although the domain of terrorism is obviously complex and each incident is highly unique, it is still true that even a limited number of rules that prod thinking and formalize the domain will enhance analysis of the topic.» «The third assumption is that terrorist activities can be formulated as rule-based systems. One limiting constraint hére is the number of rules needed to adequately model the domain. This can be avoided to a certain extent by attempting to model only a small portion of the domain of international terrorism. In this initial effort we have restricted our attention to the problem of terrorist bombings.» D. E. Waterman [351]

184 «Our work is beneficial to both the computer scientists involved in expert system development and the social scientists working on terrorism analysis.» D. E. Waterman [351]

186 «In many ways the history of artificial intelligence is a repeat of the history of logical positivism (the second time perhaps as a farce).» H. Putnam

# Literatur


[1] Proceedings of the '88 Annual Conference of the American Association for Artificial Intelligence, AAAI-88, Morgan Kaufmann Publ., Los Altos (USA), 1988.

[2] Angluin, D. & C.H.Smith, A Survey of Inductive Inference: Theory and Methods, *Computing Surveys* 15, pp. 237–269, 1983.

[3] Apel, H., Künstliche Intelligenz — Eine Einführung, Didaktische Bausteine einer informationstechnischen Grundbildung, Materialien für Kursleiter, Pädagogische Arbeitsstelle, Deutscher Volkshochschulverband, Frankfurt am Main, 1987.

[4] Apel, K.-O., *Die Erklären:Verstehen-Kontroverse in transzendental-pragmatischer Sicht*, Suhrkamp, Frankfurt/Main, 1979.

[5] Appelrath, H.-J., *Von Datenbanken zu Expertensystemen*, Informatik-Fachberichte 102, Springer, Berlin-Heidelberg-New York, 1987.

[6] Politik um die Arbeit, *Argument* Sonderband AS 167, (Hrsg. Projektgruppe Automation und Qualifikation), Argument-Verlag, Berlin, 1988.

[7] Baethge, M. & H.Overbeck, *Zukunft der Angestellten*, Campus, Frankfurt am Main/New York, 1985.

[8] Baldeweg, F., Technical Cognition in Man-Machine Communication, in [174].

[9] Baltes, H., GABI — Ein wissensbasiertes Geldanlageberatungsprogramm, Forschungsmemo des Sonderforschungsbereiches 314 «Künstliche Intelligenz — Wissensbasierte Systeme», Universität des Saarlandes, Saarbrücken, 1986.

[10] Balzert, H., WISDOM — Konzepte und Ergebnisse für das Büro der Zukunft, in [371].

[11] Barth, G., Das Deutsche Forschungszentrum für Künstliche Intelligenz, *etz*, Bd. 109, Heft 21, pp. 1008–1010, 1988.

[12] Barr, A. & E.Feigenbaum, *The Handbook of Artificial Intelligence*, Vol. I/II, Morgan Kaufmann, Los Altos (Cal.), 1982.

[13] Bartsch-Spörl, B., Ansätze zur Behandlung von fallorientiertem Erfahrungswissen in Expertensystemen, KI — Organ des Fachausschusses «Künstliche Intelligenz und Mustererkennung» in der Gesellschaft für Informatik e.V. 4/87, pp. 32-36, 1987.

[14] Becker, B., Wissen und Problemlösung im Spiegel neuer Entwicklungen der Computertechnologie — Bestandsaufnahme und Versuch der Einschätzung des soziokulturellen Phänomens Künstliche Intelligenz, Diss. Univ. Dortmund, Fachbereich 14, 1986.

[15] Becker, J., Soziale Folgen neuer Informations- und Kommunikationstechnologien, Hessische Stiftung Friedens- und Konfliktforschung, Forschungsbericht 12/85, Frankfurt am Main, Juni 1985.

[16] Berkeley, E.C., Artificial Intelligence and Real Intelligence, Editorial zu *Computers and People*, p. 6 und p. 27, Mai-Juni 1985.

[17] Bernold, Th. & U.Hillenkamp (Hrsg.), *Expert Systems in Production and Services*, North Holland, Amsterdam, 1988.

[18] Beuschel, W., Expertensysteme auf dem Weg in die Arbeitswelt — zur Untersuchung betrieblicher Veränderungen beim Einsatz 'Künstlicher Intelligenz', Discussion Paper FS I 88–15, Wissenschaftszentrum Berlin für Sozialforschung, 1988.

[19] Bibel, W., *Automated Theorem Proving*, Vieweg, Wiesbaden, 1982.

[20] Bibel, W., AI and the Change of Reality: Opportunities and Dangers, in [256].

[21] Bibel, W. & Ph.Jorrand (Hrsg.), *Fundamentals of Artificial Intelligence*, LNCS 232, Springer, Berlin-Heidelberg-New York, 1986.

[22] Bibel, W. & J.Siekmann, Künstliche Intelligenz, in KIFS–82, Informatik-Fachberichte 59, Springer, Berlin-Heidelberg-New York, 1982.

[23] Biermann, A.W., G.Guiho & Y.Kodratoff, *Automatic Program Construction Techniques*, MacMillan Publ. Co., New York, 1984.

[24] BMFT Pressereferat (Hrsg.), Künstliche Intelligenz — Wissensverarbeitung und Mustererkennung, Bonn, 1988.

[25] Haushalt 1989: Mehr Spielraum für neue Forschungsansätze, *BMFT-Journal* p.1, Nr. 4/Oktober 1988.

[26] Bobrow, D.G., If Prolog Is the Answer, What Is the Question?, *IEEE Transactions on Software Engineering* SE–11, pp. 1401–1408, 1985.

[27] Bobrow, D.G., S.Mittal & M.J.Stefik, Expert Systems: Perils and Promises, *Communications of the ACM* 29, pp. 880–894, 1986.

[28] Bobrow, D.G. & Collins, *Representation and Understanding*, Academic Press, New York, 1975.

[29] Bobrow, D.G. & T.Winograd, An Overview of KRL, *Cognitive Science* 1, pp. 3–46, 1977.

[30] Bobrow, D.G. & T.Winograd, KRL — another Perspective, *Cognitive Science* 3, pp. 29–42, 1979.

[31] Bolc, L. (Hrsg.), Natural Language Based Computer Systems, Hanser, München, 1980.

[32] Bonsiepen, L., «Das Zeugs funktioniert nicht.» Über das Verständnis von Expertensystemen, *Forum Wissenschaft*, 6:2, 1989, pp. 4-9.

[33] Bonsiepen, L. & W.Coy, Is there Really a Challenge of Expert Systems to Industrial Labour? in [174].

[34] Bonsiepen, L. & W.Coy, Are Inductive Inference Models an Adequate Description of Explorative Software Development?, Preprints for the International Workshop on Artificial Intelligence and Software Engineering, Exeter, 12–14.4.1989.

[35] Booß, B., Neue Theorie — Alte Praxis: Informationstechnologische Auswirkungen auf die Mathematik II, Manuskript, Manuskript, Institut for Studiet af Matematik og Fysik og Anvendelser (IMFUFA), Universitetscenter Roskilde (Dänemark), 1988.

[36] Booß, B., Ethische und politische Probleme der zunehmenden Anwendbarkeit der Mathematik, Beitrag zur Arbeitsgruppe 'Mathematik' der BdWi-Arbeitstagung «Wissenschaft — Geschichte und Verantwortung», erscheint in: Contemporary Discussions on Bernal's «Social Function of Science» (Hrsg. H. Steiner), Akademie-Verlag, Berlin (DDR), 1989. Abdruck in [39].

[37] Booß, B. & K.Krickeberg (Hrsg.), *Mathematisierung der Einzelwissenschaften*, Birkhäuser, Basel-Stuttgart, 1976.

[38] Booß, B., M.Bohle–Carbonell & G.Pate, On the Risks of Technology Applications at the Border of our Knowledge, *Scientific World* 3–88, Abdruck in [39].

[39] Booß, B. & G.Pate mit M.Bohle–Carbonell & J.–H.Jensen, Vurdering af matematisk Teknologi — Technology Assessment — Technikfolgenabschätzung, Tekst Nr. 164, Institut for Studiet af Matematik og Fysik og Anvendelser (IMFUFA), Universitetscenter Roskilde (Dänemark), 1988. Erweiterte Fassung Tekst Nr. 164*.

[40] Borrmann, H.–P., MODIS — Ein Expertensystem zur Erstellung von Reparaturdiagnosen für den Ottomotor und seine Aggregate, Memo SEKI–KL–83–05, 1983.

[41] Brachman, R., What IS–A Is and Isn't: An Analysis of Taxonomic Links in Semantic Networks, *IEEE Computer* 16:10, pp. 30–36, 1983.

[42] Brachman, R., What's in a Concept: Structural Foundations for Semantic Networks, *International Journal on Man-Machine-Studies* 9, pp. 127–152, 1977.

[43] Brachman, R., R.E.Fikes & H.J.Levesque, Krypton: A Functional Approach to Knowledge Representation, *IEEE Computer* 16:10, pp. 67–73, 1983.

[44] Brachman, R. & H.J.Levesque, *Readings in Knowledge Representation*, Morgan Kaufman Publ., Los Altos (USA), 1985.

[45] Brachman, R. & J.G.Schmolze, An Overview of the KL-ONE Knowledge Representation System, *Cognitive Science* 9, pp. 171–216, 1985.

[46] Brady, M., Computational Approaches to Image Understanding, ACM *Computing Surveys* 14, pp. 3–71, 1982.

[47] Bransford, J.D. & B.S.Stein, *The Ideal Problem Solver*, W. H. Freeman, New York, 1984.

[48] Briefs, U., *Informationstechnologien und Zukunft der Arbeit*, Mikroelektronik und Computertechnik, Pahl Rugenstein, Köln, 1984.

[49] Brödner, P., Menschliche Kreativität und Künstliche Intelligenz, Thesen zur Anhörung der Enquête-Kommission «Technologiefolgenabschätzung» des Deutschen Bundestages am 12.Mai 1986, Nachdruck in *Forum Wissenschaft* 3, Sept. 1986.

[50] Brödner, P., In Search of the Computer-aided Craftsman, *AI&Society* 3:1, 1989.

[51] Brooks, P., No Silver Bullet — Essence and Accidents of Software Engineering, IEEE *Computer* 20:4, pp. 10–20, 1987.

[52] Brown, J.S., The Low Road, the Middle Road, and the High Road, in [368], pp. 81–90.

[53] Brownston, L., R.Farrell, E.Kant & N.Martin, *Programming Expert Systems in OPS5*, Addison Wesley, Reading, Mass. (USA), 1985.

[54] Brunnstein, K., Human Intelligence and AI: An Outlook, in [256].

[55] Buchanan, B.G. & E.H.Shortliffe (Hrsg), *Rule Based Expert Systems*, Addison Wesley, Amsterdam, 1984.

[56] Buchanan, B.G., Expert Systems: Working Systems and the Research Literature, *Expert Systems* 3:1, pp. 32–51, 1986. Nachdruck in [297].

[57] Buchanan, B.G., G.Sutherland & E.A.Feigenbaum, HEURISTIC DENDRAL: A Program for Generating Explanatory Hypotheses in Organic Chemistry, in: (Hrsg. Meltzer, B. & D.Michie) *Machine Intelligence* 4, pp. 209f., Edinburgh, 1969.

[58] Bullinger, H.-J. & K.Kornwachs, Abschätzung möglicher Anwendungen und Auswirkungen von Expertensystemen im Produktionsbetrieb, Gutachten im Auftrag der Enquête-Kommission des Deutschen Bundestages «Technikfolgenabschätzung und Bewertung», 1988.

[59] Bundy, A., AI Bridges and Dreams, *AI&Society* 1:1, 1987.

[60] Bundy, A. (Hrsg.), *Catalogue of Artificial Intelligence Tools*, Springer, Berlin-Heidelberg-New York, 1985.

[61] Bundy, A., B.Silver & D.Plummer, An Analytical Comparison of some Rule-Learning Programs, in *Artificial Intelligence* 27, pp. 137–181, 1985.

[62] Bungers, D., Expertensysteme in der GMD, *GMD-Spiegel* 3/4, pp. 59–63, 1986.

[63] *Byte*, Januar 1989, pp. 344 ff.

[64] Campbell, A.N., V.F.Hollister & R.O.Duda, Recognition of a Hidden Mineral Deposit by an Artificial Intelligence Program, *Science* 217, pp. 927–929, Sept. 1982.

[65] Capurro, R., Die Informatik und das hermeneutische Forschungsprogramm, *Informatik Spektrum* 10, pp. 324–333, 1988.

[66] Castelaz, P.F., J.E.Zumda, D.E.Mills, SDI Applications of Neural Net Technology, Proc. 1st Annual Conference of the Intl' Neural Network Society, p.426, Boston, Sept. 1988.

[67] Chancen und Risiken des Einsatzes von Expertensystemen in Produktion und Medizin, Entwurf des Berichts der Enquête-Kommission «Technikfolgen-Abschätzung und -Bewertung» des Deutschen Bundestages, (Hrsg. K.Beneke, M.Rader & O.Ulrich), Stand: 3. 7. 89, Bonn 1989.

[68] Chandrasekaran, B., Towards a Functional Architecture for Intelligence Based on Generic Information Processing Tasks, IJCAI 87, pp. 1183–1192, 1987.

[69] Chandrasekaran, B., M.C.Tanner & J.R.Josephson, Explanation: The Role of Control Strategies and Deep Models, in: J.A.Hendler (Hrsg.), Expert Systems: The User Interface, Ablex Publ., Norwood, New Jersey (USA), 1988.

[70] Charniak, E. & D.McDermott, *Introduction to Artificial Intelligence*, Addison Wesley, 1985.

[71] Chomsky, N., *Die Verantwortlichkeit der Intellektuellen*, Suhrkamp, Ffm, 1969.

[72] Clancey, W.J., The Epistemology of a Rule-based Expert System — a Framework for Explanation, *Artificial Intelligence* 20, pp. 215–251, 1983.

[73] Cohen, P.R. & E.Feigenbaum, *The Handbook of Artificial Intelligence*, Vol. III, Kaufmann, Los Altos (Cal.), 1982.

[74] Computers and Democracy — A Scandinavian Challenge, (Hrsg. G.Bjerknes, P.Ehn & M.Kyng), Avebury, Aldershot (England) - Brookfield (USA) - Hong Kong - Singapore - Sydney, 1987.

[75] Coy, W., Après Gutenberg, in: Jahrbuch Technik&Gesellschaft 5, (Hrsg. W. Remmert), Campus, Frankfurt am Main, 1989.

[76] Coy, W., *Aufbau und Arbeitsweise von Rechenanlagen*, Vieweg, Wiesbaden, 1988.

[77] Coy, W., Die Außenwelt der Innenwelt, *Umbruch — Zeitschrift für Kultur* 5:1, pp. 32–40, 1986.

[78] Coy, W., Die Fabrik als sozialer Zusammenhang darf nicht mit ihrem Abbild als Material- und Informationsfluß verwechselt werden, Tagungsband des 2. Bremer Symposiums Arbeit und Technik, Bremen, 1987.

[79] Coy, W., Flexibilisierung der Produktion, *Lehren & Lernen* 2:8, 1986.

[80] Coy, W., Führen die Forschungen zur künstlichen Intelligenz zu einer neuen Technik, Tagungsband zur Jahreshauptversammlung der Vereinigung der Technischen Überwachungsvereine, 1988.

[81] Coy, W., Brauchen wir eine Theorie der Informatik?, *Informatik Spektrum* 10, 1989 (im Druck).

[82] Coy, W., Garbage in — Garbage out: Über lesende Maschinen, *Sprache im technischen Zeitalter*, Jahrg. 25, Nr. 101/87, 1987.

[83] Coy, W., *Industrieroboter — Zur Archäologie der Zweiten Schöpfung*, Rotbuch, Berlin, 1985.

[84] Coy, W. Lesende Maschinen — Stand der Technik, Probleme und Perspektiven, Forschungsbericht 7/87 des FB Mathematik/Informatik der Universität Bremen, 1987.

[85] Coy, W., Machine Intelligence vs. Industrial Work — An Expectant Misunderstanding, in [256].

[86] Coy, W., Maschinelle Intelligenz — Industrielle Arbeit, in: R.Klischewski & S.Pribbenow (Hrsg.), *Computerarbeit: Täter, Opfer, Perspektiven*, Proc. Jahrestagung des Forums Informatiker für Frieden und gesellschaftliche Verantwortung FIFF '88 Hamburg, VAS in der Elefantenpress, Berlin, 1989.

[87] Coy, W., Meth-Emeth — Abenteuer der künstlichen Intelligenz, *Kursbuch* 75, März 1984, pp. 1–11.

[88] Coy, W., Reading Machines in the Office — A Perspective and a Case Study, Proc. Computer Analysis of Images and Patterns (CAIP '87) — 2. Internationale Fachtagung über Automatische Bildverarbeitung, Berlin (DDR), 1987.

[89] Coy, W., Schach und Schachmatt — Das Spielerische in der Maschinellen Intelligenz, *Sprache im technischen Zeitalter*, Jahrg. 26, Nr. 107/88, 1988.

[90] Coy, W., Soft Engines, in: Chr.Floyd, R.Budde & H.Züllighoven, *Software Development & Reality Construction*, Proc. der Working Conf. Schloß Ehringerfeld Sept. 1988, Springer, Berlin-Heidelberg-New York (im Satz).

[91] Coy, W., Von QWERTY zu WYSIWYG — Texte, Tastatur & Papier, *Sprache im technischen Zeitalter*, Jahrg. 25, Nr. 102/87, 1987.

[92] Coy, W., «... und was jenseits dieser Grenze liegt, wird einfach Unsinn sein», *Sprache im technischen Zeitalter*, Jahrg. 26, Nr. 105/88, 1988.

[93] Coy, W. & L.Bonsiepen, Expert Systems: Before the flood?, in: G.Ritter (Hrsg.), *Information Processing '89*, Proc. 11th IFIP-World Congress San Francisco, North Holland, Amsterdam, 1989.

[94] Coy, W., G.Feuerstein, R.Günther, W.Langenheder, B.Mahr, P.Molzberger, H.Przybylski, K.-H.Rödiger, H.Röpke, E.Senghaas-Knobloch, B.Volmerg, W.Volpert, H.Weber, H.Wiedemann, Informatik und Verantwortung, Proc. GI-Jahrestagung 1988 Hamburg, Springer, Berlin-Heidelberg-New York, 1988. Nachdruck in *Frankfurter Rundschau*, 28./29. Dez. 88, in ct' 6:89 und mit einem Vorwort von K.-H. Rödiger versehen in *Informatik-Spektrum* 10, Okt. 1989. Englische Version in [256].

[95] Coy, W. & U.Hönisch, Cyclic Scene Analysis with CAD-based Images, Proc. Computer Analysis of Images and Patterns (CAIP '89) — 3. Internationale Fachtagung über Automatische Bildverarbeitung, Leipzig, 1989.

[96] Cooley, M., Creativity, Skill and Human-Centered Systems, in [148].

[97] Crasemann, C. & H.Krasemann, Der Wissens-Ingenieur — ein neuer Hut auf altem Kopf, *Informatik Spektrum* 10, pp. 43–48, 1988.

[98] Cremers, A.B., Anwendungen der Expertensysteme in der naturwissenschaftlichen Forschung, Vorlesungsreihe Schering 22, 1988.

[99] Crespi Reghizzi, S., An Effective Model for Grammar Inference, in *Information Processing 71*, North Holland, Amsterdam, pp. 524–529, 1972.

[100] Daniel, M., D.Striebel & B.Clemens-Schwartz, Künstliche Intelligenz, Expertensysteme — Anwendungsfelder, neue Dienste, soziale Folgen, Projektbericht eines Projektes im Rahmen des Programms «Sozialverträgliche Technikgestaltung», 3 Bände, Karlsruhe, 1989.

[101] Davis, R., Interactive Transfer of Expertise, in [55], pp.171–205.

[102] *Künstliche Intelligenz — Ein Beitrag von Digital Equipment*, Abteilung Öffentlichkeitsarbeit der Digital Equipment GmbH, München, Herbst 1986.

[103] Deliyanni, A. & R.A.Kowalski, Logic and semantic networks, *Communications of the ACM* 22, pp. 184–192, 1979.

[104] *Dialogsysteme in der Arbeitswelt*, (Hrsg. E.Nullmeier, K.-H.Rödiger), BI, Mannheim, 1987.

[105] v.Ditfurth, H., in: *Dialog* — Magazin der Nixdorf Computer AG 1/88, 1988.

[106] Doyle, J., A Truth Maintenance System, *Artificial Intelligence* 12, pp. 131–272, 1979.

[107] v. Drabich-Waechter, G., Der AI-Markt in der Bundesrepublik, *Artificial Intelligence Newsletter*, Brainware, Berlin, Okt. 88.

[108] Dressler, O. & H.Freitag, Truth Maintenance Systeme, KI — Organ des Fachausschusses «Künstliche Intelligenz und Mustererkennung» in der Gesellschaft für Informatik e.V. 2/89, pp. 13-19, 1989.

[109] Dreyfus, H., *Die Grenzen künstlicher Intelligenz*, Athenäum, Königstein/Ts., 1985 (Originalausgabe: *What Computers can't do*, Harper & Row Publ., New York (USA), 1972, 1979).

[110] Dreyfus, H. & S.Dreyfus, *Künstliche Intelligenz — Von den Grenzen der Denkmaschine und dem Wert der Intuition*, Reinbek bei Hamburg, 1987 (Originalausgabe: *Mind over Machine*, The Free Press, New York (USA), 1986).

[111] Dreyfus, H. & S.Dreyfus, Making a Mind versus Modelling the Brain: Artificial Intelligence Back at a Branchpoint, in [149].

[112] Duda, R.O. & J.G.Gaschnig, Knowledge Based Expert Systems Come of Age, *Byte* Sep. 81, pp. 238–279, 1981.

[113] Eggeling, J., Die Industrialisierung der Programmierarbeit im Ausdruck von Kontroversen, Diss., Universität Bremen, 1983.

[114] Ehn, P., *Work Oriented Design of Computer Artifacts*, Almqvist&Wiksell, Stockholm, 1988.

[115] v. Eimeren, W., R.Engelbrecht, J.John, M.Lewis, D.Schwefel, Chancen und Risiken des Einsatzes von Expertensystemen in der Medizin, Gesell. f. Strahlen- und Umweltforschung, München Neuherberg, 1989.

[116] Elgozy, G., *Der Computer-Wahn*, Düsseldorf, 1973.

[117] Expertensysteme in der Praxis, (Redaktionsbeitrag), *Elektronik-Journal* 20/86, pp. 8–14.

[118] Ennals, R., A Way Forward for Advanced Information Technology: SHI — A Strategic Health Initiative, in [143], pp.19–30.

[119] Eshelman, L. & J.McDermott, MOLE: A Knowledge Acquisition Tool, that Uses its Head, AAAI 86, pp. 950–955, 1986.

[120] Esprit — 1987 Annual Report, Kommision der Europäischen Gemeinschaft DG XIII (Hrsg.), Luxemburg, 1988.

[121] Expert Systems in Engineering (Hrsg. Se June Hong), *IEEE Computer* 19:7, 1986.

[122] Feigenbaum, E. & P.McCorduck, *The Fifth Generation — Artifcial Intelligence and Japan's Computer Challenge to the World*, Addision Wesley, 1983, revised and updated paperback version, New American Library, New York, 1984, (*deutsch*: Die 5. Computergeneration, Birkhäuser, Basel-Boston-Stuttgart, 1984).

[123] Feigenbaum, E., P.McCorduck & P.Nii, *The Rise of the Expert Company*, Times Books, New York, 1988.

[124] Feller, H., FAW Ulm — Organisation und Forschungsschwerpunkte, KI — Organ des Fachausschusses «Künstliche Intelligenz und Mustererkennung» in der Gesellschaft für Informatik e.V. 3/88, pp. 30/31, 1988.

[125] Feyerabend, P., Ein Diskurs (von der beschränkten Gültigkeit methodischer Regeln), *Neues Lotes Foum*—Zeitschrift für die Poésie und für die Révolution, 1/27, pp. 247–283, Association, Hamburg, 1975.

[126] Findler, N.V., *Associative Networks. Representation and use of knowledge by computers*, Academic Press, New York, 1979.

[127] Floyd, Chr., Outline of a Paradigm Change, in [74].

[128] Floyd, Chr., W.-M.Mehl, F.-M.Reisin, G.Schmidt, G.Wolf, Scanorama, *Mensch und Technik — Sozialverträgliche Technikgestaltung*, Werkstattbericht Nr. 30, Ministerium für Arbeit, Gesundheit und Soziales des Landes Nordrhein-Westfalen, Düsseldorf, 1987.

[129] Floyd, R., The Paradigms of Programming, *Communications of the ACM* **22**, 1979.

[130] Forbus, K., Intelligent Computer-Aided Engineering, *AI-Magazine* 9:3, pp. 23–36, 1988.

[131] Fox, M.S. & S.F.Smith, ISIS — A Knowledge Based System for Factory Scheduling, *Expert Systems* 1:1, pp. 25–49, 1984.

[131] Francioni, J.M. & A. Kandel, A Software Engineering Tool for Expert System Design, IEEE *Expert*, Spring 1988, pp. 33–41, 1988.

[132] Friedrich, J., F.Wicke & W.Wicke, *Computereinsatz: Auswirkungen auf die Arbeit*, Band 3 der Reihe «Humane Arbeit — Leitfaden für Arbeitnehmer» (Hrsg. von L.Zimmermann), rororo aktuell 4943, Rowohlt, Reinbek bei Hamburg, 1982.

[133] Friedrich, J., Entwicklungslinien in der Informatik und die Rolle der Informatiker, *WSI Mitteilungen* 12/1988, pp. 678–686, 1988.

[134] Friedrichs, G. & A.Schaff (Hrsg.), *Auf Gedeih und Verderb, Mikroelektronik und Gesellschaft, Bericht an den Club of Rome*, Europaverlag, Wien-München-Zürich, 1982.

[135] Frost & Sullivan, Auszüge aus der Studie AI1951 zum amerikanischen KI-Markt, zitiert in: KI — Organ des Fachausschusses «Künstliche Intelligenz und Mustererkennung» in der Gesellschaft für Informatik e.V., 4/88, p. 52, 1988.

[136] Fu, K.S., *Syntactic Methods in Pattern Recognition*, Academic Press, New York, 1975.

[137] Gallaire, H., J.Minker & J.M.Nicolas, Logic and Data Bases: A Deductive Approach, ACM *Computing Surveys* 16, pp. 153–185, 1984.

[138] Gardner, M., *Science — The Bad, the Good and the Bogus*, Prometheus Books, Buffalo, N.Y., 1981 (deutsch: *Kabarett der Täuschungen*, Ullstein, Berlin, 1981).

[139] Gasset, J.–L., *The Third Apple — Personal Computers and the Cultural Revolution*, Harcourt Brace Jovanovich, Boston (Mass.), 1987 (Übersetzung aus dem Französischen).

[140] Gates, B., Vortragsmanuskript eines Vortrags vor dem Marketing Seminar der Fa. Computer 2000 in Wörnbrunn, 1988.

[141] Gevarter, W.B., The Nature and Evaluation of Commercial Expert System Building Tools, *IEEE Computer* 20:5, pp. 24–41, 1987.

[142] Genesereth, M.R. & N.J.Nilsson, *Logical Foundations of Artificial Intelligence*, Morgan Kaufman, Palo Alto (Cal), 1987.

[143] Gill, K., *Artificial Intelligence for Society*, Wiley Interscience, Chichester-New York et al., 1986.

[144] Gold, E.M., Language Identification in the Limit, *Information and Control* 10, pp. 447–474, 1967.

[145] Goldberg, A., *SMALLTALK-80*, Addison Wesley, Reading (Mass.), 1984.

[146] Good, I.J., Ethical Machines, in Michie et al. (Hrsg.), *Machine Intelligence*, pp. 555–560, Edinburgh University Press, Edinburgh, 1981.

[147] Göranzon, B., Künstliche Intelligenz gegen berufliches Fachwissen, in [6], pp. 96–111, 1988.

[148] Göranzon, B. & I.Josefson (Hrsg.), *Knowledge, Skill and Artificial Intelligence*, Springer, London-Berlin-Heidelberg-New York, 1988.

[149] Graubard, S.R., *The Artificial Intelligence Debate — False Starts, Real Foundations*, MIT Press, Cambridge (USA), 1988.

[150] Gries, D., *The Science of Programming*, Springer, Berlin-Heidelberg-New York, 1983.

[151] Groß, E., J.Walther, Th.Christaller, E.Rome & B.S.Müller, Software-Entwurf und Realisierung des Expertensystemwerkzeugs BABYLON mit Hilfe objektorientierter Programmierung, Proc. GI-Jahrestagung GI–16, Springer, Berlin-Heidelberg-New York, 1985.

[152] Günther, R., Computer — Mega-Maschine oder Werkzeug — Zur Verantwortung im Umgang mit dem Computer, in [312], Nachdruck in *Siemens-Zeitschrift* 1/87, pp. 37–41, 1987.

[153] Haefner, K., Evolution der Methoden und Verfahren der Informationsverarbeitung, *Computer Magazin*, cm Serie, beginnend mit Nr. 1–2/86, 1986.

[154] Haefner, K., Schreiben lernen nicht mehr nötig, *Brigitte* 2/89 v. 11. 1. 1989.

[155] Hägglund, S., The Impact of Intelligent Systems on Office Procedures and Knowledge Management, in [256].

[155] v. Hahn, W., A.Jameson, W.Wahlster, The anatomy of the natural language dialogue system HAM-RPM, in [31].

[156] v. Hahn, W., Was ist Künstliche Intelligenz, in [24].

[157] Harmon, P. R.Maus & W.Morrissey, *Expert Systems: Tools and Applications*, New York, 1988.

[158] Hayes, P.J., The Logic of Frames, in [226], pp. 46–61.

[159] Hayes–Roth, F., Knowledge-Based Expert Systems: A Tutorial, *IEEE Computer*, Sept./Okt. 1984, pp. 263–273.

[160] Hayes–Roth, F., D.A.Waterman & D.B.Lenat (Hrsg.), *Building Expert Systems*, Addison Wesley, Reading (Mass.), 1983.

[161] Hauenschild, Chr., Textlinguistische Probleme der Maschinellen Intelligenz, KIT nasev Report 53, TU Berlin, 1987.

[162] Hauenschild, Chr., KI-Methoden in der maschinellen Übersetzung?, Proc. GWAI–87, 11th German Workshop on Artificial Intelligence, IFB 152, Springer, Berlin-Heidelberg-New York, pp. 41–53, 1987.

[163] Hertzberg, J., Über Künstliche Intelligenz und reale Welt, KI-Bericht Nr.2 des Instituts für Informatik der Univ. Bonn, Bonn, 1985.

[164] Herzog, O., C.-R.Rollinger, P.Schmitt, P.Steffens, R.Studer, B.Wesche, B.Bartsch-Spörl, F.Günthner, C.Habel, S.Kanngießer & C.Rohrer, LILOG — Linguistische und logische Methoden für das maschinelle Verstehen des Deutschen, LILOG Report 1a, IBM Deutschland, Stuttgart, August 1986.

[165] Hewett, J., Commercial Expert Systems in North America, ECAI-86, Vol. II, pp. 101 ff., 1986.

[166] Hewitt, C., Description and Theoretical Analytical (Using Schemata) of PLANNER, a Language for Proving Theorems and Manipulating Models in a Robot, MIT, AI TR 258, Cambridge, 1972.

[167] Hillenkamp, U., Expert Systems — Present State and Future Trends: Impact on Employment, Working Life and Qualifications of Skilled Workers and Clerks, Bericht des ILO/FRG Project on Expert Systems and Qualification Changes, International Labour Office Publication ES/5, Genf, 1988.

[168] Hillis, W.D., *The Connection Machine*, MIT Press, Cambridge, Mass., 1985.

[169] Hochschule: Prinzessin oder Hure, *Der Spiegel* 44, 1989.

[170] Hofstadter, D.R., *Metamagical Themas — Questing for the Essence of Mind and Pattern*, Penguin, Harmondsworth (England), 1986.

[171] Hopcroft, J.E. & J.D.Ullman, *Introduction to Automata Theory, Languages and Computation*, Addison Wesley, Reading (Mass.), 1979.

[172] Hopfield, J.J. & D.W.Tank, 'Neural' Computation of Decisions in Optimization Problems, *Biological Cybernetics* 52, pp. 141-152, 1985.

[173] IG Metall/TINA-Arbeitskreis Berlin, Künstliche Intelligenz — Die Rationalisierung geistiger Arbeit, IG Metall Werkstattbericht, Aktionsprogramm «Arbeit und Technik», Frankfurt am Main, 1987.

[174] Information System, Work and Organization Design, Proc. IFIP TC 9.1 Conf. , Berlin (DDR), 1989.

[175] Informationsgesellschaft oder Überwachungsstaat, Strategien zur Wahrung der Freiheitsrechte im Computerzeitalter, Symposium der Hessischen Landesregierung, Protokoll und Gutachten, Hrsg. vom Hessendienst der Hess. Staatskanzlei, Wiesbaden, 1984.

[176] Informationsrecht und Informationspolitik (Hrsg. W. Steinmüller), Oldenbourg, München-Wien, 1976.

[177] Russo, C.J.,Artificial Intelligence — A New Productive Design Tool, *Intellinews* 5:1 (Firmenzeitschrift der Firma Intellicorp), pp. 8-11, 1989.

[178] Isensee, S., Das Deutsche Forschungszentrum für Künstliche Intelligenz (DFKI) — Ein forschungspolitisches Novum nimmt Gestalt an, KI — Organ des Fachausschusses «Künstliche Intelligenz und Mustererkennung» in der Gesellschaft für Informatik e.V. 3/88, pp. 25/26, 1988.

[179] Iverson, A., *A Programming Language*, Wiley, New York, 1962.

[180] Jahoda, M., K.Guy & B.Evans, Expert Systems: Present State and Future Trends: Impact on Employment and Skill Requirements (Literature Review), Bericht des ILO/FRG Project on Expert Systems and Qualification Changes, International Labour Office Publication ES//1, Genf, 1988.

[181] Jackson, P., *Introduction to Expert Systems*, Addison Wesley, Reading, Mass. (USA), 1986.

[182] Jelinek, F. et al., A Real-Time, Isolated Word, Speech Recognition System for Dictation Transcription, *Proceedings of the IEEE*, ASSP, 1985.

[183] Joerges, B., Computer as Butterfly and Bat, Discussion Papers IIUG dp 87-16, Wissenschaftszentrum Berlin, 1987.

[184] Karl, H. & Chr.Ohm, Expertensysteme im Widerspruch, in [6].

[185] Kahn, G., S.Nowlan & J.McDermott, MORE: An Intelligent Knowledge Acquisition Tool, IJCAI 85, pp. 581-584, 1985.

[186] Kern, H. & M.Schumann, *Das Ende der Arbeitsteilung?*, München, 1984.

[187] Keil-Slawik, R., Integrative Systementwicklung, in [104], pp. 205-229.

[188] Klahr, P. & D.A.Waterman, *Expert Systems: Techniques, Tools and Applications*, Addison Wesley, Reading (Mass.), 1986.

[189] de Kleer, J., An Assumption-based TMS, *Artificial Intelligence* 28, pp. 127–162, 1986.

[190] de Kleer, J. & B.C.Williams, Diagnosing Multiple Faults, *Artificial Intelligence* 32, pp. 97–130, 1987.

[191] Kleine-Bühning, H. & U.Löwen, Towards Average Complexity of Propositional Calculus Prolog Programs, Manuskript, 1987.

[192] Kleine-Bühning, H. & St.Schmitgen, *Prolog — Grundlagen und Anwendungen*, Teubner, Suttgart, 1986.

[193] Knaster, S., *Macintosh Programming Secrets*, Addison Wesley, Reading (Mass.), 1988.

[194] Knuth, D., *The Art of Computer Programming I–III*, Addison Wesley, Reading (Mass.), 1968–73.

[195] Koenemann, J., Auswirkungen von Expertensystemen — Ansätze einer Technologiefolgenabschätzung auf dem Gebiet der Künstlichen Intelligenz, Bericht FBI–HH–B–123/86 des Fachbereichs Informatik der Universität Hamburg, 1987.

[196] Köhler, D., F.Nake, H.Schelhowe-Heyl & L.Voet, Orientierung an Gebrauchswerten, in [312].

[197] Kornwachs, K., H.-J.Bullinger, Expert Systems — Present State and Future Trends: Impact on Employment and Skill Requirements (Two German Case Studies), Bericht des ILO/FRG Project on Expert Systems and Qualification Changes, International Labour Office Publication ES/4, Genf, 1988.

[198] Kornwachs, K., H. Buck, K.-F. Fährich, R. Friedrich, W. Ganz, E. Kurz, M. Scheifele, M. Thines, G. Wasserlos, Abschätzung möglicher Anwendungen und Auswirkungen von Expertensystemen in Produktionsbetrieben, C. H. Beck, München, 1989 (im Satz).

[199] Kowalski, R., Program = Logic+Control, *Information Processing '74*, North Holland, Amsterdam, 1974.

[200] Kowalski, R., *Logic for Problem Solving*, North Holland, Amsterdam 1979.

[201] Kowalski, R., Directions for Logic Programming, in [371].

[202] Kraft, A., XCON: An Expert Configuration System, in [368].

[203] Krallmann, H. (Hrsg.), *Expertensysteme im Unternehmen*, E. Schmidt, Regensburg/Münster, 1986.

[204] Künstliche Intelligenz — Frühjahrsschule '82, W.Bibel und J.Siekmann (Hrsg.), IFB 59, Springer, Berlin-Heidelberg-New York, 1982.

[205] Lenat, D.B. & E.A.Feigenbaum, On the Thresholds of Knowledge, IJCAI 87, pp. 1173–1182, 1987.

[206] Lenorowitz, J.M., A320 Crash Investigation Centers on Crew's Judgement during Flyby, *Aviation Weekly & Space Technology*, 4. 7. 88, pp. 28–29 und Lenorowitz, J.M., A320 Crash Inquiry finds no Aircraft Technical Fault, *Aviation Weekly & Space Technology*, 8. 8. 88, pp. 28–31, 1988.

[207] Lem, S., *Summa technologiae*, Insel, Frankfurt am Main, 1976.

[208] Luft, A.F., *Informatik als Technikwissenschaft*, BI, Mannheim, 1988.

[209] Luft, A.F., Was wissen Wissensingenieure, *Computer Magazin* 4/88, pp. 12–15, 1988.

[210] Lutz, Th., H.Beutler, H.Klimesch & P.Miottke, 'Management Information Systems (MIS)' — Teil I: Begriffe und Konzeption für Management Informationssysteme, Teil II: Die Datenbank und ihre Probleme, Teil III: Der Weg zu einem MIS, Sonderdruck aus *IBM-Nachrichten* 18:191, Okt 1968, 18:192, Dezember 1968 und 19:193, Februar 1969.

[211] Lutz, B. & M.Moldaschl, *Expertensysteme und industrielle Facharbeit*, Campus, Frankfurt/M-New York, 1989.

[212] Madey, G. & J.Denton, Credit Evaluation with Missing Data Fields, Proc. 1st Annual Conference of the Intl' Neural Network Society, p. 456, Boston, Sept. 1988.

[213] Mantz, R., M. Scheer & T. Uthmann, Vergleich von Expertensystemshells für den PC, GMD-*Studien* Nr. 149, August 1988.

[214] Martschew, E.K. & J.Witt, IKON — Lebensgeschichte eines Expertensystems, KI — Organ des Fachausschusses «Künstliche Intelligenz und Mustererkennung» in der Gesellschaft für Informatik e.V., 1/88, pp. 61–66, 1988.

[215] McCarthy, J., Programs with Common Sense, in [230], pp. 403–418.

[216] McCarthy, J., Circumscription — A Form of Non-Monotonic Reasoning, *Artificial Intelligence* 13, pp. 27–30, 1980.

[217] McCarthy, J. & P.J.Hayes, Some Philosophical Problems from the Standpoint of Artificial Intelligence, in: B.Meltzer & D.Michie (Hrsg.), *Machine Intelligence* 4, Edinburgh University Press, Edinburgh, 1969.

[218] McDermott, D., A Temporal Logic for Reasoning about Processes and Plans, *Cognitive Science* 6, pp. 101 f., 1982.

[219] McDermott, J., R1: The formative years, *AI-Magazine* 2:2, pp. 21–29, 1981.

[220] McDermott, J., R1: A Rule-Based Configurer of Computer Systems, *Artificial Intelligence 19*, pp. 39–88, 1982.

[221] van Melle, W., E.H.Shortliffe & B.G.Buchanan, EMYCIN: A Knowledge Engineer's Tool for Constructing Rule-Based Expert Systems, in [55], pp. 302–313.

[222] Mertens, P. & Th.Legleitner, Aufbau und Anwendung von Diagnoseexpertensystemen, VDI–Z 11/88, pp. 32–35, 1988.

[223] Mertens, P., Expertensysteme in den betrieblichen Funktionsbereichen — Chancen, Erfolge, Mißerfolge, in [371], pp. 181–205.

[224] Mertens, P., K.Allgeyer & H.Däs, Betriebliche Expertensysteme in deutschsprachigen Ländern — Versuch einer Bestandsaufnahme, Arbeitsberichte des Instituts für mathematische Maschinen und Datenverarbeitung (Informatik), Bd.19:6, Univ. Erlangen-Nürnberg, Juli 1986.

[225] Mertens, P., V..Borkowski & W.Geis, *Betriebliche Expertensystem-Anwendungen — Eine Materialsammlung*, Springer, Berlin-Heidelberg-New York, 1988.

[226] Metzing, D. (Hrsg.), *Frame conceptions and text understanding*, de Gruyter, Berlin, 1979.

[227] Michalski, R.S., J.G.Carbonell & T.M.Mitchell (Hrsg.), *Machine Learning*, Tioga, Palo Alto (USA), 1983.

[228] Michie, D. & R.Johnston, *Der kreative Computer — Künstliche Intelligenz und menschliches Wissen*, Rasch & Röhring, Hamburg-Zürich, 1985 (übersetzt aus dem Englischen).

[229] Minsky, M.L., Berechnung: Endliche und Unendliche Maschinen, Berliner Union, Stuttgart und W. Kohlhammer, Stuttgart-Berlin-Köln-Mainz, 1971 (Übersetzung aus dem Amerikanischen; Titel der Originalausgabe: *Computation: Finite and Infinite Machines*, Prentice Hall, Englewood Cliffs, 1967).

[230] Minsky, M.L. (Hrsg.), *Semantic Information Processing*, MIT Press, Cambridge (Mass.), 1968.

[231] Minsky, M.L., *The Society of Mind*, Simon & Schuster, New York, 1985.

[232] Minsky, M.L., A framework for representing knowledge, in [363], pp. 211–277 (Kurzfassung in [226]).

[233] Minsky, M.L. & S.Papert, *Perceptrons — An Introduction to Computational Geometry*, MIT Press, Cambridge (Mass.), 1969.

[234] Mishkoff, H.C., *Understanding Artificial Intelligence*, Texas Instruments Learning Center, Howard W. Sams, Indianapolis (Ind.), 1985.

[235] Mitchell, T.M., Learning and Problem Solving, IJCAI 83, pp. 1139–1151, 1983.

[236] Mitchell, T.M., R.M.Keller & T.Kedar–Cabelli, Explanation-based Generalization: A Unifying View, in *Machine Learning* 1, pp. 47–80, 1986.

[237] Mock, W. (Hrsg), *Denkende Maschinen — Künstliche Intelligenz wandert in die Produkte*, VDI-Verlag, Düsseldorf, 1986.

[238] Musen, M., et al., OPAL: Use of a Domain Model to Drive an Interactive Knowledge Editing Tool, *International Journal of Man-Machine Studies 26*, pp. 105–121, 1987.

[239] Nagel, Wissensgestützte Ansätze beim Sehen: Helfen Sie in der Praxis?, in [370], p. 170 ff.

[240] Nake, F., Dialogisieren mit dem Computer — Anmerkungen zu Entwicklung, Begriff und Technik der Dialogsysteme, in [104], pp. 16–46.

[241] Nake, F., Die Verdoppelung des Werkzeugs, in A. Rolf (Hrsg.), *Neue Techniken alternativ*, VSA, Hamburg, pp. 43–52, 1986.

[242] Nake, F., Schnittstelle Mensch-Maschine, *Kursbuch* 75, pp. 109–118, 1984.

[243] Naur, P., Wissen, Können, Sprache und Datenstruktruen, Nicht autorisierte Mitschrift und Übersetzung eines Vortrags an seinem 60. Geburtstag in Kopenhagen am 25. 10. 88.

[244] Neches, R., W.R.Swartout & J.D.Moore, Enhanced Maintenance and Explanation of Expert Systems through Explicit Models of Their Development, *IEEE Transactions on Software Engineering* 11, pp. 1337–1351, 1985.

[245] Neumann, B., Was sind Expertensysteme?, in [203].

[246] von Neumann, J., *Theory of Self-Reproducing Automata*, (Hrsg. A. W. Burks), University of Illinois Press, Urbana-London, 1966.

[247] Newell, A. & H.Simon, *Human Problem Solving*, Prentice Hall, Englewood Cliffs (N.J.), 1972.

[248] Newquist, H.P., Struggling to maintain, in *AI Expert* 3:8, pp. 69–71, 1988.

[249] Nievergelt, J., Die Gestaltung der Mensch-Maschine-Schnittstelle, 13. GI-Jahrestagung, Springer, Berlin-Heidelberg-New York, pp. 41–50, 1983.

[250] Nievergelt, J. & A.Ventura, *Die Gestaltung interaktiver Programme*, Teubner, Stuttgart, 1983.

[251] Nilsson, N., *Problem Solving Methods in Artificial Intelligence*, McGraw Hill, New York, 1971.

[252] Nilsson, N., *Principles of Artificial Intelligence*, Springer, Berlin-Heidelberg-New York, 1982.

[253] Nurminnen, M., Transaction Structure and Information Systems, in [174].

[254] Nygaard, K., Program Development as a Social Activity, in H.-J. Kugler (Hrsg.), *Information Processing 86*, North Holland, Amsterdam, 1986.

[255] Nygaard, K., Vortragsunterlagen zur Working Conference on Software Development & Reality Construction, Schloß Ehringerfeld, Sept. 88.

[256] Opportunities and Risks of Artificial Intelligence Systems, K.Brunnstein (Hrsg.), Preprints, Universität Hamburg, Fachbereich Informatik, Hamburg, 1989.

[257] Oravec, J.A., Dependence upon Expert Systems: The Dangers of the Computer as an Intellectual Crutch, Proc DIAC-88, St. Paul (Minn.), August 1988.

[258] Ovum Reports: Expert Systems 1986, 1) USA and Canada, 2) Commercial Expert Systems in Europe, Ovum Ltd., 44 Russell Square, London WC1B 4JP (England).

[259] Papert, S., One AI or many?, in [149].

[260] Partridge, D., Will AI lead to a Super Software Crisis, in [143], pp. 31–39.

[261] Partridge, D., Artificial Intelligence & Software Engineering: Is it a Field of Study?, Preprints for the International Workshop on Artificial Intelligence and Software Engineering, Exeter, 12-14.4.1989.

[262] Partridge, D., The Scope and Limitations of First Generation Expert Systems, *Future Generations Computer Systems* 3, pp. 1–10, 1987.

[263] Passmore, J., Explanations in Eyeryday Life, in Science and in History, *History and Theory* 2, pp. 105–123, 1962.

[264] Pflüger, J.-M. & R.Schurz, *Der maschinelle Charakter*, Westdeutscher Verlag, Opladen, 1987.

[265] Pradhan, D.K., *Fault-Tolerant Computing*, Prentice Hall, Englewood Cliffs (N.J.), 1986.

[266] Prerau, D., Knowledge Acquisition in the Development of a Large Expert System, *AI Magazine*, pp. 43–51, Summer 1987.

[267] di Primio, F., D.Bungers & Th.Christaller, Babylon als Werkzeug zum Aufbau von Expertensystemen, in [370], pp. 70–79.

[268] Puppe, F., Assoziatives diagnostisches Problemlösen mit dem Expertensystem-Shell MED2, Dissertation, Universität Kaiserslautern, Fachbereich Informatik, 1986.

[269] Puppe, F., *Diagnostisches Problemlösen mit Expertensystemen*, IFB 148, Springer, Berlin-Heidelberg-New York, 1986.

[270] Puppe, F., MED1 — Ein heuristisches Diagnosesystem mit effizienter Kontrollstruktur, Memo SEKI-KL–83–04, Univ. Kaiserslautern, Kaiserslautern, 1983.

[271] Puppe, F., Diagnostik-Expertensysteme, *Informatik-Spektrum* 10, pp. 293–308, 1987.

[272] Puppe, F., *Einführung in Expertensysteme*, Studienreihe Informatik, Springer, Berlin-Heidelberg-New York, 1988.

[273] Quillian, M.R., Semantic Memory, in [230] pp. 227–270.

[274] Quinlan, J.R., Discovering Rules by Induction from Large Collections of Examples, in D. Michie (Hrsg.), *Expert Systems in the Micro-Electronic Age*, Edinburgh University Press, Edinburgh, pp. 168–201, 1979.

[275] Quinlan, J.R., Learning Efficient Classification Procedures and their Application to Chess End Games, in [227], pp. 463–482.

[276] Rauch–Hindin, W.B., *Artificial Intelligence in Business, Science and Industry*, Vol. I, II, Englewood Cliffs, (N.J.), 1985/86.

[277] Rauch–Hindin, W.B., Software integrates AI Standard Systems, *Mini–Microsystems*, Vol. XIX, No. 11, September 1986 und No.12, Oktober 1986, pp. 69–86.

[278] Raulefs, P., Expert Systems — State of the Art and Future Prospects, Memo SEKI–BN–81–03, Inst. für Informatik III, Univ. Bonn und Inst. für Informatik I, Univ. Karlsruhe, Bonn 1981.

[279] REFERENZ 7/88 — IBM intern, unveröffentlichtes Material der IBM Deutschland zur internen Verwendung, Stuttgart 1988.

[280] Reiter, R., A Logic for Default Reasoning, *Artificial Intelligence* 13, pp. 81–132, 1980.

[281] Retti, J., Knowledge Engineering und Expertensysteme, in [282].

[282] Retti, J., W. Bibel, B. Buchberger, W. Horn, A. Kobsa, I. Steinacker, R. Trapplm & H. Trost, *Artificial Intelligence — Eine Einführung*, Teubner, Stuttgart, 1986.

[283] Reese, J., H. Kubicek, B.–P. Lange, B. Lutterbeck & U. Reese, *Gefahren der informationstechnischen Entwicklung*, Campus, Frankfurt am Main / New York, 1979.

[284] Reinfrank, M., An Introduction to Non-Monotonic Reasoning, MEMO–SEKI–85–02 des Fachbereichs Informatik der Univ. Kaiserslautern, Kaiserslautern, 1985.

[285] Richter, M.M., *Logikkalküle*, Teubner, Stuttgart, 1978.

[286] Richter, M.M., J. Siekmann & W.Wahlster, Eine wissenschaftliche Vision für das Deutsche KI-Zentrum, KI — Organ des Fachausschusses «Künstliche Intelligenz und Mustererkennung» in der Gesellschaft für Informatik e.V. 4/87, pp. 30/31, 1987.

[287] Rödiger, K.–H., Einschränkung des Handlungsspielraums durch den Einsatz von Dialogsystemen, in [104], pp. 16–46.

[288] Rödiger, K.–H., Thesen zu Expertensysteme und Mitbestimmung, für die Enquête-Kommission «Technikfolgenabschätzung und -bewertung» des Deutschen Bundestages, (Manuskript), Berlin, Mai 1989.

[289] Rollinger, C.–R., Die Repräsentation natürlich-sprachlich formulierten Wissens — Behandlung der Aspekte Unsicherheit und Satzverknüpfung, KIT-Report 26 des Instituts für angewandte Informatik der TU Berlin, Berlin, 1984.

[290] Rosenbloom, P.S., J.E.Laird, J.McDermott, A.Newell & E.Orciuch, R1–Soar: An Experiment in Knowledge-Intensive Programming in a Problem-Solving Architecture, *IEEE Transactions on Pattern Analysis and Machine Intelligence*, PAMI–7:5, pp. 561–570, 1985.

[291] Rosenfeld, A., 'Expert' Vision Sytems: Some Issues, CVGIP 34, pp. 99–117, 1986.

[292] Rumelhart, D.E. & J.L.McClelland, *Parallel Distributed Computing*, MIT Press, Cambridge (USA), 1986.

[293] Russell, B., *Autobiographie* I — 1872–1914, Suhrkamp, Frankfurt am Main, 1972.

[294] Samuel, A.L., Some Studies in Machine Learning Using the Game of Checkers, *IBM Journal of Research and Development*, Vol. III, Juli 1959.

[295] Savory, S., TWAICE: Die Expertensystem-Shell von Nixdorf, in [370], pp. 289–293.

[296] Savory, S., *Künstliche Intelligenz und Expertensysteme—Ein Forschungsbericht der Nixdorf AG*, Oldenbourg Verlag, München, 1985.

[297] Savory, S., *Expertensysteme: Nutzen für Ihr Unternehmen — Ein Leitfaden für Entscheidungsträger*, Oldenbourg Verlag, München, 1985.

[298] Schank, R.C. & R.P.Abelson, *Scripts, Plans, Goals and Understanding*, Lawrence Erlbaum, Hillsdale, N.J. (USA), 1977.

[299] Schank, R.C. & P.G.Childers, *The Cognitive Computer*, Addison Wesley, 1984 (deutsch: Die Zukunft der Künstlichen Intelligenz — Chancen und Risiken, DuMont, Köln, 1986).

[300] Schank, R.C., *Explanation Patterns — Understanding Mechanically and Creatively*, Lawrence Erlbaum, Hillsdale, N.J. (USA), 1986.

[301] Schefe, P., *Künstliche Intelligenz — Überblick und Grundlagen*, BI, Mannheim, 1986.

[302] Schefe, P., Expert Systems — Present State and Future trends: Impact on Employment and Skill Requirements (An Assessment), Bericht des ILO/FRG Project on Expert Systems and Qualification Changes, International Labour Office Publication ES/2, Genf, 1988

[303] Schieferle, D., Erfahrungen beim Einsatz von Expertensystemen und der Integration in die Gesamtorganisation eines Unternehmens, in [370], pp. 333–346.

[304] Schieferle, D., Expertensysteme und Künstliche Intelligenz (KI) als integraler Bestandteil eines Informationsverarbeitungskonzeptes, in [203].

[305] Schiff, J., Möglichkeiten der Arbeitsgestaltung mit wissensbasierten Computersystemen, in [312].

[306] Schirra, J.R., U.Brach, W.Wahlster & W.Woll, WILIE — ein wissensbasiertes Literaturerfassungssystem, Bericht Nr.1 des KI-Labors am Lehrstuhl Informatik IV der Univ. des Saarlandes, Sonderforschungsbereich 314 «Künstliche Intelligenz — Wissensbasierte Systeme», Saarbrücken, April 1985.

[307] Schirmer, K., BMT — Das größte Expertensystem der Welt, in *Artificial Intelligence Newsletter*, Brainware, Berlin, Okt. 1988.

[308] Schneider, Th., Übersetzungen aus der Maschine — Wissensbasierte Systeme in der Anwendung, KI — Organ des Fachausschusses «Künstliche Intelligenz und Mustererkennung» in der Gesellschaft für Informatik e.V., 4/88, pp. 60–66, 1988.

[309] Schnupp, P. & U.Leibrandt, *Expertensysteme*, Springer, Berlin-Heidelberg-New York, 1986.

[310] Schnupp, P. & C.T.Nguyen Huu, *Expertensystem-Praktikum*, Springer, Berlin-Heidelberg-NewYork, 1987.

[311] Schrader, A., Expertensystem für Export-Dokumente, KI — Organ des Fachausschusses «Künstliche Intelligenz und Mustererkennung» in der Gesellschaft für Informatik e.V., 4/88, pp. 67, 1988.

[312] Schröder, T., Arbeit und Informationstechnik, Proc. einer GI-Fachtagung in Karlsruhe im Juli 1986, Informatik-Fachberichte 123, Springer, Berlin-Heidelberg-New York, 1986.

[313] Schrick, G. & J.Schröder (Hrsg.), Künstliche Intelligenz — Kontroversen um eine neue Technologie, IG Metall Werkstattbericht, Aktionsprogramm «Arbeit und Technik», Referate und Arbeitsergebnisse einer Tagung vom 16./17.Okt. 1987 in Berlin, Frankfurt am Main, 1988.

[314] *Scientific American*, Okt 1988.

[315] Seetzen, J. et al., Wissenschaftliche Begleituntersuchung zur Bildschirmtexterprobung in Berlin — Berichtband, Heinrich-Hertz-Institut f. Nachrichtentechnik, 1983.

[316] Seetzen, J., R.Stransfeld & J.Tonnenmacher, Vorausschau auf Anwendungen von Informationstechnik, Studie des VDI/VDE-Technologiezentrums Informationstechnik im Auftrag des BMFT, Berlin, 1987.

[317] Seetzen, J. & R.Stransfeld, Perspektiven der Expertensystemtechnik und Begründung für eine Technikfolgenabschätzung, Manuskript des VDI/VDE-Technologiezentrums Informationstechnik, Berlin, Januar 1989.

[318] Senghaas-Knobloch, E. & B.Volmerg, Technischer Fortschritt und Verantwortungsbewußtsein, Ergebnisbericht eines HdA-Projektes, Universität Bremen, 1988 (erscheint 1989 im Westdeutschen Verlag, Opladen).

[319] Senghaas-Knobloch, E. & B.Volmerg, Technikgestaltung und Verantwortung — Bausteine für eine neue Praxis, Bericht eines HdA-Projektes, Universität Bremen, 1988 (erscheint 1989 im Westdeutschen Verlag, Opladen).

[320] Senker, P., J.Buckingsham & J.Townsend, Expert Systems — Present State and Future trends: Impact on Employment and Skill Requirements (Three Case Studies), Bericht des ILO/FRG Project on Expert Systems and Qualification Changes, International Labour Office Publication ES/3, Genf, 1988.

[321] Shortliffe, E.H., *Computer-based medical consultations: MYCIN*, NewYork, 1976.

[322] Siekmann, J., Die Spezialgebiete der Künstlichen Intelligenz und ihre Perspektiven, in [24].

[323] Siekmann, J., Die Entwicklung Künstlicher Intelligenz — eine Bestandsaufnahme, in [313].

[324] Künstliche Intelligenz, Videoscript einer Vorlesung an der GH Duisburg, Sommersemester 1986.

[325] SIGART Newsletter (Hrsg. F. Hayes-Roth & D. Waterman), Proceedings of the Workshop on Pattern-Directed Inference Systems, No.63, Juni 1977.

[326] SIGART Newsletter (Hrsg. R. Brachman & B. C. Smith), Special Issue on Knowledge Representation, No.70, 1980.

[327] Simon, H., The Steam Engine and the Computer: What Makes Technology Revolutionary, *Computers & People*, Nov./Dez. 87, pp. 7–11, 1987.

[328] Simon, H., *The Sciences of the Artificial*, MIT Press, Cambridge, Mass., 1969.

[329] Simon, H. & A.Newell, Heuristic Problem Solving: The Next Advance in Operations Research, *Operations Research* 6, p. 6, 1958.

[330] Slagle, J.R. & M.R.Wick, A Method for Evaluating Candidate Expert System Applications, *AI Magazine* 9:4, Winter 1988, pp. 45–53.

[331] Smith, D.L., Implementing Real World Expert Systems, *AI Expert*, pp. 51–57, Dez. 1988.

[332] Stegmüller, W., *Wissenschaftliche Erklärung und Begründung*, Springer, Berlin-Heidelberg-New York, 1974.

[333] Steinacker, I., Intelligente Maschinen, in [282].

[334] Stoyan, H., Programming Styles in Artificial Intelligence, in: Laubsch (Hrsg.), GWAI-84, IFB, Springer, Berlin-Heidelberg-NewYork, 1984.

[335] Stoyan, H., *Programmiermethoden der Künstlichen Intelligenz*, Bd. 1, Studienreihe Informatik, Springer, Berlin-Heidelberg-New York, 1988.

[336] Sviokla, J.J., Planpower, XCON and Mudman: An In-Depth Analysis into Three Commercial Expert Systems in Use, Ph. D. Dissertation, Harvard Business School, Cambridge, Mass. (USA), 1986.

[337] Swartout, W.R., XPLAIN: A System for Creating and Explaining Expert Consulting Programs, *Artificial Intelligence* 21, pp. 285–325, 1983.

[338] System Design for Human Development and Productivity: Participation and Beyond, K. Fuchs-Kittowski & D. Gertenbach (Hrsg.), Proc. IFIP TC 9.1 Conf. 1986, Berlin (DDR): Zentrum für gesellschaftswissenschaftliche Information, 1987.

[339] Taube, M., *Der Mythos der Denkmaschine — Kritische Betrachtungen zur Kybernetik*, Rowohlt, Reinbek bei Hamburg, 1966. Amerikanisches Original: *Computers and Common Sense — The Myth of Thinking Machines*, Columbia University Press, New York, 1960.

[340] Technische Expertensysteme: Wissensrepräsentationen und Schlußfolgerungsverfahren, (Hrsg. H.W. Früchtenicht, H.W.Güsgen, T.Hrycej, G.Mörler & P.Struß), Oldenbourg, München, 1988.

[341] Technikfolgenabschätzung, Bundesministerium für Forschung und Technologie — Öffentlichkeitsarbeit (Hrsg.), Bonn, Juli 1987.

[342] *The Omni Book of Computers & Robots*, O.Davis (Hrsg.), Zebra Books, Kensington Publ.Co., New York, o. Jahr (1982).

[343] v. Thienen, V., Technikfolgen-Abschätzung und sozialwissenschaftliche Technikforschung — Eine Bibliographie, Wissenschaftszentrum Berlin, 1983.

[344] Umfrage: Laufende KI-Projekte in der Industrie (Redaktionsbeitrag), KI — Organ des Fachausschusses «Künstliche Intelligenz und Mustererkennung» in der Gesellschaft für Informatik e.V., 4/88, pp. 33–45, 1988.

[345] Volpert, W., *Zauberlehrlinge — Die gefährliche Liebe zum Computer*, Beltz, Weinheim-Basel, 1985, Neuauflage, dtv, 1988.

[346] Volpert, W., Rechner als Grundlage des System-Designs, *Zeitschrift für Arbeitswissenschaft*, Vol. 41 (13 NF), 1987/3, pp. 147–152, 1987.

[347] Volpert, W., Computer Aided Taylorism — Die Fortsetzung der Persönlichkeitszerstörung am Arbeitsplatz mit anderen Mitteln, in [104], pp. 47–59.

[348] Wahlster, W., The Role of Natural Language in Advanced Knowledge-Based Systems, in H. Winter (Hrsg.), *Artificial Intelligence and Man-Machine Systems*, Springer, Berlin-Heidelberg-New York, 1986.

[349] Waterman, D.A., Generalization Learning Techniques for Automating the Learning of Heuristics, in *Artificial Intelligence* 1, 1970.

[350] Waterman, D.E., *A Guide to Expert Systems*, Addison Wesley, Reading, Mass. (USA), 1986.

[351] Waterman, D. E. & B.M.Jenkins, Developing Expert Systems to Combat International Terrorism, in [188], pp. 95–135.

[352] Wedekind, H., (Hrsg.), Untersuchungen über den Einsatz von Datenbanken in Flexiblen Fertigungssystemen, Bericht 87/1 des SFB 182, Bericht 20:2 des Inst. f. Mathematische Maschinen und Datenverarbeitung (Informatik) der Universität Erlangen-Nürnberg, Erlangen, März 1987.

[353] Weizenbaum, J., *Die Macht der Computer und die Ohnmacht der Vernunft*, Suhrkamp, Frankfurt/Main, 1978.

[354] Weizenbaum, J., Historical Perspectives of AI and its Changing Paradigms, in [256].

[355] Weitz, B., The Impact of Expert Systems on Work and the Organization, in [17], pp. 169–187.

[356] Wiedemann, H., *Mitarbeiter richtig führen*, Fr. Kiehl Verlag, Ludwigshafen, 1986.

[357] Wiener, N., *Kybernetik — Regelungen und Nachrichtenübertragung im Lebewesen und in der Maschine*, Düsseldorf/Wien, 1963.

[358] Wielinga, B.J. & J.A.Breuker, Models of Expertise, ECAI–86, pp. 307–318, 1986.

[359] Wilson, G.V. & G.S.Pawley, On the Stability of the Travelling Salesman Problem Algorithm of Hopfield and Tank, *Biological Cybernetics* 58, pp. 63–70, 1988.

[360] Winograd, T., *Language as a Cognitive Process Vol. I: Syntax*, Addison Wesley, Reading, Mass., 1983.

[361] Winograd, T., Frame Representations and the Declarative/Procedural Controversy, in [28].

[362] Winograd, T. & F.Flores, *Understanding Computers and Cognition: A New Foundation for Design*, Ablex Publ., Norwood, N. J. (USA), 1986 (deutsch: Maschinen—Erkennen—Verstehen, Rotbuch, Berlin, 1989).

[363] Winston, P.H., *The psychology of computer vision*, McGraw-Hill, New York, 1975.

[364] Winston, P.H., Learning Structural Descriptions from Examples, in [363].

[365] Winston, P.H., *Artificial intelligence, Second Edition*, Addison Wesley, Reading, Mass. (USA), 1984.

[366] Winston, P.H. & R.H.Brown (Hrsg.), *Artificial Intelligence: An MIT Perspective*, Vol. I und Vol. II, The MIT Press, Cambridge, Mass. (USA) und London (England), 2. Auflage, 1982.

[367] Winston, P.H. & K.P.Horn, *LISP: Third Edition*, Addison Wesley, Reading, Mass. (USA), 1988.

[368] Winston, P.H. & K.A.Prendergast, *The AI-Business — Commercial Uses of Artificial Intelligence*, MIT Press, Cambridge, Mass. (USA), 1983.

[369] Wirth, N., *Algorithms + Data Structures = Programs*, Prentice Hall, Englewood Cliffs, N.J. (USA), 1976.

[370] Wissensbasierte Systeme, Proc. 1. Intern. GI-Kongreß, 1985 (Hrsg. W. Brauer & B.Radig), IFB 112, Springer, Berlin-Heidelberg-New York, 1986.

[371] Wissensbasierte Systeme, Proc. 2. Intern. GI-Kongreß, 1987 (Hrsg. W. Brauer & W.Wahlster), IFB 155, Springer, Berlin-Heidelberg-New York, 1987.

[372] Wittgenstein, L., *Werkausgabe in acht Bänden*, Bd.1, Suhrkamp, Frankfurt am Main, 1984.

[373] Wittgenstein, L., *Tractatus logico-philosophicus*, in [372].

[374] Wittgenstein, L., *Philosophische Untersuchungen*, in [372].

[375] Wittur, K.H., DEX.C3 — Der Protoyp eines Expertensystems, in [203].

[376] Wohland, G., Das demokatische Potential der neuen Fabrik, in: R.Klischewski & S.Pribbenow (Hrsg.), *Computerarbeit: Täter, Opfer, Perspektiven*, Proc. Jahrestagung des Forums Informatiker für Frieden und gesellschaftliche Verantwortung FIFF '88 Hamburg, VAS in der Elefantenpress, Berlin, 1989.

[377] Woods, W.A., What's in a Link: Foundations for Semantic Networks, in [28], pp. 35–82.

[378] Zadeh, L.A., A Formalization of Commonsense Reasoning Based Upon FUZZY Logic, in [370].

[379] Ziegler, H.–V., Technikfolgenabschätzung im Bereich Informationstechnik, Manuskript 5. 2. 88.

[380] Zukunftskonzept Informationstechnik, BMFT Bericht 23/89 vom 6. 6. 89, Bonn, 1989.

[381] Zuse, K., *Der Computer — Mein Lebenswerk*, 2. veränderte Auflage, Springer, Berlin-Heidelberg-New York, 1986.

Date: Mon, 29 May 89 12:50:22 -0599
From: spaf@cs.purdue.edu (Gene Spafford)
Subject: Computer executes chess player who beat it!

14 March 1989 issue of "Weekly World News" (one of those supermarket tabloids)

Computer Charged with Murder After Frying Chess Champ, by Ragan Dunn

A Soviet super-computer has been ordered to stand trial for the murder of chess champion Nikolai Gudkov -- who was electrocuted when he touched the metal board that he and the machine were playing on! "This was no accident -- it was cold-blooded murder," Soviet police investigator Alexei Shainev told reporters in Moscow. "Niko Gudkov won three straight games and then the computer couldn't stand it. When the chess master reached for his knight to begin play in the fourth game, the computer sent a lethal surge of electricity to the board surface. The computer had been programmed to move its chess pieces by producing a low-level electric current." "Gudkov was electrocuted while a gallery of hundreds watched."

The decision to put the computer on trial stunned legal experts around the world. [I hope computer experts are also shocked, so to speak. --spaf] But the Soviets are convinced that the computer had the pride and intelligence to develop a hatred for Gudkov -- and the motive and means to kill him. The mind-boggling murder drama unfolded during a six-day chess marathon between the M2-11 supercomputer and Gudkov, a world class chess player.

According to reports, Gudkov defied all odds [Calculated by the same supercomputer, no doubt. --spaf] and beat the machine in three consecutive games. And when they prepared to begin their fourth, a deadly dose of electricity flowed up into the electronic board and zapped Gudkov dead. Soviet authorities initially thought that the surge of electricity was caused by a short-circuit. But an examination of the computer revealed no problems.

It was later determined that the machine diverted the flow of electricity from its brain to the chess board to ensure a victory over Gudkov. [This implies that Soviet semiconductors work at voltages of a few hundred volts, or maybe their supercomputers are tube-based? --spaf]

"The computer was programmed to win at chess and when it couldn't do that legitimately, it killed its opponent," said investigator Shalnev. "It might sound ridiculous to bring a machine to trial for murder. [!!] But a maschine that can solve problems and think [sic] faster than any human must be held accountable for its actions."

Rudi Hagemann, the Swiss legal scholar, agreed with the Soviet cop. He said that the development of artificial intelligence has come so far in recent years that certain computers and some robots "must be considered human."

It isn't clear how the Soviets will punish the computer if it is found guilty when it goes to court this spring. [Send it to a Gulag for reprogramming? --spaf]

But Hagemann says the machine will probably be reprogrammed or dismantled altogether.

[I don't think there's much to say here, except in the way of warning: next time you accuse the system cheating at rogue, don't say it loudly! --spaf]

RISIKEN DER KÜNSTLICHEN INTELLIGENZ:
Aus dem elektronischen Rundbrief RISK FORUM DIGEST 8.75 (zitiert nach [54])